新譯韓非子（下）

賴炎元
傅武光　注譯

三民書局　印行

國家圖書館出版品預行編目資料

新譯韓非子／賴炎元,傅武光注譯.－－二版七刷.－
－臺北市：三民，2021
面；　公分.－－(古籍今注新譯叢書)

ISBN 978-957-14-4670-7 （平裝）
1. 韓非子－注釋

121.671　　　　95024333

古籍今注新譯叢書

新譯韓非子（下）

注 譯 者｜賴炎元　傅武光
發 行 人｜劉振強
出 版 者｜三民書局股份有限公司
地　　址｜臺北市復興北路 386 號（復北門市）
　　　　　臺北市重慶南路一段 61 號（重南門市）
電　　話｜(02)25006600
網　　址｜三民網路書店 https://www.sanmin.com.tw

出版日期｜初版一刷 1997 年 11 月
　　　　　二版一刷 2007 年 5 月
　　　　　二版七刷 2021 年 1 月
書籍編號｜S030890
I S B N｜978-957-14-4670-7

新譯韓非子　目次

下冊

卷一〇

內儲說下——六微

【題解】內儲說下，四字之義，解見前篇。六微，即六種伺察方法，都是君主控御臣子的道術。微，通「覹」，《說文解字》：「覹，司也。」司，通「伺」，即伺察之意。

本篇主旨，在揭示君主伺察百官的六種方法。即：權借在下、利異外借、託於似類、利害有反、參疑內爭、敵國廢置。先揭綱領，略加解說，然後依次舉例證明。體例和上篇一樣。

本篇名「六微」，但經傳於六微之外，又有第七事，標題為「廟攻」。王先慎《韓非子集解》云：「經既明言六微，則不應有七字。此接上文而來，並不應另標廟攻二字。」今據王說，仍予合併。

六微：一曰權借在下❶，二曰利異外借❷，三曰託於似類❸，四曰利害有反❹，五曰參疑內爭❺，六曰敵國廢置❻。——此六者，主之所察也。

【注釋】❶權借在下　君權借給臣下。指君權旁落。❷利異外借　君臣利益不同，臣下常借外國的勢力以自重。❸託於似類　臣下假託類似的事情，欺騙君主。❹利害有反　事情發生，都有利害的相反兩面。若從相反的方面伺察，可以獲得真相。❺參疑內爭　臣下權位相似，便互相爭權。參，加入成三。有三等分之意。疑，通「擬」。相比。❻敵國廢置　敵國用計影響我，使我罷斥或任用官吏，以謀對彼有利。

【語　譯】六種伺察的方法：第一是「權借在下」，就是君權借給臣下。第二是「利異外借」，就是君臣利益不同，臣下常借外國的勢力以自重。第三是「託於似類」，就是臣下假託類似的事情，欺騙君主。第四是「利害有反」，就是事情的發生，都有利害相反的兩面。第五是「參疑內爭」，是說臣下權位相似，便互相爭權。第六是「敵國廢置」，就是敵國用計影響我，使我罷斥或任用某一官吏，以謀對彼有利。這六點，是君主所必須注意伺察的。

經一，權借——權勢不可以借人；上失其一，下以為百❶。故臣得借則力多❷，力多則內外為用❸，內外為用則人主壅❹。其說，在老聃之言失魚❺也。是以故人富久語，而左右鬻懷刷。其患，在胥僮之諫厲公，與州侯之一言，而燕人浴矢也❻。

【注　釋】❶上失其一二句　君主失落一分權力於臣下，臣下就作百分權力來運用。❷得借則力多　能借到權力，力量就變大。❸內外為用　中央與地方的官吏都被利用。內，指中央政府（朝廷）的官吏。外，指地方政府的官吏。為用，被用。❹壅　堵塞；蒙蔽。❺老聃之言失魚　老聃拿失淵的魚來比喻失權的君主。老聃，姓老，名聃。即世稱之老子，春秋楚國苦縣（今河南省鹿邑縣）人，與孔子同時而年齡稍長，中年時，曾任周朝史官，非常了解周朝的典章制度，孔子曾向他請教，晚年，西入秦，不知所終。著有《老子》上下篇五千餘言。失魚，指失淵之魚。《老子・三十六章》：「魚不可脫於淵，國之利器不可以示人。」❻故人富久語六句　此記四事，均在「傳一」各該節中注釋。

【語　譯】經一，權借——權勢不可以借給別人；君主失落一分權力於臣下，臣下就作百分來運用。所以臣下能借到君主的權勢，力量就變大；力量強大，則中央和地方的官吏都被利用，中央和地方的官吏都被利用，君主便被蒙蔽了。這種道理的說明，就在老聃所說魚失於淵的比喻當中。所以靖郭君和故人久談，故人就因此富有；賞巾帨給左右，左右就向人炫耀。這種災禍，就在胥僮勸諫厲公，眾口一詞保護州侯，以及燕人用狗屎洗澡的故事當中。

經二，利異——君臣之利異，故人臣莫忠。故臣利立，而主利滅❶。是以姦臣者，召敵兵以內除❷，舉外事以眩主❸；苟成其私利，不顧國患。其說，在衛人之夫妻禱祝也。故戴歇議子弟，而三桓攻昭公；公叔內齊軍，而翟黃召韓兵；太宰嚭說大夫種，大成午教申不害，司馬喜告趙王，呂倉規秦、楚，宋石遺衛君書，白圭教暴譴❹。

【注釋】❶臣利立二句　臣下的利益建立，則君主的利益消失。而，則。❷召敵兵以內除　招引外國的軍隊，以清除國內的政敵。❸舉外事以眩主　從事國際間的合縱連橫，以迷惑君主。舉，行事。外事，指國際間的事。即合縱連橫等謀略。眩，惑亂；迷惑。❹衛人之夫妻禱祝也十一句　此記十一事，均在「傳二」各該節中注釋。

【語譯】經二，利異——君主和臣下的利益不同，所以臣下不肯盡忠。所以臣下的利益建立，則君主的利益消失。所以姦臣往往招引外國的軍隊，以清除國內的政敵；從事國際間的合縱連橫，以迷惑君主。只要能成就自己的利益，就不管國家的災禍。這種道理的說明，就在衛國一對夫妻向神禱告的故事當中。所以戴歇非議荊王把子弟送到四鄰做官，魯國三桓聯合攻打魯昭公，韓相公叔搬請齊軍以鞏固自己的地位，魏國的翟黃招引韓兵以增加自己的份量，吳國太宰伯嚭勸說大夫文種，趙國大成午教導申不害，司馬喜把中山國的情報告訴趙王，呂倉暗示秦楚攻打魏國，宋石函請衛君互相規避，白圭連絡暴譴互相扶持。

經三，似類——似類之事，人主之所以失誅❶，而大臣之所以成私也。是以門人捐水而夷射誅，濟陽自矯而二人罪，司馬喜殺爰騫而季辛誅，鄭袖言惡臭而新人劓，費無忌教郄宛而令尹誅，陳需殺張壽而犀首走。故燒芻廥而中山罪，殺老儒而濟陽賞也❷。

【注釋】❶失誅　錯殺人。❷門人捐水而夷射誅八句　此記八事，均在「傳三」各該節中注釋。

【語譯】經三，似類——類似的事情，易於迷惑，這就是君主誅罰錯誤、臣下成就私利的原因。所以守門人棄水在屋簷下，夷射就被殺死；濟陽君假傳君命，兩個仇人就被處死；司馬喜殺掉爰騫，季辛便被中山君誅戮；鄭袖說新人怕聞王臭，新人就被割掉鼻子；費無忌教郄宛陳設兵器，令尹就誅殺郄宛；陳需暗殺張壽，犀首便被趕走；焚燒儲藏草料的場所，中山君便處罰賤公子；門客刺殺年老的儒生，濟陽君卻加以賞賜。

經四，有反——事起而有所利，其尸主之；有所害，必反察之❶。是以明主之論❷也：國害，則省❸其利者；臣害，則察其反者。其說，在楚兵至而陳需相，黍種貴而廩吏覆。是以昭奚恤執販茅，而僖侯譙其次，文公髮繞炙，而穰侯請立帝❹。

【注釋】❶事起而有所利四句　事情發生，如果有利，則利歸當事的主人所有，如果有害，則從獲利者那裡去追究責任。而，如。尸，主。❷論　考慮；評斷。❸省　考察。❹楚兵至而陳需相六句　此記六事，均在「傳四」各該節中注釋。

【語　譯】經四，有反——事情發生，如果有利益，則利益歸於當事的主人；如果有害處，則從獲利的人那裡去追究責任。所以明主的考慮事情，國家受害，則考察那些獲利的人；臣下受害，則考察那些獲利的官員。這種道理的說明，就在楚兵攻打魏國，而陳需做了魏國的國相；韓國黍種價格昂貴，昭侯查出倉庫主管貪瀆的事件當中。所以草料被燒，昭奚恤便審問賣茅草的人；韓昭侯譴責宰臣的助理；晉文公因烤肉上有頭髮纏繞而追究堂下的內侍；秦王想稱帝，穰侯便請立帝王為東帝。

經五，參疑——參疑之勢，亂之所由生也，故明主慎之。是以晉驪姬殺太子申生，而鄭夫人用毒藥，衛州吁殺其君完，公子根取東周，王子職甚有寵，而商臣果作亂；嚴遂、韓廆爭，而哀侯果遇賊，田恆、闞止，戴驩、皇喜敵，而宋君、簡公殺。其說，在狐突之稱「二好」，與鄭昭之對「未生」也❶。

【注　釋】❶晉驪姬殺太子申生十三句　此記十事，均在「傳五」各該節中注釋。

【語　譯】經五，參疑——群臣權位相等或近似，是禍亂的根源，明主必須特別小心。所以晉獻公寵愛的驪姬計殺太子申生，鄭國夫人毒害鄭君，衛國的州吁殺掉桓公，周公子根分據東周，楚成王偏愛王子職，太子商臣便作亂；嚴遂和韓廆爭權，韓哀侯便遇害；田恆和闞止勢位相等，而齊簡公被殺；戴驩和皇喜權力相當，而宋君被害。這種道理的說明，就在狐突解說君主二好的危險，以及鄭昭回答太子未生等故事當中。

經六，廢置——敵之所務，在淫察而就靡；人主不察，則敵廢置矣❶。故文王資費仲，而秦王患楚使，黎且去仲尼，而干象沮甘茂。是以子胥宣言而子常用，內美人而虞、虢亡，佯遺書而萇弘死，用雞猳而鄶傑盡❷。參疑廢置之事，明主絕之於內，而施之於外；資其輕者，輔其弱者，此謂廟攻❸。參伍既用於內，觀聽又行於外，則敵偽得❹。其說，在秦侏儒之告惠文君也。故襄疵言襲鄴，而嗣公賜令席。

【注釋】❶敵之所務四句　敵人所從事的事務，在迷惑我君主的明察，使漸趨敗壞，君主若不察覺，便被敵人操縱了。淫察，迷惑耳目的明察。淫，惑亂。就靡，日趨靡爛。靡，通「糜」。糜爛。廢置，指罷官和任官。❷文王資費仲八句　此記諸事，均在「傳六」各該節中注釋。❸參疑廢置之事六句　參疑、廢置的事情，明主不讓敵國施之於國內，而要設法施之於他國，資助敵國權輕的人，扶助勢弱的人，這叫廟攻。內，指本國。外，指敵國。資，資助；供給。廟攻，在朝廷上運用計策，以破壞敵國。廟，廟堂。天子與群臣議政之所，即朝廷。❹參伍既用於內三句　既用參伍的方法防範於國內，又用偵察探聽的方法實施於敵國，敵國的姦詐就可以獲知。參伍，或三或五，互相參合。意即錯綜比較，以相驗證。參，三。伍，五。觀聽，偵察探聽。敵偽，敵人的奸計。

【語譯】經六，廢置──敵人所從事的事務，在迷惑我君主的明察，使漸趨敗壞，君主若不察覺，便被敵人操縱了。所以周文王以財物幫助費仲，秦王憂慮楚國的使者，黎且除去孔子，干象阻遏甘茂。因此伍子胥揚言於楚國而子常被重用，晉獻公獻美女而虞虢兩國被消滅，晉國叔向故意遺失書信而萇弘被殺，鄭桓公偽殺雞豬盟誓而鄶國的豪傑全部犧牲。參疑、廢置的事情，明主不讓敵人施之於國內，而要設法施行於他國，資助敵國權輕的人，扶助勢弱的人，這叫做廟攻。既用參伍的方法防範於內，又用偵察探聽的方法實施於敵國，敵國的姦計就可以獲知。這種道理的說明，就在秦侏儒向惠文君報告楚國的陰謀一事之中。所以魏襄疵會預言趙將襲鄴，以及衛嗣君要贈送縣令蓐席了。

傳一——勢重❶者，人主之淵也；君者，勢重之魚也。魚失於淵，而不可復得也；人主失其勢重於臣，而不可復收也。古之人難正言❷，故託之於魚❸。賞罰者，利器❹也，君操之以制臣，臣得之以壅主。故君先見所賞❺，則臣鬻❻之以為德；君先見所罰❼，則臣鬻之以為威。故曰：「國之利器，不可以示人。」

【注釋】❶勢重　權勢；權力。本書〈喻老〉：「制在己曰重。」制在己，即制人之權在己。制人之權在己則份量重，故稱。❷正言　直言；正面說出。❸託之於魚　拿魚作比喻。託，託喻；依託。❹利器　有效的工具。❺見所賞　顯露獎賞的心意及獎賞的事情與對象。見，通「現」。顯示；表現。❻鬻　賣。❼見所罰　顯露處罰的心意及處罰的事情和對象。

【語譯】傳一——權力這樣東西好比君主的淵水，君主就好比淵水中的魚。魚離開了淵水，就再也無從得到；君主喪失了權力，而讓臣下取得，就再也無從收回。古人不好明講，所以拿魚來作比喻。賞罰，是很有效的工具，君主掌握了它，足以控制臣下，臣下得到了它，足以蒙蔽君主。所以君主若顯露獎賞的心意和事情，臣下便拿來顯示自己的恩德；君主若先顯露處罰的心意和事情，臣下就拿來顯示自己的威嚴。所以說：「治國的利器，不可以輕易拿來對人顯示。」

靖郭君❶相齊，與故人久語，則故人富；懷左右刷❷，則左右重。久語、懷刷，小資❸也，猶以成富取重，況於吏勢❹乎！

【注釋】❶靖郭君　姓田，名嬰。為齊威王少子，孟嘗君之父，曾為齊相，封於薛（故城在今山東省滕縣西南二十公里）。❷懷左右刷　賜巾帨給左右近侍。懷，饋贈；贈予。刷，本作「㕞」。拭；擦。此用為名詞，指巾帨一類的東西。❸小資　小小的賞賜之恩。資，供給。此指供給之物，即賞賜的恩惠。❹吏勢　所給予官吏的權勢。

【語譯】靖郭君做齊國的國相，和故人談話，時間稍久，故人便因此致富；賞給左右巾帨，左右便增加份量。談話稍久，賞給巾帨，都是很小的賞賜，尚足以使故人致富，左右增加份量，又何況給予官吏權勢呢？

晉厲公❶之時，六卿❷貴，胥僮❸長魚矯❹諫曰：「大臣貴重，敵主爭事❺，外市樹黨❻，下亂國法，上以劫主，而國不危者，未嘗有也。」公曰：「善。」乃誅三卿❼。胥僮長魚矯又諫曰：「夫同罪之人，偏誅而不盡，是懷怨而借之閒❽也。」公曰：「吾一朝而夷❾三卿，予不忍盡也。」長魚矯對曰：「公不忍之，彼將忍公。」公不聽，居三月，諸卿作難，遂殺厲公，而分其地。

【注釋】❶晉厲公　春秋時晉國的君主。景公之子，名壽曼，在位八年（西元前五八〇～前五七三年），曾敗楚軍於鄢陵，後為欒書、中行偃之黨羽所殺。❷六卿　六位執政的高級官吏。春秋時晉景公（西元前五九九～前五八一年在位）始置六軍，軍各有帥，皆為卿，共執朝政，稱六卿。❸胥僮　人名。晉厲公的嬖臣。《左傳》作「胥童」。❹長魚矯　人名。晉厲公的嬖臣。❺敵主爭事　權勢和君主相當，與君主爭持國事。敵，匹敵；相等。❻外市樹黨　勾結外國，出賣本國，樹立黨羽。市，買賣。樹，建立。❼三卿　指郤錡、郤犨、郤至。❽懷怨而借之閒　使他們心裡怨恨而給他們反擊的機會。懷怨，使人心懷怨恨。借，假借；借予。閒，通「間」。空隙。❾夷　削平。

【語譯】晉厲公的時候，六卿地位崇隆，胥僮、長魚矯勸諫厲公說：「大臣位高權重，權勢和君主相當，與君主爭持國事。勾結外國，出賣本國，樹立黨羽。對下攪亂國法，對上脅迫君主，如此而國家還不面臨危險的，從來沒有過。」厲公說：「對！」於是誅除郤錡、郤犨、郤至三卿。胥僮、長魚矯又勸諫說：「共同犯罪的人，只誅殺一部分而沒有全部處罰，這將使他們心懷怨恨，而給予他們作亂的機會。」厲公說：「我在一天之內，連殺三卿，我不忍心把六卿趕盡殺絕。」長魚矯回答說：「公不忍心對付他們，他們卻將狠心對付你。」厲公不聽，過了三個月，欒書、中行偃諸卿起兵造反，終於殺掉厲公，而瓜分了他的土地。

州侯❶相荊，貴而主斷❷。荊王疑之，因問左右，左右對曰：「無有❸。」如出一口❹也。

【注釋】❶州侯　楚襄王的佞臣。《戰國策・楚策》：「莊辛謂楚襄王曰：『君王左州侯，右夏侯。』」州，地名。今湖北省監利縣東北十五公里。❷貴而主斷　尊貴而專斷。貴，地位高。主斷，專斷；專制。❸無有　沒有。指沒有專斷之事。❹如出一口　好像從一張嘴巴說出來。形容大家意見完全一樣。

【語譯】州侯做楚國的國相，地位尊貴而專斷，楚王對他產生疑慮，於是問左右的人，左右的人都說：「沒有專斷的事。」好像出自一張嘴說出來似的。

燕人無惑，故浴狗矢❶。燕人，其妻有私通於士❷，其夫早自外而來，士適❸出，夫曰：「何客也？」其妻曰：「無客。」問左右，左右言：「無有。」如出一口。其妻曰：「公惑易❹也。」因浴之以狗矢。

一曰：燕人李季好遠出，其妻有私通於士，季突至，士在內中❺，妻患❻之。其室婦❼曰：「令公子裸而解髮❽，直出門，吾屬佯不見❾也。」於是公子從其計，疾走出門。季曰：「是何人也？」家室皆曰：「無有。」季曰：「吾見鬼乎？」婦人曰：「然。」「為之奈何？」曰：「取五牲❿之矢浴之。」季曰：「諾。」乃浴以矢。一曰：浴以蘭湯⓫。

【注釋】❶燕人無惑二句　燕國人沒有精神失常的病，故意把狗屎摻在水中洗澡。惑，精神錯亂。故，故意。矢，通「屎」。❷私通於士　私自和士人通姦。❸適　恰巧；正好。❹惑易　迷亂失常。惑，精神錯亂。易，改變。指官能變化，與平日不同。❺內中　內室之中；臥房之中。❻患　憂慮。❼室婦　家裡的僕婦。❽解髮　散髮。古人頭髮都收束為結，插上髮簪，使它固定，解髮則解開髮結，任其散亂。❾吾屬佯不見　我們假裝沒看見。吾屬，我輩；我們這些人。屬，類。佯，假裝。❿五牲　牛、羊、豕、犬、雞。⓫浴以蘭湯　用蘭湯洗澡。習俗以為可以祓除不祥。蘭湯，用蘭草浸泡的熱水。蘭有異香，故用之。

【語譯】一個燕國人，並沒有精神錯亂的病症，卻故意用摻有狗屎的熱水洗澡。故事是這樣的：一位燕國人，他的太太跟一個士人通姦，他的丈夫一早從外面回來，士人恰好出門，丈夫說：「那是我們家什麼客人？」他太太說：「沒有客人啊！」問左右的人，左右的人都說：「沒有。」好像從一個人的嘴裡說出來的一樣。他太太說：「你精神迷亂失常啦！」於是拿狗屎攪到水裡給他洗澡。

另一說：燕國人李季喜歡旅行到遠方，有一次，他的太太跟一個士人通姦，李季突然回家，士人還在內室，太太很焦急，她的女管家說：「教公子裸露身體，披散頭髮，出大門直走，我們裝作沒看見就好。」於是那位公子聽她的話，很快地出門直走。李季說：「這是什麼人？」女管家等人都一致地說：「沒看見人呀！」李季說：「難道我看見鬼了嗎？」婦人們都說：「對！」李季說：「那怎麼辦呢？」婦人說：「取五種牲畜的屎攪到水裡給他洗澡。」李季說：「好。」於是果然取屎和水給他洗澡。另一說：用泡浸過蘭草的熱水給他洗澡。

傳二——衛人有夫妻禱❶者，而祝❷曰：「使我無故❸，得百束❹布！」其夫曰：「何少也？」對曰：「益是❺，子❻將以買妾。」

【注釋】❶禱　祈神求福。❷祝　以言告神求福。❸無故　沒有原因；沒有緣由。❹百束　五百匹。束，綑束。布帛以五匹為一束。一說：十匹。❺益是　多於此。❻子　你。第二人稱的尊稱。

【語譯】傳二——衛國有一對夫妻在禱告，向神祈求說：「讓我無緣無故獲得百束的布帛。」她的丈夫說：「為什麼祈求那麼少？」他的太太說：「超過了這個數量，你就會拿去討小老婆囉！」

荊王欲宦子弟於四鄰❶，戴歇❷曰：「不可。」「宦公子於四鄰，四鄰必重之。」曰：「公子出者重，重則必為所重之國黨❸，則是教子於外市❹也，不便❺。」

【注釋】❶宦子弟於四鄰　派遣子弟到各鄰國去做官。宦，仕宦；做官。❷戴歇　人名。事蹟未詳。❸黨　同伙的人。❹教子於外市　教子弟向外國勾結牟利。❺不便　不宜。

【語譯】楚王想派子弟到周邊的鄰國去做官，戴歇說：「不可以！」楚王說：「派公子到四周的鄰國去做官，鄰國一定會重用他。」戴歇說：「公子出去做官而被重用，那他一定成為該國的同伙人，這樣一來，等於是教子弟對外勾結牟利，這是很不適當的。」

魯，孟孫、叔孫、季孫相戮力劫昭公❶，遂奪其國，而擅其制❷。魯三桓偪❸公，昭公攻季孫氏，而孟孫氏、叔孫氏相與謀曰：「救之乎？」叔孫氏之御者❹曰：「我家臣也，安知公家？凡❺有季孫與無季孫，於我孰利❻？」皆曰：「無季孫，必無叔孫。」「然則救之！」於是撞❼西北隅而入，孟孫見叔孫之旗入，亦救之，三桓為一，昭公不勝，遂之❽齊，死於乾侯❾。

【注　釋】❶孟孫句　孟孫、叔孫、季孫合力劫持魯昭公。孟孫、叔孫、季孫，春秋時魯國的大夫。皆魯桓公的後代，累世掌權，勢力強大，稱為三桓，又稱三家。戮力，并力；合力。劫，威脅；強迫。昭公，春秋時魯國的君主。襄公庶子，名裯，在位三十二年（西元前五四一～前五一〇年）。昭公二十五年（西元前五一七年），三家合攻昭公，昭公逃往齊國，後又投奔晉國，求晉助其回國，晉君將他安置在乾侯（今河北省成安縣東南六公里），在外流浪八年，死在乾侯。❷擅其制　獨占昭公的權力。擅，獨斷專行。制，君主的命令。❸偪　通「逼」。❹叔孫氏之御者　叔孫氏的車伕。《左傳・昭公二十五年》：「叔孫氏之司馬鬷戾言於眾曰。」與此段內容相同。據此，車伕之名應為鬷。❺凡　大概；大致。❻孰利　何者有利。孰，何。❼撞　衝。❽之　往。❾乾侯　春秋時晉國的邑名。在今河北省成安縣東南六公里。

【語　譯】魯國的孟孫氏、叔孫氏和季孫氏合力劫持魯昭公，終於把昭公趕走，奪了他的國家，掌握了魯國的政權。當初魯國三桓逼迫昭公，昭公攻打季孫氏，孟孫氏便和叔孫氏互相商量說：「要救他嗎？」叔孫氏的車伕說：「我是個家臣，哪裡懂得你們公家的事？大抵有季孫氏和沒有季孫氏，哪一種情形對我有利？」大家都說：「沒有季孫氏，便一定沒有叔孫氏。」車伕說：「那麼，救季孫氏！」於是從西北角衝進去。孟孫氏見叔孫氏的旗幟已經進去，也率兵去援救。後來三家的軍隊合而為一，昭公抵抗不住，便逃奔齊國，最後死在晉國的乾侯。

公叔相韓而有攻齊❶，公仲甚重於王，公叔恐王之相公仲也，使齊韓約而攻魏，公叔因內齊軍於鄭❷，以劫其君，以固其位，而信兩國之約。

【注　釋】❶公叔相韓而有攻齊　公叔做韓國的國相，而又與齊國交好。公叔，《史記．韓世家》、《戰國策．韓策》皆作「公叔伯嬰」。有，又。攻，通「工」。善。❷內齊軍於鄭　將齊軍引入韓國。內，通「納」。鄭，即韓國。韓哀侯滅鄭，遷都於鄭，故韓也稱鄭。

【語　譯】公叔做韓國的國相，而又交好齊國，公仲很受韓王的器重。公叔擔心韓王以公仲為相，便促使齊國和韓國相約攻打魏國，公叔因而將齊兵引入韓國，以逼迫他的君主，鞏固自己的地位，並實踐兩國的約定。

翟璜❶，魏王之臣也，而善於韓，乃召韓兵令之攻魏，因請為魏王搆❷之，以自重也。

【注　釋】❶翟璜　即翟黃。戰國初魏文侯的大臣。曾舉薦吳起、西門豹、樂羊、李克等賢才。❷搆　通「構」。交搆；結合。此謂講和。

【語　譯】翟璜是魏王的臣子，卻交好韓國，於是招引韓國的軍隊來攻打魏國，翟璜因而自請替魏王去講和，以增加自己的份量。

越王❶攻吳王❷，吳王謝而告服❸，越王欲許之。范蠡❹、大夫種❺曰：「不可。昔天以越與❻吳，吳不受。今天反夫差❼，亦天禍也；以吳予越，再拜受之，不可許也。」太宰嚭遺大夫種書❽曰：「狡兔盡則良犬烹，敵國滅則謀臣亡。大夫何不釋吳而患越❾乎？」大夫種受書讀之，太息而歎曰：「殺之，越與吳同命❿！」

【注釋】❶越王　指句踐。❷吳王　指夫差。❸謝而告服　認錯請降。謝，認錯；道歉。告，請；求。服，降服。❹范蠡　春秋時楚國宛（今河南省南陽縣）人。字少伯，仕於越國為大夫，輔佐越王句踐，奮勵圖強，終滅吳國，後辭官入齊，改名鴟夷子皮，居於陶（今山東省定陶縣），稱朱公，經商致富，十九年中，三致千金，但他輕財重義，常散財救濟貧窮。❺大夫種　指文種。春秋時楚國人，仕於越國，為大夫，與范蠡共同輔佐越王句踐，終滅吳國，功成，范蠡隱避，文種被殺。大夫，職官等級名。三代（夏、商、周）時，官分卿、大夫、士三等，大夫又分上、中、下三級。❻與　給予。❼天反夫差　天使夫差與前相反。指以前夫差戰勝，現在夫差戰敗，前後相反。❽太宰嚭遺大夫種書　太宰伯嚭寫信給大夫文種。太宰嚭，指伯嚭。春秋時楚國太宰伯州犂的孫子，逃奔吳國，夫差時為太宰，稱太宰嚭，也稱伯嚭。夫差打敗越國，越王句踐派文種透過伯嚭求和，句踐滅吳，殺伯嚭。太宰，官名。相傳始置於殷，周又稱冢宰，為六官中天官之長，輔佐帝王治理國家，春秋時，列國多稱太宰。遺，送。書，信。❾釋吳而患越　放過吳國，使越國常常有所憂慮。按：吳國存，則越國受到威脅，故云。釋，放。患越，使越國有憂患。❿殺之二句　殺了我，以及越國滅了吳國，同樣是天命。殺之，指文種自己為句踐所殺。與，通「舉」。拔；攻克。同命，同一命運；同屬上天的安排。

【語譯】越王句踐攻打吳王夫差，吳王夫差認罪請降，越王句踐想答應他，范蠡和文種勸諫說：「不可答應。從前天把越國送給吳國，吳國不接受。現在天反過來使夫差戰敗，這就是天降給他災禍。現在既然天把吳國送給越國，應該再拜接受，不可答應吳國的請降。」太宰伯嚭寫給文種一封信說：「狡兔捉光了，良犬就被烹煮；敵國滅亡了，謀臣便被殺害。大夫何不放過吳國，使越國常常有所憂慮呢？」文種收了信，讀過之後，長歎了一口氣，說：「殺了我，以及越國滅了吳國，同樣是天命啊！」

大成午❶從趙謂申不害❷於韓曰：「子以韓重我於趙，請以趙重子於韓，是子有兩韓，我有兩趙。」

【注　釋】❶大成午　戰國時趙成侯的國相。❷申不害　（西元前？～前三三七年）戰國時鄭國京（今河南省滎陽縣東南十五公里）人。原為鄭國低級官員，韓滅鄭，韓昭侯用為相，政治修明，諸侯不敢來侵。申不害之學，以道家為本，而注重法術，《漢書・藝文志》有《申子》六篇，今有《申子》佚文輯本。

【語　譯】趙國的國相大成午從趙國到韓國，告訴韓國的國相申不害說：「你用韓國來幫助我，增加我在趙國的份量；我願以趙國來幫助你，增加你在韓國的份量。這等於你擁有兩個韓國，而我擁有兩個趙國。」

司馬喜❶，中山君❷之臣也，而善於趙，常以中山之謀，微❸告趙王。

【注　釋】❶司馬喜　戰國時中山國的國相，為司馬遷的遠祖族人。《史記・太史公自序》：「自司馬氏去周適晉，分散，或在衛，或在趙，或在秦。其在衛者，相中山。」就是指司馬喜。❷中山君　中山國的國君。中山，周朝諸侯國名。前後有二：前中山國，姬姓，故址在今河北省定縣一帶，為魏文侯將樂羊所滅。後中山國，為魏文侯所封。文侯滅中山以後，命太子擊駐守，後太子擊回國，又封少子摯於中山，是為中山武公，傳到戰國時期，又為趙武靈王所滅。❸微　祕密；暗中。

【語　譯】司馬喜是中山國國君的臣子，卻交好趙國，常常把中山國的計畫暗中告訴趙王。

呂倉❶，魏王之臣也，而善於秦、荊，微諷❷秦、荊，令之攻魏，因請行和❸，以自重也。

【注釋】❶呂倉 人名。事蹟未詳。❷微諷 暗示；暗中告知。❸行和 講和。

【語譯】呂倉是魏王的臣子，卻交好秦國和楚國，於是暗示秦楚兩國，要他們攻打魏國，呂倉因而自請出面講和，以增加自己的份量。

宋石❶，魏將也，衛君❷，荊將也。兩國搆難❸，二子皆將。宋石遺衛君書曰：「二軍相當❹，兩旗相望；唯毋❺一戰，必不兩存。此乃兩主之事也，與子無私怨，善者相避❻也。」

【注釋】❶宋石 人名。事蹟未詳。❷衛君 人名。事蹟未詳。❸搆難 交戰。❹相當 相敵對；相遇。❺唯毋 若。❻善者相避 若認為我說的對，互相迴避，不要交鋒。善者，猶言善我言者。意即認為我的說法對的話。

【語譯】宋石是魏國的將軍，衛君是楚國的將軍。魏、楚兩國交戰，宋石和衛君都率兵出征。宋石寫信給衛君說：「兩國的軍隊相對峙，雙方的旗幟相輝映，假若一開戰，必不能兩全。這其實是兩國君主的事，而我跟你又沒有私怨，你如果認為我的話是對的，我們就互相迴避吧！」

白圭❶相魏，暴譴❷相韓。白圭謂暴譴曰：「子以韓輔我於魏，我請以魏持❸

子於韓，臣長用魏❹，子長用韓。」

【注　釋】❶白圭　戰國魏文侯時人，善於經商。見《史記・貨殖列傳》。❷暴譴　人名。事蹟未詳。❸持　扶持。❹臣長用魏　我永遠主掌魏國的國政。臣，古代自稱的謙詞。長，久。用魏，重用於魏國。

【語　譯】白圭做魏國的國相，暴譴做韓國的國相。白圭對暴譴說：「你拿韓國來幫助我，增加我在魏國的份量；我願以魏國來幫助你，增加你在韓國的份量。這樣我永遠治理魏國，你永遠治理韓國。」

傳三——齊中大夫❶有夷射❷者，御飲❸於王，醉甚而出，倚於郎❹門。門者刖跪❺請曰：「足下無意賜之餘瀝❻乎？」夷射叱❼曰：「去！刑餘之人❽，何事乃敢乞飲長者❾。」刖跪走退。及夷射去，刖跪因捐水郎門霤下❿，類溺者之狀⓫。明日，王出而訶⓬之，曰：「誰溺於是⓭？」刖跪對曰：「臣不見也；雖然，昨日中大夫夷射立於此。」王因誅夷射而殺之。

【注　釋】❶中大夫　古代職官等級名。三代時，官分卿、大夫、士三等。大夫又分上大夫、中大夫、下大夫三級。❷夷射　人名。事蹟未詳。❸御飲　侍飲。❹郎　通「廊」。宮殿四周的過道。❺門者刖跪　砍斷雙足的守門人。門者，看守門戶的廝役。刖跪，斷足的人。刖，砍斷。古代酷刑之一，砍斷犯人的腳。跪，足。❻餘瀝　餘酒；殘酒。瀝，下滴。指酒。❼叱　吆喝；大聲呵斥。❽刑餘之人　受過肉刑的人。刑餘，刑後；受刑之後。❾何事乃敢乞飲長者　何故竟敢向長者求飲。何事，何故。乃，竟；居然。乞飲長者，向長者求飲。乞，求。長者，指貴顯的人。❿捐水郎門霤下　把水倒在廊門的簷下。捐水，棄水。霤，屋簷水。此借指屋簷。⓫類溺者之狀　類似尿水的樣子。類，好像；類似。溺，尿。⓬訶　大聲喝斥。⓭誰溺於是　誰在此小便。是，此。

【語譯】傳三——齊國有個中大夫名叫夷射的，陪侍齊王喝酒，喝得大醉出來，斜靠在宮門邊，斷了腳的守門人向他請求說：「你沒有一點心意賞給我一些酒喝嗎？」夷射大聲吆喝說：「滾開！受過肉刑的人怎麼竟敢向大官討酒喝！」那個斷足的人只好躲在一邊。等到夷射走了，斷足的人就取水倒在宮門的屋簷下，像一灘小便的樣子。第二天，齊王出來看到了，大罵說：「誰在這裡小便？」斷足人答說：「我沒看見。不過，昨天夜晚中大夫夷射曾經站在這裡。」齊王便處罰夷射，把他殺了。

魏王臣二人不善濟陽君❶，濟陽君因偽令人矯❷王命而謀攻己。王使人問濟陽君曰：「誰與恨❸？」對曰：「無敢與恨；雖然，嘗與二人不善，不足以至於此。」王問左右，左右曰：「固然。」王因誅二人者。

【注釋】❶濟陽君　戰國時魏國官員。姓名事蹟均未詳。❷矯　假託；詐稱。❸誰與恨　與誰相恨。

【語譯】魏王的兩位臣子和濟陽君有嫌隙，濟陽君便故意教人假託魏王的命令陰謀殺害自己。魏王派人問濟陽君說：「你跟誰結仇？」濟陽君回答說：「不敢跟誰結怨；不過曾經跟兩個人處不好，但也不至於到此地步。」魏王問左右近侍，左右近侍說：「確實如此。」魏王便把那兩位臣子處死。

季辛❶與爰騫❷相怨，司馬喜❸新與季辛惡❹，因微❺令人殺爰騫，中山之君以為季辛也，因誅之。

【注　釋】❶季辛　人名。事蹟未詳。❷爰騫　人名。事蹟未詳。❸司馬喜　戰國時中山國的國相。❹惡　交惡；結怨。❺微　祕密；暗中。

【語　譯】季辛和爰騫結怨，司馬喜新近又和季辛有仇，於是暗中教人殺掉爰騫，中山國的國君以為是季辛幹的，便把季辛處死。

荊王❶所愛妾有鄭袖❷者，荊王新得美女，鄭袖因教之曰：「王甚喜人之掩口也，為❸近王，必掩口。」美女入見，近王，因掩口。王問其故，鄭袖曰：「此固言惡王之臭❹。」及王與鄭袖、美女三人坐，袖因先誡御者❺曰：「王適❻有言，必亟❼聽從王言。」美女前，近王甚，數❽掩口。王悖然❾怒曰：「劓❿之！」御者因揄⓫刀而劓美人。

一曰：魏王遺⓬荊王美人，荊王甚悅之。夫人鄭袖知王悅愛之也，亦悅愛之甚於王，衣服玩好⓭，擇其所欲為⓮之。王曰：「夫人知我愛新人也，其悅愛之甚於寡人，此孝子之所以養親，忠臣之所以事君也。」夫人知王之不以己為妬也，因謂新人曰：「王甚悅愛子，然惡子之鼻，子見王常掩鼻，則王長幸子矣。」於是新人從之，每見王，常掩鼻。王謂夫人曰：「新人見寡人，常掩鼻，何也？」對曰：「不已知也⓯。」王強⓰問之，對曰：「頃⓱嘗言惡聞王臭。」王怒曰：

「劓之。」夫人先誡御者曰：「王適有言，必可從命⑱。」御者因揄刀而劓美人。

【注釋】❶荊王　楚王。此指楚懷王。❷鄭袖　楚懷王的寵姬。❸為　如；若。❹固言惡王之臭　必然是厭惡大王的臭味。固言，固然；當然。惡，厭惡。❺誡御者　吩咐侍者。❻適　若。❼亟　急速。❽數　屢次。❾悖然　同「勃然」。神色改變的樣子。❿劓　割去鼻子。為古代五刑之一。⓫揄　手揮。⓬遺　贈送。⓭玩好　賞玩嗜好的物品。⓮為　與；給予。⓯不己知也　猶言我不知。按：此句說法甚多，王先慎《韓非子集解》說：「己即人己之己。不己知也，言我不知也，故王強問之。」盧文弨《群書拾補》說：「己字疑衍。」太田方《韓非子翼毳》說：「己，之字之誤，古書之己往往而誤。」陶鴻慶《讀諸子札記》說：「案《爾雅・釋詁》：『己，此也。』不己知，言此則不敢知也。」綜合各家的說法，「不己知」的意思，就是「不知」。⓰強　強迫。⓱頃　不久前；剛才。⑱必可從命　一定要趕緊照辦。可，王先慎《韓非子集解》說：「當作亟。」陳奇猷《韓非子集釋》說：「王說是，可即亟之壞字。」從命，遵命；遵照命令去做。

【語譯】楚王有個寵妾叫鄭袖，楚王新近又娶到一位美女，鄭袖就告訴她說：「大王很喜歡看人家把嘴巴遮起來的樣子。如果你接近大王，一定要遮住嘴巴。」美女進見，接近楚王時，就遮住嘴巴，楚王問原因，鄭袖說：「這當然表示厭惡大王的臭味。」等到楚王和鄭袖、美女三人共坐時，鄭袖預先吩咐近侍說：「大王如果講些什麼話，一定要急著照大王的話去做。」美女走到前面，非常接近楚王，屢次遮住嘴巴。楚王生氣得變了臉色，說：「把她的鼻子割掉！」近侍聽了，便拔出刀來，割掉了美人的鼻子。

另一說：魏王送了一個美女給楚王，楚王很喜愛她。楚王的夫人鄭袖知道楚王這樣喜愛她，也表現得對她很喜愛，程度勝過楚王。衣服和賞玩嗜好的東西，都選擇她所愛好的送給她。楚王說：「夫人知道寡人喜愛新人，因而喜愛她勝過寡人，這是孝子奉養雙親的心意，也是忠臣事奉君主的道理。」夫人知道楚王已不認為自己有嫉妒之心，便對新人說：「大王非常喜愛你，不過不喜歡你的鼻子。你進見大王，要常常遮住鼻子，這樣大王就永遠寵愛你了。」於是新人照著她的話做，每次見楚王都遮掩鼻子。楚王對夫人說：「新人見到寡人，常常掩住鼻子，什麼緣故？」夫人回答說：「不大清楚。」楚王強迫她回答，她說：「最近她曾說過，討厭聞到大王的臭味。」楚王聽了，大為生氣，說：「割掉她的鼻子！」夫人已預先告訴近侍說：「大王如果有什麼吩咐，一定要趕緊照辦。」所以這時近侍便抽出刀來，割掉美人的鼻子。

費無極❶，荊令尹之近者❷也。郄宛❸新事令尹，令尹甚愛之。無極因謂令尹曰：「君愛宛甚，何不一為酒其家❹？」令尹曰：「善。」因令之為具❺於郄宛之家。無極教❻宛曰：「令尹甚傲而好兵，子必謹敬，先亟陳兵❼堂下及門庭。」宛因為之。令尹往而大驚，曰：「此何也？」無極曰：「君殆❽去之，事未可知也。」令尹大怒，舉兵而誅郄宛，遂殺之。

【注釋】❶費無極　即費無忌。春秋時楚國的大夫。事楚平王，曾計害太子建，並陷害伍奢、伍尚父子及郄宛，後被令尹囊瓦所殺。❷令尹之近者　令尹的親信。令尹，楚國的最高行政長官。此指囊瓦，字子常，楚平王及昭王時為令尹。近者，近幸的人。❸郄宛　春秋時楚國的左尹。字子惡，為人正直，為費無極所陷害。郄，本字作「郤」。❹為酒其家　設酒宴於其家。❺為具　備辦酒席。具，指酒肴和食器。❻教　告訴。❼亟陳兵　趕緊布置兵器。亟，急。陳，陳列；布置。兵，兵器。❽殆　大概。

【語　譯】費無極是楚國令尹的親信，郄宛新近在令尹身邊任職，令尹很喜歡他。無極便對令尹說：「大人那麼喜歡郄宛，何不在他家設個酒席飲宴一番呢？」令尹說：「好吧！」便命他在郄宛家備辦酒席。無極告訴郄宛說：「令尹很驕傲，而且喜愛兵器，你要謹慎莊重地接待，不妨事先陳列兵器於堂下和門庭。」郄宛便照著做。令尹到了他家，大吃一驚，說：「這是什麼意思？」無極說：「大人最好趕快離開，事情是無法預料的。」令尹大發脾氣，派兵攻擊郄宛，終於把他殺掉。

犀首❶與張壽❷為怨❸，陳需❹新入，不善犀首，因使人微殺❺張壽，魏王以為犀首也，乃誅之。

【注釋】❶犀首　姓公孫。名衍，陰晉（今陝西省華陰縣）人，初相魏，後相秦。❷張壽　人名。事蹟未詳。❸為怨　猶言相怨。❹陳需　人名。下文「傳四」云：「陳需，魏王之臣也。」❺微殺　暗殺。

【語譯】犀首和張壽結怨，陳需新來做官，和犀首處得不好，便使人暗殺張壽，魏王認定是犀首幹的，於是就懲罰犀首。

中山❶有賤公子，馬甚瘦，車甚弊❷。左右有私不善者，乃為之請於王曰：「公子甚貧，馬甚瘦，王何不益之❸馬食？」王不許。左右因微令人夜燒芻廄❹，王以為賤公子也，乃誅之。

【注釋】❶中山　周朝諸侯國名。❷弊　通「敝」。破敗。❸之　其。❹芻廄　堆積牧草的馬房。芻，餵牛羊等牲畜的草。即牧草。廄，馬舍。

【語譯】中山國有個地位卑賤的公子，馬很瘦，車很破。中山國國王左右有和他結過私仇的，便替他向國王請求說：「公子很窮，馬很瘦，國王何不增加他的馬的食物？」國王不答應。左右便暗中教人在夜晚縱火燒草料場和馬房，國王以為是那位地位卑賤的公子幹的，於是就懲罰那位地位卑賤的公子。

魏有老儒，而不善濟陽君❶。客有與老儒私怨者，因攻❷老儒殺之，以德❸於濟陽君曰：「臣為其不善君也，故為君殺之。」濟陽君因不察而賞之。

一曰：濟陽君有少庶子❹者，不見知❺，欲入愛❻於君。齊使老儒掘藥於馬梨之山，濟陽少庶子欲以為功，入見於君曰：「齊使老儒掘藥於馬梨之山，名掘藥也，實間❼君之國。君不殺之，是將以濟陽君抵罪於齊❽矣。臣請刺❾之。」君曰：「可。」於是明日得之城陰❿而刺之。濟陽君還⓫親之。

【注釋】❶濟陽君　戰國時魏國官員。姓名事蹟皆未詳。❷攻　進擊。❸德　示恩；討好。❹少庶子　官名。❺不見知　不被賞識。❻入愛　猶言受愛、被愛。❼間　祕密刺探敵情。❽以濟陽君抵罪於齊　使濟陽君由於齊國的關係而犯罪。以，使。抵罪，抵償應負的罪責。猶言依法判罪。於，由於。❾刺　刺殺；暗殺。❿城陰　城北。⓫還　通「旋」。迅速。

【語譯】魏國有個年老的書生，跟濟陽君不和，濟陽君的門客和年老書生有私怨，便攻擊年老書生，把他殺掉。然後向濟陽君示恩，說：「我是因為他對你不好，所以替你殺掉他。」濟陽君竟失察而獎賞了他。

另一說：濟陽君屬下有個任職少庶子的人，不受賞識，想要受到濟陽君的關愛。齊國派一位年老書生在馬梨山採藥，濟陽君的少庶子想要利用這件事來立功，便進見濟陽君說：「齊國派年老書生採藥於馬梨山，名義上是採藥，其實是來偵察我們的國家，你若不殺掉他，這將使你由於齊國的偵探而被治罪，我請求去刺殺這個人。」濟陽君說：「可以。」於是第二天在城北找到那個年老書生而把他殺掉。濟陽君果然不久就親近少庶子。

傳四——陳需，魏王之臣也，善於荊王，而令荊攻魏。荊攻魏，陳需因請為魏王行解❶之，因以荊勢相魏❷。

【注釋】❶行解 和解。❷以荊勢相魏 憑藉楚國的勢力而做了魏國的國相。以，用；憑。

【語譯】傳四——陳需是魏王的臣子，和楚王很友好，乃教楚國進攻魏國。當楚國來攻打魏國時，陳需便請求替魏王去向楚國講和，於是利用楚國的力量，做了魏國的國相。

韓昭侯❶之時，黍種常貴甚，昭侯令人覆廩❷，廩吏果竊黍種而糶❸之甚多。

【注釋】❶韓昭侯 戰國時韓國的國君。懿侯的兒子，宣惠王的父親，以申不害為相，政治修明，諸侯不敢來侵，在位三十年（西元前三六二～前三三三年，據錢穆《先秦諸子繫年考辨》）。❷覆廩 清查糧倉。覆，審察；查覈。廩，儲存糧食的倉庫。❸糶 賣出穀物。

【語譯】韓昭侯的時候，黍的種子常常價格偏高。昭侯派人查覈倉庫，果然發現管理倉庫的小吏偷竊黍種去賣，數量已經很多。

昭奚恤❶之用荊❷也，有燒倉廥窌❸者，而不知其人，昭奚恤令吏執販茅者而問之，果燒也❹。

【注釋】❶昭奚恤 戰國時楚國人。姓昭，名奚恤，楚宣王時為令尹。❷用荊 用事於楚國。即主掌楚國的大政，指其做令尹而言。❸倉噲窌　三種藏物之所。倉，藏穀物的處所。噲，藏草料的處所。窌，地窖；藏一般物品的處所。❹果燒也　果然是縱火焚燒的人。果，果真；果然。燒，即燒者。放火的人。也、者，古通用。

【語　譯】昭奚恤治理楚國的時候，有人縱火燒各種倉庫裡所儲藏的糧食，不知道是誰。昭奚恤下令官吏逮捕販賣茅草的人來詢問，果然是縱火的人。

昭僖侯❶之時，宰人上食❷，而羹❸中有生肝焉。昭侯召宰人之次❹而誚❺之曰：「若❻何為置生肝寡人羹中？」宰人頓首❼服死罪，曰：「竊欲去尚宰人❽也。」一曰：僖侯浴，湯中有礫❾。僖侯曰：「尚浴免❿，則有當代者乎？」左右對曰：「有。」僖侯曰：「召而⓫來。」譙⓬之曰：「何為置礫湯中？」對曰：「尚浴免，則臣得代之，是以置礫湯中。」

【注　釋】❶昭僖侯　即韓昭侯。昭、僖都是死後的謚號，古書多只舉其中一種。韓昭侯，戰國時韓國的國君。❷宰人上食　廚師呈上膳食。宰人，膳夫；廚師。❸羹　用菜、肉等做成的湯。❹次　助手。❺誚　譴責；責罵。❻若　你。❼頓首　以頭叩地而拜。❽尚宰人　掌管君主膳食的官吏。尚，掌；掌管。❾湯中有礫　熱水中有小石子。湯，熱水。礫，小石。❿尚浴免　掌管君主沐浴的官吏免職。⓫而　之。⓬譙　通「誚」。責備。

【語　譯】韓國昭僖侯的時候，膳夫進呈食品，肉羹裡發現有生肝，昭侯召見膳夫的助手，罵道：「你為什麼放生肝在寡人的肉羹裡？」膳夫的助手以頭叩地而拜，承認死罪，說：「我想除去掌管膳食的膳夫啊！」

又一說：韓昭侯洗澡，熱水中有小石子。昭侯說：「掌管沐浴事務的官吏一旦免職，有當繼任的人選嗎？」左右回答說：「有。」昭侯說：「把他找來。」那人來到時，昭侯罵他說：「為什麼放小石子在熱水裡？」那人回答說：「掌管沐浴的官吏被罷免了，我就可以繼位，所以放小石子在熱水裡。」

晉文公❶之時，宰臣上炙❷，而有髮繞之。文公召宰人而譙之曰：「女❸欲寡人之哽❹邪？奚為❺以髮繞炙。」宰人頓首再拜，請曰：「臣有死罪三：援礪砥刀❻，利猶干將❼也，切肉肉斷，而髮不斷，臣之罪一也。援木而貫臠❽，而不見髮，臣之罪二也。奉炙爐炭❾，火盡赤紅，而炙熟而髮不焦，臣之罪三也。堂下得微有疾臣者乎❿？」公曰：「善。」乃召其堂下而譙之，果然，乃誅之。

一曰：晉平公⓫觴客⓬，少庶子進炙而髮繞之，平公趣殺炮人⓭，毋有反令⓮。炮人呼天曰：「嗟呼，臣有三罪，死而不自知乎！」平公曰：「何謂也？」對曰：「臣刀之利，風靡骨斷⓯，而髮不斷，是臣之一死也。桑炭⓰炙之，肉紅白⓱而髮不焦，是臣之二死也。炙熟，又重睫⓲而視之，髮繞炙而目不見，是臣之三死也。意者堂下其有翳憎臣者乎⓳？殺臣不亦蚤⓴乎！」

【注釋】❶晉文公　春秋時晉國的國君。獻公之子，名重耳。獻公聽驪姬的讒言，殺世子申生。重耳出奔，周遊列國，凡十九年，獲秦國之助，回國即位。城濮之戰，擊敗楚國，遂繼齊桓公而霸諸侯。在位共九年（西元前六三六～前六二八年）。❷宰臣上炙　廚師呈上烤熟的肉。宰臣，即宰人。廚師。炙，烤過的肉。❸女　通「汝」。❹哽　食物卡在食道。❺奚為　何為；為何。❻援礪砥刀　取磨刀石來磨刀。援，取。礪，磨刀石。砥，磨刀石。此當動詞，即磨刀。❼利猶干將　像干將那樣鋒利。猶，如。干將，寶劍名。春秋時吳國人干將，與妻莫邪共同打造兩把劍，陽劍名干將，陰劍名莫邪，後世遂以為名劍的代稱。❽援木而貫臠　取木條穿肉塊。貫，穿。臠，肉塊。❾奉炙爐炭　拿肉塊在爐炭上烤。奉，持。❿堂下得微有疾臣者乎　宮殿外的近侍，也許有妬嫉我的吧。堂下，宮殿外。指近侍。得微，得無；莫非。疾，妬嫉。⓫晉平公　春秋時晉國的君主。悼公的兒子，名彪，在位二十六年（西元前五五七～前五三二年）。⓬觴客　以酒宴客。觴，盛有酒的酒杯。此當動詞。⓭趣殺炮人　催人殺廚師。趣，通「促」。催促。炮人，掌管膳食的人。炮，同「庖」。⓮毋有反令　不改變命令。毋，無。反令，與原令相反。即改變命令。⓯風靡骨斷　風順勢而起，骨骼應刀而斷。極形容刀刃之鋒利。靡，倒下。⓰桑炭　桑木燒成的炭。⓱肉紅白　肉色由紅轉白。指肉已烤熟。⓲重睫　重複眨眼。重，重複。睫，眨眼。⓳意者句　或許堂下的近侍有障蔽、憎恨於我的吧。意者，猶言或許。意，通「臆」。推測；猜想。翳憎，障蔽憎恨。翳，障蔽。⓴蚤通「早」。

【語　譯】晉文公的時候，膳夫進呈烤肉，烤肉上有一根頭髮纏繞著。文公把膳夫召喚來，罵他說：「你想把我噎死嗎？為什麼用頭髮纏著烤肉？」膳夫以頭叩地，再拜請求說：「我有三項死罪：拿磨刀石磨刀，磨得像干將那樣鋒利，切肉時，肉斷而頭髮沒斷，這是我的第一項罪過；拿木棍穿入肉塊，卻沒看到頭髮，這是我的第二項罪過；拿肉塊在爐炭上烤，火全都燒紅了，烤的肉也熟了，而頭髮卻沒燒焦，這是我的第三項罪過。堂下的近侍莫非有妬嫉我的人吧！」文公說：「對呀！」於是召集堂下的近侍加以責問，果然是近侍幹的，就把那個近侍殺掉。

另一說：晉平公以酒待客，少庶子進獻烤肉而烤肉上有頭髮纏繞，平公催人殺掉膳夫，絕不更改命令。膳夫大聲喊道：「啊！天哪！我有三項罪名，自己還不知道會被處死嗎！」平公說：「你這句話是什麼意思？」膳夫回答說：「我的刀子之利，一揮動它，風順勢而起，骨骼應刀而斷，然而頭髮卻沒斷，這是我的第一項死罪。用上等的桑炭來烤，烤得肉色由紅轉白，而頭髮卻沒有燒焦，這是我的第二項死罪。肉烤熟後，又反覆睜亮眼睛仔細察看，頭髮纏繞著烤肉而沒看見，這是我的第三項死罪。我想堂下的近侍大概有障蔽我、憎恨我的吧！沒查清楚便殺我，不是殺得太早了嗎？」

穰侯❶相秦而齊強，穰侯欲立秦為帝❷，而齊不聽，因請立齊為東帝，而不能成也。

【注　釋】❶穰侯　姓魏，名冉。戰國時秦昭襄王母宣太后異父弟，曾四度為相，封於穰，故稱。在相位時，舉白起為將，先後攻打韓魏齊楚等國，使秦國的勢力不斷向東拓展，後來范睢為相，穰侯就封邑而死。❷立秦為帝　按：周朝封建諸侯，分公、侯、伯、子、男五等爵，唯天子稱王或天王，王是人世間的最高統治者。到了戰國時代，諸侯紛紛僭位稱王，與周天子平等，久之，又覺稱王不足為奇，有的諸侯又想稱帝，帝是天上的最高統治者，比王又高一層。秦昭王十九年（西元前二八八年），昭王和齊湣王相約稱帝，齊湣王為東帝，秦昭王為西帝。後因諸侯反對，又去掉帝號。

【語　譯】穰侯做秦國的國相時，齊國的國勢很強大，穰侯想立秦王為帝，齊國不贊同，穰侯便請齊王立為東帝，然而因為利害相反的關係，事情沒有成功。

傳五——晉獻公❶之時，驪姬❷貴，擬❸於后妻，而欲以其子奚齊❹代太子申生❺，因患❻申生於君而殺之，遂立奚齊為太子。

【注　釋】❶晉獻公　春秋時晉國的君主。武公的兒子，名詭諸，在位二十六年（西元前六七六～前六五一年），有子申生、重耳、夷吾等。獻公五年（西元前六七二年），伐驪戎，獲驪姬，生奚齊，驪姬之妹陪嫁而來，生悼子。驪姬有寵，計害太子申生，申生自殺，重耳、夷吾逃往外國，於是立奚齊為太子。獻公卒，大夫里克殺奚齊和悼子。❷驪姬　（西元前？～前六五〇年）春秋時驪戎國君的女兒。晉獻公滅驪戎，納為夫人，深獲寵愛，生奚齊，其陪嫁妹妹生悼子。驪姬計害太子申生，申生自殺，公子重耳、夷吾皆出奔。❸擬　比擬；類似。❹奚齊　晉獻公的兒子。驪姬所生，獻公死，被立為君，為晉大夫里克等所殺。❺申生　晉獻公的太子。天性仁孝，被驪姬設計陷害，自殺而死。❻患　害。

【語　譯】傳五——晉獻公的時候，驪姬受寵位尊，足以比擬元配妻子，想讓她的兒子奚齊取代太子申生，便在獻公面前中傷申生，而將他害死，終於立奚齊為太子。

鄭君已立太子矣，而有所愛美女欲以其子為後❶，夫人恐，因用毒藥賊❷君殺之。

【注　釋】❶後　後嗣。指儲君。❷賊　害。

【語　譯】鄭國的君主已經立了太子了，而有一位他所愛的美女想要讓她所生的兒子做儲君，夫人為此感到恐慌，便用毒藥把鄭君殺死。

衛州吁❶重於衛，擬於君，群臣百姓盡畏其勢重❷，州吁果殺其君，而奪之❸政。

【注　釋】❶州吁　衛莊公寵姬所生的兒子，甚受寵而好兵事。莊公死，太子完立，即衛桓公。州吁驕傲蠻橫，殺桓公而自立。衛國大夫石碏聯合陳國誅殺州吁。事見《左傳・隱公三年》、《左傳・隱公四年》。❷勢重　權勢；權力。❸之　其。

【語　譯】衛公子州吁在衛國權勢很大，足與衛君相比，群臣和百姓都很畏懼他，後來州吁果然殺掉他的國君而奪取他的政權。

公子朝，周太子也，弟公子根甚有寵於君，君死，遂以東周叛，分為兩國❶。

【注釋】❶公子朝六句 按：本書〈難三〉也載此事，但公子朝作「公子宰」。根據古書，與此類似的事件有兩件：一、《左傳》昭公二十二年至二十四年記載：周景王的太子壽早死，景王想立王子猛。景王崩，王子猛立，就是悼王，這時景王的長庶子王子朝便作亂。悼王立七月而崩，其弟王子匄立，就是敬王。此時王子朝占據王城，稱西王，敬王避處翟泉（今河南省洛陽縣），稱東王。後來敬王獲晉國之助，趕走王子朝，入於王城。二、《史記・周本紀》記載：周考王封他的弟弟揭於河南，即西周桓公。桓公卒，子威公代立。威公卒，子惠公代立。惠公封其少子於鞏（今河南省鞏縣），號為東周惠公。本書此處敘述公子朝（非王子朝）與弟公子根（史書未見此人）因爭位而分為兩國，與上述兩事皆近似而不盡同，未知其根據所在。

【語譯】公子朝是周君的太子，他的弟弟公子根很受周君的寵愛，周君死了以後，公子根便憑藉東周叛亂，於是分為東周和西周兩國。

楚成王❶以商臣❷為太子，既而❸又欲置公子職❹，商臣作亂，遂攻殺成王。

一曰：楚成王以商臣為太子，既欲置公子職。商臣聞之未察❺也，乃為❻其傅潘崇❼曰：「奈何❽察之耶？」潘崇曰：「饗江芈❾而勿敬也。」太子聽之。江芈曰：「呼❿，役夫⓫！宜君王之欲廢女而立職⓬也。」商臣曰：「信矣。」潘崇曰：「能事之乎？」曰：「不能。」「能之⓭諸侯乎？」曰：「不能。」「能舉大事⓮乎？」曰：「能。」於是乃起宿營之甲⓯，而攻成王。成王請食熊膰而死⓰，不許，遂自殺。

【注　釋】❶楚成王　春秋時楚國的君主。楚文王之子，名惲，弒其兄莊敖而自立，在位四十六年（西元前六七一～前六二六年）。❷商臣　楚成王的兒子。弒成王而自立，是為楚穆王，在位十二年（西元前六二五～前六一四年）。❸既而　不久。❹公子職　楚成王的庶子，商臣的庶弟。❺聞之未察　聽說了，但不明確。之，而。察，知道得很清楚。❻為　通「謂」。❼其傅潘崇　他的老師潘崇。傅，師傅。潘崇，春秋時楚國的官吏。成王命他做太子商臣的師傅，商臣弒父自立，命他為太師，掌理國政。❽奈何　如何；怎麼樣。❾饗江芈　宴請江芈。饗，以酒食待客。江芈，楚成王的妹妹，嫁給江國（根據《左傳》杜預注）。《史記・楚世家》以為楚成王的寵妾。芈，或誤作「芊」。❿呼　怒斥聲。⓫役夫　供差遣的人。猶言賤人。⓬廢女而立職　廢掉你而立公子職。女，通「汝」。⓭之　往。⓮舉大事　發動大事。舉，行；發動。大事，指弒君的事。⓯起宿營之甲　發動禁衛軍。起，發動。宿營之甲，指宮廷的禁衛軍。宿營，禁衛軍的軍營。宿，宿衛。營，軍隊的住所。甲，軍人所穿的革製護身衣。後泛指披甲的戰士。⓰請食熊膰而死　請求吃了熊掌以後再死。熊膰，即熊掌。膰，通「蹯」。獸類的腳。按：熊掌堅韌，不易煮爛，請求吃了熊掌以後再死，意在拖延時間，以等待外面的援助。

【語　譯】楚成王已立商臣為太子，不久又想改立公子職，商臣於是起來叛亂，終於攻殺成王。

另一說：楚成王立商臣為太子，不久，又想改立公子職。商臣聽到這個消息，但並不明確，於是對他的師傅潘崇說：「如何來查證這件事的確實性？」潘崇說：「請江芈吃飯而故意表現得不禮貌。」商臣照著他的話做。江芈很氣，說：「呸！你這個奴僕！難怪君王要廢掉你而改立公子職了。」商臣告訴潘崇說：「廢立的消息是確實的。」潘崇說：「你能事奉他嗎？」商臣說：「不能。」潘崇說：「你能逃往別的國家嗎？」商臣說：「不能。」潘崇說：「你能發動叛亂嗎？」商臣說：「能。」於是發動禁衛軍進攻成王。成王要求等熊掌煮熟了，吃了再死，商臣不肯，成王便自殺而死。

韓廆❶相韓哀侯❷，嚴遂重於君❸，二人甚相害也。嚴遂乃令人刺韓廆於朝，韓廆走君而抱之，遂刺韓廆而兼中哀侯❹。

【注　釋】❶韓廆　即俠累。韓國的宗室，曾為韓相，因與嚴遂有仇，被嚴遂所請的刺客聶政所殺。廆，本書〈說林上〉作「傀」。❷韓哀侯　戰國時韓國的君主。文侯之子，即位二年，滅鄭，因而遷都於鄭，六年，為韓嚴所弒。❸嚴遂重於君　嚴遂為君所重。嚴遂，字仲子。戰國時人，與韓相韓廆有仇，禮請刺客聶政刺殺之。❹遂刺韓廆而兼中哀侯　按：據此，韓廆為韓哀侯之相，與哀侯同時被殺，與《戰國策・韓策》之說相合。但《史記・韓世家》和〈六國年表〉皆云韓廆為韓列侯之相，且被殺於列侯三年（西元前三九七年）。綜合各書考之，韓廆實相韓列侯，而於列侯三年為嚴遂所請刺客所殺。至於韓哀侯，乃列侯之孫，即位六年，為韓嚴所殺（西元前三七一年）。韓廆與韓哀侯之死，前後相距二十六年，此云韓廆為韓哀侯相，又同時被殺，蓋誤合兩事為一事，又誤把韓嚴當嚴遂的緣故。

【語　譯】韓廆做韓哀侯的國相，嚴遂很受哀侯的器重，兩個人互相傷害。嚴遂便派人刺殺韓廆於朝廷上，韓廆急忙跑到哀侯身邊，抱住哀侯，結果刺客刺殺了韓廆，同時刺中哀侯。

田恆❶相齊，闞止❷重於簡公❸，二人相憎而欲相賊❹也，田恆因行私惠以取其國，遂弒簡公而奪之❺政。

【注　釋】❶田恆　即田常。春秋時齊國之卿。他的祖先是陳國的公子完，公子完避禍奔齊，改姓田氏。田常為公子完六世孫，相齊簡公，後來殺簡公而立平公，卒諡成子。❷闞止　人名。字子我，春秋時齊簡公的寵臣，與田常為簡公之左右相，彼此爭權，以致結怨，終為田常所殺。闞，《史記・田敬仲世家》作「監」，這是因古音相同的關係。❸簡公　春秋時齊國的君主。悼公的兒子，名壬，在位四年（西元前四八四～前四八一年），為田常所殺。❹賊　害。❺之　其。

【語　譯】田恆做齊國的國相，闞止受重用於簡公，兩人互相憎恨，進而互相加害，田恆便播施私惠以收攬人心，終於殺掉簡公而奪取他的政權。

戴驩❶為宋太宰❷，皇喜❸重於君，二人爭事而相害也，皇喜遂殺宋君而奪其政。

【注釋】❶戴驩　人名。曾為宋國的太宰。❷太宰　官名。相傳始置於商代，周朝又稱冢宰，為六官中天官之長，輔佐帝王治理國家，春秋時，列國多稱太宰，即後世丞相、宰相之職。❸皇喜　字子罕。戰國時人，曾為宋國的司城（官名），故又稱司城子罕。本書〈二柄〉說：「子罕徒用刑，而宋君劫。」〈說疑〉說：「司城子罕取宋。」此兩子罕與皇喜為同一人。另外，春秋時有樂喜，字子罕，也做過宋國的司城，故也稱司城子罕，是宋國的賢大夫。二者名同、字同、官同，但一為篡臣，一為賢臣，截然不同，不可相混。（說見蘇時學《爻山筆話》）

【語譯】戴驩做宋國的太宰，皇喜為宋君所重用，兩人爭權而互相加害，皇喜便殺掉宋君而奪走他的政權。

狐突❶曰：「國君好內❷，則太子危；好外❸，則相室❹危。」

【注釋】❶狐突　春秋時晉國的大夫。晉文公重耳的外祖父。❷好內　指寵愛嬖妾。❸好外　指寵信嬖臣。❹相室　指執政大臣。

【語譯】狐突說：「國君寵愛嬖妾，太子就危險了；寵愛嬖臣，執政大臣就危險了。」

鄭君問鄭昭❶曰：「太子亦❷何如？」對曰：「太子未生也。」君曰：「太子已置，而曰未生，何也？」對曰：「太子雖置，然而君之好色不已，所愛❸有子，君必愛之，愛之則必欲以為後❹，臣故曰：太子未生也。」

【注　釋】❶鄭昭　人名。事蹟未詳。❷亦　果；究竟。❸所愛　指所愛之妾。❹後　後嗣。指儲君。

【語　譯】鄭國的君主問鄭昭說：「太子究竟怎麼樣？」鄭昭回答說：「太子還沒出生呢！」君主說：「太子已經立了，卻說還沒出生，這是什麼緣故？」鄭昭說：「太子雖然已經立了，可是君主好色不止，愛妃生了兒子，君主一定寵愛他，既然寵愛他，便一定要立他為後嗣，所以我說太子還沒出生。」

傳六——文王資費仲而遊於紂之旁❶，令之間❷紂而亂其心。

【注　釋】❶文王資費仲句　周文王資助費仲而在商紂王身旁做官。文王，即周文王。姓姬，名昌，武王之父，商紂王時為西伯，積善累德，普獲民心，武王滅商，追尊為文王。資，以財貨助人。費仲，商紂王的官吏。遊，遊宦。指做官。❷間　從事反間的工作。

【語　譯】傳六——周文王拿財物幫助費仲，讓他在紂王身旁做官，而從事反間，以擾亂他的心神。

荊王使人之❶秦。秦王甚禮❷之。王曰：「敵國有賢者，國之憂❸也。今荊王之使者甚賢，寡人患❹之。」群臣曰：「以王之聖賢與國之資厚，願❺荊王之賢人，王何不深知之而陰有之❻？荊以為外用❼也，則必誅之。」

【注　釋】❶之　往。❷禮　敬重。❸憂　禍患。❹患　憂慮；擔心。❺願　思念。❻深知之而陰有之　深深地結交他，祕密地擁有他。知，相知；交好。陰有之，暗中得到他的幫助。陰，隱；祕密地。❼外用　為外國效勞。

【語　譯】楚王派人前往秦國，秦王對他很禮遇。秦王說：「敵國有賢人，這是國家的禍患。如今楚王的使者很賢能，寡人為此擔憂。」群臣說：「憑大王之神聖賢明以及國家的物資豐厚，思念楚王的賢人，大王何不深深地結交他，祕密地擁有他？這樣一來，楚王一定認為他替外國效勞，而誅殺他。」

仲尼為政於魯❶，道不拾遺❷，齊景公❸患之。黎且❹謂景公曰：「去仲尼，猶吹毛耳❺。君何不迎之以重祿高位，遺哀公女樂以驕熒其意❻？哀公新樂之，必怠於政，仲尼必諫，諫必輕絕於魯❼。」景公曰：「善。」乃令黎且以女樂二八❽遺哀公，哀公樂之，果怠於政。仲尼諫，不聽，去而之楚❾。

【注　釋】❶仲尼為政於魯　仲尼執政於魯國。指孔子做中都宰，繼又為司寇，代行相事，時間大約在魯定公九年到十二年之間（西元前五〇一～前四九八年）。仲尼，孔子的字。為政，管理政事。❷道不拾遺　行走在路上不拾取別人遺失的東西。道，路。遺，失物。❸齊景公　春秋時齊國的君主。齊莊公異母弟，名杵臼，在位五十八年（西元前五四七～前四九〇年）。❹黎且　春秋時齊國的大夫。且，《史記・齊太公世家》及〈孔子世家〉皆作「鉏」。❺猶吹毛耳　如吹毛罷了。形容非常容易。❻遺哀公女樂句　贈送女歌伎給哀公，使他的心驕縱迷惑。遺，贈送。哀公，應是「定公」。女樂，女性歌伎。驕熒，驕縱迷惑。熒，眩惑；眼花撩亂。❼輕絕於魯　輕易地離開魯國。❽二八　即十六人。❾去而之楚　離開魯國前往楚國。之，往。按：依《史記・孔子世家》的記載是「孔子遂適衛」。《史記》的說法才正確。

【語　譯】孔子執政於魯國，魯國大治，行人在路上不拾取別人遺失的東西。齊景公對此很憂心。黎且對景公說：「要趕走孔子，就像吹毛那樣簡單罷了。君主何不拿優厚的俸祿和崇高的地位來迎接他來齊國，同時贈送女歌伎給魯哀公，以驕縱、眩惑他的心意？哀公剛開始喜愛女歌伎，一定荒忽政事，而孔子一定會勸諫，一勸諫，必定輕易地離開魯國。」景公說：「你說得對！」便命黎且把十六個女歌伎送給魯哀公。哀公很喜歡，果然荒廢政事，孔子勸諫不聽，便前往衛國去了。

楚王謂干象❶曰：「吾欲以楚扶甘茂而相之秦❷，可乎？」干象對曰：「不可。」王曰：「何也？」曰：「甘茂，少而事史舉先生❸——史舉，上蔡之監門❹也，大不事君，小不事家，以苛刻聞天下❺，茂事之順焉❻。惠王❼之明，張儀之辯❽也，茂事之取十官❾而免於罪，是茂賢也。」王曰：「相人敵國而相賢❿，其不可何也？」干象曰：「前時王使邵滑⓫之越，五年而能亡越，所以然者，越亂而楚治也。日者⓬知用之⓭越，今忘之秦，不亦太亟⓮忘乎？」王曰：「然則為之奈何？」干象對曰：「不如用共立⓯。」王曰：「共立可相，何也？」對曰：「共立少見愛幸⓰，長為貴卿，被王衣⓱，含杜若⓲，握玉環，以聽於朝⓳，且利以亂秦矣⓴。」

【注釋】❶干象　人名。事蹟未詳。《史記・樗里子甘茂列傳》作「范蜎」，《戰國策・楚策》作「范環」。❷扶甘茂而相之秦　幫助甘茂為相於秦國。扶，支持；幫助。甘茂，戰國時楚國下蔡（今安徽省壽縣北十五公里）人。仕於秦，為秦武王左丞相。之，於。❸史舉先生　事蹟未詳。先生，對人之敬稱。❹上蔡之監門　上蔡的守門小吏。上蔡，《史記・樗里子甘茂列傳》作「下蔡」。按：甘茂為下蔡人，史舉為其年少時老師，當屬同鄉，故作下蔡為是。監門，監守城門。此指監守城門的小吏。❺以苛刻聞天下　以要求嚴格著名於天下。苛刻，對人要求繁瑣而深切。聞，著名。❻順焉　合他的心意。焉，當代名詞「之」，又兼當語末助詞。❼惠王　即秦惠文王。孝公的兒子，名駟，在位二十七年（西元前三三七～前三一一年）。

❽張儀之辯　張儀的辯才。張儀（西元前？～前三〇九年），戰國時魏國人，相傳和蘇秦同師鬼谷子，蘇秦遊說六國，共同抗秦，張儀則為秦惠王相，而以連橫之策遊說六國，使六國違棄合縱之約，而個別與秦修好。秦惠王死，武王立，六國聽說張儀不被武王重用，皆復合縱以抗秦，儀離秦回魏，為魏相一年而卒。辯，長於議論。❾取十官　指升官多次。❿相人敵國而相賢　助人在敵國為相，而相賢能。上「相」字，動詞，幫助。下「相」字，名詞，國相。⓫邵滑　人名。事蹟未詳。⓬日者　往日；昔日。⓭之　於。下文「忘之秦」同義。⓮亟　急。⓯共立　人名。事蹟未詳。《戰國策．楚策》作「公孫郝」，《史記．樗里子甘茂列傳》作「向壽」。⓰少見愛幸　少時被寵愛。少，年少時候。見，用於動詞之前表被動態。⓱被王衣　穿著君王的衣服。被，通「披」。把衣服搭在身上。⓲杜若　香草名。⓳聽於朝　聽政於朝堂；在朝堂處理政事。⓴且利以亂秦矣　必利於敗亂秦國了。且，必。利以，利於。

【語　譯】楚王對干象說：「我想用楚國的力量扶助甘茂在秦國為相，可以嗎？」干象答說：「不可以！」楚王說：「為什麼？」干象說：「甘茂年少的時候，事奉史舉先生——史舉先生是上蔡地方一個監守城門的人，大的方面，不肯事奉國君；小的方面，不事奉大夫之家，以要求嚴格著名於天下，甘茂事奉他，卻很合他的心意。以秦惠王的英明，張儀的善辯，甘茂事奉他們，卻連連升官而免於獲罪，由此看來，甘茂確實賢能。」楚王說：「助賢人在敵國為相，又為什麼不可以呢？」干象說：「以前大王派邵滑到越國去，五年就能把越國消滅，原因是越國混亂而楚國清明。往日懂得把這個策略用於越國，現在卻忘記用於秦國，這不是忘得太快了嗎？」楚王說：「那怎麼辦呢？」干象答說：「不如幫助共立為秦相。」楚王說：「可以幫助共立為秦相，為什麼呢？」干象答說：「共立小時候就被秦王所寵愛，長大被任命為貴卿，穿秦王所穿的衣服，嘴裡含著香草，手上拿著玉環，在朝堂裡處理政事，這樣養尊處優的人，如果我們幫助他在秦為相，一定有利於敗壞秦國的政治了。」

吳攻荊，子胥❶使人宣言❷於荊曰：「子期❸用，將擊之；子常❹用，將去之。」荊人聞之，因用子常而退子期也。吳人擊之，遂勝之❺。

【注釋】❶子胥　即伍子胥。名員，春秋時楚國人，父奢、兄尚，皆為楚平王所殺，子胥投奔吳國，佐吳王闔閭伐楚，入郢，時平王已死，子胥掘墓鞭屍，報父兄之仇，後諫吳王夫差勿接受越國議和，又諫阻伐齊，夫差怒，賜劍使自殺。❷宣言　揚言；放話。❸子期　即公子結。楚平王之子，昭王之弟。❹子常　姓囊，名瓦。祖父子囊，為楚莊王之子。（古人以祖父之字為姓，祖父字子囊，遂以囊為姓。）子常於楚平王和昭王時為令尹。伍子胥率吳國之兵伐楚，子常禦之，三戰皆敗，逃奔鄭國，吳兵遂入郢。❺吳人擊之遂勝之　按：此指楚昭王十年（西元前五〇六年），伍子胥率吳兵伐楚，入郢，鞭平王屍的那一役。事見《史記‧楚世家》。

【語譯】吳國攻打楚國，伍子胥派人揚言於楚國說：「楚國若用子期為元帥，我們將繼續進攻；若用子常為元帥，我們就撤退。」楚國人聽了，便任用子常為元帥而罷免子期。吳國的軍隊繼續進攻，便把楚國打敗。

晉獻公❶欲伐虞、虢❷，乃遺之屈產之乘❸、垂棘之璧❹、女樂二八❺，以熒其意❻，而亂其政。

【注釋】❶晉獻公　春秋時晉國的君主。武公之子，名詭諸，在位二十六年（西元前六七六～前六五一年），兼併虞、虢、驪戎諸小國，晉國從此開始強大。❷虞虢　虞國和虢國。虞，周朝國名。周太王次子虞仲（仲雍）之封國，故城在今山西省平陸縣，後為晉所滅。虢，周朝國名。周武王弟虢仲的封國，故城原在今陝西省寶雞縣，及平王東遷，一支遷到上陽（故城在今河南省陝縣），稱南虢，一支遷到下陽（故城在今山西省平陸縣），稱北虢，二虢先後皆為晉所滅。❸遺之屈產之乘　送給他屈地所出產的馬。遺，贈送。屈產，屈地所產。屈，地名。在今山西省吉縣北，出產良馬。一說：屈產，地名。在今山西省石樓縣境。乘，稱一車四馬。此借指馬匹。❹垂棘之璧　垂棘那個地方所出產的璧玉。垂棘，地名。位置待考。璧，中心有小圓孔的圓形玉。❺女樂二八　女性歌伎十六人。女樂，女歌伎。二八，八的兩倍。即十六。❻熒其意　迷惑他的心志。熒，眩惑。

【語　譯】晉獻公想攻打虞國和虢國，便送給虞國屈產的名馬、垂棘的璧玉以及十六名女歌伎，以迷惑虞國國君的心志，敗壞他的政治。

叔向❶之讒萇弘❷也，為書❸曰：萇弘謂叔向曰：「子為我謂晉君，所與君期❹者，時可矣❺，何不亟❻以兵來？」因佯遺❼其書周君之庭，而急行去。周以萇弘為賣周也，乃誅萇弘而殺之。

【注　釋】❶叔向　春秋時晉國大夫羊舌肸的字。也稱叔肸，以禮讓治國，深為孔子所推崇。❷萇弘　（西元前？～前四九二年）春秋時周敬王的大夫，事執政大臣劉文公。孔子曾向他請教音樂方面的問題。晉國公族內鬨，而劉文公和晉國的范氏世為婚姻，故萇弘支持范氏和中行氏，晉卿趙鞅因此責怪周室，周室遂為此而殺萇弘。由於萇弘成了犧牲品，有點冤屈，所以有藏其雪三年而化為碧的傳說。❸為書　偽造書信。❹期　約定。❺時可矣　時機可以了。意謂時機成熟了。❻亟　急。❼佯遺　假裝遺失。

【語　譯】晉國的大夫叔向陷害周敬王的大夫萇弘，偽造一封萇弘寫給叔向的信說：「你替我對晉君說：我跟晉君約定的事，時機成熟了，何不趕緊派兵前來？」叔向假裝把這封信遺失在周天子的朝廷，然後急急離去。周天子認為萇弘出賣周朝，便把萇弘殺了。

鄭桓公❶將欲襲鄶❷，先問鄶之豪傑、良臣、辯智、果敢之士，盡舉其姓名，擇鄶之良田賂❸之，為❹官爵之名而書之，因為設壇場郭門之外❺而埋之，釁之以雞豭，若盟狀❻。鄶君以為內難❼也，而盡殺其良臣。桓公襲鄶，遂取之。

【注釋】❶鄭桓公　周厲王最小的兒子。宣王的庶弟，名友，初封於鄭（故城在今陝西省華縣西北），幽王時，為司徒，知天下將亂，徙其民於虢、鄶兩國之間，兩國獻地十邑供其建國。犬戎殺幽王，並殺桓公，桓公子武公吞併虢、鄶二國，定都於新鄭（今河南省新鄭縣），即春秋之鄭國，傳至戰國時，為韓所滅。❷鄶　周朝國名。傳說為祝融的後代，春秋時為鄭武公所滅，故地在今河南省鄭州市的南方，密縣的東北。❸賂　贈送財物。❹為　捏造。❺因為設壇場郭門之外　因而為之設立壇場於郭門之外。壇場，舉行祭祀、繼位、會盟、拜將的場所。郭門，城門。郭，外城。❻釁之以雞豭二句　灑下雞和豬的血，像盟誓的樣子。釁，殺牲取血以祭祀。豭，雄豬。盟，向神宣誓。❼內難　猶言內亂。

【語譯】鄭桓公想要偷襲鄶國，先問明鄶國的豪傑、良臣、機智善辯而又果斷勇敢的人士，一一舉出他們的姓名來，選擇鄶國的良田送給他們。捏造官爵的名稱，並登錄下來，在鄶國的城郭門外設置祭祀的土臺和廣場，把上述寫有姓名、官爵、良田的文件埋在地下，灑上豬和雞的鮮血，裝作盟誓過的樣子。鄶國的君主發現這件事，以為國內這批人要叛亂，便殺掉朝廷裡所有的良臣。鄭桓公派兵偷襲鄶國，就把鄶國消滅了。

秦侏儒❶善於荊王，而陰❷有❸善荊王左右，而內重於惠文君❹。荊適❺有謀，侏儒常先聞之，以告惠文君。

【注釋】❶侏儒　身材特別矮小的人。古時多以表演雜耍供人笑樂為業。❷陰　暗中。❸有　又。❹惠文君　即秦惠文王。惠文君即位十三年，始稱王，故稱。❺適　若。

【語譯】秦國的一位侏儒，跟楚王的交情很好，又暗中結交楚王的近侍，因而受到惠文君的器重。楚國若有什麼計畫，侏儒常常事先就知道，而將消息報知惠文君。

鄴令❶襄疵❷陰善❸趙王左右，趙王謀襲鄴，襄疵常輒❹聞而先言之❺魏王。魏王備之，趙乃輟行❻。

【注釋】❶鄴令　鄴邑的首長。鄴，邑名。戰國時屬魏，故地在今河南省臨漳縣西。❷襄疵　人名。事蹟未詳。❸陰善　暗中結交。❹輒　即刻。❺之　於。❻輟行　停止進行。

【語譯】魏國鄴邑的首長襄疵暗中結交趙王的近侍，趙王計畫偷襲鄴邑，襄疵常常很快就得到消息，而在事先就告訴魏王。魏王下令防備，趙國偷襲的計畫便停止進行。

衛嗣公❶之時，有人於縣令之左右。縣令發蓐❷，而席弊❸甚。嗣公還❹令人遺❺之席，曰：「吾聞汝今者發蓐，而席弊甚，賜汝席。」縣令大驚，以君為神也。

【注釋】❶衛嗣公　衛平侯的兒子，在位四十二年（西元前三二四～前二八三年）。據《史記・衛康叔世家》，衛自成侯十六年始，由公貶號為侯，至嗣君五年，又由侯貶號為君。❷發蓐　鋪設墊席。發，展開；鋪設。蓐，也作「褥」。坐臥用的墊席。❸弊　通「敝」。破敗。❹還　急速；迅速。❺遺　贈送。

【語譯】衛嗣君的時候，派人在一位縣令身邊任職。有一天，縣令打開墊蓆，墊蓆破舊不堪。衛嗣君很快地派人送給縣令新的墊蓆，說：「我聽說你最近鋪設墊蓆，而墊蓆很破舊，所以送給你新的蓆子。」縣令非常驚訝，以為嗣君簡直是個神明。

卷一一

外儲說左上

【題解】外儲說左上，五字之義，解見〈內儲說上〉。〈外儲〉各篇體例，與〈內儲〉同，只是不標題目。如〈內儲說上〉標「七術」，〈內儲說下〉標「六微」。而〈外儲〉各篇無之。

本篇主旨，在以事例說明六種君主控御群臣的方術：一、聽信群臣的建言，觀察群臣的行為，不可讚美巧辯的口才和高超的德行。二、聽言而不以功用為標準的害處。三、國事不可效法先王。四、名利不可施於專門追求學識的人。五、人主事必躬親而不責成臣下的害處。六、累積信用而後可以行法。

本篇有佚文，如鄭縣人卜子妻買鱉一節，見於傳而不見於經。也有衍文，如〈內儲說上〉子產離訟者、嗣公過關市兩節傳文，諸傳本都重出於本篇篇末，茲依明趙用賢本及凌瀛初本加以刪除。至於「經」所記各事，因詳敘於後文各相應「傳」下各節，故除非必要，均不另作注。

經一❶——明主之道，如有若之應宓子也。時主❷之聽言❸也，美其辯❹；其觀行❺也，賢其遠❻。故群臣士民之道言者迂弘❼，其行身也離世❽。其說，在田鳩對荊王也。故墨子為木鳶，謳癸築武宮。夫藥酒忠言，明君聖主之所獨知也。

【注　釋】❶經一　各種舊傳本只作「一」字，有的又在經文後面加標「右經」二字。今在每一節的前面，加一「經」字，以醒眉目。❷時主　各種舊傳本都作「明主」，根據文意，錯誤極為明顯，學者認為應作「時主」或「世主」，今改為「時主」。❸聽言　指聽取群臣的言論。❹美其辯　讚美他的口才。辯，口才敏捷。❺觀行　指觀察群臣的行為。❻賢其遠　推崇他的高超。賢，推崇。遠，指操行不同流俗。❼道言者迂弘　發表言論的人，言論迂闊而誇大。道言，說話；發表意見。道，說。迂，遠。指遠離事情，或不切實際。弘，大。❽行身也離世　行為脫離世俗。行身，猶言行為。

【語　譯】經一——英明的君主，他的治國之道，就像有若回答宓子賤的話一樣。現在一般的君主，他聽取群臣的言論，讚美擅長巧辯的人；觀察群臣的品行，推崇品德高超的人。所以群臣士民發表言論的人，力求迂闊而誇大；行為力求脫離世俗。這種道理的說明，在田鳩回答楚王的故事之中。所以墨子製作木鳶，並不以為奇巧；謳癸歌唱，以鼓舞修築武宮，效果也不大。那藥酒和忠言的作用，只有聖明的君主才能了解。

經二——人主之聽言也，不以功用為的❶，則說者多棘刺、白馬之說；不以儀的為關❷，則射者皆如羿❸也。人主於說也，皆如燕王學道也；而長說者，皆如鄭人爭年也。是以言有纖察微難❹，而非務也；故秉、惠、宋、墨，皆畫策也❺。論有迂深閎大❻，非用也；故魏、長、瞻、陳、莊，皆鬼魅也❼。行有拂難堅确❽，非功❾也；故務、卞、鮑、介、墨翟，皆堅瓠也❿。且虞慶詘匠而屋壞，范且窮工而弓折。是故求其誠⓫者，非歸餉⓬也不可。

【注　釋】❶的　箭靶的中心。❷以儀的為關　以箭靶為目標。儀的，箭靶的中心。關，門栓。為門的重要部分，引申為「重點」、「目標」。❸羿　夏朝有窮國的君主。善於射箭，傳說曾奪取夏相的帝位，後為寒浞所殺。❹纖察微難　細察隱微艱難的事。纖，細。微難，指隱微艱難之事。❺秉惠宋墨二句　公孫龍、惠施、宋鈃、墨家之徒，都是彩繪的馬箠。秉，各舊傳本都作「李」，陳啟天《增訂韓非子校釋》以為「李」當作「秉」，茲從之。秉，指公孫龍。字子秉，戰國時趙國人，為名家重要學者，其書尚有六篇傳世。惠，指惠施。戰國時宋國人，曾相魏惠王，是名家的代表人物，其論辯的命題見於《莊子・天下》。宋，指宋鈃。即《孟子・告子下》之宋牼、《莊子・逍遙遊》之宋榮子。在《莊子・天下》與尹文並列。在《荀子・正論》中，引「子宋子」的主要言論有二，一是「見侮不辱」，一是「人之情，欲寡」，前者中墨家非攻之說，後者中墨家節用之旨。墨，指墨家後期善辯的學者。畫策，畫有文采的馬箠。❻迂深閎大　遠深宏大。迂，遠。閎，同「宏」。❼魏長瞻陳莊二句　魏牟、長盧子、瞻何、陳駢、莊周，都是圖畫中的鬼魅。魏長瞻陳莊，各舊傳本皆作「畏震瞻車狀」，大概是魏晉道家盛行時各家為其宗師避諱而改，其形與聲還有線索可尋。顧廣圻《韓非子識誤》以為：畏當作魏，指魏牟。瞻，指瞻何。車當作陳，指陳駢。陳啟天《增訂韓非子校釋》以為：震當作長，指長盧子。狀當作莊，指莊周。茲從之。魏牟，又稱公子牟，《漢書・藝文志・諸子略》有《公子牟》四篇，屬道家。又有《長盧子》九篇，也屬道家，原注云：「楚人。」瞻何，《莊子・讓王》稱瞻子，主張輕利重生。陳駢，即田駢。《漢書・藝文志》有《田子》二十五篇，原注云：「齊人，游稷下，號天口駢。」莊周，宋人。倡逍遙之說，《漢書・藝文志》有《莊子》五十二篇，今傳三十三篇。鬼魅，鬼怪。人死為鬼，物精為魅。按：此特其虛幻無定形，可以任意造作。❽拂難堅确　敢於犯難而堅定不移。拂難，猶言犯難。難，禍災。确，通「確」。堅實；堅硬。❾非功　沒有功效。❿務卞鮑介墨翟二句　務光、卞隨、鮑焦、介之推、墨翟，都是堅硬的瓠瓜。務，務光。卞，卞隨。二人皆古代隱士，相傳商湯要把天下讓給卞隨、務光，二人拒不受，先後投水而死。鮑，鮑焦。春秋時廉士，耕田而食，穿井而飲，非妻所織不服，子貢譏諷他，他便抱樹枯死。介，介之推。春秋時晉國人，追隨公子重耳流亡各國，重耳返國即位，賞賜從亡的人，獨漏介之推，之推便奉母隱居緜山（今山西省介休縣境）。墨翟，戰國初期魯國人。倡兼愛、非攻、節儉等學說，為墨家鼻祖。其學與儒家並稱顯學。《漢書・藝文志》著錄《墨子》七十一篇，今缺十餘篇。堅瓠，堅硬的瓠瓜。瓠瓜可食，堅硬則不可食，故用以比喻無用。⓫誠　真實。⓬餉　食。

【語　譯】經二——人主聽取言論，如果不以功用為目的，那麼遊說的人多半要講用棘刺刻母猴、白馬非馬等巧辯的說詞；射箭而不以靶心做標準，那麼凡是射箭的人都是像后羿一樣的名射手了。人主對於遊說，都像燕王學道一樣，疏於明察；而言談囉嗦的，都像鄭人爭比年齡一樣，喋喋不休。所以有的言語雖足以細察隱微艱難之事，但並非急務，所以公孫龍、惠施、宋鈃、墨徒都是彩繪的馬箠。有的雖理論深遠宏大，但不切實用，所以魏牟、長盧子、瞻何、陳駢、莊周都是畫圖中的鬼魅。有的行為敢於犯難而堅定不移，但沒有功效，所以務光、卞隨、鮑焦、介之推、墨翟都是堅硬無用的瓠瓜。而且虞慶雖說服匠人，而房屋卻傾壞了。范且雖難倒工人，而弓卻折斷了。所以要求實效，以塵土為飯，以泥巴為羹是不行的。非要回到自己家裡吃飯不可。

經三——挾夫相為則責望，自為則事行❶。故父子或怨譙❷，取庸作者進美羹❸。說，在文公之先宣言，與句踐之稱如皇也。故桓公藏蔡怒而攻楚，吳起懷戰實❹而吮傷。且先王之賦頌❺、鍾鼎之銘❻，皆播吾之迹，華山之博也。然先王所期者，利也。所用者，力也。築社之諺，自辭說❼也。請許學者而行宛曼於先王❽，或者不宜今乎？如是，不能更❾也。鄭縣人得車軛也，衛人佐弋也，卜子妻寫弊褲也，而其少者也。先王之言，有其所為❿小，而世意⓫之大者，有其所為大，而世意之小者，未可必知也。說，在宋人之解書，與梁人之讀記也。故先王有郢書，而後世多燕說。夫不適國事，而謀⓬先王，皆歸取度者也。

【注　釋】❶挾夫相為則責望二句　懷著人己互助的觀念，就會對人責怪埋怨，若存只為自己的觀念，事情就行得通。挾，在腋下夾著；懷著。夫，助詞。相為，互相幫助。責望，責難怪怨。望，怨。自為，為自己。事行，事情做得成。❷父子或怨譙　父子之間有時也會怪怨責罵。或，有時候；有的人。怨譙，怪怨責罵。譙，通「誚」。責罵；譴責。❸取庸作者進美羹　想使傭工努力工作的人，願意供應傭工美味的湯菜。取，索求；要求。庸，傭工；雇工。作，工作；操作。進，進奉；獻上。羹，有汁的肉菜。❹戰實　戰果。戰，各舊傳本作「瘳」，據陶鴻慶《讀諸子札記》說改。❺賦頌　賦與頌。兩種文體名，都屬韻文，形式整齊，內容多歌頌功德。❻鍾鼎之銘　鐘和鼎上的刻文。鍾鼎，古代金屬鑄成的器具。上面多刻鏤文字，後世稱鐘鼎文。鍾，通「鐘」。銘，刻鏤文字於器物之上。也指刻鏤在器物之上的文字。古多刻於鐘鼎，秦漢以後，或刻於碑石，多用以稱述功德，使傳揚於後世或用以自警。❼自辭說　自為解說。自，各舊傳本作「目」，據王先慎《韓非子集解》說改。❽請許學者句　試讓學者實行像先王那樣渺茫不可知的方法。請許，猶言試使。學者，指儒者。宛曼，猶言汗漫。形容渺茫不可知。於，如。先王，指三代聖王。❾更　改。❿所為　所謂。⓫意　通「臆」。猜測。⓬謀　模；模仿。

【語　譯】經三——懷著人己互助的觀念，就會對人責怪埋怨；若存只為自己的觀念，事情就行得通。所以父子之間，有時也會怪怨責罵；想使傭工努力工作的人，願意供應傭工美味的湯菜。這種道理的說明，在晉文公攻打宋國，先宣稱宋君無道；越國攻打吳國，先宣揚吳王築如皇臺等故事之中。所以齊桓公懷藏對蔡國的憤怒而攻打楚國，吳起為了戰果而為士兵吸傷口的膿血。而且先王的賦頌和刻在鐘鼎的銘文，都和播吾的足跡、華山的博具一樣，不過是為自己所作的宣傳。如此說來，先王所期求的，不過是自己的利益；所使用的，是人民的力量。晉文公引用築舍的諺語，也不過是為自己的行為作解釋。若由學者實行像先王那樣渺茫不可知的方法，或許是不適宜於當今的吧？因為這樣是不能因時而調整的。

像鄭縣人不認識駕馬的車軛，衛國人幫助射鳥而把鳥趕走，卜子的太太把新褲子毀成舊的，以及少年模仿長者飲酒，都是拘泥而不知變通的毛病啊！先王的言語，有的意義很淺，而世人卻推測得很深；有的意義很深，而世人卻推測得很淺，未必都能有正確的了解。這種道理的說明，在宋人解書和梁人讀記的故事當中。所以先王有像郢人那樣的書信，而後世就有許多像燕相那樣的解說。不適合當今的國事，而一味模仿先王，都像是鄭人買鞋，不知用腳去試而卻回家去拿量好的尺碼的一類。

經四——利之所在❶，民歸之；名之所彰❷，士死之❸。是以功外於法❹，而賞加❺焉，則上不能得所利於下；名外於法，而譽加焉，則士勸名而不畜於君❻。故中章、胥己仕，而中牟之民棄田圃而隨文學者，邑之半；平公腓痛足痺而不敢壞坐，晉國之辭仕託者，國之錘。此三士者，言襲法，則官府之籍也；行中事，則如令之民也❼，二君之禮太甚。若言離法而行遠功，則繩外民也❽，二君又何禮之？禮之，當亡。且居學之士❾，國無事不用力，有難不被甲❿；禮之，則惰耕戰之功，不禮，則害⓫主上之法。國安則尊顯，危則為屈公之威⓬，人主奚得⓭於居學之士哉！故明主論⓮李疵視中山也。

【注　釋】❶利之所在　指有利的事情。❷名之所彰　指可以彰顯名聲的事情。彰，顯著。❸死之　為之而死。指冒死求取。❹功外於法　事功不合於法。❺加　施與。❻勸名而不畜於君　努力求名而不受君主的豢養。勸名，努力求名。畜，養。❼此三士者五句　這三個人，如果言語遵循法度，不過是官府的典籍，行事依照規矩，不過是守法的良民。三士，指中章、胥己、叔向。襲，合。籍，記載法令的簡牘。中，合。如令，依照法令；守法。❽言離法而行遠功二句　言語違背法度，行為遠離功效，便是國家法令以外的人民。離法，猶言違法。遠功，猶言無功。遠，遠離。❾居學之士　學而不仕的人。❿有難不被甲　有難的時候不上陣打仗。被甲，穿上戰衣。指作戰。被，通「披」。搭衣於肩背。甲，軍人所穿革製護身衣。⓫害　毀壞。各舊傳本作「周」，據盧文弨《群書拾補》說改。⓬為屈公之威　表現得像屈公那樣的畏懼。威，古通

「畏」。畏懼。⓭奚得　何有所得。⓮論　通「掄」。選擇；選拔。

【語　譯】經四——有利的事情，人民爭著去做；可以顯名的事情，士人冒死追求。所以若事功的建立不合於法，還給與獎賞，君主便不能獲得臣下的利益；名譽的取得不合於法，還給與稱揚，士人便努力求名而不受君主的豢養。所以王登推薦中章和胥己做了中大夫，中牟的人民放棄田園而研習儒學的，占了全邑的一半。叔向和晉平公談論國事，平公腿瘦腳麻，不敢改變端坐的姿勢，晉國辭去官職俸祿而向叔向學習的，占了三分之一。中章、胥己和叔向三人，如果言語遵循法度，不過是官府的典籍；行事依照規矩，不過是守法的良民。兩位君主對他們的禮遇已經過分。如果他們的言語不合法度，行事沒有功效，便是國家法度以外的人民，兩位君主又何須禮遇他們？禮遇這樣的人，國家一定滅亡。而且那些不肯仕進的學者，當國家承平無事的時候，不肯出力做事，國家遭逢危難的時候，不肯從軍作戰。禮遇他們，就荒廢農耕和作戰的事情；不禮遇他們，他們就毀謗主上的法度。國家承平，他們就享受尊貴光輝的名譽；國家遇到危難，他們就像屈公一樣，畏首畏尾，人主對於不願出仕的學者，能得到什麼好處呢？所以趙國的明主採納了李疵偵察中山國的報告。

經五——《詩》曰：「不躬不親，庶民不信❶。」說之以無衣紫，援❷之以鄭簡、宋襄，責之以尊厚耕戰❸。夫❹不明分❺，不責誠❻，而以躬親涖下❼，且❽為下走、睡臥，與夫揜弊❾微服❿。孔丘不知，故稱猶盂；鄒君不知，故先自僇。明主之道，如叔向之賦祿，與昭侯之奚聽也。

【注　釋】❶不躬不親二句　不親自實行，人民不會相信。《詩經・小雅・節南山》：「弗躬弗親，庶民不信。」躬，親自。庶民，指平民。庶，眾；多。❷援　引；引證。❸責之以尊厚耕戰　要求君主以富貴的權勢，躬親從事耕戰。責，求。尊，位高。厚，富有。❹夫　假使。❺明分　明辨職分。分，職分；本分。❻責誠　要求功效。誠，通「成」。成果；功效。❼涖下　臨視臣下。涖，又作「莅」、「蒞」。臨視；監督。❽且　必。❾揜弊　即掩蔽。指暗中動手腳，以矇騙君主，即指傳文所謂「吏盡揄刀削其押券升石之計」。❿微服　穿著貧賤者的衣服。

【語譯】經五——《詩經・小雅・節南山》說：「君主不親自實行，人民就不會相信。」在傳文裡，就用齊桓公不再穿紫色衣服來解說，用鄭簡公和宋襄公的故事來證明，並要求君主以富貴的地位從事耕戰。假使不明辨職分，不要求功效，而親自監督臣下，一定會像齊景公下車奔走、魏昭王讀法律讀得睡著、官吏抽刀削卷、君主改變服飾啊！孔丘不懂政治，以為君主像盂，人民像水；鄒君不懂政治，放棄權力不用，自己先受懲罰。英明的君主，其為政之道，就像叔向頒授爵祿，全依功勞的大小；以及韓昭侯不聽左右的請謁而只依法度行事。

經六——小信成則大信立，故明主積❶於信。賞罰不信，則禁令不行。說，在文公之攻原，與箕鄭救饑也。是以吳起須❷故人而食，文侯會虞人而獵。故明主表信，如曾子殺彘也。患，在厲王擊警鼓，與李悝謾❸兩和也。

【注釋】❶積　累積。❷須　等待。❸謾　欺騙。

【語譯】經六——小信用有成就，大信用才能樹立，所以英明的君主要不斷地累積信用。賞罰沒有信用，禁令就不能實行。這種道理的說明，在晉文公攻打原邑，以及箕鄭解救饑荒等故事當中。所以吳起等候故人一起用餐；魏文侯會合虞人如期打獵。因此英明的君主為了表現信用，要像曾子一樣，依諾言而殺豬，以取信於兒子。至於不講信用的後患，就像楚厲王敲擊警鼓、李悝欺騙兩翼的官兵的後果一樣。

傳一——宓子賤❶治單父❷，有若❸見之，曰：「子何臞❹也？」宓子曰：「君不知不齊❺不肖，使治單父，官事急，心憂之，故臞也。」有若曰：「昔者舜鼓五絃，歌〈南風〉之詩❻，而天下治。今以單父之細也，治之而憂，治天下將奈何乎？故有術而御❼之，身坐廟堂❽之上，有處女子之色❾，無害於治；無術而御之，身雖瘁臞❿，猶未有益。」

【注　釋】❶宓子賤　（西元前五二一～？年）名不齊。字子賤，春秋末期魯國人，孔子學生，曾為單父的首長，相傳其身不下堂，鳴琴而治。❷單父　春秋時魯邑，舊址在今山東省單縣南。❸有若　春秋時魯人。字子有，孔子學生，面貌酷似孔子，故孔子死後，弟子曾一度想奉以為師。❹臞　也作「癯」。瘦。❺不齊　宓子賤之名。古禮，面對國君或長輩，自稱時應該稱名。❻舜鼓五絃二句　舜彈五絃琴，唱〈南風〉的詩篇。鼓，彈奏。〈南風〉，詩名。其詩云：「南風之薰兮，可以解吾民之慍兮；南風之時兮，可以阜吾民之財兮。」（見《孔子家語》）❼御　統治。❽廟堂　朝廷；朝堂。❾處女子之色　像未出嫁的女子的神情臉色。形容神情閑靜。處女子，處女；未出嫁的女子。❿瘁臞　勞累消瘦。瘁，困病；勞累。

【語　譯】傳一——宓子賤治理單父，有若去見他，很訝異地說：「你怎麼變得那麼瘦哇？」宓子賤說：「君主不知道我宓不齊沒才能，派我來治理單父，公事繁忙，心中憂慮，所以瘦了。」有若說：「從前舜彈著五絃琴，唱著〈南風〉的詩，而天下就治理得很好。現在單父這樣小，治理時尚且為之憂慮，那治理天下該怎麼辦呢？所以有道術來治理人民，自己坐在朝廷上，神態安閑，像處女一樣，也不會影響政治的修明；沒有道術來治理人民，自己雖然勞累消瘦，還是無益的。」

楚王❶謂田鳩❷曰：「墨子❸者，顯學❹也，其身體❺則可，其言多不辯❻，何也？」曰：「昔秦伯嫁其女於晉公子❼，為之飾裝從❽，衣文之媵❾七十人；至晉，晉人愛其妾，而賤公女。此可謂善嫁妾，而未可謂善嫁女也。楚人有賣其珠於鄭者，為木蘭之櫝❿，薰以桂椒⓫，綴以珠玉，飾以玫瑰⓬，輯以翡翠⓭。鄭人買其櫝，而還其珠。此可謂善賣櫝矣，未可謂善鬻⓮珠也。今世之談也，皆道辯說文辭之言⓯，人主覽其文，而忘其用。墨子之說，傳先王之道，論聖人之言，以宣告⓰人。若辯其辭⓱，則恐人懷其文⓲，忘其用，直以文害用⓳也。此與楚人鬻珠、秦伯嫁女同類，故其言多不辯。」

【注釋】❶楚王　應是指楚懷王。詳見❷。❷田鳩　戰國時齊國人，墨家的後學。《漢書・藝文志・諸子略》墨家有《田俅子》三篇，馬驌《繹史》以為田俅就是田鳩。《呂氏春秋・首時》云：「墨者有田鳩，欲見秦惠王，留秦三年弗得見。客有言之於楚者，往見楚王。楚王悅之，與將軍之節以如秦，因見秦王。」按：秦惠王與楚懷王同時，田鳩所見之楚王，應指楚懷王（西元前三二八～前二九九年在位）。❸墨子　名翟。戰國初期魯國人（據大陸學者最新考證，墨翟的出生地在今山東省滕縣），提倡兼愛、非攻、節用等學說，為墨家的鼻祖。❹顯學　著名的學派；盛行的學術。此指著名的學者。❺身體　親自實行。體，體驗；實行。❻辯　言語巧利。❼秦伯嫁其女於晉公子　指秦穆公把秦宗室之女懷嬴嫁給晉公子重耳。事見《左傳・僖公二十三年》。秦伯，指秦穆公。春秋時秦國的君主，秦德公的少子，宣公、成公的弟弟，名任好，用百里奚、蹇叔等，勵精圖治，國勢日強，又用由余謀伐西戎，開地千里，為春秋五霸之一，在位三十九年（西元前六五九～前六二一年）。晉公子，指重耳。晉獻公的兒子。獻公寵驪姬，殺太子申生，重耳奔狄，流亡十九年，藉秦穆公之力，得以返國為君。穆公嫁秦宗室女五人與重耳，其一即懷嬴。重耳即位，是為文公，用狐偃、趙衰等為輔，尊王攘夷，破宋救楚，終繼齊桓公而為春秋第二個霸主，在位九年（西元前六三六～前六二八年）。❽飾裝從　備辦嫁妝和陪嫁的女子。飾，整理；準備。裝，嫁妝。從，隨從的人。此指媵女，即陪嫁的女子。❾衣文之媵　穿錦繡衣服的陪嫁女子。衣，穿。文，文彩。此指繡有文彩的衣服。媵，陪同出嫁的女子。❿木蘭之櫝　用木蘭做的匣子。木蘭，樹名。皮似桂，有香味，狀如楠樹，葉大，晚春開花，樹幹可造船，皮、花可入藥。櫝，木櫃；木匣。⓫薰以桂椒　用桂椒等香料薰之使香。薰，通「熏」。用火煙炙灼物品，使它變熟或變香。桂，木名。有異香，別名桂花、丹桂、九里香。椒，木名。似茱萸，有針刺，莖葉堅而華澤，葉可作香料。⓬玫瑰　紫色的寶石。⓭輯以翡翠　用綠色的寶石縫上去。輯，通「緝」。縫連。翡翠，綠色的寶石。⓮鬻　賣。⓯皆道辯說文辭之言　都講些巧妙優美的文辭。道，談；說。辯說，巧妙的言語。文辭，華美的文辭。文，有文彩。⓰宣告　廣泛地告訴。⓱辯其辭　修飾美妙的文辭。⓲懷其文　愛他的優美文辭。懷，眷念。⓳直以文害用　只是為了華美的文辭而損害實用。直，但；只是。

【語　譯】 楚王對田鳩說：「墨子這個人，是個著名的學者，他自身的行為表現是不錯的，可是他的言詞大多不巧妙，這是什麼原因呢？」田鳩說：「從前秦穆公嫁女兒給晉公子重耳，特地備辦了嫁妝和陪嫁的女子，穿錦繡衣服的陪嫁女子多達七十人。到了晉國，晉國人喜歡陪嫁的女子，卻看輕了秦穆公的女兒。這可算是善於嫁妾，卻不可算是善於嫁女。楚國有個人到鄭國賣珠寶，用木蘭做成盛放珠寶的匣子，用桂椒等香料把匣子薰得很香，又用珠玉綴飾匣面，再嵌鑲上紫色的寶石和綠色的寶石。結果鄭國人買了他的木匣，退回他的珠寶。這可算是善於賣木匣子，卻不可算是善於賣珠寶。現在世上發表言論的人，都講些巧妙華美的言辭，做君主的，只喜歡這些言辭的美妙，卻忽略了它的作用。墨子的言論，傳授先王的道術，發揚聖人的意旨，廣泛地宣揚於大眾。如果修飾他的言辭，恐怕眾人只喜歡他言辭的華美，而忽略了他言辭的作用——這只是為了華美的文辭，而損害了實用價值。這和楚人賣珠寶、秦穆公嫁女兒是一樣的，所以他的言辭大多不華美。」

墨子為木鳶❶，三年而成，蜚❷一日而敗❸。弟子曰：「先生之巧，至能使木鳶飛。」墨子曰：「吾不如為車輗❹者巧也，用咫尺❺之木，不費一朝之事，而引三十石之任❻，致遠力多，久於歲數。今我為鳶，三年成，蜚一日而敗。」

惠子❼聞之曰：「墨子大巧，巧為輗，拙為鳶。」

【注釋】❶木鳶　木製的鳶鳥。大概類似現在的風箏。鳶，鳥名。性兇猛，攫取蛇、鼠、小雞等為食物，俗稱鷂鷹、老鷹。❷蜚　通「飛」。❸敗　毀壞。❹輗　車轅前端的橫木。用以縛軛駕馬。❺咫尺　形容很短。咫，一尺八寸。❻引三十石之任　拖運三千斤的物品。引，牽引而使前進。石，古以一百二十斤為石，今以一百公斤為一公石。任，指所載的物品。❼惠子　即惠施。

【語譯】墨子製造木鳶，費了三年工夫才完成，結果飛了一天就壞掉。弟子說：「先生技術的巧妙，到了能使木鳶飛翔的地步。」墨子說：「我還不如製造車轅前端的橫木來得巧妙。利用短短幾尺長的木頭，不消一天的工夫，就能拖運三千斤的物品，送得遠，又力量大，可以用好幾年。現在我製造木鳶，費了三年才完成，飛一天就壞掉。」惠施聽到這件事說：「墨子的技術非常巧妙，卻巧於製造車輗，而拙於製造木鳶。」

宋王與齊王仇也，築武宮❶，謳癸倡❷，行者止觀，築者不倦。王聞，召而賜之。對曰：「臣師射稽❸之謳，又賢❹於癸。」王召射稽使之謳，行者不止，築者知倦❺。王曰：「行者不止，築者知倦，其謳不勝如❻癸美，何也？」對曰：「王試度其功❼。」癸四板❽，射稽八板；擿其堅❾，癸五寸，射稽二寸。

【注釋】❶武宮　練習武術的房舍。❷謳癸倡　歌手癸唱歌。謳，歌。癸，人名。倡，通「唱」。❸射稽　人名。事蹟未詳。❹賢　勝。❺知倦　表現出疲倦的神態。知，表現。❻勝如　勝於。❼度其功　衡量績效。度，計量。功，績效。❽板　古代計算牆面面積的單位。長一丈，寬二尺為一板。一說：長一丈，寬一尺二寸為一板。❾擿其堅　捶擊以試它的硬度。擿，捶。堅，硬；牢固。

【語譯】宋王與齊王有仇，於是建築一座練習武術的房舍，由歌手癸在場地唱歌，行人都停下來觀看，工人不覺疲倦。宋王聽說這件事，便召見歌手癸，而給予賞賜。癸回答說：「我的老師射稽唱的歌，又比我好。」宋王召見射稽，請他到工地唱歌，結果行人不停，工人顯露倦容。宋王對癸說：「行人不停，工人顯露疲態，這樣看來，射稽唱的歌，不如你的好，這是什麼緣故？」癸回答說：「大王試量一量築牆的成果看看。」測量的結果，癸唱歌時築了四板，射稽唱歌時築了八板。再拿金器捶刺，試驗堅實的程度，結果癸唱歌時所築的牆，可穿入五寸；射稽唱歌時所築的，只能穿入二寸。

夫良藥苦於口，而智者勸❶而飲之，知其入而已❷己疾也。忠言拂於耳❸，而明主聽之，知其可以致功❹也。

【注釋】❶勸　勉強。❷已　止。❸拂於耳　逆於耳；聽起來難受。拂，違逆。❹致功　獲得效果；成就功業。

【語譯】效果良好的藥品吃起來覺得很苦，可是聰明的人能夠勉強服下，因為他知道服下可以治好自己的病。忠直的言語聽起來很難受，可是賢明的君主能夠盡量聽從，因為他知道聽從忠言可以成就功業。

傳二——宋人有請為燕王以棘刺之端為母猴❶者，必三月齋❷，然後能觀之，燕王因以三乘❸養之。右御冶工❹謂王曰：「臣聞人主無十日不燕❺之齋。今知王不能久齋，以觀無用之器也，故以三月為期。凡刻削者，以其所以削❻必小。

今臣，治人也，無以為之削❼。此不然物也❽，王必察之。」王因囚而問之，果妄❾，乃殺之。治人又謂王曰：「計無度量❿，言談之士多棘刺之說也。」

一曰：燕王好微巧⓫，衛人請以棘刺之端為母猴，燕王說⓬之，養之以五乘之奉⓭。王曰：「吾試觀客為棘刺之母猴。」客曰：「人主欲觀之，必半歲不入宮，不飲酒食肉，雨霽⓮日出，視之晏陰之間⓯，而棘刺之母猴乃可見也。」燕王因養衛人，不能觀其母猴。鄭有臺下⓰之冶者，謂燕王曰：「臣為削者⓱也，諸微物必以削削之⓲，而所削必大於削⓳。今棘刺之端，不容削鋒⓴；削鋒難以治棘刺之端。王試觀客之削，則能與不能可知也。」王曰：「善。」謂衛人曰：「客為棘削之㉑？」曰：「以削㉒。」王曰：「吾欲觀見之。」客曰：「臣請之舍㉓取之。」因逃。

【注　釋】❶以棘刺之端為母猴　在棘木芒刺的尖端刻一隻獮猴。以，於。棘，叢生的小棗樹。即酸棗樹。刺，植物莖幹上的芒刺。末端細如針尖。端，事物的一頭。母猴，獮猴。俗稱猢猻。❷齋　持守身心的潔淨。古代為祭祀而表示虔誠的做法，包括沐浴更衣、不飲酒、不吃葷食、不行房、不動妄念等。❸三乘　指出兵車三乘的區域。根據《周禮》，四井為一邑，四邑為一丘，四丘為一甸。甸，即「乘」。出兵車一乘。乘，一車四馬。❹右御治工　原為治鐵工匠的右邊近侍。御，侍從的近臣。治工，煉鐵的工匠。❺燕　通「宴」、「讌」。會飲；聚會飲酒。❻所以削　所用的刻刀。❼無以為之削　無法做那種刻刀。之，其。❽此不然物也　這是不可能的事。然，如此。物，事。❾果妄　果然虛假。❿計無度量　對於計策沒有詳加考慮。計，計策；計謀。度量，考慮；衡量。⓫微巧　微細巧妙。此指微細巧妙之物。⓬說　同「悅」。⓭奉　通「俸」。俸祿。⓮霽　雨停。⓯晏陰之間　陰晴之間。指雨後初晴的那段時間。晏，晴。⓰臺下　應是鄭國地名。⓱為削者　製造刻刀的人。⓲以削削之　用刻刀去刻。⓳所削必大於削　所刻的東西一定比刻刀大。所削，刻削的對象。⓴削鋒　刻刀的尖端。㉑客為棘削之　此句有缺文，陳奇猷《韓非子集釋》以為當作「客為棘刺之母猴，何以治之？」其說近實，茲從之。㉒以削　用刻刀。以，用。㉓之舍　前往客舍。舍，客舍；旅館。

【語　譯】傳二——宋國有個人主動向燕國國王表示，願在棘木的針刺尖端上刻一隻獼猴送給他。但一定要齋戒三個月才可以觀看，於是燕王以三乘的俸祿供養他。擅長鍊鐵的一位近侍說：「我聽說君主沒有連續十天不飲宴的齋戒。如今他明知大王不能長久齋戒，以觀賞無用的器物，所以故意以三個月為期限。凡是雕刻所用的刻刀一定比所刻的器物小，我是個鐵匠，可是無法打造像那樣小的刻刀。這是不可能的事。大王一定要查個清楚。」燕王便把那個宋國人關起來，審問他，果然是假的，於是把他殺了。鐵匠又對燕王說：「對於計策沒有詳加考慮，遊說之士會有很多類似在棘木針刺的尖端雕刻獼猴的說法。」

另一說：燕王喜愛小巧的工藝品，有一個衛國人願替他在棘木針刺的尖端刻一隻獼猴，燕王很高興，拿五乘的俸祿供養他。燕王說：「我想觀看客人在棘木針刺的尖端上雕刻獼猴。」客人說：「君主想看雕刻獼猴，一定要半年不進後宮，不喝酒，不吃肉，等到雨剛剛停止，太陽出來，在陰晴交替的時候觀看，那棘木針刺尖端的獼猴才看得見。」燕王便繼續供養那個衛國人，可是始終無法看到那隻獼猴。鄭國臺下地方有個鐵匠，對燕王說：「我是打造刻刀的人，各種小的器物一定要用刻刀來刻，所刻的器物一定要大於刻刀。如今那棘木針刺的尖端容納不下刻刀的刀鋒，刻刀的刀鋒自然難以雕刻棘木針刺的尖端。大王試教客人把刻刀拿出來看看，就知道能不能在棘木針刺的尖端上刻獼猴了。」燕王說：「對！」便對衛國客人說：「客人在棘木針刺的尖端上刻獼猴，是用什麼工具刻的？」客人回答說：「用刻刀。」燕王說：「我想看一看。」客人說：「那我回旅館去拿。」趁便就逃走了。

兒說❶，宋人，善辯者也，持❷「白馬非馬」❸也，服❹齊稷下❺之辯者。乘白馬而過關，則顧白馬之賦❻。故籍之虛辭❼，則能勝一國；考實按形❽，不能謾❾於一人。

【注釋】❶兒說　戰國時宋大夫。兒，通「倪」。❷持　執；主張。❸白馬非馬　白馬不等於馬。為公孫龍的學說之一。按：公孫龍強調概念的獨立性，白馬是「白」和「馬」兩個概念。「白」表顏色，「馬」表形體。「白」和「馬」合起來是兩個概念，此與單說一個概念「馬」自是有別，所以說「白馬非馬」。❹服　折服；使人服輸。❺稷下　稷山之下。稷山之下有古齊城，齊城西門名稷門，有學士館，凡來此討論學術的學者，都稱稷下學士。稷山，在今山東省臨淄縣西南（今又併入淄博市）。❻顧白馬之賦　納白馬的稅。顧，通「雇」。猶言納。賦，稅。按：現實生活中，乘白馬過關，須繳馬稅，不能因「白馬非馬」之說而免。❼籍之虛辭　憑藉抽象的言論。籍，通「藉」。憑藉。之，於。虛辭，空言；抽象的言論。❽考實按形　考察實質和形體。按，察驗。❾謾　欺騙。

【語譯】兒說是宋國一位善辯的人，持「白馬非馬」的說法折服了齊國稷下的辯士。有一次，他騎白馬過關，卻仍照樣繳納馬的關稅。所以單憑空言，可以勝過全國；若考察實際情形，不能騙過一個人。

夫新砥礪殺矢❶，彀弩❷而射，雖冥而妄發❸，其端未嘗不中秋毫❹也。然而莫能復其處❺，不可謂善射，無常儀的❻也。設五寸之的，引十步之遠，非羿、逢蒙❼不能必全者，有常儀的也。有度難，而無度易也。有常儀的，則羿、逢蒙以五寸為巧；無常儀的，則以妄發而中秋毫為拙。故無度而應之，則辯士繁說；

設度而持之，雖知者猶畏失也，不敢妄言。今人主聽說，不應之以度，而說❽其辯；不度之以功，而譽其行，而不入關❾。此人主所以長欺，而說者所以長養也。

【注釋】❶新砥礪殺矢　剛剛磨好箭鏃的利箭。新，剛剛；最近。砥礪，磨刀石。此當動詞，磨。殺矢，打獵用的箭。因用以殺獵物，故稱。❷彀弩　把弓拉滿。彀，拉滿弓弩。弩，用機械發射的弓。❸冥而妄發　閉著眼睛亂射。冥，通「瞑」。閉目。妄發，胡亂發射。❹秋毫　禽鳥秋天剛剛長出的細毛。比喻極為微細的東西。❺復其處　再射中已經射中過的地方。復，又；再。其處，指已射中之處。❻常儀的　固定的目標。常，固定；不變。儀的，靶心；目標。儀，標準。的，箭靶的中心。❼羿逢蒙　羿和逢蒙。皆古之善射者。羿，夏朝有窮國的君主。善於射箭。逢蒙，夏朝人。學射於羿，盡得其傳，認為天下只有羿比自己高明，便把羿殺死。❽說　同「悅」。❾而不入關　如同沒有射中箭靶。而，如。入關，指射中箭靶。

【語譯】剛剛磨好的利箭，拉弓而射，雖閉著眼睛胡亂射出，那箭的尖端沒有不能射中細微之物的。可是沒有人能再度射中已經射中的地方，這就不可稱為善射——因為沒有固定目標的緣故。設立一個五寸大的箭靶，拉開十步的距離，不是羿和逢蒙那樣的高手便不能保證射中，這是因為有固定目標的緣故。有法度就難，沒法度就容易。有固定的目標，羿和逢蒙射中五寸大的箭靶就算巧妙；沒有固定的目標，隨便亂射，即使射中極細微的東西，也算笨拙。所以，沒有法度以應付別人，說客便滔滔不絕；若設法度而嚴格執行，即使才智之士，也還怕失言，而不敢亂說。如今君主聽人遊說，不拿法度來應付，就喜歡他們的口才；不以功效來審查，就讚美他們的行事，這就像射不到箭靶一樣。這就是君主永遠受欺騙，說客永遠被供養的緣故啊！

客有教燕王為不死之道者，王使人學之，所使學者未及學，而客死。王大怒，誅之；王不知客之欺己，而誅學者之晚也。夫信不然之物❶，而誅無罪之臣，不察之患也。且人所急❷，無如其身，不能自使其身無死，安能使王長生哉！

【注　釋】❶不然之物　不可能的事。然，如此。物，事。❷急　緊要。

【語　譯】有一客人教燕王不死的方法，燕王派人去學，所派去學的人還來不及學，客人就死了。燕王非常生氣，就把派去的人殺掉。燕王不知道客人欺騙自己，卻責罰派去的人學得太晚，相信不可能的事情，而殺戮無罪的臣子，這是不仔細考察的過錯。而且，人類所最緊要的事情，莫過於自己的生命，這位客人不能使自身不死，怎麼能夠使燕王長生呢？

鄭人有相與爭年❶者，一人曰：「吾與堯同年。」其一人曰：「我與黃帝之兄同年。」訟此而不決❷，以後息者為勝❸耳。

【注　釋】❶爭年　比年齡的大小。❷訟此而不決　爭論此事而不能決定。訟，爭論是非。決，指決定高下。❸以後息者為勝　以最後停止爭論的人為勝利。息，止息；停止。

【語　譯】鄭國有兩個人爭比年齡的大小，一個人說：「我跟堯同年。」另一個人說：「我和黃帝的哥哥同年。」為此爭論不決，最後停止爭論的人就算勝利了。

客有為周君❶畫筴❷者，三年而成，君觀之，與髹筴者同狀❸，周君大怒。畫筴者曰：「築十版❹之牆，鑿八尺之牖❺，而以❻日始出時，加之❼其上以觀。」周君為之，望見其狀，盡成龍蛇禽獸車馬，萬物之狀備具，周君大悅。此畫筴之功❽，非不微難❾也，然其用與素髹筴❿同。

【注釋】❶周君　指東周君或西周君。周朝末年，諸侯國周分為東西二周，稱東周君和西周君。西周君亡於周赧王五十九年（西元前二五六年），是年，赧王亦崩。後七年（西元前二四九年），東周被滅。❷畫筴　彩繪馬箠。筴，通「策」。馬箠。或又以為指簡策。❸與髹筴者同狀　和油漆的馬箠一樣。髹，以漆塗物。❹十版　長十丈廣二丈的牆面面積。古時用板築土為牆，故稱。版，通「板」。古時計算牆壁面積的單位。長一丈廣二尺為一版。❺牖　窗洞。❻以　於。❼之　於。❽功　工夫。❾微難　細微艱難。❿素髹筴　只塗漆而無花樣的馬箠。素髹，只塗漆而不畫花樣。素，不加裝飾。

【語譯】有一客人替周君彩繪馬箠，三年才完成，周君一看，和油漆的馬箠一樣。周君非常生氣。畫馬箠的人說：「修築一堵高十丈廣二丈的牆，上面挖開八尺見方的窗洞，而在太陽剛出的時候，把馬箠放在上面，才能看出它的絢麗。」周君照著他的話去做，果然看到馬箠上的圖樣，全部化作龍蛇禽獸車馬等等，萬物的形狀全部具備。周君非常高興。這個馬箠彩繪的工夫，不是不夠微細艱難，可是它的用途卻和只塗油漆而無花樣的馬箠相同。

客有為齊王畫者，齊王問曰：「畫孰❶最難者？」曰：「犬馬最難。」「孰最易者？」曰：「鬼魅❷最易。」夫犬馬，人所知也，旦暮罄於前❸，不可不類❹之，故難。鬼魅，無形者，不罄於前，故易之也。

【注釋】❶孰　何；什麼。❷魅　鬼怪。❸旦暮罄於前　從早到晚都在眼前。罄，皆；都。一說：通「俔」。見。❹類像；相似。

【語譯】有一客人替齊王畫畫，齊王問他：「畫什麼東西最難？」客人回答說：「畫狗和馬最難。」齊王又問：「畫什麼東西最容易？」客人說：「畫鬼怪最容易。」狗和馬是人最熟悉的東西，從早到晚都在眼前，畫得不可不像，所以難畫。鬼怪是無形的東西，不是從早到晚都在眼前，所以畫起來容易。

齊有居士❶田仲❷者，宋人屈穀❸見之，曰：「穀聞先生之義，不恃仰人而食。今穀有巨瓠❹，堅如石，厚而無竅❺，獻之！」仲曰：「夫瓠所貴者，謂❻其可以盛❼也。今厚而無竅，則不可以盛物；堅如石，則不可以剖而斟❽。吾無以瓠為❾也！」曰：「然，穀將欲棄之。今田仲不恃仰人而食，亦無益人之國，亦堅瓠之類也。」

【注釋】❶居士　隱居不仕的人。❷田仲　即陳仲子。為齊之世家，其兄名戴，食祿萬鍾。仲子以為其兄之俸祿得之不義，乃避兄離母，住於於陵，自織鞋履，妻子績麻，人稱於陵仲子。田，古音同「陳」。❸屈穀　人名。事蹟未詳。❹瓠　蔬類植物。俗名葫蘆，嫩時可食，成熟後，去肉留殼，晒乾，可以貯酒，剖為兩半，稱瓢，可以舀水。❺竅　孔穴。❻謂　通「為」。❼盛　用器物裝東西。❽斟　注；倒。❾無以瓠為　瓠沒什麼用處。為，感歎助詞。

【語譯】齊國有個隱居不仕的人，名叫田仲，宋國人屈穀去見他，說：「我聽說先生所秉持的原則，是絕不仰仗他人而生活。現在我有個大葫蘆，像石頭般堅硬，皮殼很厚，無從穿孔，我把它呈獻給你。」田仲說：「葫蘆之所以可貴，就因它可以盛裝水漿。這個葫蘆既然皮厚而無從穿孔，便不能裝東西；堅硬如石頭，便不可以剖為瓢以勺水。我要這個葫蘆沒什麼用啊！」屈穀說：「你說的對，我想把它丟掉。現在田仲不仰仗別人而生活，也是對人的國家沒有益處，這也和堅硬的葫蘆一樣啊！」

虞慶❶為屋，謂匠人曰：「屋大尊❷。」匠人對曰：「此新屋也，塗濡而椽生❸。夫濡塗重而生椽橈❹，以橈椽任重塗，此宜卑❺。」虞慶曰：「不然。更❻日久，則塗乾而椽燥。塗乾則輕，椽燥則直，以直椽任燥塗，此益尊。」匠人詘❼，為之而屋壞。

一曰：虞慶將為屋，匠人曰：「材生而塗濡，夫材生則橈，塗濡則重，以橈任重，今雖成，久必壞。」虞慶曰：「材乾則直，塗乾則輕。今誠得乾，日以輕直，雖久必不壞。」匠人詘，作之成，有間❽，屋果壞。

【注釋】❶虞慶　即虞卿。戰國時遊說之士，曾為趙國的上卿。慶，通「卿」。❷大尊　加高。大，當動詞，加大。此指加高。尊，高。❸塗濡而椽生　土溼而椽新。塗，泥土。古用以敷屋頂，後世用瓦。濡，濕。椽，架於屋梁的方木。用以承泥或瓦。生，新。指木材剛砍下來，還有很多水分。❹橈　彎曲。❺宜卑　應該低一點。❻更　經過；經歷。❼詘　辭窮；言語鈍拙。❽有間　不久。

【語譯】虞卿蓋房子，對工匠說：「房屋要加高一點。」工匠回答說：「這是新屋呀！泥土仍溼，而椽木尚生。溼的泥土沉重，而生的椽木易於彎曲；以容易彎曲的椽木承受沉重的泥土，是不好的，這屋子應該蓋低一點。」虞卿說：「不對。經歷一段時間以後，泥土乾了，椽木也乾了。泥土乾了就變輕，椽木乾了就變直。以挺直的椽木承受乾燥的泥土，不會有什麼危險，所以這屋子應該加高一點。」工匠說不過他，便照他的話去做。結果房屋倒塌了。

另一說：虞卿將蓋房子，工匠說：「木材尚生，而泥土仍溼，木材生便容易彎曲，泥土溼便增加重量。以容易彎曲的木材承受沉重的泥土，現在縱使蓋好了，日久一定會倒塌。」虞卿說：「木材漸乾就會變直，泥土漸乾就會變輕。假如房屋真的蓋好了，而泥土和木材也逐漸乾了，那麼泥土一天比一天輕，木材一天比一天直，雖經長久的時間也一定不會塌壞。」工匠沒話可說，只好照做，房屋蓋好了，可是不久又倒塌了。

工人謂范且❶曰：「弓之折，必於其盡❷也，不於其始也。夫張弓❸也，伏檠❹三旬而蹈弦❺，一日犯機❻，是節之其始❼，而暴之其終❽也，焉得❾無折？」范且曰：「不然。伏檠一日而蹈弦，三旬而犯機，是暴之其始，而節之其盡也。」工人窮❿也，為之，弓折。

【注釋】❶范且　即范雎。戰國時魏國人，起初追隨魏中大夫須賈，曾從須賈出使齊國，受齊王所賜牛酒等物，被魏相魏齊笞打，幾乎喪命，後改姓名為張祿，入秦，以遠交近攻之策遊說秦昭襄王，昭襄王用為相，封應侯。❷盡　終。指後期。與下文「始」相對。❸張弓　拉弓。此指製弓。❹伏檠　把弓放在檠器裡矯正。伏，制伏；強力使服。檠，矯正弓弩的器具。❺蹈弦　施弦；在弓上設弦。❻犯機　觸動弩牙發射。犯，觸犯；觸動。機，弩牙；弩上發矢的機件。❼節之其始　謹慎於開始的時候。節，節制；謹慎。之，於。❽暴之其終　糟蹋於最後的階段。暴，急迫；糟蹋。之，於。❾焉得　怎能；何能。❿窮　辭窮。指無從回答。

【語譯】製弓的工匠對范且說：「弓如折斷，一定是在最後的階段，而不會在剛開始製造的時候。製弓時，把弓放在檠器中矯正，三十天後才把弦繫上，再過一天就觸動弩牙發射，這是開始的時候謹慎，最後的階段急迫，弓怎能不折斷？」范且說：「不對。把弓放在檠器中矯正，一天以後就裝弦，三十天以後才觸動弩牙發射，這是開始的時候急迫，最後的階段謹慎，豈不可以避免折斷？」弓匠無從辯駁，只好照他的意思去做，結果弓折斷了。

范且、虞慶之言，皆文辯辭勝❶，而反事之情❷，人主說❸而不禁，此所以敗也。夫不謀治強之功，而豔乎辯說文麗之聲❹，是卻❺有術之士，而任壞屋、折弓也。故人主之於國事也，皆不達❻乎工匠之構屋張弓也。然而士窮乎范且、虞慶者❼，為❽虛辭其❾無用而勝，實事其無易❿而窮也。人主多⓫無用之辯，而少⓬無易之言，此所以亂也。今世之為范且、虞慶者不輟⓭，而人主說之不止，是貴敗折之類，而以知術之人為工匠也。工匠不得施其技巧，故屋壞弓折；知術之人不得行其方術，故國亂而主危。

【注釋】❶文辯辭勝　文辭暢利而美妙。辯，巧言。勝，美好；優越。❷反事之情　違反事實。情，實。❸說　同「悅」。下文「人主說之不止」義同。❹豔乎辯說文麗之聲　豔羨於巧妙美麗的言辭。豔，羨慕。乎，於。文麗，華美。❺卻　拒絕。❻達　通曉；明白。❼士窮乎范且虞慶者　士受窘於范雎、虞卿的原因。窮乎，受窘於。表被動態。❽為　因為。❾其　之。下文「實事其無易」義同。❿無易　不可改變。⓫多　重視。⓬少　輕視。⓭輟　停止。

【語譯】范且和虞卿說的話，都文辭優美而違反事實，君主喜歡聽這一類的話而不予禁止，這就是失敗的原因啊！如果不謀求安定強盛的績效，而豔羨巧妙華美的文辭，這就等於拒絕有專門技術的人才而信任足以毀屋折弓的庸人呀！所以一般的君主對於國事，都和范且、虞慶一樣，根本不懂蓋房子和製弓的道理。可是很多有治術的人卻被范且、虞慶所說服，這是因為空洞的言辭雖然無用卻反而聽來美妙，實際的事理雖然不可改變卻反而聽來苦澀。君主重視無用的巧言，而輕忽不變的道理，這就是致亂的原因啊！現在范且、虞慶之類的人不斷地出現，而君主也一直喜歡他們，這就等於看重毀屋折弓之類的人，而把有才智與道術的人當作工匠而不予重視。工匠們沒有機會施展技巧，所以屋壞弓折；有才智與道術的人沒有機會施行他們的道術，所以國家混亂，君主傾危。

夫嬰兒相與戲也，以塵❶為飯，以塗為羹❷，以木為胾❸，然至日晚必歸饟❹者，塵飯塗羹，可以戲，而不可食也。夫稱上古之傳頌❺，辯而不慤❻，道❼先王仁義，而不能正國❽者，此亦可以戲，而不可以為治也。夫慕仁義而弱亂者，三晉❾也；不慕仁義而治強者，秦也；然而秦強而未帝者，治未畢也。

【注釋】❶塵　土。❷以塗為羹　拿爛泥當菜湯。塗，泥。羹，調味的湯。❸胾　大塊的肉。❹歸饟　回家吃飯。饟，同「餉」。糧食，此當動詞。❺傳頌　傳揚贊頌。此指所傳頌的事蹟。❻辯而不慤　說話巧妙而不確實。慤，樸實；謹慎。❼道　說；稱述。❽正國　治國。❾三晉　指韓、趙、魏三國。本為春秋時晉國六卿中的三卿，勢力日強，戰國初，滅范氏、智氏、中行氏而瓜分晉國，各自獨立，故稱。

【語譯】小孩子在一起玩耍，拿土塊當飯食，拿爛泥當菜羹，拿木頭當肉塊，但是到天色黑了，一定要回家吃飯，原因是土飯泥菜只可以玩而不可以吃呀。稱述上古的事蹟，美妙而不確實；講論先王的仁義，卻不能治理國家。這也是只能玩耍而不能施行於政治上呀。羨慕仁義而國家衰弱混亂的，是三晉；不喜歡仁義而國家政治修明的，是秦國。然而秦國雖然治強，卻未能統治全天下，則是治術還不夠完備的緣故。

傳三——人為嬰兒也，父母養之簡❶，子長而怨。子盛壯成人，其供養薄，父母怒而誚❷之。子父，至親也，而或譙或怨者，皆挾相為，而不周於為己也❸。夫買庸❹而播耕者，主人費家❺而美食。調錢布而求易❻者，非愛庸客也，曰❼：如是，耕者且深，耨❽者且熟❾云也。庸客致力而疾耘耕，盡功而正畦陌❿者，非愛主人也，曰：如是，羹且美，錢布且易云也。此其養功力，有父子之澤矣，而必周於用者，皆挾自為心也。故人行事施予，以利之為心，則越人易和；以害之為心，則父子離且怨。

【注　釋】❶簡　怠慢；不周到。❷誚　通「譙」。責罵。❸皆挾相為二句　都懷著人己互助的觀念，而總認為別人為自己所做的不夠周到。挾，在腋下夾著；懷著。相為，互相幫助。周，周到；完備。❹買庸　僱用傭工。庸，受僱的工人。❺費家　耗費家財。❻調錢布而求易　籌集錢布務求品質良好。調，籌集；選擇。錢布，皆古代的貨幣。品質有良有窳。易，善；良好。❼曰　表示解釋上文。王引之《經傳釋詞》說：「有非問答而亦加曰字以別之者，語更端也。」此曰字正是其例。下曰字義同。❽耨　除草。❾熟　美善；精細。❿盡功而正畦陌　盡力做事而整理阡陌。正，整理；整頓。畦，田界。陌，田間小路。

【語　譯】傳三——人在小孩子的時期，如果父母養育他而有所忽略，他長大後就會怨恨。兒子長大成人，如果他對父母的供養微薄，父母便會生氣而加以責罵。兒子和父親，是最親密的關係，尚且有的責罵兒子，有的怨恨父親。這都是因為存有人己相為的觀念，而總覺得別人給予自己的不夠周備啊！那些僱用傭工而種田的主人，不惜耗費家財，準備美味的食物，籌集良好的錢布，以資供應，這不是喜愛傭工，而是因為這樣一來，耕田就耕得深，除草就除得仔細呀。傭工努力耕田除草，盡心整理阡陌，這也不是愛護主人，而是因為這樣一來，所吃的飯菜就會精美，所獲的錢布就會良好呀。父親的養育，傭工的努力，都是相為的。雖有父子的恩情，而還必求滿足自己的需要，都是因為存有自為的觀念啊。所以人類在社會上做事和施予，如能存著利人的心，那麼最疏遠的越人也容易親和；若存著害人的心，那麼最親密的父子也會疏遠而且怨恨了。

文公伐宋❶，乃先宣言❷曰：「吾聞宋君無道，蔑侮❸長老，分財不中❹，教令不信，余來為民誅之。」

【注釋】❶文公伐宋　按：春秋時諡為文公的有晉文公、衛文公、鄭文公及魯文公。晉文公未曾伐宋，其餘諸公皆卑弱。故顧廣圻《韓非子識誤》以為「公當作王，宋當作崇」，乃指周文王伐崇之事。可備一說。❷宣言　揚言；故意對外宣揚。❸蔑侮　輕慢。蔑，輕視；侮，欺侮。❹中　均平；不偏。

【語譯】文公攻打宋國，事先揚言道：「我聽說宋國的君主荒淫無道，輕視長老，分財物不公平，頒布教令不守信用，我來為人民誅除這個暴君。」

越伐吳，乃先宣言曰：「我聞吳王築如皇❶之臺，掘淵泉之池，罷苦❷百姓，煎靡❸財貨，以盡民力，余來為民誅之。」

【注　釋】❶如皇　臺名。❷罷苦　勞苦。罷，通「疲」。❸煎靡　耗損。煎，用火把鍋中的食物炙乾。煎時，油汁或水分逐漸蒸散減少，故引申有耗損之意。靡，損害。

【語　譯】越國攻打吳國，事先揚言道：「我聽說吳王築如皇臺，挖掘淵泉池，勞苦百姓，浪費財物，人民的財力物力都快用完了，我來為人民誅除這個暴君。」

蔡女為桓公妻❶，桓公與之乘舟，夫人蕩舟❷，桓公大懼，禁之不止，怒而出❸之。乃且復召之❹，因復更嫁❺之。桓公大怒，將伐蔡。仲父❻諫曰：「夫以寢席之戲❼，不足以伐人之國，功業不可冀❽也，請無以此為稽❾也。」桓公不聽。仲父曰：「必不得已，楚之菁茅❿不貢於天子三年矣，君不如舉兵為天子伐楚。楚服，因還襲蔡，曰：『余為天子伐楚，而蔡不以兵從，因遂滅之。』此義於名，而利於實⓫。故必有為天子誅之名，而有報讎之實。」

【注　釋】❶蔡女為桓公妻　蔡國宗室的女子嫁給齊桓公為妻。蔡女，指蔡繆侯的妹妹。蔡，周武王弟叔度的封國。故城在今河南省上蔡縣西南，傳到平侯，土地為楚國所侵奪，周平王又封平侯於新蔡（今河南省新蔡縣），傳到昭侯，又因避楚而遷至吳國的州來，是為下蔡（今安徽省鳳臺縣），後為楚所滅。桓公，指齊桓公。名小白，春秋時齊國的君主，用管仲為相，尊王攘夷，九合諸侯，為春秋第一位霸主。❷夫人蕩舟　夫人故意搖動船身。夫人，指蔡女。蕩，搖動；震動。❸出　指出妻。即把妻子逐出家門。用現代話說，即逼妻子離婚。❹乃且復召之　而又再召她回來。乃，而。且，又。復，再。❺更嫁　改嫁。按：此指蔡國改嫁蔡女。❻仲父　即管仲。為齊桓公對管仲的尊稱。父，老年男子的敬稱。❼寢席之戲　指夫妻間閨房中的玩樂。寢席，寢室的臥席。❽冀　期望。❾稽　計。❿菁茅　香草名。古代祭祀時用以濾酒去滓。⓫義於名二

句 名義正當而實際有利。義，正當；合宜。

【語譯】蔡國國君繆侯的妹妹嫁給齊桓公作夫人，桓公和夫人共乘一隻小船遊玩，夫人故意搖動船身，桓公很害怕，禁止夫人搖動，夫人還是搖個不停。桓公一氣之下，把她休了。原想過段時間再召她回來，結果蔡侯卻把她改嫁了。桓公大為光火，將起兵攻打蔡國。管仲勸諫桓公說：「拿夫妻間開玩笑之事做理由來攻打別國，實在是不成理由。這樣做，偉大的功業就沒有希望了。請您不要作這樣的考慮。」桓公不肯聽從，管仲又說：「必不得已攻打蔡國的話，楚國已經三年沒有進貢菁茅給天子了，您最好率兵替天子討伐楚國。楚國服從以後，回來順便突擊蔡國，就說：『我替天子討伐楚國，而蔡國卻沒有派兵參加，所以就把他消滅。』這樣名義上很正當，實際上又很有利益。所以必須有替天子伐罪的名義，才有報復私仇的實質。」

吳起❶為魏將而攻中山❷，軍人有病疽❸者，吳起跪而自吮❹其膿，傷者之母立泣。人問曰：「將軍於若子❺如是，尚何為而泣？」對曰：「吳起吮其父之創❻而父死，今是子又將死也，吾是以泣。」

【注釋】❶吳起 （西元前？～前三七八年）戰國時衛國人。曾從學於孔子弟子曾參，初仕魯，後仕魏，魏文侯用為將，守西河以拒秦，秦以為患。後為魏相公叔所忌，奔楚，楚悼王用為令尹，多所興革，不利貴戚大臣。悼王死，為宗室大臣所殺。❷中山 周朝諸侯國名。前後有二：前中山國，姬姓，在今河北省定縣一帶，為魏文侯所滅。後中山國，為魏文侯所封。文侯既滅中山，命太子擊駐守，後太子擊返魏，又封少子摯於中山，是為中山武公，戰國時，為趙武靈王所滅。❸病疽 患了塊狀的毒瘡。疽，結成塊狀的毒瘡。❹吮 吸。❺若子 你的兒子。❻創 通作「瘡」。癰疽之類的病。

【語譯】吳起做魏國的將領，奉命攻打中山國。有一個士兵長了個大膿瘡，吳起親自跪下替他吸膿，士兵的母親看見，馬上哭了起來。有人問她說：「將軍對你的兒子這麼好，你還哭什麼呢？」她回答說：「吳起曾吸過他父親的大膿瘡，他父親為此戰死了。現在這個兒子又將為此而戰死，所以我哭啊！」

趙主父❶令工施鉤梯而緣播吾❷，刻踈❸人迹其上，廣三尺，長五尺，而勒❹之曰：「主父常❺遊於此。」

【注　釋】❶趙主父　即趙武靈王。戰國時趙國的君主，以身作則，胡服騎射，國力日強，開邊日廣，在位二十七年（西元前三二五～前二九九年），傳位於少子何（即惠文王），自號主父，居沙丘宮（在今河北省平鄉縣北），長子章不服，作亂而敗，往依主父，公子成、李兌率兵圍沙丘宮，主父餓死。❷施鉤梯而緣播吾　搭鉤梯而攀爬播吾山。鉤梯，也稱鉤援。古時攻城的器具，以梯斜靠城牆，相鉤引而上。緣，攀援而上。播吾，戰國時趙國的番吾邑。漢置蒲吾縣，即今河北省平山縣。縣西北有房山，王先慎《韓非子集解》認為房山即主父令工施鉤梯處。❸刻踈　雕刻。踈，同「疏」。刻劃。❹勒　雕刻。❺常　通「嘗」。

【語　譯】趙主父命工人用鉤梯攀登播吾山，在上面雕刻人的腳印，寬三尺，長五尺，又刻石記載道：「主父曾到此遊玩。」

秦昭王❶令工施鉤梯而上華山❷，以松柏之心為博❸，箭❹長八尺，棊❺長八寸，而勒之曰：「昭王嘗與天神博於此矣。」

【注　釋】❶秦昭王　即秦昭襄王。名稷，惠王之子，武王異母弟，孝文王之父，在位五十六年（西元前三〇六～前二五一年），常對六國用兵，國勢鼎盛。❷華山　五嶽中之西嶽。在今陝西省華陰縣南，因其西別有少華山，故又名太華山。❸博　古時局戲的一種。有六箸（類似筷子的竹枝）、十二棊（弈棋的棋子）。❹箭　古代的博具。❺棊　同「棋」。古時博弈用的子，俗稱棋子。

【語　譯】秦昭王命工人用鉤梯攀登華山，用松樹和柏樹的木心做成博具，箭長八尺，棋子長八寸，又刻石記載道：「昭王曾在此和天神對弈。」

文公反國至河❶，令：「籩豆捐之❷，席蓐❸捐之，手足胼胝❹、面目黧黑❺者後之❻。」咎犯❼聞之而夜哭。公曰：「寡人出亡二十年，乃今得反國，咎氏聞之，不喜而哭，意❽不欲寡人反國邪？」犯對曰：「籩豆，所以食也，而君捐之，席蓐，所以臥也，而君棄之；手足胼胝、面目黧黑，勞有功者也，而君後之。今臣與❾在後，中不勝其哀❿，故哭。且臣為君行詐偽以反國者眾，臣尚自惡⓫也，而況於君？」再拜而辭。文公止之，曰：「諺⓬曰：築社⓭者，攐撅而置之⓮，端冕而祀之⓯。今子與我取之，而不與我治之；與我置之，而不與我祀之，焉可！」乃解左驂盟於河⓰。

【注　釋】❶文公反國至河　晉文公回國，到了黃河岸邊。文公，指晉文公重耳。重耳為公子時，因受晉獻公寵妾驪姬的中傷而流亡在外，歷北狄、衛、齊、曹、宋、鄭、楚、秦諸國，凡十九年，最後由秦穆公派軍護送他回國即位。反，通作「返」。河，指黃河。❷籩豆捐之　把籩豆丟掉。籩豆，古代的食器。竹製的叫籩，木製的叫豆。捐，棄。❸席蓐　臥具。蓐，通「褥」。草席；草墊。❹胼胝　手掌和腳底所生的老繭。❺黧黑　黝黑。黧，色黑而黃。❻後之　行次排在後面。❼咎犯　晉文公的舅父。姓狐，名偃，字子犯，春秋時晉國的大夫，晉文公流亡期間，處理重大事務，狐偃之力為多。咎，借作

「舅」。❽意 疑；惑。❾與 從。❿中不勝其哀 心裡哀傷得受不了。中，心中。勝，力能承受。⓫自惡 憎恨自己。⓬諺 長期流傳下來的俗話。⓭社 土神。此指祭祀土神的處所。⓮攓撅而置之 把長衣服提起來，以便築社。攓撅，把衣服的下擺提起來。攓，字書無此字，日人太田方《韓非子翼毳》以為通「褰」。將衣服提起。撅，揭衣；提高衣服。置，猶「築」。⓯端冕而祀之 穿上禮服、戴上禮冠來祭祀。端，禮衣。冕，禮帽。⓰解左驂盟於河 解下左邊的驂馬，把牠殺來向河神發誓。解，解開衡軛的羈繫。左驂，左邊的驂馬。驂，古時四馬共拉一車，中間兩匹叫服馬，兩邊的叫驂馬，在左叫左驂，在右叫右驂。盟，殺牲歃血，向神明發誓。

【語譯】晉文公回國，到了黃河邊，下令左右說：「把籩豆丟掉，把臥席也丟掉。手掌和腳底長了厚皮，以及面色又黑又黃的人走在後面。」咎犯聽了這些話，不由得夜裡哭了起來。文公說：「寡人在外流亡二十年，現在得以返國，舅舅聽了我的話，不但不高興，反而哭了起來，難道是不願意寡人回國嗎？」咎犯回答說：「籩豆，是用來進餐的，而你居然把它丟掉；席蓐，是用來寢臥的，而你也把它丟掉。手腳長了厚皮、面色又黃又黑，是勞苦功高的，而你叫他們走在後面。我今跟隨在後，心中有難以忍受的哀傷，所以哭了。而且在流亡的日子裡，我為你謀求返國所做的詭詐的事情太多了，我自己都憎恨自己，何況是你呢？」說完，向文公拜了又拜就告辭。文公急忙阻止他說：「俗語說：『建築社祠，大家撩起衣服來工作，建築完工，大家穿起衣服來祭祀。』現在你跟我一起取得晉國，卻不跟我一起治理它；就好像跟我一起築祠，卻不跟我一起祭祀一樣。怎麼可以呢？」於是解下左邊的驂馬，殺來向河神發誓，絕不背棄舅舅。

鄭縣❶人有得車軛❷者，而不知其名，問人曰：「此何種❸也？」對曰：「此車軛也。」俄❹又復得一，問人曰：「此是何種也？」對曰：「此車軛也。」問者大怒曰：「曩者❺曰車軛，今又曰車軛，是何眾也？此女❻欺我也！」遂與之鬥。

【注　釋】❶鄭縣　春秋時鄭國的都城。韓哀侯滅鄭，改名為新鄭，舊址在今河南省新鄭縣西北。❷車軛　架在牛馬脖子上以便拉車或拖犁的木質器具。略呈半弧形。❸何種　猶言何物。❹俄　不久。❺曩者　往時；剛才。❻女　通「汝」。

【語　譯】鄭縣有個人撿到一具車軛，卻不知道它的名稱，問人家說：「這是什麼東西呀？」人家回答說：「這叫做車軛。」不久，他又拾到一具，又問人家說：「這是什麼東西呀？」人家回答說：「這是車軛。」他非常生氣地說：「剛才你說是車軛，現在你又說是車軛，車軛怎麼這樣多呢？這可見你在騙我！」就和人家打了起來。

衛人有佐弋❶者，鳥至，因❷先以其裷麾之❸，鳥驚而不射❹也。

【注　釋】❶佐弋　幫助弋射。弋，以繩繫箭射鳥。❷因　於是；就。❸以其裷麾之　用他的頭巾去招引牠。以，用。裷，頭巾。麾，通「揮」。招手。❹不射　射不中；沒射到。

【語　譯】衛國有個人幫助獵人弋射，鳥一飛過來，就先用自己的頭巾向鳥招引，鳥受了驚嚇便飛走了，結果獵人一隻鳥也沒射到。

鄭縣人卜子❶使其妻為袴❷，其妻問曰：「今袴❸何如？」夫曰：「象吾故袴❹。」妻因毀新，令如故袴。

【注　釋】❶卜子　猶言卜先生。卜，姓。子，男子的尊稱。❷袴　也作「褲」。褲子。❸今袴　猶言新褲。❹象吾故袴仿照我的舊褲子。象，通「像」。仿照。故，舊。

【語　譯】鄭縣有個姓卜的先生，叫妻子替他做褲子，他的妻子問說：「新褲怎麼做？」卜先生說：「仿照舊褲就好了。」他的妻子便把新褲弄破，使它和舊褲一樣。

鄭縣人卜子妻之❶市，買鱉❷以歸，過潁水❸，以為渴也，因縱而飲之，遂亡❹其鱉。

【注　釋】❶之　往。❷鱉　甲魚。❸潁水　水名。發源於河南省登封縣潁谷，東南流，至安徽省正陽關注入淮河。❹亡　逃走。

【語　譯】鄭縣一位卜先生的妻子到市場去，買了一隻鱉回來，經過潁水，認為鱉該口渴了，便放牠到潁水中去喝水，結果那隻鱉逃走了。

夫少者侍長者飲❶，長者飲，亦自飲也。

一曰：魯人有自喜❷者，見長年❸飲酒不能釂則唾之❹，亦效唾之。

一曰：宋人有少者欲效善，見長者飲無餘，非堪酒飲❺也，而亦欲盡之。

【注　釋】❶夫少者侍長者飲　年少的人陪從年長的人飲酒。夫，發語詞，無義。侍，位卑者陪從位尊者；年幼者陪從年長者。❷自喜　猶言自愛。做每樣事情都求好心切。❸長年　指年長者。❹不能釂則唾之　不能乾杯就把口中的酒吐掉。釂，把酒杯的酒喝乾。唾，把口中之物吐出來。❺非堪酒飲　不是能夠喝酒。指酒量不好。

【語譯】少年陪長者喝酒，長者喝，少年也跟著喝。

一說：魯國有個人，樣樣事都求好心切，看到長者飲酒不能乾杯時就吐掉，於是他也跟著吐掉。

一說：宋國有個人想學習禮貌，看到長者乾杯，他沒酒量，也要跟著乾杯。

書❶曰：「紳之束之❷。」宋人有治❸者，因重帶❹自紳束也。人曰：「是何也？」對曰：「書言之固然❺。」

書曰：「既雕既琢，還歸其樸❻。」梁❼人有治者，動作言學，舉事於文❽，日難之❾，顧失其實❿。人曰：「是何也？」對曰：「書言之固然。」

【注釋】❶書　日人太田方《韓非子翼毳》以為是指周書陰符之類，不是五經裡的《尚書》。❷紳之束之　用衣帶束腰，使衣裳端整。此用以比喻修身自愛。紳，衣帶。古人用以束腰，多餘的部分垂下作裝飾。此當動詞，用衣帶束身。❸治　猶言研習。❹重帶　束兩條紳帶。❺固然　本來如此。❻既雕既琢二句　雕刻以後，又再琢磨，最後還歸自然。雕，刻鏤花樣。琢，雕刻玉石。樸，原木；未經人工修飾的木材。❼梁　指魏國。魏惠王時，由安邑（今山西省夏縣北）遷都大梁（今河南省開封市），故魏又稱梁。❽舉事於文　一切都致力於修飾。舉，全。事，從事；致力。文，修飾得很華美。❾日難之　一天比一天感到困難。❿顧失其實　反而失去他的本真。顧，反而。實，指天性的本真。

【語譯】古書上說：「紳之束之。」意思是要人修身自愛。有一個宋國人研讀了這句話，誤解了它的意思，竟用兩條紳帶來束腰，有人問他：「這是怎麼回事？」他回答說：「書上本來就是這樣說的。」

古書上說：「雕刻以後，又再加琢磨，最後又還歸自然。」有個梁國人讀了這句話，動作、言語、學習態度都刻意修飾，一天比一天感到困難，反而失去他的本真。有人問他：「為什麼要這樣做？」他回答說：

「書上本來就是這樣說的。」

郢❶人有遺❷燕相國❸書者，夜書，火不明，因謂持燭者曰「舉燭」❹云，而過書❺「舉燭」。「舉燭」，非書意也，燕相受書而說❻之，曰：「舉燭者，尚明❼也，尚明也者，舉賢而任之。」燕相白王❽，王大悅，國以治。治則治矣，非書意也。今世學者，多似此類。

【注釋】❶郢　春秋時楚國的國都。故址在今湖北省江陵縣。❷遺　贈；送。❸相國　即宰相。戰國時趙武靈王傳位於少子何，以肥義為相國，相國之名始見於此。❹舉燭　把火燭舉高一點。❺過書　誤寫；錯寫。❻說　同「悅」。❼尚明　崇尚光明。❽白王　告訴燕王。

【語譯】楚國郢都有個人寫信給燕相國，夜晚書寫，燈光不夠明亮，便對拿火燭的人說：「舉燭。」說著不自覺竟誤寫下「舉燭」兩個字。「舉燭」本是誤寫，不是信裡的意思。燕相國接到了信，很高興，說：「舉燭，是崇尚光明的意思。所謂崇尚光明，就是要舉薦賢才而任用他。」燕相國把這個意思報告燕王，燕王很高興，燕國因此政治修明。其實政治修明歸政治修明，可是畢竟不是信裡的意思。現在的讀書人，大多類似這樣的情形。

鄭人有欲買履❶者，先自度其足❷，而置之其坐❸。至之❹市，而忘操❺之；已得履，乃曰：「吾忘持度❻，反❼歸取之。」及反，市罷，遂不得履。人曰：

「何不試之以足？」曰：「甯信度，無自信也❽。」

【注釋】❶履　鞋子。❷自度其足　量一量自己的腳。度，量。足，腳。❸置之其坐　放在自己的座席上。置，放。之，於。坐，座位；座席。❹之　於。❺操　持；拿。❻持度　拿量好的規格。持，拿。度，指量好的尺寸、規格。❼反　通作「返」。❽甯信度二句　寧願相信量好的規格，不要相信自己。甯，也作「寧」。寧願；寧可。度，規格；式樣。無，通「毋」。不要。

【語譯】鄭國有一個人想買鞋子，先量好自己的腳，而把量好的尺碼放在自己的座位上，等到上街的時候，卻忘了帶去，到了賣鞋子的地方，才說：「我忘了把量好的尺碼帶來，等我回家去拿。」等到他再回到市場，市集已經散了，結果沒買到鞋子。有人問他：「為什麼不用自己的腳去試穿看看？」他回答說：「寧可相信尺碼，不要相信自己的腳。」

傳四——王登❶為中牟令❷，上言於襄主❸曰：「中牟有士曰中章、胥己❹者，其身甚修❺，其學甚博，君何不舉之？」王曰：「子見之❻，我將以為中大夫❼。」相室❽諫曰：「中大夫，晉重列❾也；今無功而受，非晉國之故❿。君其耳，而未之目邪⓫？」襄主曰：「我取登，既耳而目之矣；登之所取，又耳而目之，是耳目人終無已⓬也。」王登一日而見二中大夫，予之田宅。中牟之人棄其田耘⓭，賣宅圃⓮，而隨文學⓯者，邑之半。

【注　釋】❶王登　人名。顧廣圻《韓非子識誤》以為：「王當作壬，《呂氏春秋・知度》作任，壬任同字。」❷中牟令　中牟縣的縣令。中牟，春秋時晉國的縣邑。舊址在今河南省湯陰縣西二十五公里。令，縣的長官。大縣稱令，小縣稱長。❸上言於襄主　向趙襄子進言。上言，進言。襄主，即趙襄子。名毋恤，為趙簡子（名鞅）的兒子，春秋時晉國的執政之卿。❹中章胥己　二人名。《呂氏春秋・知度》作「瞻胥己」，以為一人，誤。❺修　美善。❻子見之　你引他來見。見，引薦。之，指中章、胥己二人。❼中大夫　職官等級名。夏商周三代，官分卿、大夫、士三等，大夫又分上、中、下三級。❽相室　家臣。❾重列　重位；要職。列，位次。❿故　舊法；成例。⓫君其耳二句　您大概只是聽說而未曾看過吧。其，表猜測語氣的副詞。猶言大概。耳，聽。未之目，未目之；未嘗看過他。目，看。邪，也作「耶」。語末助詞。⓬無已　不停；沒完沒了。已，止。⓭田耘　耕田除草。指農事。田，耕作。耘，除草。⓮宅圃　房舍和田園。圃，種植花、果、菜類的園地。⓯隨文學　從事於文學。隨，從；從事。文學，指儒家六經之學。

【語　譯】傳四——王登做中牟的地方長官，向趙襄子進言說：「中牟有兩個士人，一個叫中章，一個叫胥己，德行很完美，學問很淵博，您何不舉用他們？」趙襄子說：「你把他們帶來，我將任命他們為中大夫。」趙襄子的家臣勸說：「中大夫是晉國的重要職位，現在他們沒有任何功勞就輕易得到，這不合於晉國的舊制。您大概對他們只是耳聞，並沒有親眼看到啊！」趙襄子說：「我舉用王登時，已經耳聞，並且親眼看過；現在王登所舉用的人才，又要耳聞目察，這樣耳聞目察就永遠沒完沒了了。」王登一天就舉用兩個中大夫，並賞予田宅。中牟人放棄耕田除草，變賣住宅田園，而改讀經典的，達到全邑的半數。

叔向御坐平公請事❶，公腓痛足痺❷，轉筋而不敢壞坐❸。晉國聞之，皆曰：「叔向，賢者，平公禮之，轉筋而不敢壞坐。」晉國之辭仕託❹、慕叔向者，國之錘❺矣。

【注　釋】❶叔向御坐平公請事　叔向陪坐在平公身邊和平公談論國事。叔向，春秋時晉國的大夫羊舌肸。字叔向，故又稱叔肸，以禮讓治國，孔子曾稱讚他為古之遺直。御坐，侍坐；陪從尊長而坐。平公，春秋時晉國的君主。悼公的兒子，名彪，在位二十六年（西元前五五七～前五三二年）。請事，請教國事。❷腓痛足痺　小腿痠痛，兩腳麻痺。腓，小腿肉。痺，也作「痹」。因風寒、陰濕等所引起的關節疼痛或麻木的病症。❸轉筋而不敢壞坐　活動腿腳的關節而又不敢改變端坐的姿勢。轉筋，轉動筋骨。指活動一下小腿和腳的關節。轉，運動。筋，筋絡；動物肌腱或骨頭上的韌帶。壞坐，破壞坐姿。指改變了端坐的姿勢。❹辭仕託　辭官。仕託，託身於仕宦。仕，居官任職。❺國之錘　占全國的三分之一。錘，古代重量單位名。二十四銖為一兩，八銖為一錘。一錘等於三分之一兩，此以國喻兩。

【語　譯】叔向坐在晉平公身邊和平公議論國事，平公因久坐而小腿痠痛，雙腳麻痺，暗地裡活動腳部的關節，卻不敢移動端坐的姿勢。晉國人聽到這件事，都說：「叔向是個賢人，平公對他很尊敬，只暗地裡活動筋骨，而不敢移動端坐的姿勢。」於是晉國辭掉官職俸祿而效法叔向的，多達三分之一。

鄭縣人有屈公❶者，聞敵恐，因死❷；恐已❸，因生。

【注　釋】❶屈公　屈先生。日人太田方《韓非子翼毳》以為此人撓屈怯懾，故稱。❷因死　因恐懼敵人而幾乎死掉。❸恐已　恐懼的事情過去。已，止。

【語　譯】鄭縣有一個屈公，聽說敵人要來，便恐懼得不省人事，有如死人；恐懼的事情過去了，便又甦醒過來。

趙主父使李疵視中山可攻不也❶，還報曰：「中山可伐也，君不亟❷伐，將後齊燕❸。」主父曰：「何故可攻？」李疵對曰：「其君見好巖穴之士❹，所傾蓋與車以見窮閭隘巷之士以十數❺，伉禮下布衣之士❻以百數矣。」君曰：「以子言論❼，是賢君也，安❽可攻？」疵曰：「不然。夫好顯巖穴之士而朝之❾，則戰士怠於行陳❿；上尊學者，下士居朝⓫，則農夫惰於田。戰士怠於行陳者，則兵弱也；農夫惰於田者，則國貧也。兵弱於敵，國貧於內，而不亡者，未之有也，伐之不亦宜乎？」主父曰：「善。」舉兵而伐中山，遂滅之。

【注釋】❶趙主父句　趙主父派李疵去考察中山國的虛實，看看是否可以攻打。趙主父，即趙武靈王。李疵，人名。事蹟不詳。中山，周朝諸侯國名。不，通作「否」。❷亟　急；趕緊。❸將後齊燕　將落在齊燕兩國之後。後，當動詞，位次居後。❹見好巖穴之士　表示喜歡山林隱士。見，示。好，喜愛。巖穴之士，隱居山林的人。巖穴，岩洞；山洞。❺所傾蓋與車句　停車及坐車所造訪的隱居陋巷的君子有幾十個。傾蓋，指停車。古人乘車相遇，下車交談，車蓋隨車身而前傾，故云。蓋，車蓋；車頂的棚子。與車，以車。猶言乘車。窮閭隘巷，偏僻簡陋的地方。閭，里門。二十五家為閭，後泛指鄉里。隘巷，狹窄的小路。隘，狹窄。以十數，以十為單位來數。❻伉禮下布衣之士　以平等的禮節禮遇平民。伉禮，平等的禮節。伉，同「抗」。相等；相當。下，敬重。布衣，平民。❼以子言論　依據你的話來論斷。以，依；憑。子，第二人稱的敬稱。言，所說的話。論，論斷；評論。❽安　何；豈。❾好顯巖穴之士而朝之　喜歡尊崇隱居之人而探訪他。顯，使之彰顯；推崇。朝，訪問。❿行陳　隊伍的布置。此指戰事。陳，通「陣」。⓫下士居朝　所敬禮的人士在朝做官。下士，所下之士。指隱居的人。居朝，在朝廷居官任職。

【語譯】趙主父派李疵去觀察中山國，看看可不可以攻打，李疵回來報告說：「中山國可以攻打，您若不趕緊攻打，便會落在齊燕兩國之後。」主父說：「為什麼可以攻打？」李疵回答說：「中山國的國君喜歡接見隱居的人，他乘車、停車所造訪的隱居陋巷的君子有幾十個，以平等的禮數去結交的布衣平民有幾百個。」主父說：「據你所說，這是一位賢明的君主，怎麼可以攻打呢？」李疵說：「不是這樣。君主喜歡隱居的人，親自去見他，戰士們就懶得打仗；君主尊敬讀書人，請他們在朝做官，農夫就懶得耕田。戰士懶得打仗，兵力就衰弱；農夫懶得耕田，國家就貧窮。對付敵人，兵力衰弱；國內又財力貧乏，沒有不滅亡的。攻打中山國，不是很適當嗎？」主父說：「對！」便起兵攻打中山，把他滅了。

傳五——齊桓公好服紫❶，一國❷盡服紫。當是時也，五素不得一紫❸，桓公患之，謂管仲曰：「寡人好服紫，紫貴甚，一國百姓好服紫不已，寡人奈何？」管仲曰：「君欲止之，何不試勿衣紫❹也！」公曰：「諾。」謂左右曰：「吾甚惡紫之臭❺。」於是左右適有❻衣紫而進者，公必曰：「少卻❼，吾惡紫臭。」於是日，郎中❽莫衣紫，其明日，國中❾莫衣紫，三日，境內莫衣紫也。

一曰：齊桓公好衣紫，齊人皆好也。齊國五素不得一紫，齊王患紫貴。傳❿說王曰：「《詩》云：『不躬不親，庶民不信⓫。』今王欲民無衣紫者，王請自解紫衣而朝。」群臣有紫衣進者，曰：「盍遠⓬？寡人惡紫臭。」是日也，郎中莫衣紫；是月也，國中莫衣紫；是歲也，境內莫衣紫。

【注　釋】❶齊桓公好服紫　齊桓公喜穿紫色的衣服。齊桓公，春秋五霸之一。名小白。好，喜歡。服，穿。紫，指紫色衣服。❷一國　全國。一，全部。❸五素不得一紫　五匹素帛換不到一匹紫帛。素，白色的絲織品。不得，不及。❹衣紫　穿紫色衣服。衣，穿。❺臭　氣味。❻適有　若有。適，若。❼少卻　稍退。少，通「稍」。卻，退後。❽郎中　門廊裡面。

指宮中。郎，通作「廊」。❾國中　城郭裡面。指首都之中。國，郭。❿傅　負責教導國君的官員。古有太傅和少傅。⓫不躬不親二句　事情若不親自去做，百姓便不信從。語本《詩經・小雅・節南山》。⓬盍遠　何不離遠一點。盍，何不。

【語　譯】傳五——齊桓公喜歡穿紫色的衣服，結果全國的人都跟著穿紫色的衣服。當時五匹白色的絹布，抵不過一匹紫色的絹布。桓公為此憂愁，對管仲說：「寡人喜歡穿紫色的衣服，紫色的絹布貴得離譜，而全國百姓喜歡穿紫色的衣服，不肯罷休，寡人該怎麼辦才好？」管仲說：「您要禁止這樣的風氣，何不試一試不穿紫色的衣服？」桓公說：「好。」便對身邊的侍衛人員說：「我很厭惡紫色衣服的氣味。」這時侍衛人員有穿著紫色衣服而進見的，桓公一定說：「稍退一點，我很厭惡那紫色衣服的氣味。」結果，當天宮中就沒有人穿紫色衣服；第二天，京城裡沒有人穿紫色衣服；第三天，國境之內便再也沒有人穿紫色衣服了。

一說：齊桓公喜穿紫色衣服，齊國人也都喜歡起來。齊國境內五匹白色絹布抵不過一匹紫色絹布，齊桓公擔心紫絹太貴。師傅勸桓公說：「《詩經》說：『事情若不親自實行，百姓就不會信從。』現在君主要百姓不穿紫色衣服的話，就請君主自己先脫下紫色衣服再上朝。」群臣有穿紫色衣服進見的，就說：「為何不走遠一點？寡人厭惡紫色衣服的氣味。」當天，宮中沒人穿紫色衣服；這個月，京城裡沒人穿紫色衣服；這一年，全國沒人穿紫色衣服。

鄭簡公❶謂子產❷曰：「國小，迫於荊晉❸之間，今❹城郭不完❺，兵甲❻不備，不可以待不虞❼。」

子產曰：「臣閉其外❽也已遠矣，而守其內❾也已固矣，雖國小，猶不危之也，君其勿憂！」是以沒簡公身❿無患。

一曰：子產相鄭，簡公謂子產曰：「飲酒不樂，俎豆不大⑪，鍾鼓竽瑟⑫不鳴，寡人之事也。國家不定，百姓不治，耕戰不輯睦⑬，亦子之罪⑭。子有職，寡人亦有職，各守其職。」

子產退而為政五年，國無盜賊，道不拾遺，桃棗蔭於街者莫有援也⑮，錐刀遺道三日可反⑯，三年不變⑰，民無飢也。

【注釋】❶鄭簡公　春秋時鄭國的君主。釐公之子，名嘉，在位三十六年（西元前五六五～前五三〇年）。❷子產　（西元前？～前五二二年）春秋時鄭國的賢大夫。名僑，字子產，又字子美，諡成子，自鄭簡公時執政，歷定公、獻公、聲公三朝，思想開明，政聲著聞於世，孔子稱為古之遺愛。古代公子之子稱公孫，子產為鄭穆公之孫，子國之子，故稱公孫僑，因居東里，又稱東里子產。❸荊晉　楚國和晉國。荊，楚國。❹今　若；假使。❺完　堅固安全。❻兵甲　武器和戰衣。指軍事。❼不虞　指沒有意料到的災禍。虞，意料。❽閉其外　阻擋於國外。❾守其內　防守於國內。❿沒簡公身　終簡公一生；到簡公死之前。⓫俎豆不大　指祭品不豐盛。俎豆，兩種古代祭祀時盛祭品的禮器。俎，古代祭祀時盛牲口的禮器。木製，漆飾。豆，古代食器。木製，形似高足之盤，後多用於祭祀。大，豐盛。⓬鍾鼓竽瑟　四種樂器。鍾，通「鐘」。竽，笙類的樂器。⓭輯睦　和睦。⓮亦子之罪　是你的罪過。亦，乃。子，古代第二人稱的敬稱。⓯桃棗句　桃樹和棗樹的枝葉遮垂在街道上，而沒有人去攀摘果實。蔭，遮蔽。援，伸手攀摘。⓰錐刀遺道三日可反　錐和刀遺失在路上，過了三天，還可以找回。錐，鑽孔的工具。似鑽而小。遺，遺失。道，路。反，返。⓱不變　沒有發生災禍。變，災變；災異。

【語譯】鄭簡公對子產說：「我們國家很小，夾在楚國和晉國兩大國之間，如果城郭不堅固完好，軍事沒有整頓，便不能應付意外的災禍。」

子產說：「我已經在國外遠遠加以遏阻，在國內牢牢地防守。國家雖小，還不至於危險，君主不要憂慮。」所以直到簡公去世，沒有禍患。

一說：子產做鄭國的國相，鄭簡公對子產說：「宴會飲酒，賓主不能盡歡，祭祀時祭品不夠豐盛，音樂演奏不佳，這是我的過失。國家不安定，百姓沒有秩序，耕種和戰鬥都不能同心協力，則是你的罪過。你有你的職責，寡人也有寡人的職責，我們要各守自己的職責。」

子產在此之後執政五年，國內沒有盜賊，路人不撿遺失的物品，桃樹棗樹的枝葉遮垂在街道上，也沒有人去攀摘它的果實；錐和刀遺失在路上，過了三天還可以找回來，連續三年沒有發生災異，沒有挨餓的人民。

宋襄公❶與楚人戰於涿谷上❷，宋人成列❸矣，楚人未及濟❹。右司馬購強❺趨而諫曰：「楚人眾而宋人寡，請使楚人半涉❻未成列而擊之，必敗。」襄公曰：「寡人聞君子曰：『不重傷❼，不擒二毛❽，不推人於險，不迫人於阸❾，不鼓❿不成列。』今楚未濟而擊之，害義；請使楚人畢涉成陣⓫，而後鼓士進之。」右司馬曰：「君不愛宋民，腹心不完⓬，特⓭為義耳。」公曰：「不反列，且行法⓮。」右司馬反列，楚人已成列撰陳⓯矣，公乃鼓之。宋人大敗，公傷股⓰，三日而死⓱。此乃慕仁義之禍。夫必恃人主之自躬親，而後民聽從，是則將令人主耕以為食、服戰雁行⓲也，民乃肯耕戰，則人主不泰⓳危乎？而人臣不泰安乎？

【注釋】❶宋襄公　春秋時宋國的君主。桓公之子，名茲父，天性慈仁，繼齊桓公為諸侯盟主，西元前六三八年與楚戰於泓水，大敗受傷，次年不治而死，在位十四年（西元前六五〇～前六三七年）。❷涿谷上　涿谷地區。涿谷，《左傳》作「泓」。泓，水名。在今河南省柘城縣西北。上，邊畔。❸成列　排成陣勢。❹未及濟　渡水尚未登上對岸。濟，渡水。《左傳》作「未既濟」。❺右司馬購強　未詳。據《左傳》，應是公子目夷。字子魚，宋襄公之庶兄。❻半涉　渡水渡到一半。涉，步行渡水。❼重傷　再攻擊已受傷的人。重，再。❽二毛　指頭髮有黑白兩色的人。即老人。❾迫人於阨　把人逼迫到險阻之地。阨，險阻之地。❿鼓　擊鼓。指進兵。⓫畢涉成陳　全部登陸排成陣勢。畢涉，全部渡河上岸。陳，通「陣」。⓬腹心不完　對親愛的戰士不予保全。腹心，指親密的戰士。完，保全。⓭特　但；只是。⓮不反列且行法　不回到隊伍去，將執行軍法。反列，回到隊伍之中。反，通作「返」。且，將。行法，指依軍法判罪。⓯撰陳　布好陣勢。撰，聚集。⓰股　大腿。⓱三日而死　據《左傳》，泓之戰發生於僖公二十二年（西元前六三八年）十一月，宋襄公死於次年（西元前六三七年）五月。⓲服戰雁行　從事戰鬥而身列整齊的隊伍中。服戰，猶言從戎。雁行，比喻隊伍整齊有序。按：群雁飛翔，呈「人」字形，謂之雁行。也稱雁陣。⓳泰　通「太」。過甚。

【語　譯】宋襄公和楚國交戰於涿谷，宋軍已經擺好陣勢，而楚軍渡河尚未上岸。宋國的右司馬購強快步走到襄公面前，勸說：「楚軍人多，而宋軍人少，請趁楚軍渡水渡到一半尚未擺好陣勢時進行攻擊，一定可以打敗他們。」襄公說：「我聽君子說過：『不殺傷已經受傷的人，不俘虜頭髮已白的人，不逼迫敵人到危險的地方，不壓制敵人在險惡的境地，不進攻還沒擺好陣勢的軍隊。』現在楚軍渡河尚未登岸而攻擊他，這是違反道義的。讓我們等楚軍全部上了岸，擺好陣勢，然後再擊鼓進攻吧！」右司馬說：「國君這種做法，不愛護百姓，不顧全將士，只是想博得道義的名聲罷了。」襄公說：「你若不回到你的隊伍裡，我將用軍法處置你。」右司馬回到自己的隊伍，而楚軍也已擺好陣勢了，襄公才擊鼓進攻。結果宋軍大敗，襄公大腿受傷，三天後便死了。這是仰慕仁義所招惹的災禍啊！如果凡事都要靠君主親自主持，然後人民才聽從，這便等於教君主親自耕田而食，親自入伍而戰，然後人民才肯耕田作戰，那君主不是太危險了嗎？而人臣不是太安逸了嗎？

齊景公❶游少海❷，傳騎從中來謁❸曰：「嬰疾甚❹，且死❺，恐公後之❻。」

景公遽起❼，傳騎又至。景公趨駕煩且之乘❽，使騶子韓樞御之❾。行數步，以騶為不疾❿，奪轡⓫代之御；可⓬數百步，以馬為不進，釋車而走⓭。以煩且之良，而⓮騶子韓樞之巧，而⓯以為不如下走⓰也。

【注　釋】❶齊景公　春秋時齊國的君主。靈公之子，莊公之異母弟，名杵臼。崔杼弒莊公，立杵臼，是為景公。景公好營宮室，重稅濫刑，幸賴賢相晏嬰輔佐，才穩住政局，在位五十八年（西元前五四七～前四九〇年）。❷少海　即渤海。（王先慎《韓非子集解》說）❸傳騎從中來謁　驛騎從首都趕來報告。傳騎，驛馬；古時傳遞公文的馬車。此指乘驛馬傳令的人。中，指國都。謁，告。❹嬰疾甚　晏嬰病重。嬰，指晏嬰。字平仲，春秋時齊國夷維（今山東省高密縣一帶）人，相景公，以節儉力行顯名於諸侯。疾，病。甚，嚴重。❺且死　將死。❻後之　指來不及見面。❼遽起　急忙起身。❽趨駕煩且之乘　催促由煩且所駕那輛車子。趨，促。煩且，良馬名。乘，車輛。❾使騶子韓樞御之　命馬夫韓樞駕車。騶子，馬夫。騶，掌馬之官。韓樞，馬夫之名。善於駕車。御，駕車。❿疾　迅速。⓫轡　馬韁繩。⓬可　大約；約略。⓭釋車而走　捨棄車子而疾行。⓮而　與。⓯而　然而；卻。⓰下走　下車疾行。

【語　譯】齊景公在渤海遊玩，驛騎從國都趕來報告說：「晏嬰病重將死，恐怕國君來不及見到他。」景公一聽，立刻起身，又有驛騎趕到。景公緊急吩咐使用煩且所駕的那輛車子，命馬夫韓樞駕車。走了不久，認為馬夫駕車不夠快，搶過馬韁繩，親自駕車。走了數百步，又認為馬跑得不夠快，乾脆棄車步行。以煩且腳程之快、馬夫韓樞駕車之巧，而景公卻認為不如下車自己跑步。

魏昭王❶欲與官事❷，謂孟嘗君❸曰：「寡人欲與官事。」君曰：「王欲與官事，則何不試習讀法？」昭王讀法十餘簡❹，而睡臥矣。王曰：「寡人不能讀此法。」夫不躬親其勢柄❺，而欲為人臣所宜為者也，睡不亦宜乎！

一曰：田嬰❻相齊，人有說❼王者曰：「終歲之計❽，王不一以數日之間自聽之❾，則無以知吏之姦邪得失也。」王曰：「善。」田嬰聞之，即遽請於王而聽其計，王將聽之矣。田嬰令官具押券斗石參升之計❿，王自聽計，計不勝聽⓫，罷食⓬後復坐，不復暮食⓭矣。田嬰復謂曰：「群臣所終歲日夜不敢偷怠之事也，王以一日聽之，則群臣有為勸勉⓮矣。」王曰：「諾。」俄而⓯王已睡矣，吏盡揄刀⓰削其押券升石之計。王自聽之，亂乃始生。

【注釋】❶魏昭王　戰國時魏國的君主。哀王之子，名遬，在位十九年（西元前二九五～前二七七年）。❷與官事　干預百官的職事。與，干預。❸孟嘗君　姓田，名文。戰國時齊國的宗室，繼承其父田嬰而封於薛，以好客著稱，門下食客至數千人，曾為齊相，後因受齊湣王之疑忌，出奔為魏昭王相，湣王死，返齊，卒諡為孟嘗君。❹簡　古時供寫字的竹片。❺勢柄　指權力。❻田嬰　戰國時齊威王之少子。相齊宣王，封於薛，稱靖郭君，為孟嘗君之父。❼說　勸告。❽計　會計。指收支的賬簿。❾一以數日之間自聽之　全部在幾天之內親自審理。一，全部。以，於。聽，審理。❿具押券斗石參升之計　準備好成斗成石的收支憑證和賬簿。具，準備。押券，曾經畫押（簽名）的收支憑證。斗，十升。石，十斗。參升，孫詒讓《韓非子札迻》以為衍詞。參，日人松皋圓《韓非子纂聞》云：「參，古累字，十黍為累，小數之名。」⓫不勝聽　審查不完。勝，盡。⓬罷食　食畢；吃過飯。⓭暮食　吃晚餐。⓮有為勸勉　有以勸勉；有所勉勵。有為，猶有以、有所。勸，勉勵。⓯俄而　不久。⓰揄刀　引刀。揄，引。

【語譯】魏昭王想干預百官的職務，對孟嘗君說：「我想干預百官的職務。」孟嘗君說：「君王想要干預百官的職務，那何不先試讀律法呢？」昭王讀律法讀了十幾段，便疲倦得睡著了。昭王說：「我不能讀這些律法。」不親自掌握君王的大權，而想做百官所應做的事情，難怪要疲倦得睡著了。

一說：田嬰為齊國相，有人勸告齊王說：「年終的國家決算賬簿，君王若不能在幾天之內全部加以審查，便無從知道官吏的姦邪得失。」齊王說：「對。」田嬰聽到這個消息，就趕緊請求齊王審查國家的決算賬簿，齊王便決定親自審查。田嬰囑咐官吏準備好財物收支的賬冊和憑證，由齊王親自審查。結果賬冊和憑證多得審查不完，吃過午飯，又坐下來審，連晚飯都沒時間吃。田嬰又對齊王說：「群臣一整年日夜不敢偷懶的工作，君王用一天的時間就審查完畢，群臣就會更加地努力了。」齊王說：「對。」一會兒，齊王就睡著了。官吏們便都趁機拿起刀來改削賬冊和憑證。齊王親自審查，弊害便從此產生了。

孔子曰：「為人君者猶盂❶也，民猶水也，盂方水方，盂圜❷水圜。」

【注釋】❶盂　盛水漿或食物之器。❷圜　通「圓」。

【語譯】孔子說：「做君王的人，好比是盂，人民好比是盂中的水。盂如果是方的，水就成為方形；盂如果是圓的，水就成為圓形。」

鄒❶君好服長纓❷，左右皆服長纓，纓甚貴，鄒君患之，問左右。左右曰：「君好服，百姓亦多服，是以貴。」君因先自斷其纓而出，國中皆不服長纓。君不能下令以為百姓服度❸以禁之，乃斷纓出以示民，是先戮以蒞民❹也。

【注釋】❶鄒　曹姓。周朝國名，本稱邾，又稱邾婁，為楚所滅，舊地在今山東省鄒縣，北距曲阜三十公里。一說：鄒即郲婁二字之合音。❷好服長纓　喜歡佩著長長的帽帶。服，穿著；佩帶著。纓，帽帶。❸服度　服裝的制度。❹先戮以莅民　先處罰自己，然後治理人民。戮，罰。莅民，臨治人民。莅，臨；統治。

【語譯】鄒國的國君喜歡結長長的帽帶，左右的官吏們也都跟著結長長的帽帶。帽帶漲價漲得很貴，鄒君很憂慮，問左右官吏怎麼辦。左右官吏說：「國君喜歡這樣裝扮，百姓也喜歡這樣裝扮，所以帽帶價格就貴起來。」鄒君於是先剪短自己的帽帶，出外讓百姓觀看，京城的百姓便都不再結長長的帽帶了。君主不能下令規定百姓的服制，並禁止違反服制；卻反而先剪短自己的帽帶給百姓觀看，這是先處罰自己，然後治理人民啊！

叔向❶賦祿❷，功多者受多，功少者受少。

【注釋】❶叔向　春秋時晉國的執政大夫。姓羊舌，名肸，字叔向。❷賦祿　授予賞賜。賦，授予。祿，賞賜。

【語譯】叔向主持賞賜的頒授，功多的，賞賜便多；功少的，賞賜就少。

韓昭侯❶謂申子❷曰：「法度甚不易行也。」申子曰：「法者，見功而與賞，因能而授官。今君設法度，而聽左右之請❸，此所以難行也。」昭侯曰：「吾自今以來❹，知行法矣，寡人奚聽❺矣！」一日，申子請仕其從兄官，昭侯曰：「非所學於子也！聽子之謁❻，敗子之道乎？亡其❼用子之謁？」申子辟舍請罪❽。

【注釋】❶韓昭侯　戰國時韓國的君主。懿侯之子，史佚其名。用申不害為相，行法用術，國力日強，諸侯不敢侵犯，在位二十六年（西元前三五八～前三三三年）。❷申子　指申不害（西元前？～前三三七年）。戰國時鄭國京（今河南省滎陽縣東南十五公里）人，韓昭侯用為相，行法術之治，政教修明。其學歸本於道家，而重君術，《漢書．藝文志》有《申子》六篇，宋時散佚，今有輯本。❸請　指請託。即以私事相求。❹自今以來　自今以後。❺奚聽　為什麼要聽。即不聽。奚，何；為什麼。❻謁　請求。❼亡其　猶言「抑」。相當於口語的「還是」。亡，通「無」。❽辟舍請罪　離開座位，請求治罪。辟，通「避」。離開。舍，指所止之處。

【語　譯】韓昭侯對申不害說：「法度很不容易推行啊！」申不害說：「法度是看到有功的人就給獎，依才能而授與官職。現在君王設立了法度，卻聽從左右官吏們的請求，這就是難以推行的原因了。」昭侯說：「我從今以後，知道怎樣推行法度了，不會再聽從左右官員的請求了！」後來有一天，申不害請求讓他的堂兄做官，昭侯說：「這不是你所教我的治術啊！我是該聽從你的請託，敗壞你的治術呢？還是運用你的治術，拒絕你的請託呢？」申不害聽了，連忙離開座位，自請處分。

傳六──晉文公攻原❶，裹十日糧❷，遂與大夫期❸十日。至原十日，而原不下❹，擊金❺而退，罷兵而去。士有從原中出者，曰：「原三日即下矣。」群臣左右諫曰：「夫原之❻食絕力盡矣，君姑待之。」公曰：「吾與士期十日，不去，是亡❼吾信也。得原失信，吾不為也。」遂罷兵而去。原人聞，曰：「有君如彼其❽信也，可無歸乎❾？」乃降公。衛人聞，曰：「有君如彼其信也，可無從乎？」乃降公。孔子聞而記之曰：「攻原得衛者，信也。」

【注　釋】❶晉文公攻原　晉文公攻打原城。晉文公，春秋時晉國的君主，獻公之子，名重耳。原，周朝王畿內的城邑。故城在今河南省濟源縣西北。按：周朝王子帶之亂，襄王出奔鄭國，晉文公助襄王復位，誅王子帶，襄王賜文公陽樊、溫、原、欑茅四邑，原人不服，故晉文公攻原。見《左傳・僖公二十五年》。❷裹十日糧　攜帶十天的糧食。裹，包；纏。此指攜帶。❸期　約定時間。❹不下　沒有攻克。❺擊金　敲鑼。古代鳴鼓進兵，擊金退兵。金，指金屬所製的鑼。❻之　已；已經。❼亡　喪失。❽其　之。❾可無歸乎　豈可不歸降呢。可，猶豈可。歸，歸附；歸降。

【語譯】傳六——晉文公攻打原邑，準備了十天的糧食，就和將士們約定只打十天的仗。到了原邑十天，原邑沒有攻下，便打鑼退兵，解圍而去。有人從原邑逃出來，說：「原邑再三天就可以攻下了。」群臣百官都勸說：「原邑已經食物吃光，力氣窮盡了，君主姑且等待幾天再撤兵吧！」文公說：「我跟將士們相約十天，約期已到還不撤兵，這是失信。得原失信，我不這樣做。」便撤兵而去。原邑的人民聽說這個消息，說：「有像這樣守信的國君，怎可不歸降呢？」於是便向文公投降。衛國人聽說這件事，說：「有像這樣守信的國君，怎可不服從呢？」於是也投降於文公。孔子聽到這件事，記載說：「攻打原邑而獲得衛國的歸降，靠的就是守信。」

文公❶問箕鄭❷曰：「救饑奈何？」對曰：「信。」公曰：「安信？」對曰：「信名，信事，信義❸。信名，則群臣守職，善惡不踰❹，百事不怠；信事，則不失天時，百姓不偷❺；信義，則近親勸勉，而遠者歸之矣。」

【注釋】❶文公　即晉文公。❷箕鄭　晉國大夫。曾任上將軍。❸信名信事信義　對於名號、農事、道義都講究信用，實事求是。信名，信於名。即有某官之名號，必課以某官之實務。名，名號。指職官之名。信事，信於事。即實事求是地處理農事。事，指農事。信義，信於義。即確實遵守道義。❹善惡不踰　不論善人或惡人都不越軌犯法。踰，超越。指超越法度。❺偷　苟且。

【語　譯】文公問箕鄭說：「怎樣賑救饑荒？」箕鄭回答說：「最重要是守信。」文公說：「怎樣守信？」箕鄭說：「對於名號、農事、道義都要守信。信守名號，群臣就會謹守職責，無論善人惡人都不敢踰越法度，各種職事都不會荒廢延誤；信守農事，則能配合天時，百姓不會懶惰；信守道義，親近的人就會勤奮努力，遠方的人就會自動來歸附了。」

吳起❶出遇故人，而止之食❷。故人曰：「諾，今返而御❸。」吳子曰：「待公而食。」故人至暮不來，起不食而待之。明日早，令人求故人，故人來，方與之食。

【注　釋】❶吳起　（西元前？～前三七八年）戰國時衛國人。❷止之食　留他吃飯。❸今返而御　立刻回來用餐。今，即時。御，指御食。即進用餐飲。

【語　譯】吳起出門，遇到故人，留故人吃飯。故人說：「好，我馬上回來吃。」吳起說：「等你回來一起吃。」故人到了天黑還沒回來，吳起也不吃飯等著他。第二天一早，派人去找故人，故人來了，才和他一起吃。

魏文侯❶與虞人期獵❷，是日會天疾風❸，左右止，文侯不聽，曰：「不可。以風疾之故而失信，吾不為也。」遂自驅車往，犯風❹而罷虞人❺。

【注　釋】❶魏文侯　戰國時魏國第一個君主。名斯，以魏成為相，吳起為將，以卜商（子夏）、田子方、段干木為師友，國家日以富強。❷與虞人期獵　和虞人約定日期打獵。虞人，掌管山林苑囿的官員。期，約定時間。❸會天疾風　恰好遇到刮大風的天氣。會，適逢；恰好遇到。疾風，大風。❹犯風　冒著大風。❺罷虞人　按：經文云「會虞人而獵」，疑「罷」為「會」之誤。

【語　譯】魏文侯和虞人約定日期打獵，到了那一天，恰巧刮大風，左右官吏勸文侯不要去，文侯不聽，說：「不可以。因為風大的緣故就失信，我不做。」便親自駕車，冒著大風，會合虞人去打獵。

曾子❶之妻之市❷，其子隨之而泣，其母曰：「女還❸，顧反❹，為女殺彘❺。」妻道市來❻，曾子欲捕彘殺之，妻止之曰：「特❼與嬰兒戲耳。」曾子曰：「嬰兒非與戲也❽。嬰兒非有知也，待父母而學者也，聽父母之教。今子欺之，是教子欺也。母欺子，子而不信其母，非所以成教也。」遂烹彘也。

【注　釋】❶曾子　（西元前五〇五～前四三五年）名參。字子輿，春秋時魯國人，孔子弟子。《漢書・藝文志》有《曾子》十篇，已散佚，今有輯本。❷之市　前往市場。之，往。❸女還　你回去。女，通作「汝」。❹顧反　回來。顧，回頭。反，通作「返」。❺為女殺彘　為你殺一頭豬吃。女，通作「汝」。彘，豬。❻道市來　從市場回來。道，從；由。❼特　但；只是。❽非與戲也　不可跟他開玩笑。

【語　譯】曾子的妻子要到市場去，她的兒子哭著跟上來，母親說：「你先回家，等我回來時，殺豬給你吃。」曾子的妻子從市場回來，曾子便抓一隻豬來殺。他的妻子阻止他，說：「只是跟小孩說好玩的。」曾子說：「小孩子是不可以對他撒謊的。小孩子本來沒什麼知識，須賴父母做榜樣來學習，聽從父母的教導。現在你欺騙他，這就是教導兒子欺騙人家。母親欺騙兒子，兒子從此不相信母親，這不是教育的方法。」說罷就把豬烹了，給孩子吃。

楚厲王❶有警鼓❷，與百姓為戒；飲酒醉，過而擊，民大驚。使人止之曰：「吾醉而與左右戲，過而擊之❸也。」民皆罷。居數月，有警，擊鼓而民不赴。乃更令明號❹，而民信之。

【注釋】❶楚厲王　《史記‧楚世家》及〈十二諸侯年表〉皆無「楚厲王」。本書〈和氏〉云：「及厲王薨，武王即位。」據此，則楚武王之前即為楚厲王。考〈楚世家〉云：「蚡冒十七年卒。蚡冒弟熊通弒蚡冒子而代立，是為楚武王。」是楚武王之前，楚君是蚡冒，疑蚡冒死後，謚為厲王，才有〈和氏〉的說法。❷警鼓　傳報緊急消息所用的鼓。❸過而擊之　失誤而擊鼓。過，失誤。❹更令明號　重新下令申明號令。更，再；重新。令，命令。明號，申明號令。

【語譯】楚厲王設置警鼓，以便有急事時警戒百姓；有一次，厲王喝醉了酒，誤擊警鼓，百姓聽到鼓聲，紛紛出動。厲王派人去阻止百姓，說：「是因我喝醉了酒，跟身邊的人開玩笑，誤擊了警鼓。」百姓便都恢復平靜。過了幾個月，忽然發生緊急事件，厲王急忙去擊警鼓，百姓卻無所行動。厲王無可奈何，只好重新申明號令，百姓這才相信了他。

李悝❶警其兩和❷，曰：「謹警❸，敵人旦暮❹且至擊汝。」如是者再三，而敵不至。兩和懈，而不信李悝。居數月，秦人來襲之，至幾奪其軍❺。此不信之患也。

一曰：李悝與秦人戰，謂左和曰：「速上，右和已上矣。」又馳而至右和曰：「左和已上矣。」左右和曰：「上矣。」於是皆爭上。其明年與秦人戰，秦人襲之，至幾奪其軍。此不信之患也。

【注　釋】❶李悝　即李克（約西元前四五五～前三九五年）。戰國初期魏國人，為魏文侯相，提倡耕作，獎勵開荒，實行平糴，使魏國富強。❷警其兩和　告誡兩翼的軍隊。兩和，指左翼和右翼兩支軍隊。❸謹警　小心戒備。謹，謹慎；小心。警，警戒；戒備。❹旦暮　早晚。形容時間短促。❺幾奪其軍　幾乎喪亡他的軍隊。幾，近。奪，漏失；喪失。

【語　譯】李悝告誡左右兩翼的部隊說：「要謹慎防備，敵人很快就要來攻擊你們了。」如此申誡了兩三次，而敵人沒有出現。兩翼的部隊便鬆懈下來，不再信任李悝。過了幾個月，秦兵來偷襲，幾乎全軍覆沒，這就是說話不真實所導致的禍害。

一說：李悝和秦兵作戰，對左翼的軍隊說：「趕快前進，右翼的部隊已經前進了。」又趕到右翼那邊說：「左翼的部隊已經前進了。」左右兩翼的部隊都說：「趕快前進呀！」於是爭先恐後地殺上前去。到了第二年，李悝又和秦兵交戰，秦兵發動突襲，李悝幾乎全軍覆沒。這就是說話不真實的禍害。

卷一二

外儲說左下

【題解】外儲說左下，五字之義，解見上篇及〈內儲說上〉。

本篇主旨，在以事例說明六種君主控御群臣的方術：一、賞罰合理，則群臣不感恩於君主，也不怨恨君主。二、用人要憑藉勢和術，而不要憑藉誠信。三、君主成敗的關鍵，不在於所與相處的人，而在於所與謀劃的人。四、不要聽信左右近臣的意見，要依才能的高下而給予俸祿，依功勞的大小而授予官職。五、人臣不可使太奢華，也不可使太安於儉約。太奢華則侵逼君主，太儉約則苛虐屬下。最好是秉公推舉人才，而不結黨營私。六、公室卑微群臣就忌諱直言，私德高尚就會降低對君主的效益。

本篇文字有所脫漏，也有所錯入。如孔子御坐、趙簡子謂車席太美、費仲說紂、齊宣王問匡倩各節，只見於傳，不見於經，此見經文有所脫漏。又如孔子議晏嬰一節，只見於經，不見於傳，此見傳文有所脫漏。又如「傳四」桓公問置吏於管仲、「傳五」鄭縣人賣豚二節，既不見於經文，又與傳義不相連接，此見傳文有所錯入。

經一——以罪受誅，人不怨上，跀危生子皐❶。以功受賞，臣不德❷君，翟璜操右契而乘軒❸。襄王不知❹，故昭卯五乘而履屩❺。上不過任❻，臣不誣能❼，即❽臣將為夫少室周❾。

【注　釋】❶跀危生子皋　受刖刑的人救活子皋。跀危，即刖跪。受刖刑的人的稱號。跀，通「刖」。古代斷足的肉刑。危，通作「跪」。足。生，使之生；救活。子皋，即「子羔」。也作「季羔」，孔子弟子高柴的字。高柴，春秋時衛國人（一說齊國人），曾做衛國的士師（法官）。❷德　感恩。❸翟璜操右契而乘軒　翟璜理所當然地接受乘軒之賞。翟璜，諸書或作「翟黃」。戰國初年魏文侯的大臣，曾推薦吳起、西門豹、樂羊、李克、屈侯鮒等賢才。操右契而乘軒，指有功而當受乘軒的賞賜，就像拿著右契，有權要求兌現一樣。操，執；持。右契，契約的收執聯（相當於現代債權人所持的借據）。可持向執左契（契約的存根聯）的人要求兌現。古代契約，一分為二，左契為債務人所執，待人來合，右契為債權人所執，可以責取，所以拿右契向人責取，是理所當然的事情。軒，有屏幛的車子。❹襄王不知　指襄王不知功大當厚賞的道理。襄王，指魏襄王。戰國時魏惠王（即《孟子》裡的梁惠王）的兒子，名嗣，在位二十三年（西元前三一八～前二九六年，此據錢穆《先秦諸子繫年》）。❺昭卯五乘而履屩　芒卯功大而只受五乘之賞，就像富人穿草鞋一樣。昭卯，應作「明卯」。即「孟卯」，又作「芒卯」，戰國時魏將。明、孟、芒，古音俱同（俞樾《諸子平議》說）。五乘，指五乘之賞。乘，指出兵車一乘的土地範圍。根據《周禮・地官・小司徒》，四井為邑，四邑為丘，四丘為甸，甸即乘。可見一乘相當於六十四井（古制八家一井）。履屩，穿草鞋。履，穿著。屩，也作「蹻」。以草或麻織成的鞋子。❻過任　任用不當。❼誣能　假裝有才能。❽即　則。❾少室周　人名。姓少室，名周，事蹟不詳。

【語　譯】經一——因為有罪而被罰，人民不會怨恨上級長官，所以刖跪救活子羔。因為有功而獲賞，臣子不必感恩於君主，所以翟黃理所當然地接受乘軒的獎賞。魏襄王不知功大則厚賞的道理，所以芒卯雖然功大而只受五乘之賞，就像富人而穿草鞋一樣。君主不誤用人才，臣子不虛飾才能，則臣子們都將變成少室周那樣。

經二——恃勢❶而不恃信，故東郭牙❷議管仲。恃術而不恃信，故渾軒非文公❸。故有術之主，信賞以盡能，必罰以禁邪，雖有駁行，必得所利❹。簡主之相陽虎❺，哀公❻問一足❼。

【注　釋】❶恃勢　憑藉權力。恃，倚仗；憑藉。勢，權力；權勢。❷東郭牙　春秋時齊國的諫官。❸渾軒非文公　渾軒非議晉文公。渾軒，梁玉繩以為就是渾罕（見王先謙《韓非子集解》）。春秋時鄭國的大夫，子產執政時曾非議子產。非，非議；提出反對意見。文公，指晉文公。春秋五霸之一。❹雖有駁行二句　雖有不純潔的行為，也一定能獲得他的長處。駁行，舛誤的行為。駁，也作「駮」。馬色不純。利，功用。指專長。❺簡主之相陽虎　趙簡子以陽虎為相。簡主，指趙簡子。即春秋時的晉卿趙鞅，曾滅范氏和中行氏而掌晉國的政權，卒諡簡，史稱趙簡子，其曾孫趙籍，與韓魏並列為諸侯，三分晉國。相，立以為相。陽虎，字貨，又稱陽貨。春秋時魯國季孫氏的家臣，後掌握季孫氏的大權，想除掉孟孫、叔孫、季孫三家，失敗後逃到齊國，又轉往晉國，投靠趙簡子。❻哀公　指魯哀公。春秋時魯國的君主，名蔣，在位二十七年（西元前四九四～前四六八年）。❼一足　實際是指「只要一種長處就夠了」，而哀公誤以為「一隻腳」。

【語　譯】經二——君主統治國家，要倚賴自己的權力，而不要倚賴臣子的忠誠，所以東郭牙議論管仲。要倚賴自己的治術，而不要倚賴臣子的忠誠，所以渾軒非議晉文公。因此有治術的君主，有功必賞，使人盡量發揮才能；有罪必罰，以禁止邪惡。雖有不純潔的行為，也一定能獲得他的長處。所以趙簡子用陽虎為相，哀公問夔為何一足。

經三——失臣主之禮，則文王自履而矜❶。不易朝燕之處❷，則季孫終身莊而遇賊❸。

【注　釋】❶自履而矜　自繫鞋帶，還自認為賢能。履，繫履；繫鞋帶。矜，自負才能；自認為很有才能。❷不易朝燕之處　不分別上朝、退居的生活態度。易，更換；改變。朝，上朝辦公。燕，退朝閒居。處，居；生活。❸季孫終身莊而遇賊　季孫氏一生莊重而遭到陷害。季孫，據《史記・魯周公世家》應指季孫斯。春秋時魯國的權臣，卒諡桓，故又稱季桓子。陽虎曾囚季桓子，將殺之，桓子詐而脫險。莊，莊重；端莊。賊，害。

【語　譯】經三——失去君臣的禮節，周文王便自己繫鞋帶，還說自己做得很對。上朝和閒居沒有差別，季桓子一生莊重，卻遭到陷害。

經四——利所禁，禁所利，雖神不行；譽所罪，毀所賞，雖堯不治。夫為門而不使入，委利而不使進❶，亂之所以產❷也。齊侯不聽左右，魏主不聽毀譽，而明察照群臣，則鉅不費金，孱不用璧❸。西門豹❹請復治鄴❺，足以知之。猶盜嬰兒之矜裘，與跀危子榮衣❻，子綽❼左右畫，去蟻驅蠅，安得❽無桓公❾之憂索❿官，與宣王⓫之患臞⓬馬也？

【注　釋】❶委利而不使進　積存財利而不讓人求取。委，積。一說：棄置。進，進取。❷產　生。❸鉅不費金二句　鉅者和孱者都不須破費去行賄賂。鉅，強大。此借作虛設的人名。孱，懦弱。此借作虛設的人名。❹西門豹　戰國時魏國人。魏文侯時為鄴令，興水利，除惡俗，為古之良吏。❺鄴　今河南省臨漳縣。❻猶盜嬰兒之矜裘二句　好像強盜的兒子誇耀他父親的皮衣，刖者的兒子炫耀他父親的冬服。比喻毀譽不足信。❼子綽　人名。事蹟未詳。❽安得　怎能。❾桓公　指齊桓公。❿索　求。⓫宣王　指韓宣王。⓬臞　也作「癯」。瘦。

【語　譯】經四——所禁止的事，反而可以獲利；獲利的事，反而加以禁止，縱使是神明也行不通。稱讚被處罰的人，詆毀受獎賞的人，縱使是唐堯也沒辦法統治。做成了門，卻不讓人進去；積存財貨，而不讓人求取。禍亂就由此發生了。假使齊侯不聽信近臣的言語，魏君不受毀譽的影響，而明察遍照群臣，鉅者就不須獻黃金，孱者不須送美玉，以求取官職。由西門豹再度請求治理鄴縣，便可以知道左右的影響了。他們的毀譽，就好比強盜的兒子誇耀他父親的皮衣有尾巴，刖者的兒子誇耀他父親冬天有套褲可以禦寒。子綽說，沒有人可以左手畫方，右手畫圓。用肉來去除螞蟻，螞蟻越多；用魚來驅趕蒼蠅，蒼蠅越盛。這樣，怎能不像齊桓公一般，憂慮求官的人太多；以及像韓宣王一般，憂慮他的馬太瘦呢？

經五——臣以卑、儉為行❶，則爵不足以觀賞❷；光寵無節❸，則臣下侵偪❹。說，在苗賁皇❺非獻伯❻，孔子議晏嬰。故仲尼論管仲與孫叔敖❼。而出入之容變，陽虎之言見其臣也❽；而簡主之應❾人臣也，失主術❿。朋黨相和⓫，臣下得欲，則人主孤；群臣公舉⓬，下不相和，則人主明。陽虎將為趙武⓭之賢、解狐⓮之公，而簡主以為枳棘⓯，非所以教國⓰也。

【注　釋】❶以卑儉為行　以謙卑節儉為美德。行，德行；品德。❷觀賞　表示獎勵。觀，示；表示。他本或作「勸賞」，亦通。❸光寵無節　榮耀沒有節制。光寵，光榮；榮耀。寵，光榮。節，節制；節度。❹侵偪　欺凌逼迫。侵，侵犯；欺凌。偪，通「逼」。壓迫；逼迫。❺苗賁皇　春秋時楚國人，令尹鬥椒的兒子。鬥椒謀反被殺，苗賁皇逃到晉國，封於苗，遂以苗為氏。晉楚鄢陵之戰，曾向晉國獻計，擊敗楚國。❻獻伯　春秋時晉國的卿大夫。封於盂，死後諡為獻，故下文「傳」稱盂獻伯。❼孫叔敖　春秋時楚國人。兒時即曾因替他人設想而殺「兩頭蛇」，成年後，為楚令尹，三月而大治，楚莊王因此稱霸諸侯。❽出入之容變二句　此二句倒裝成文。原來次序應是「陽虎之言見其臣也，而出入之容變」，謂陽虎推薦的人才，後來都背叛了陽虎。陽虎，即陽貨。見，引見；推舉。出入之容變，指前後的態度不一樣。容，態度；狀態。❾應　回答。❿失主術　不合君主控御之術。⓫朋黨相和　結伙樹黨，互相呼應。朋黨，勾結同類而形成小團體。和，呼應；配合。⓬公舉　公正地舉薦人才。⓭趙武　也稱趙孟。春秋時晉國的卿大夫，趙盾的孫子，也就是古典小說戲劇「趙氏孤兒」中的孤兒。父朔為屠岸賈所殺，朔妻遺腹生武，屠岸賈追殺甚急，賴程嬰及公孫杵臼救助而得以免禍，後立為卿，相悼公，著名於時。⓮解狐　春秋時晉國的大夫。與大夫祁奚有讎。後祁奚告老，薦解狐以自代。⓯枳棘　兩種多刺的樹木。此喻邪惡的人。⓰非所以教國　不是教導國人的方法。所以，在文言文裡有兩種用法：一表原因，一表作用。此表作用，指某種方法。教國，教導國人。

【語　譯】經五——臣子以謙卑節儉為美德，爵祿就不足以表示獎勵；臣子的榮耀沒有節制，君主就會受到臣子的逼迫。這種道理的說明，就在苗賁皇非議獻伯，孔子議論晏嬰的故事當中。所以孔子論管仲，認為他因太奢侈而逼迫君主；論孫叔敖，認為他因太節儉而逼迫屬下。陽虎說，他所推薦的人才，後來都背叛了他。而趙簡子回答臣子的話，比喻失當，不合君主的治術。結伙樹黨，互相呼應，臣子們達成了願望，君主就孤立無援。群臣秉公舉才，不相阿附，君主就能明察。陽虎可能變成像趙武那樣賢良、解狐那樣公正，趙簡子卻說陽虎培植枳棘，這不是教導國人的方法。

經六——公室卑，則忌直言❶；私行勝，則少公功❷。說，在文子❸之直言，武子❹之用杖；子產忠諫，子國譙怒❺。梁車用法，而成侯收璽❻；管仲以公，而封人❼謗怨。

【注　釋】❶公室卑二句　君主的權勢低落，臣下便忌諱直言。公室，指君主。卑，低微。指權勢衰落。忌，忌諱；避忌。❷私行勝二句　私人的德行高尚，便降低對君主的效益。私行，個人的德行。勝，優越；美好。少，減少；降低。公功，公家的效益。❸文子　指范文子。范武子的兒子，名士燮，春秋時晉國的賢大夫，卒諡文子，故稱。❹武子　指范武子。范文子的父親，名士會，春秋時晉國的賢大夫，食邑於隨，稱為隨會，又封於范，卒諡武子，稱為范武子。❺子產忠諫二句　子產盡忠勸諫，子國嚴加責罵。子產，春秋時鄭國的賢大夫。子國，子產的父親。譙，通「誚」。責備。❻梁車用法二句　梁車對姊姊用法，趙成侯收回他的印信。梁車，人名。曾為鄴令。成侯，指趙成侯。敬侯的兒子，名種，在位二十五年（西元前三七四～前三五〇年）。收璽，收回印信。璽，印章。古代尊卑通用，秦漢以後，惟皇帝所用的印章才稱璽。❼封人　管理邊界的官吏。封，疆界。

【語譯】經六——君主權勢低落，臣子便忌諱直言；私人德行高尚，便降低對君主的效益。這種道理的說明，就在下列的故事中：范文子說實話，武子用手杖打他；子產忠心勸諫，子國嚴加責罵；梁車對姊姊動用國法，趙成侯收回他的官印；管仲秉公用人，綺烏封人因而怨謗。

傳一——孔子相衛❶，弟子子皋為獄吏，刖人足，所跀者守門。人有惡❷孔子於衛君者，曰：「仲尼欲作亂。」衛君欲執孔子，孔子走，弟子皆逃，子皋後門❸，跀危引之而逃之❹門下室中，吏追不得。夜半，子皋問跀危曰：「吾不能虧❺主之法令，而親跀子❻之足，是子報仇之時也；而子何故乃❼肯逃我？我何以得此於子❽？」跀危曰：「吾斷足也，固吾罪當之，不可奈何！然方❾公之治臣獄❿也，公傾側法令⓫，先後臣以言⓬，欲臣之免也甚，而臣知之。及獄決罪定⓭，公憱然⓮不悅，形於顏色⓯，臣見又知之。非私臣而然也⓰，夫天性仁心固然也。此臣之所以悅而德⑰公也。」孔子曰：「善為吏者樹⑱德，不能為吏者樹怨。概⑲者，平量⑳者也，吏者，平法者也，治國者不可失平也。」

【注釋】❶孔子相衛　按：據《論語》和《左傳》，都沒有孔子相衛的事實。孔子於魯哀公十一年（西元前四八四年，孔子六十八歲）離衛返魯，後四年（西元前四八〇年，孔子七十二歲），衛卿孔悝驅逐衛出公，立蒯聵，是為莊公。次年，孔子卒。可見衛國發生動亂時，孔子在魯不在衛。所謂孔子相衛，恐怕是因同姓的關係而誤孔悝為孔子。❷惡　毀謗。❸後門　在閉門後才到達。門，指閉門。❹之　於。❺虧　損毀；破壞。❻子　你。第二人稱的敬稱。❼乃　竟；居然。❽得此於子　在你身上獲此恩惠。❾方　當。❿治臣獄　審理我的案子。⓫傾側法令　猶言翻遍法令。指翻來覆去地尋找有利的法令條文。傾側，翻動物體使它傾斜。指仔細翻查。⓬先後臣以言　以言先臣，又以言後臣。即說一些話來啟示我，又說一些話來成全我。⓭獄決罪定　訟案已經判決，罪名已經確定。⓮憱然　憂愁的樣子。憱，通「蹙」。⓯形於顏色　表現在臉色上。形，表現。顏色，臉色；面色。⓰非私臣而然也　不是偏愛我而如此。私，偏愛。然，如此。⓱德　感恩。⓲樹　立；構成。⓳概　平斗斛的工具。⓴量　計算容量的器具。

【語　譯】傳一——孔子為衛相，弟子子皋做法官，截斷一個人的腳，那個人後來負責看守城門。有人在衛君面前中傷孔子說：「仲尼將作亂。」衛君要捉拿孔子，孔子逃走，弟子們也都跟著逃走。子皋逃到城門，城門已經關閉，那個受刑的刖跪領著他逃到城門旁邊的一間秘室裡，官吏追捕不到，到了半夜，子皋問刖跪說：「我不能破壞君主的法令，親自截斷了你的腳，現在是你報仇的時機，你為什麼居然肯助我逃遁，我為什麼可以獲得你的救助？」刖跪說：「我被斷腳，是我罪有應得，是沒辦法的事。然而當您在審判我的時候，翻遍法令，說一些話來啟示我、成全我，很希望我能脫罪，這一點我知道。等到判了刑，定了罪，您憂思悒鬱，表現在臉色上，我也知道。這不是您偏私於我才這樣，而是天生的本心是這樣的。這就是我欣然報恩於您的理由。」孔子說：「善於做官的人樹立恩德，不善於做官的人結下仇怨。概，是平容量的；官，是平法度的。治國的人不可失掉法度的公平。」

田子方❶從齊之❷魏，望翟黃乘軒騎❸駕出，方以為文侯❹也，移車異路❺而避之，則徒❻翟黃也。方問曰：「子奚❼乘是車也？」曰：「君謀欲伐中山❽，臣薦翟角❾而謀得❿；果且⓫伐之，臣薦樂羊⓬而中山拔⓭；得中山，憂欲治之，臣薦李克⓮而中山治；是以君賜此車。」方曰：「寵之稱功尚薄⓯。」

【注釋】❶田子方　戰國時魏國人。魏文侯以師禮待他。❷之　往。❸乘軒騎　乘軒車又有輕騎。軒，有屏蔽的車子。騎，指騎馬的隨從人員。❹文侯　指魏文侯。戰國時魏國的第一位君主，名斯，以卜子夏為師，段干木為友，李克為相，勵精圖治，國勢日強，在位三十八年（西元前四二四～前三八七年）。❺異路　走不同的路。❻徒　但；只是。一說：乃。❼奚　為何；為什麼。❽中山　國名。故地在今河北省定縣一帶。按：古中山國有二：一在春秋時代，為姬姓國，為魏文侯所滅。一在戰國時代，為魏所封。文侯既滅中山，派太子擊駐守，太子擊返魏，又封少子摯於中山，後為趙武靈王所滅。此文之中山，指前者。❾翟角　戰國初魏國的官員。定計伐中山，後為將，打敗齊國的軍隊於龍澤。❿謀得　謀劃妥當。得，當。⓫果且　猶言既而。⓬樂羊　戰國初魏國的將領。奉命伐中山，滅之，封於靈壽。⓭拔　攻克；攻而取得。⓮李克　戰國時魏國人。子夏弟子，魏文侯用為相，多所改革，魏國因此日益富強。⓯寵之稱功尚薄　所賜的榮寵和功勞比起來，還嫌太少。寵，榮耀。之，關係詞，無義。稱功，和功勞相稱。稱，相當；對等。尚，還。薄，少；輕。

【語譯】田子方從齊國到魏國去，遠遠望見翟黃乘著軒車，帶著隨從人員出來，田子方以為是魏文侯，於是把車子轉到另一條路去，避開他。結果，原來只是翟黃罷了。田子方問翟黃說：「你為什麼乘這種車子？」翟黃回答說：「君主計畫將伐中山，我推薦翟角，而計畫非常妥當；隨後攻打中山，我推薦樂羊，結果攻克了中山。攻克中山以後，憂慮不知如何治理，我推薦李克，結果中山治理得很好，所以君主賜給我這種車子。」田子方說：「所賜的榮寵和功勞比起來，還嫌太少。」

秦、韓攻魏，昭卯西說❶，而秦韓罷❷；齊荊❸攻魏，卯東說，而齊荊罷。魏襄王養之以五乘。卯曰：「伯夷❹以將軍葬於首陽山❺之下，而天下曰：夫以伯夷之賢，與其稱仁，而以將軍葬，是手足不掩❻也。今臣罷四國之兵，而王乃與臣五乘，猶贏縢而履蹻❼。」

【注釋】❶昭卯西說 昭卯向西邊的國家遊說。指向西邊的秦韓兩國遊說。昭卯，當作「明卯」。即芒卯，也稱孟卯。❷罷 罷兵；撤走軍隊。❸荊 楚國的舊稱。❹伯夷 商朝末年孤竹國國君的長子。遵父命讓位於弟叔齊，叔齊不肯受，雙雙去國，隱居於首陽山，周滅商，二人恥食周粟，採薇而食，終於餓死。❺首陽山 在今山西省永濟縣東南十五公里。❻手足不掩 指死後入殮的衣衾掩蓋不了全身。形容葬禮極薄。❼猶贏縢而履蹻 好像用布裹小腿而穿草鞋一樣。贏，通「纍」。纏裹。縢，用布裹小腿。履蹻，穿草鞋。蹻，用麻或草做的鞋子。前面「經」文作「屩」，二字相通。

【語譯】秦國和韓國攻打魏國，昭卯往西面遊說，於是秦國和韓國就罷兵了。齊國和楚國攻打魏國，昭卯往東面遊說，於是齊國和楚國就罷兵了。魏襄王便以五乘的俸祿供養昭卯，昭卯說：「伯夷被以將軍的禮數埋葬在首陽山下，天下人都說：以伯夷的賢德和仁義的名聲，卻以將軍的禮數埋葬，這等於手腳都掩蓋不了。如今，我使四國退兵，而大王只賜我五乘的俸祿，這和我的功績比較起來，就好像一個人用布裹小腿而穿草鞋一樣了。」

少室周者，古之貞廉潔慤❶者也，為趙襄主❷力士，與中牟❸徐子角力❹，不若❺也，入言之❻襄主以自代也。襄主曰：「子之處❼，人之所欲也，何為言徐子以自代？」曰：「臣以力事君者也，今徐子力多臣，臣不以自代，恐他人言之而為罪也。」

一曰：少室周為襄主驂乘❽，至晉陽❾，有力士牛子耕❿，與角力而不勝，周言於主曰：「主之所以使臣驂乘者，以臣多力也，今有多力於臣者，願進⓫之。」

【注釋】❶愨　樸實。❷趙襄主　春秋時晉國的卿大夫。趙簡子（名鞅）的兒子，名無恤，聯合韓魏而滅智伯，分其地，三家更為強大，卒諡襄子。❸中牟　在今河南省湯陰縣。❹角力　比賽勇力。❺不若　不如；比不上。意即比輸了。❻言之　言於。❼子之處　你現在所擁有的地位。處，居。此指所居的地位。❽驂乘　也作「參乘」。陪乘。指車右隨車護駕。按：古代乘車，尊者居左，駕車人居中，護駕的人居右。居右護駕的人叫做車右，多選力士為之。❾晉陽　在今山西省太原市西北。春秋時趙氏曾以晉陽為都城。❿牛子耕　人名。《國語・晉語》作「牛談」。⓫進　猶言推薦。

【語譯】少室周是古代一個廉潔樸實的人，做趙襄子的力士，跟中牟人徐子較量勇力，輸給徐子，便向趙襄子推薦徐子以代替自己。趙襄子說：「你現在所擁有的地位，是人人都想要的，為什麼要推薦徐子來代替自己？」少室周說：「我是憑勇力事奉主人的，現在徐子的勇力超過我，我若不舉他自代，恐怕別人向您報告，我就有蒙蔽賢人的罪過了。」

一說：少室周做趙襄子的隨車護駕，到晉陽時，有個力士叫牛子耕，少室周和他較量勇力，結果輸了。少室周對趙襄子說：「您所以用我做隨車護駕，是因為我有勇力，現在有人比我的勇力更好，我願意推薦他來代替我的職位。」

傳二——齊桓公將立管仲為仲父❶，今群臣曰：「寡人將立管仲為仲父，善者❷入門而左，不善者入門而右。」東郭牙❸中門而立。公曰：「寡人立管仲為仲父，令曰：善者左，不善者右，今子何為中門而立？」牙曰：「以管仲之智，為能謀天下乎？」公曰：「能。」「以斷❹，為敢行大事乎？」公曰：「敢。」牙曰：「若智，能謀天下，斷，敢行大事，君因專屬之以國柄焉❺；以管仲之能，乘公之勢❻，以治齊國，得無危乎❼？」公曰：「善。」乃令隰朋治內❽，管仲治外❾，以相參❿。

【注釋】❶齊桓公句　齊桓公以管仲為相，九合諸侯，尊王攘夷，成為春秋第一位霸主，因尊稱管仲為仲父，仲是他的字，父是尊稱。齊桓公，春秋時齊國的君主，名小白。管仲，春秋時潁上人。名夷吾，字仲，諡敬，故又稱管敬仲。❷善者　猶言贊成者。❸東郭牙　姓東郭，名牙。❹以斷　「以管仲之斷」的省略。斷，果斷；果決。❺因專屬之以國柄焉　就把國政的大權專一地付託給他。因，就。專屬，專一地付託。屬，付託。國柄，治理國事的大權。柄，比喻權力。焉，助詞。❻乘公之勢　憑藉您的權力。乘，因；憑藉。勢，權勢；權力。❼得無危乎　能不危險嗎。得無，猶言能不。❽隰朋治內　隰朋管理內政。隰朋，春秋時齊國的大夫。與管仲共佐齊桓公成霸業。內，指內政。❾治外　管理外交。❿相參　猶言相牽制。

【語譯】傳二——齊桓公將要推尊管仲為仲父，下令群臣說：「我將推尊管仲為仲父，贊成的人進門後站在左邊，不贊成的人進門後站在右邊。」東郭牙站在門的中間。桓公說：「我要尊管仲為仲父，下令說，贊成的站左邊，不贊成的站右邊，你為什麼站在門的中間呢？」東郭牙說：「您認為管仲的智慧能夠全盤地規劃天下嗎？」桓公說：「能。」「您認為管仲的決斷敢發動大事嗎？」桓公說：「敢。」東郭牙說：「如果他的智慧能夠謀劃天下，果斷敢發動大事，你就把國家的大權交給他，那麼以管仲的能力，憑杖著您的權力，來治理齊國，豈不是很危險嗎？」桓公說：「對！」於是命隰朋治理內政，管仲辦理外交，以互相牽制。

晉文公出亡❶，箕鄭挈壺餐而從❷，迷而失道，與公相失，飢而道泣，寢餓❸而不敢食。及文公反❹國，舉兵攻原❺，克而拔之❻。文公曰：「夫輕忍飢餒之患❼，而必全壺餐，是將不以原叛。」乃舉以為原令。大夫渾軒聞而非之，曰：「以不動壺餐之故，知其不以原叛也，不亦無術乎！夫明主者，不恃其不我叛也，恃吾不可叛也；不恃其不我欺也，恃吾不可欺也。」

【注釋】❶晉文公出亡　晉文公出境逃亡。晉文公，春秋時晉國的君主。名重耳，父獻公寵驪姬，驪姬讒毀太子及諸公子，太子申生自殺，重耳出境逃亡，歷十九年，獲秦穆公之助，返國即位，為文公，勵精圖治，國以富強，城濮之戰，大敗楚國，遂繼齊桓公而為諸侯霸主，在位九年（西元前六三六～前六二八年）。❷箕鄭挈壺餐而從　箕鄭提著飯壺跟在後面。箕鄭，春秋時晉國的箕大夫（箕地的長官）。晉文公設置五軍，以趙衰為「新上軍」的主帥，箕鄭為副帥。挈，提。壺餐，裝在壺中的飯食。餐，《左傳》作「飧」。以水泡飯。壺飧，以水泡飯，盛於壺中，故稱。按：據《左傳．僖公二十五年》，以壺飧從，餓而不食的是趙衰，做原大夫的也是趙衰。❸寢餓　餓至於寢臥。形容餓到極點。寢，病臥。❹反　通作「返」。❺原　在今河南省濟源縣西北。❻克而拔之　打勝仗而取得土地。克，勝利；制勝。拔，取得。❼夫輕忍飢餒之患　他忍受飢餓的痛苦。夫，彼；他。指箕鄭。輕，看輕；不在乎。餒，餓。患，痛苦。

【語譯】晉文公逃亡在外，箕鄭提著飯壺跟在後面，中途迷路而和文公失散，忍著飢餓在路邊哭泣，最後餓得倒了下去，仍不敢吃飯壺裡的飯。等到文公回到晉國做了君主，發兵攻打原城，結果打了勝仗，占領了原城。文公說：「強忍飢餓的痛苦，而不肯吃飯壺裡的飯，這種人也一定不會憑藉著原城造反。」於是舉用箕鄭為原城的長官。大夫渾軒聽到這件事，非議文公說：「因箕鄭不動用飯壺裡的飯的緣故，知道他不會據原城造反，未免太沒有治術了吧！賢明的君主，不靠著臣子不反叛我，而靠我不能反叛；不靠著臣子不欺騙我，而靠我不可以欺騙。」

陽虎議曰：「主賢明，則悉心以事之；不肖，則飾姦而試之❶。」逐於魯，疑於齊，走而之趙，趙簡主迎而相之。左右曰：「虎善竊人國政，何故相也？」簡主曰：「陽虎務取之，我務守之。」遂執術而御之，陽虎不敢為非，以善事簡主，興主之強❷，幾至於霸也。

【注釋】❶飾姦而試之　掩蔽自己的邪惡而去試探他。飾，掩飾；隱蔽。姦，邪惡。試，試探。❷興主之強　振興主人的勢力至於強大。之，至。

【語譯】陽虎議論說：「君主如果賢明，就全心全意奉事他；如果不肖，就掩蔽自己的邪惡去試探他。」陽虎原在魯國做官，被魯國趕了出來，逃到齊國，又遭疑忌，乃投奔晉國的趙氏，趙簡子迎接他，並用以為相。趙簡子的左右說：「陽虎專門竊取國政，為什麼要用他為相？」趙簡子說：「陽虎會盡力竊取國，我會盡力保守。」就用權術控制陽虎，陽虎不敢做壞事，乖乖地事奉趙簡子，使趙簡子的勢力，日漸強大，幾乎稱霸天下。

魯哀公問於孔子曰：「吾聞古者有夔一足❶，其果信❷有一足乎？」孔子對曰：「不❸也，夔非一足也。夔者，忿戾惡心❹，人多不說喜❺也。雖然，其所以得免於人害者，以其信也。人皆曰獨此一，足矣❻；夔非一足也，一而足也。」哀公曰：「審而是❼，固❽足矣。」

一曰：哀公問於孔子曰：「吾聞夔一足，信乎？」曰：「夔，人也，何故一足？彼其無他異，而獨通於聲❾。堯曰：『夔，一而足矣。』使為樂正❿。故君子曰：『夔有一，足。』非一足也。」

【注　釋】❶有夔一足　有一個名夔的人只有一隻腳。夔，人名。堯舜時代的樂師。❷果信　果真；真實。❸不　通作「否」。不然。❹忿戾惡心　性情暴躁。忿戾，蠻橫不講理。戾，乖張。惡心，狠心。❺說喜　喜歡。說，通「悅」。❻獨此一足矣　只此一樣就夠了。獨，只；僅。一，指信。足，夠。❼審而是　確實如此。審，確實。而，如。是，此。❽固　當然。❾獨通於聲　只精通於音樂。聲，指音樂。❿樂正　掌音樂之官。正，長官。

【語　譯】魯哀公問孔子說：「我聽說古代有個名叫夔的人只有一足，他真的只有一足而已嗎？」孔子回答說：「不是的，夔不是只有一足。夔這個人，性情暴躁，大多數人不喜歡他。不過，他之所以免於被人傷害，是因為他很誠實，人家都說，只此一種優點，就足夠了。夔不是只有一足，而是說，只此一種優點就足夠了。」哀公說：「真是如此的話，當然足夠了。」

一說：魯哀公問孔子說：「我聽說夔只有一足，是真的嗎？」孔子回答說：「夔，是人，怎麼會只有一足？他沒有其他與人相異的地方，只是精通音樂。堯說：『夔有一種長處就夠了。』使命他做樂官。所以有君子這樣說：『夔有一種長處就夠了。』並不是只有一足啊！」

傳三——文王伐崇❶，至鳳黃虛❷，韤繫解❸，因自結。太公望❹曰：「何為也？」王曰：「上君與處，皆其師❺，中皆其友❻，下盡其使❼也。今皆先君之臣，故無可使也。」

一曰：晉文公與楚戰，至黃鳳之陵❽，履繫解，因自結之。左右曰：「不可以使人乎？」公曰：「吾聞上君所與居，皆其所畏❾也；中君之所與居，皆其所愛❿也；下君之所與居，皆其所侮⓫也。寡人雖不肖，先君之人皆在，是以難之也。」

【注　釋】❶文王伐崇　崇國國君崇伯虎曾中傷文王，故文王伐之。文王，指周文王。姓姬，名昌，商紂時，為西伯，其子周武王滅紂，追尊為文王。崇，商朝國名。在今陝西省鄠縣東。❷鳳黃虛　地名。不詳何處。黃，通「皇」。虛，通作「墟」。大丘。❸韤繫解　韤帶散開。韤，通「襪」。足衣。繫，粗絲帶子。❹太公望　姓姜，名尚。先世封於呂，故也稱呂尚，周初人，相傳釣魚於渭水濱，周文王出獵，與他相遇，談得很投機，同載而歸，說：「吾太公望子久矣。」因號太公望，尊他為師，後來輔佐周武王滅商，封於齊，為齊國始祖，俗稱姜太公。❺上君與處皆其師　上等君主所與共處的人都是他的老師。與處，與之居處。處，居。❻中皆其友　「中君與處皆其友」的省文。謂：中等君主所與共處的人都是他的朋友。❼下盡其使　「下君與處盡其使」的省文。謂：下等君主所與共處的人都是他的僕役。使，供差遣的人。❽陵　小山；丘陵。❾畏　敬服。❿愛　友愛。⓫侮　輕慢。

【語　譯】傳三——周文王討伐崇國，走到鳳凰墟，鞋帶散開，親自把它繫好。太公望說：「為什麼要自己繫鞋帶呢？」文王說：「上等的君主所與共處的人都是他的老師，中等的君主所與共處的人都是他的朋友，下等的君主所與共處的人都是他的僕役。現在的官吏，都是先君的舊臣，所以沒有可替我繫鞋帶的人。」

一說：晉文公和楚國作戰，走到黃鳳陵，鞋帶散開，便親自把它繫好。左右的人說：「不可以叫別人幫您繫嗎？」文公說：「我聽說，上等的君主所與共處的，都是他所敬畏的人；中等的君主所與共處的，都是他所親愛的人；下等的君主所與共處的，都是他所輕慢的人。我雖然才德不好，先君的舊臣都在，所以不好叫他們幫我繫鞋帶呀！」

季孫好士，終身莊❶，居處❷衣服常如朝廷。而季孫適懈❸，有過失，而不能長為也。故客以為厭易❹己，相與怨之，遂殺季孫。故君子去泰去甚❺。

一曰：南宮敬子❻問顏涿聚❼曰：「季孫養孔子之徒，所朝服與坐者以十數，而遇賊，何也？」曰：「昔周成王❽近優侏儒❾以逞❿其意，而與君子斷事⓫，是以能成其欲於天下。今季孫養孔子之徒，所朝服而與坐者以十數，而與優侏儒斷事，是以遇賊。故曰：不在所與居，在所與謀也。」

【注　釋】❶莊　莊重；端莊。❷居處　猶言家居生活。❸適懈　偶爾懈怠。適，偶然。❹厭易　厭惡輕慢。❺去泰去甚　去掉過分的行為。泰，通「太」。過分。甚，過分。❻南宮敬子　似即南宮敬叔。名适，魯國權臣孟僖子的兒子仲孫閱，居南宮，因以為姓。❼顏涿聚　春秋時齊國的大夫。《左傳》作「顏庚」，《晏子春秋》作「燭鄒」，《漢書・古今人表》作「燭雛」。❽周成王　周武王之子。名誦，即位時年紀還小，由叔父周公旦攝政。❾優侏儒　指演藝人員。古時多以此類人從事表演各種雜技或滑稽動作，供人消遣。優，表演歌舞的人。侏儒，身材特別矮小的人。❿逞　快意。⓫斷事　決斷政事。斷，裁決。

【語　譯】季桓子喜歡養士，言行端莊，家居服裝都像在朝廷一樣。但有時候也會鬆懈，而有疏失，不能永久保持那樣端莊。因此客人就以為季桓子偶爾的疏失是對自己的厭惡和輕慢，紛紛抱怨他，終於把他殺掉。所以君子要把一切過分、過當的言行改掉。

一說：南宮敬子問顏涿聚說：「季桓子供養孔子的門徒，穿著朝服與他們共坐，人數有十幾個，卻被人謀害，這是什麼緣故？」顏涿聚回答說：「從前周成王經常接近倡優侏儒以追求娛樂，但是有關政治的問題，則和君子商量決斷，所以能完成他治好天下的意願。現在季桓子供養孔子的門徒，穿著朝服與他們共坐，有十幾人，卻跟倡優侏儒一起決斷政事，所以被人謀害。所以說：成敗的關鍵，不在於所與一起生活的人，而在於所與共同謀劃國家大計的人。」

孔子御坐❶於魯哀公❷，哀公賜之桃與黍，哀公請用，仲尼先飯黍而後啗桃❸，左右皆掩口而笑。哀公曰：「黍者，非飯之也，以雪桃❹也。」仲尼對曰：「丘知之矣。夫黍者，五穀之長❺也，祭先王為上盛❻。果蓏❼有六，而桃為下，祭先王不得入廟。今以五穀之長，雪果蓏之下，是以上雪下也。丘以為妨義❽，故不敢以先於宗廟之盛也。」

【注　釋】❶御坐　侍坐。❷魯哀公　春秋時魯國的君主。❸先飯黍而後啗桃　先吃黍飯，後吃桃子。飯，吃。黍，穀物名。性黏，子粒供食用或釀酒。啗，通「啖」。食。❹雪桃　清洗桃子。指清除桃毛。雪，清除。按：黍性黏，可用以黏去桃毛。❺五穀之長　穀類之首。五穀，泛指穀類。有二說：一指麻、菽、麥、稷、黍。一指黍、稷、菽、麥、稻。❻上盛　猶言上等祭品。盛，裝。此指黍稷裝在器中。❼果蓏　果類的總稱。果，木實。蓏，草實。❽妨義　害義。

【語　譯】孔子陪坐在魯哀公旁邊，哀公賜給他桃子和黍飯，並請他食用。孔子先吃黍飯，然後再吃桃子。哀公左右的人都蒙著嘴在笑。哀公說：「黍飯不是用來吃的，是用來擦拭桃子的。」孔子說：「丘是知道的。黍是五穀之首，祭祀先王的時候是上等的祭品。果類有六種，桃子卻是下品，祭祀先王的時候，不能送進宗廟。現在用五穀之首來擦拭果類的下品，這是以上等之物來擦拭下等之物，丘認為這是妨害正道的，所以不敢把桃子看得比宗廟的上等祭品還重要。」

趙簡子謂左右曰：「車席泰❶美。夫冠雖賤，頭必戴之；屨❷雖貴，足必履❸之。今車席如此，太美，吾將何屨以履之？夫美下而耗上❹，妨義之本也。」

【注釋】❶泰 通「太」。❷屨 鞋子。❸履 踐；穿鞋。❹美下而耗上 講究鞋子的美觀而且耗費錢財在衣冠上。下，指鞋子。耗，虧損。上，指衣服和帽子。

【語譯】趙簡子對左右近侍說：「車席太美了！帽子縱然品質不好，頭一定戴它；鞋子縱然品質高貴，腳一定穿它；現在車席像這樣，太美了，我將穿什麼樣的鞋去踩它呢？既講究鞋子的美觀，又耗費錢財在衣冠上，這是妨害正道的根源所在啊！」

費仲❶說❷紂曰：「西伯昌❸賢，百姓悅之，諸侯附焉❹，不可不誅；不誅，必為殷患。」紂曰：「子言義主，何可誅！」費仲曰：「冠雖穿弊❺，必戴於頭；履雖五采❻，必踐之於地。今西伯昌，人臣也，修義而人向之，卒為天下患，其必昌乎！人臣不以其賢為其主，非可不誅❼也。且主而誅臣，焉❽有過？」紂曰：「夫仁義者，上所以勸下也。今昌好仁義，誅之不可。」三說不用，故亡。

【注釋】❶費仲　商紂王的官吏。❷說　勸告。❸西伯昌　姓姬。名昌，周武王的父親，商紂時，為西伯，行仁政，天下歸之，武王滅紂，追封為文王。❹焉　之。❺穿弊　破敗。穿，穿孔；破。弊，敗。❻五采　即五色。指青、黃、赤、白、黑，形容華美。❼非可不誅　猶言不可不誅。❽焉　何。

【語譯】費仲勸諫商紂說：「西伯昌有才能，百姓誠心愛戴他，諸侯歸附他，不可不殺；不殺，一定成為商朝的禍患。」商紂說：「你既說他是個正義的諸侯，怎麼可以殺他？」費仲說：「帽子雖然破舊，一定戴在頭上；鞋子雖然華美，一定踩在地上。現在西伯昌的身分是臣子，施行仁義，而人民歸向他。將來終有一天成為天下禍害的，一定是西伯昌吧！做臣子的人不以他的才能輔佐君主，不可不殺。而且君主殺臣子，那有什麼過錯？」商紂說：「仁義是君主用來勉勵臣子的。現在西伯昌好仁義，殺他是不可以的。」費仲勸說了三次，商紂都沒有採納他的意見，所以後來就滅亡了。

齊宣王❶問匡倩❷曰：「儒者博❸乎？」曰：「不❹也。」王曰：「何也？」匡倩對曰：「博者貴梟❺，勝者必殺梟，殺梟者是殺所貴也，儒者以為害義，故不博也。」又問曰：「儒者弋❻乎？」曰：「不也。弋者，從下害於上者也，是從下傷君也，儒者以為害義，故不弋。」又問：「儒者鼓瑟❼乎？」曰：「不也。夫瑟以小絃為大聲，以大絃為小聲，是大小易序❽，貴賤易位，儒者以為害義，故不鼓也。」宣王曰：「善。」仲尼曰：「與其使民諂下❾也，寧❿使民諂上。」

【注釋】❶齊宣王　戰國時齊國的君主。齊威王的兒子，姓陳，也姓田，名辟疆，曾攻滅燕國，又喜歡學術，在稷下宮設講堂，為學者議論之所，在位十九年（西元前三四二～前三二四年）。❷匡倩　人名。事蹟未詳。❸博　局戲。類似現在擲骰子、下棋等遊戲。❹不　通作「否」。❺梟　貓頭鷹。此為古代博戲的采名，類似現在象棋中的車、馬、炮等棋子。❻弋　以繩繫矢射鳥。❼鼓瑟　猶言彈琴。鼓，敲擊。❽易序　調換次序。此指顛倒次序。❾諂下　諂媚地位低下的人。❿寧　寧願；寧可。

【語　譯】齊宣王問匡倩說：「儒生玩博戲嗎？」匡倩說：「不。」宣王說：「為什麼？」匡倩說：「博戲以梟為最尊貴，贏的人一定要殺掉對方的梟，殺梟便是殺尊貴的，儒生認為這樣有害正義，所以不玩博戲。」宣王又問說：「儒生用繫線的矢來射鳥嗎？」匡倩說：「不。用繫線的矢射鳥，是由下面傷害在上面的，這等於是由臣子來傷害君主，儒生認為這樣是破壞正道，所以不用繫線的矢射鳥。」宣王又問說：「儒生彈瑟嗎？」匡倩說：「不。瑟以小絃發大聲，以大絃發小聲，這是改變大小的秩序，更換貴賤的地位，儒者認為這也破壞正道，所以不彈瑟。」宣王說：「對！」孔子說：「與其使人民諂媚臣子，寧可使人民諂媚君主。」

傳四——鉅者❶，齊之居士❷，孱者❸，魏之居士。齊魏之君不明，不能親照境內，而聽左右之言，故二子費金璧而求入仕❹也。

【注　釋】❶鉅者　借作虛設的人名。❷居士　還未出仕的讀書人。❸孱者　借作虛設的人名。❹入仕　進入仕途。指做官。

【語　譯】傳四——鉅者是齊國的居士，孱者是魏國的居士，齊國和魏國的君主不明智，不能親自照見全國，卻聽信左右的言語，所以這兩位居士只好用黃金和璧玉來謀取官職了。

西門豹❶為鄴令❷，清剋潔愨❸，秋毫之端❹無私利也，而甚簡❺左右，左右因相與比周❻而惡之。

居期年❼，上計❽，君收其璽❾。豹自請曰：「臣昔者不知所以治鄴，今臣得矣，願請璽復以治鄴；不當，請伏斧鑕之罪❿。」文侯⓫不忍，而復與之。豹因重斂⓬百姓，急事左右。期年上計，文侯迎而拜之。豹對曰：「往年臣為君治鄴，而君奪臣璽；今臣為左右治鄴，而君拜臣，臣不能治矣。」遂納璽而去。文侯不受，曰：「寡人曩⓭不知子，今知矣，願子勉為寡人治之。」遂不受。

【注釋】❶西門豹　戰國時魏國人。❷鄴令　鄴的地方長官。鄴，今河南省臨漳縣。❸清剋潔愨　廉潔刻苦而誠懇。剋，又作「尅」，通「刻」。刻苦；約束。愨，誠實。❹秋毫之端　鳥類秋天新生細毛的尖端。形容非常的細微。❺簡　輕慢。❻比周　互相親近結黨營私。比，親近。周，周密。❼居期年　過了一周年。居，停留。期，一周年。❽上計　地方長官於每年年終向中央政府報告一年的會計、施政情形。❾璽　印信。原為通稱，自秦以後始專指皇帝的印信。❿請伏斧鑕之罪　甘受死罪。斧鑕，古代腰斬的刑具。行刑時，使犯人伏在鑕上，用斧斬斷。鑕，也作「質」。椹；砧板。⓫文侯　指魏文侯。⓬重斂　重重的徵收賦稅。斂，收。指徵稅。⓭曩　從前。

【語譯】西門豹做鄴縣縣令，廉潔刻苦而誠懇篤實，絲毫不肯為私利打算，自然也就輕忽了魏文侯的左右近侍。左右近侍便聯合起來譭毀他。

過了一年，他回京城報告施政情況，魏文侯收回他的官印，並罷免他的官職。西門豹主動請求說：「我以前不懂得怎樣治理鄴縣，現在我懂了，想請君主發還官印，再去治理鄴縣，若再治理不好，甘受死罪的處分。」文侯不忍拒絕，又把官印交給他。西門豹於是重重地徵收賦稅，加緊賄賂文侯的近臣。一年後又回京城報告施政情形，文侯親自迎接，並向他拜謝。西門豹回答說：「去年我替君主治理鄴縣，結果君主取回我的官印，今年我替君主的近臣治理鄴縣，結果君主向我拜謝，我不能再治理鄴縣了。」說完，繳回官印就走。

文侯不肯接受，說：「我從前不了解你，現在了解了，希望你勉強再替我治理鄴縣。」西門豹終於沒有接受他所繳回的官印。

齊有狗盜❶之子，與刖危❷子戲而相誇。盜子曰：「吾父之裘獨有尾。」危子曰：「吾父獨冬不失袴❸。」

【注　釋】❶狗盜　穿著狗皮裘，裝成狗的模樣的盜賊。❷刖危　即刖跪。受刖刑的人的稱號。❸冬不失袴　冬天不致無袴。表示冬天有袴以禦寒。古時以冬天無袴為貧窮的象徵。袴，俗作「褲」。套在小腿以禦寒的衣物，俗稱套袴。

【語　譯】齊國有個狗盜的兒子和一個刖跪的兒子，在一起嬉戲，並互相誇口。狗盜的兒子說：「惟獨我父親的皮衣有尾巴。」刖跪的兒子說：「惟獨我的父親冬天有套褲可以保暖。」

子綽曰：「人莫能左畫方，而右畫圓也。」

【語　譯】子綽說：「沒有人能夠同時用左手畫方，而右手畫圓的。」

以肉去蟻，蟻愈多；以魚驅蠅，蠅愈至。

【語　譯】用肉來除掉螞蟻，螞蟻越來越多。用魚來驅除蒼蠅，蒼蠅越來越盛。

桓公謂管仲曰：「官少而索❶者眾，寡人憂之。」管仲曰：「君無聽左右之請，因能而授祿，錄功而與官❷，則莫敢索官，君何患焉？」

【注釋】❶索 求。❷錄功而與官 登記功勞而據以授予官職。錄，記載。與，通「予」。

【語譯】齊桓公對管仲說：「官職少，而求的人多，我很擔憂。」管仲說：「君主不要聽從左右的請求，而應該根據才能而授給俸祿，根據功勞而授予官職，這樣就沒有人敢私求官職，君主擔憂什麼呢？」

韓宣王❶曰：「吾馬茹❷粟多矣，甚臞❸何也？寡人患之。」周市❹對曰：「使騶❺盡粟以食，雖無肥，不可得也；名為多與之，其實少，雖無臞，亦不可得也。主不審其情實❻，坐而患之，馬猶不肥也。」

【注釋】❶韓宣王 即韓宣惠王。昭侯之子，在位二十一年（西元前三三二～前三一二年）。❷茹 食。❸臞 也作「癯」。瘦。❹周市 人名。生平不詳。❺騶 掌管車馬之官。❻審其情實 細察真實狀況。審，詳細檢查。情，真實。

【語譯】韓宣王說：「我的馬吃了那麼多的粟，還那麼的瘦，為什麼呢？我擔心得很。」周市回答說：「假使管馬的人把所有領到的粟都拿來餵馬，要馬不肥，是不可能的；名義上多拿來餵馬，其實餵得很少，要馬不瘦，也是不可能的。君主不仔細調查這件事的實情，不想辦法而乾著急，馬還是肥不起來的。」

桓公問置吏❶於管仲，管仲曰：「辯察於辭❷，清潔於貨❸，習人情，夷吾❹

不如弦商❺，請立以為大理❻。登降肅讓❼，以明禮❽待賓，臣不如隰朋❾，請立以為大行❿。墾草剏邑⓫，辟地生粟⓬，臣不如甯戚⓭，請立以為大田⓮。三軍既成陳⓯，使士視死如歸，臣不如公子成父⓰，請立以為大司馬⓱。犯顏極諫⓲，臣不如東郭牙⓳，請立以為諫臣。治齊，此五子足矣；將欲霸王⓴，夷吾在此。」

【注　釋】❶置吏　猶言任命官吏。置，安置。❷辯察於辭　對於言辭能明辨真假。辯察，分辨明察。辯，通「辨」。❸清潔於貨　對於財貨能清白不貪。清潔，指操守清白，沒有汙點。❹夷吾　管仲之名。按：《禮記・曲禮》說：「父前子名，君前臣名。」管仲答桓公之問，故自稱其名。❺弦商　人名。事蹟不詳。❻大理　總管全國司法的官職。❼登降肅讓　猶言進退有禮。登降，指登階降階。即古代朝聘會盟時，上下周旋的舉動。肅讓，即揖讓。為古時賓主相見的禮節。❽明禮　大方而周到的禮節。❾隰朋　春秋時齊國的大夫。❿大行　總管全國典禮禮儀和接待賓客的官職。⓫墾草剏邑　開闢荒地，創立都邑。墾草，猶言墾荒。剏，通「創」。⓬辟地生粟　開闢田地，生產粟米。辟，通作「闢」。粟，泛指穀物。⓭甯戚　春秋時衛國人。家貧，替人挽車，後到齊國，餵牛於車下，扣牛角而唱歌，桓公認為不是尋常人，召見，拜為上卿。⓮大田　總管全國農事的官職。⓯陳　通「陣」。軍隊的行列。⓰公子成父　人名。事蹟不詳。父，他本或作「甫」。⓱大司馬　總管全國軍事的官職。⓲犯顏極諫　冒犯君主的臉色，竭盡心力地勸諫。犯顏，指觸怒君主。顏，臉面。⓳東郭牙　春秋時齊國的大夫。複姓東郭，名牙。⓴將欲霸王　若想當諸侯的盟主。將欲，猶言若要。霸王，指成為諸侯的盟主。霸，以力服天下。王，以德服天下。

【語　譯】齊桓公向管仲詢問怎樣安排官職。管仲回答說：「對於言辭能明辨真假，對於財貨能清白不貪，又能熟知人情世故，我夷吾比不上弦商，建議立他為大理。朝聘會盟，進退有禮，並以大方而周到的禮節接待賓客，我比不上隰朋，建議立他為大行。開墾荒地，創立都邑，開闢田地，生產粟米，我比不上甯戚，建議立他為大田。三軍已經擺好陣勢，而能使戰士視死如歸，我比不上公子成父，建議立他為大司馬。冒犯君主的顏面，盡力勸諫，我比不上東郭牙，建議立他為諫臣。治理齊國，這五個人夠了；如果想要稱霸諸侯，領導天下，則有我夷吾在此，可以勝任。」

傳五——盂獻伯❶相晉❷，堂下生藿藜❸，門外長荊棘，食不二味，坐不重席❹，無衣帛之妾，居不粟馬❺，出不從車❻。叔向❼聞之，以告苗賁皇❽。賁皇非之，曰：「是出主之爵祿以附下❾也。」

一曰：盂獻伯拜上卿，叔向往賀，門有御車❿，馬不食禾。向曰：「子無二馬二輿，何也？」獻伯曰：「吾觀國人尚有飢色，是以不秣馬⓫；班白⓬者多徒行，故不二輿。」向曰：「吾始賀子之拜卿，今賀子之儉也。」向出語苗賁皇曰：「助吾賀獻伯之儉也。」苗子曰：「何賀焉！夫爵祿旂車⓭，所以異功伐⓮，別賢不肖也。故晉國之法：上大夫二輿二乘，中大夫二輿一乘，下大夫專乘，此明等級也。且夫卿必有軍事，是故修車馬，比卒乘⓯，以備戎事，有難則以備不虞⓰，平夷⓱則以給朝事⓲。今亂晉國之政，乏不虞之備，以成節儉，以潔私名，獻伯之儉也可與？又何賀！」

【注釋】❶盂獻伯　春秋時晉國的大夫。食邑於盂（今山西省盂縣），諡獻，故稱。盂，各舊本作「孟」。據顧廣圻《韓非子識誤》說改。❷晉　各舊本作「魯」。據顧廣圻《韓非子識誤》說改。❸藿藜　泛稱野生的雜草。藿，豆葉。藜，草名。又名萊，初生可食，莖老可做杖，也用以燃燒照明。❹重席　雙重的墊席。❺粟馬　以粟米餵馬。❻從車　使車輪隨從自己。從，率領；使人或車隨從自己。❼叔向　春秋時晉國的大夫。複姓羊舌，名肸，字叔向，也稱叔肸，執晉國之政，教以禮讓，孔子稱為古之遺直。❽苗賁皇　春秋時楚國人。令尹鬥椒之子。鬥椒謀叛被殺，賁皇逃奔晉國，食邑於苗，遂以為氏。鄢陵之戰，曾獻言於晉侯，打敗楚國。❾附下　使屬下親附於己。❿御車　日常乘坐的車子。御，用。⓫秣馬　以穀物餵馬。⓬班白　頭髮半白。班，通「斑」。⓭旂車　旌旗和車子。旂，通「旗」。⓮異功伐　分別功勞。異，分別。伐，功勳。⓯比卒乘　校閱軍隊。比，考校。卒，步兵。乘，軍車。⓰不虞　猶言意外。虞，意料。⓱平夷　平時。夷，平。⓲給朝事　指供朝廷差遣。給，供應。

【語　譯】傳五——孟獻伯為晉相，廳堂前生了野草，大門外長了荊棘，吃飯沒有兩樣菜肴，座位沒有雙重墊席，妻妾不穿綢緞的衣服，在家不拿糧食餵馬，出門沒有車輛隨從。叔向聽說這種情形，便去告訴苗賁皇，賁皇非難他說：「這是拿君主的爵祿來使屬下親附自己。」

一說：孟獻伯被拜為上卿，叔向前往道賀，看見門前只有一輛日常乘坐的車子，馬不餵食穀物。叔向說：「你怎麼沒有兩匹馬、兩輛車呢？」獻伯說：「我看到很多國人還有飢餓的臉色，所以不用穀物餵馬；頭髮花白的老人大多步行，所以不設置兩輛座車。」叔向說：「我起初道賀你被拜為上卿，現在道賀你的節儉。」叔向退出來後把情形告訴苗賁皇，並說：「你也接著道賀獻伯的節儉吧！」苗賁皇說：「這有什麼好道賀的！官爵、俸祿、旌旗和車輛是國家用來分別官吏功勞的大小和才能的高下的，所以晉國的法度，上大夫兩輛座車、兩輛兵車；中大夫兩輛座車、一輛兵車；下大夫只有一輛兵車，這是表明官吏的等級的。而且卿大夫一定要主持軍事，所以修治車馬，校閱軍隊，以備軍事的需要，有變亂則憑以防備意外，平常則可供宿衛朝廷。現在獻伯破壞晉國的法度，忽略意外的防備，以成就個人的節儉，建立個人的美名，獻伯的節儉可以嗎？又有什麼值得道賀的呢！」

管仲相齊，曰：「臣貴矣，然而臣貧。」桓公曰：「使子有三歸之家❶。」曰：「臣富矣，然而臣卑。」桓公使立於高、國❷之上。曰：「臣尊矣，然而臣疏。」乃立為仲父❸。孔子聞而非之，曰：「泰侈偪上❹。」

一曰：管仲父出，朱蓋青衣❺，置鼓而歸❻，庭有陳鼎❼，家有三歸。孔子曰：「良大夫也，其侈偪上。」

【注　釋】❶三歸之家　按：三歸有四種說法：一、一娶三姓。二、臺名。三、三成歸公的租稅。四、三百乘之誤。據第一種說法，謂管仲有三個家室。據第二種說法，管仲有三歸之臺。據第三種說法，管仲可取三成的租稅。據第四種說法，管仲有三百乘兵車的財富。又按：此論貧富，以第三種和第四種說法較為合理。❷高國　指高子和國子。高國二氏為春秋時代齊國兩大貴族，為太公望的後代，世代為卿，地位僅次於國君。據《左傳・莊公九年》的記載，這時的高子是高傒，至於國子，已無可確考。❸仲父　對管仲的尊稱。仲，管仲的字。父，尊稱。❹泰侈偪上　過分放縱，則逼迫君主。泰，通「太」。過分。侈，放縱。偪，通「逼」。上，指君主。❺朱蓋青衣　紅色的車篷，青色的車帷。蓋，車篷。設於車上，形狀像傘，雨天可以遮雨，晴天可以蔽日。衣，指車帷。垂於車篷的周邊，也叫做幨，或寫作「襜」。❻置鼓而歸　猶言奏樂而歸。置，設立。鼓，指鼓吹。即音樂演奏。一說：即奏樂而食。歸，通「饋」。❼陳鼎　陳列食物的鼎。鼎，古代的烹飪器。常見者為三足兩耳。

【語　譯】管仲為齊相，說：「我已經尊貴了，可是我還很貧窮。」桓公說：「我讓你家收取三成的租稅。」管仲又說：「我已經富有了，可是我的地位還低。」桓公便使他位在高子、國子之上。管仲又說：「我地位高了，可是我和君主的關係還是疏遠。」桓公便立他為仲父。孔子聽了，非難他說：「過分放縱，以致逼迫君主。」

一說：管仲父出門，車上張著紅色的車篷、青色的車帷，奏樂而歸，庭中有陳列食物的鼎鼐，家裡有三成租稅的收入。孔子說：「管仲是個優秀的大夫，但是他的奢侈逼迫到君主。」

孫叔敖❶相楚，棧車牝馬❷，糲飯菜羹❸，枯魚之膳❹，冬羔裘❺，夏葛衣❻，面有飢色，則良大夫也，其儉偪下❼。

【注釋】❶孫叔敖　春秋時楚國人。兒時即知推己及人而殺兩頭蛇，成年以後，曾為楚令尹，三月而大治，使楚莊王成為諸侯的霸主。❷棧車牝馬　坐柴車，駕母馬。棧車，用竹木製成的車子。棧，通「輚」。竹木之車。牝，雌性的獸類。❸糲飯菜羹　形容粗淡的飯菜。糲，糙米。菜羹，菜湯。❹枯魚之膳　以乾魚佐餐。枯魚，乾魚；鹹魚。膳，飲食；食物。❺羔裘　小羊皮做的袍服。❻葛衣　以葛布製成的衣服。葛，多年生的蔓草。莖的纖維可以織布。❼其儉偪下　他的節儉逼迫到屬下。

【語譯】孫叔敖為楚相，乘坐的是柴車母馬，吃的是粗飯菜湯，以乾魚來佐餐，冬天穿小羊皮做的袍服，夏天穿葛布做的衣裳，臉上有飢餓的顏色。可以算是優秀的大夫，可是他的節儉逼迫到屬下。

陽虎❶去齊走趙，簡主❷問曰：「吾聞子善樹人❸。」虎曰：「臣居魯，樹三人，皆為令尹❹；及虎抵罪❺於魯，皆搜索於虎也。臣居齊，薦三人，一人得近王，一人為縣令，一人為候吏❻。及臣得罪，近王者不見臣，縣令者迎臣執縛❼，候吏者追臣至境上，不及而止。虎不善樹人。」主俛❽而笑曰：「夫樹橘柚者，食之則甘，嗅之則香；樹枳棘❾者，成而刺人。故君子慎所樹。」

【注釋】❶陽虎　也稱陽貨。春秋時魯國季孫氏的家臣。❷簡主　指趙襄子。即春秋時晉國的大夫趙鞅。❸樹人　培植人才。❹令尹　春秋時楚國的官名。為全國最高行政首長，相當於宰相，此泛指管事之官。❺抵罪　觸犯罪刑。❻候吏　負責偵察邊境的官吏。❼執縛　逮捕；捉拿。❽俛　通「俯」。低頭。❾枳棘　二木名。多刺。

【語譯】陽虎從齊國投奔趙氏，趙簡子問他說：「我聽說你善於培植人才。」陽虎說：「我在魯國，曾培植三個人，後來都做了主管。等到我觸犯了魯國的罪刑，三人都來搜捕我。我在齊國的時候，曾推薦三個人，一人得以親近君主，一人做縣令，一人在邊境當候吏。等到我得罪於齊，得以親近君主的那個人避不見面；做縣令的迎面逮捕我，做候吏的追趕我，直到邊境，追不到才罷休。我不善於培植人。」趙簡子低著頭直笑，說：「種橘柚的，當果子成熟時，吃起來是甜的，聞起來是香的；種枳棘的，長成以後就刺人。所以君子培植人都很謹慎。」

中牟無令❶，晉平公❷問趙武❸曰：「中牟，晉國之股肱❹，邯鄲之肩髀❺，寡人欲得其良令也，誰使而可？」武曰：「邢伯子❻可。」公曰：「非子之讎也？」曰：「私讎不入公門❼。」公又問曰：「中府❽之令，誰使而可？」曰：「臣子可。」故曰：外舉不避讎，內舉不避子❾。

【注釋】❶中牟無令　中牟沒有縣令。中牟，春秋時晉國的縣邑。約在今河北省邢臺和邯鄲之間，也就是《論語·陽貨》所記「佛肸以中牟畔」的中牟，不是今日河南省的中牟縣。令，縣邑的長官。❷晉平公　春秋時晉國的君主。悼公之子，名彪，在位二十六年（西元前五五七～前五三二年）。❸趙武　也稱趙孟。春秋時晉國的大夫，父朔為屠岸賈所殺，當時朔妻懷孕，遺腹生武，賴程嬰及公孫杵臼救助，始免於難，後來執政，相平公，賢名聞於當時，卒謚文。❹股肱　大腿和手臂。比喻重要的部位。股，大腿。肱，手臂自肘至腕的部分。❺邯鄲之肩髀　好比是邯鄲的肩膀和大腿。邯鄲，春秋時衛地。後人於晉，戰國時為趙國國都，故地在今河北省邯鄲市。髀，大腿。❻邢伯子　邢伯之子。邢伯，春秋時晉國的大夫，與趙武同時。❼公門　君主之門。指公家。❽中府　王室藏寶物的倉庫。也稱內府。❾外舉不避讎二句　薦舉親屬以外的人，不迴避自己的讎人，薦舉親屬以內的人，不迴避自己的兒子。外，指親屬以外。舉，推薦；薦舉。內，指親屬以內。

【語譯】中牟縣沒有縣令，晉平公問趙武說：「中牟這個地方，好比是晉國的手臂和大腿，邯鄲的肩膀和髀骨，形勢非常重要。我想任命一個優秀的縣令，誰適合呢？」趙武說：「邢伯的兒子適合。」平公說：「邢伯不是你的仇家嗎？」趙武說：「私人的仇怨不應該影響公家的事情。」平公又問說：「國庫的長官，派誰最好？」趙武說：「我的兒子最適合。」所以說：薦舉親屬以外的人，不迴避自己的仇家；薦舉親屬以內的人，不迴避自己的兒子。

趙武所薦四十六人，及武死，各就賓位❶，其無私德❷若此也。平公問叔向❸曰：「群臣孰賢？」曰：「趙武。」公曰：「子黨於師人❹。」對曰：「武，立如不勝衣❺，言如不出口❻，然其所舉士也數十人，皆令得其意❼，而公家❽甚賴之。及❾武子❿之生也不利於家，死不託於孤⓫，臣敢以為賢也。」

【注釋】❶各就賓位　指被趙武所薦舉的人往弔趙武之喪的時候，仍是賓客的身分。形容趙武大公無私，不結私黨。就賓位，居於賓客的席位。❷私德　私人的恩情。❸叔向　春秋時晉國的大夫。❹子黨於師人　你偏袒你的將帥。黨，偏袒；阿附。師，將帥。人，當作「也」。《新序・雜事四》作「子黨於子之師也」。一說：師，當作「帥」。帥人，即官長。❺立如不勝衣　站立時，好像撐不住衣服。形容神態柔弱。勝，受得住；禁得起。❻言如不出口　說話時，好像說不出來。形容神態木訥，不巧辯。❼皆令得其意　都使他們各合其意。猶言各得其所，各盡其才。得，中；合。❽公家　國家。❾及　猶言而且。❿武子　即趙武。子，衍文，當刪。⓫託於孤　即託孤。把孤兒私自託給君主照顧。

【語　譯】趙武前前後後向平公推薦了四十六個人，等到趙武死的時候，他們前往弔祭，都趨就賓客的席位，沒有一個是他的私黨。他的大公無私做到這樣的地步。平公問叔向說：「群臣之中誰最賢能？」叔向回答說：「趙武。」平公說：「你偏袒你的將帥吧？」叔向說：「趙武站立時柔弱得好像撐不住衣服，說話時遲鈍得好像說不出話來，可是他所推薦的幾十個人，個個都適得其所，各展所長，國家全靠他們。而且趙武在世的時候，不謀私家的利益，去世的時候不把孤兒託給君主，所以我認為他是最賢能的臣子。」

解狐❶薦其讎於簡主❷以為相，其讎以為且幸釋己❸也，乃因往拜謝。狐乃引弓逆❹而射之，曰：「夫薦汝，公也，以汝能當之也。夫讎汝，私怨也，不以私怨壅❺汝於吾君。故私怨不入公門。」

一曰：解狐舉邢伯柳❻為上黨❼守，柳往謝之，曰：「子釋罪，敢不再拜。」曰：「舉子，公也；怨子，私也。子往矣，怨子如初！」

【注　釋】❶解狐　春秋時晉國的大夫。❷簡主　指趙簡子。❸釋己　解除對自己的怨仇。❹逆　迎。❺壅　同「壅」。堵塞；蒙蔽。❻邢伯柳　當是前文所提到的邢伯。柳，邢伯之名。❼上黨　地名。今山西省長治縣一帶的高地。

【語　譯】解狐推薦他的仇人給趙簡子做相，他的仇人以為解狐已經解消了對自己的仇怨，因而前往拜謝。解狐卻拉弓迎面向他射去，說：「推薦你，是為了公事，因為你能擔任。仇視你，是個人的恩怨，我不能為了私怨而在君主面前擋住你。個人的恩怨不應該影響公家的事情。」

一說：解狐推薦邢伯柳做上黨的長官，邢伯柳便前往拜謝解狐說：「你寬恕了我的罪過，我怎敢不來拜謝？」解狐說：「推薦你，是為公；怨恨你，是為私。你回去吧，我還是跟原先一樣怨恨你。」

鄭縣❶人賣豚，人問其價，曰：「道遠日暮，安暇語汝❷！」

【注釋】❶鄭縣　今河南省新鄭縣西北。❷安暇語汝　哪有閒空告訴你。安，何；哪裡。暇，空閒時間。語，告訴。

【語譯】鄭縣有個人賣小豬，人家問他價錢，他說：「路途遙遠，天色又晚了，哪有時間告訴你！」

傳六——范文子❶喜直言，武子擊之以杖，曰：「夫直議者，不為人所容❷。無所容則危身；非徒❸危身，又將危父。」

【注釋】❶范文子　春秋時晉國的大夫。范武子之子。❷不為人所容　不被人所包容。❸非徒　不但；不僅。

【語譯】傳六——范文子喜歡說直話，他的父親范武子用手杖打他，說：「說直話的人，不被包容。不被包容就危害自己，不僅危害自己，又將危害到父親。」

子產❶者，子國❷之子也。子產忠於鄭君，子國譙怒❸之，曰：「夫介❹異於人臣，而獨忠於主，主賢明，能聽汝，不明，將不汝聽❺。聽與不聽，未可必知，而汝已離於群臣。離於群臣，則必危汝身矣；非徒危己也，又且危父矣。」

【注釋】❶子產　春秋時鄭國的大夫公孫僑。字子產，執政四十餘年，鄭國大治。❷子國　子產之父。名發，字子國，春秋時鄭穆公之子，曾做司馬。❸譙怒　嚴厲責罵。譙，通「誚」。責罵。❹介　耿直。❺將不汝聽　則不聽從你。將，則。不汝聽，不聽汝。

【語　譯】子產，是子國的兒子。子產忠於鄭國的國君，子國責罵他說：「如果耿直到與眾不同，而只效忠於君主，那麼君主賢明，自然會聽從你；如不賢明，就不聽你的了。君主聽從你與否，還不知道，而你已經孤立於群臣之外。孤立於群臣之外，你自己必受危害；不僅自己遭受危害，還要危害到父親。」

梁車新為鄴令❶，其姊往看之，暮而後門❷，因踰郭❸而入，車遂刖其足。趙成侯❹以為不慈，奪之璽而免之令❺。

【注　釋】❶梁車新為鄴令　梁車剛做鄴縣縣令。梁車，人名。事蹟不詳。新，剛剛；開始不久。鄴令，鄴縣長官。鄴，今河南省臨漳縣。❷後門　過了關門的時間才到達。❸踰郭　翻越城牆。踰，越過。郭，城牆。❹趙成侯　戰國時趙國的君主。❺奪之璽而免之令　取回他的官印，罷免他的縣令。之，其。璽，印章。

【語　譯】梁車剛開始做鄴縣縣令的時候，他的姊姊前往看望他，天色晚了，城門已經關閉，便翻越城牆進去。梁車依法判了刖刑，砍了她的腳。趙成侯認為梁車沒有手足之間的慈愛，於是收回他的官印，免除他的縣令。

管仲束縛❶，自魯之❷齊，道而飢渴，過綺烏封人❸而乞食焉，封人跪而食❹之，甚敬。封人因竊謂仲曰：「適❺幸及齊不死而用齊，將何以報我？」曰：「如子之言，我且賢之用，能之使，勞之論❻，我何以報子？」封人怨之。

【注　釋】❶束縛　綑綁。按：管仲輔佐公子糾，與公子小白爭位，曾射小白而中其帶鉤，後小白立為桓公，公子糾被殺，管仲被縛。❷之　往。❸綺烏封人　守綺烏的邊吏。綺烏，地名。今地未詳。封人，守邊的官吏。❹食　餵食；拿食物給人吃。❺適　若。❻且賢之用三句　將用賢、使能、論功。且，將。賢之用，用賢；任用賢人。之，助詞。能之使，使能；任用有能力的人。勞之論，選拔有功的人。勞，功勞。論，選擇。

【語　譯】管仲被囚繫，從魯國送往齊國，路上又餓又渴，經過綺烏時，向守邊的官吏乞討食物，官吏跪著獻上食物，非常恭敬。於是私下對管仲說：「若僥倖到了齊國而不死，並且被重用，你將如何報答我呢？」管仲回答說：「果真像你所說的那樣，我將任用有賢才的人，差使能幹的人，選拔有功的人，我如何報答你呢？」那位官吏從此就怨恨管仲。

卷一三

外儲說右上

【題解】外儲說右上，五字之義，解見〈外儲說左上〉及〈內儲說上〉。

本篇主旨，在以事例說明君主用以控御群臣的三種方術：一、權勢不足以改變他，便把他除掉。二、君主不要表現好惡，以防臣子們的包圍蒙蔽。三、君主執法，要不避親貴，不惜所愛。

經一——君所以治臣者三：一、勢不足以化，則除之❶。師曠❷之對，晏子❸之說，皆舍勢之易也，而道行之難❹，是與走逐獸❺也，未知除患。患之可除❻，在子夏❼之說《春秋》❽也：「善持勢者，蚤絕其姦萌❾。」故季孫讓仲尼以遇勢❿，而況錯⓫之於君乎？是以太公望⓬殺狂矞⓭，而臧獲⓮不乘驥。嗣公⓯知之，故不駕鹿。薛公⓰知之，故與二欒博⓱。此皆知同異之反⓲也。故明主之牧⓳臣也，說在畜烏⓴。

【注釋】❶勢不足以化則除之　權勢不能改變他，便剷除他。勢，權力。化，改變。❷師曠　春秋時晉國的樂師。字子野，生而目盲，善辨音律。❸晏子　（西元前？～前五〇〇年）名嬰。字平仲，春秋時齊國夷維（今山東省高密縣）人，繼其父弱為齊卿，後相景公，以節儉力行著名於當時。❹舍勢之易也二句　捨棄君主權力容易做到的，而從事難以實行的。舍，通作「捨」。道，由。❺與走逐獸　用跑步追逐野獸。與，以。❻患之可除　猶言患之應除。❼子夏　（西元前五〇七～前四二〇年）卜商。字子夏，春秋時衛國人，孔子弟子，長於經術，曾講學於西河，為魏文侯師。❽春秋　六經之一。孔子所著，根據魯國的史書而編年記事，起魯隱公元年（西元前七二二年），終魯哀公十四年（西元前四八一年），凡十二公，二百四十二年，為我國編年史之祖。❾善持勢者二句　善於掌握權力的人，要及早消滅禍亂的萌芽。持勢，掌握權力。蚤，通「早」。姦萌，姦計的開始。萌，發芽。❿季孫讓仲尼以遇勢　季孫責備孔子，因為孔子的弟子子路侵害到季孫的權力。季孫，據傳文是季康子，名肥。但傳文又說「子路為郈令」，據《史記・魯周公世家》，應在魯定公時，此時當政之季孫應是季桓子（名斯）。而季康子當政，在魯哀公時。讓，責備。遇勢，權勢相當。遇，匹敵。據傳文，或為「侵」之誤。侵勢，凌越別人的權勢。⓫錯　通「措」。施行。⓬太公望　周初人。姓姜，以呂為氏，名尚，故又稱姜尚或呂尚。相傳釣於渭水之濱，周文王出獵相遇，大悅，同載而歸，說：「吾太公望子久矣！」因號為太公望，拜為師。武王即位，尊為師尚父，輔佐武王滅商。周朝建立，封於齊，為齊國始祖，世稱姜太公。⓭狂矞　齊國的隱士。⓮藏獲　即臧獲。奴婢的賤稱。據《方言》，荊淮海岱之間，罵奴曰臧，罵婢為獲。燕齊逃亡之奴謂之臧，逃亡之婢謂之獲。藏，通「臧」。⓯嗣公　戰國時衛國的君主。衛平侯的兒子。衛自成侯始，貶號為侯（以前稱公），嗣公五年，又貶號為君，僅有濮陽（今河北省濮陽縣）一地，在位四十二年（西元前三二四～前二八三年）卒。⓰薛公　即田文。戰國時齊國的相，封於薛，號孟嘗君，好養士，門下食客數千人。⓱與二欒博　與一對孿生兄弟玩博戲。欒，通「孿」。雙生子。⓲同異之反　猶言君臣利害相反。同異，猶言利害。⓳牧　放飼牲畜。此當治理解。⓴畜烏　養烏鳥。

【語　譯】經一——君主用來督導官吏的方法有三種：一、權勢不足以改變他，便剷除他。師曠對齊景公的回答，晏子對齊景公的勸說，都是捨棄君主權力所容易做到的，而採用難以施行的。這就好像跳下車子用跑步來追逐野獸，而不知禍害是應該剷除的。禍害應該剷除的道理，見於子夏所講述的《春秋》之中，他說：「善於掌握權力的人，要及早消滅禍害的萌芽。」子路侵害到季孫的權力，季孫便責備他的老師孔子，又何況是侵害到君主的權力呢？所以狂矞不肯事君，太公便把他殺掉；駿馬不受控御，奴僕也不會騎牠。衛嗣君知道這個道理，所以駕馬而不駕鹿；薛公也知道這個道理，所以召孿生兄弟博戲。這幾位都知道君臣的利害是相反的。所以賢明的君主控御官吏，它的道理就在畜烏斷翎的故事當中。

經二——人主者，利害之招轂❶也；射者眾，故人主共❷矣。是以好惡見，則下有因❸，而人主惑矣；辭言通❹，則臣難言，而主不神矣。說，在申子❺之言「六慎」❻與唐易❼之言弋❽也。患，在國羊❾之請變❿，與宣王⓫之太息⓬也。明之以靖郭氏⓭之獻十珥⓮也，與甘茂⓯之道穴聞⓰也。堂谿公⓱知術，故問玉卮⓲；昭侯能術⓳，故以聽獨寢。明主之道，在申子之勸獨斷也。

【注釋】❶招轂　箭靶。❷人主共　指君主的權力與臣下共有。❸好惡見二句　君主的好惡表現出來，臣下便設法順應君主。見，通作「現」。下，指臣下。因，依循。❹辭言通　猶言言語外洩。❺申子　指申不害（西元前？～前三三七年）。戰國時鄭國京（今河南省滎陽縣）人，韓昭侯用為相，國大治。其學淵源於黃老而提倡刑名之說，《漢書・藝文志》有《申子》六篇。今存輯本。❻六慎　六項該謹慎的事。詳「傳二」。❼唐易　「傳二」作「唐易鞠」。鞠應是他的名。❽弋　以繩繫箭射鳥。❾國羊　人名。事蹟不詳。❿請變　請求改過。⓫宣王　指韓宣王。即韓宣惠王，昭侯的兒子，在位二十一年（西元前三三二～前三一二年）。⓬太息　長歎；大聲歎氣。⓭靖郭氏　指靖郭君田嬰。戰國時齊國人，齊威王的幼子，封於薛，稱靖郭君，相齊二十餘年，生子四十餘人，孟嘗君即其中之一。⓮珥　玉質的耳飾。⓯甘茂　戰國時楚國下蔡（今安徽省壽縣）人。初為秦將，秦武王拜為左相，率兵攻下韓國的宜陽，昭王時，受讒中傷，逃往齊國，客死於魏。⓰道穴聞　從牆壁的洞穴聽到。道，由；從。⓱堂谿公　本指春秋時吳王闔廬的弟弟夫槩，此當是指夫槩的後代。據《史記・吳太伯世家》，夫槩與兄闔廬爭位相攻，不勝，奔楚，昭王封夫槩於堂谿，號堂谿氏。堂谿，地名。在今河南省遂平縣西北。堂，也作

「棠」。⓲玉巵　玉做的酒器。巵，也作「卮」。酒器，容量四升。⓳昭侯能術　猶言昭侯善於用術。昭侯，指韓昭侯。韓懿侯之子，宣惠王之父，在位二十六年（西元前三五八～前三三三年）。

【語　譯】經二——君主是臣下利害的中心，揣測他的意向以為因應的人很多，君主的權力便和臣下共有了。所以君主的好惡一表現出來，臣下便設法順應君主，而君主便被迷惑了。君主若洩露與官吏密商的計謀，官吏就不肯進言，君主就不靈光了。這種道理的說明，就在申不害所講的「六慎」和唐易所談的弋鳥的故事當中。而禍害的產生，就在國羊請求改過和宣王的長聲歎息裡面。靖郭君獻上十對玉珥，以測知齊王的所愛；甘茂暗中挖鑿秦王的祕室，由壁穴偷聽秦王的談話，都是很好的說明。堂谿公懂得君術，所以詢問沒底的玉巵能不能盛水；韓昭侯善用君術，所以每有大事，便獨自睡覺。明主的治術，就在申不害勸說君主必須自己裁決政事的說辭當中。

經三——術之不行，有故：不殺其狗，則酒酸。夫國亦有狗，且左右皆社鼠也。人主無堯之再誅❶，與莊王❷之應❸太子，而皆有薄媼之決蔡嫗❹也，如是不能以教歌之法先揆❺之。吳起❻之出愛妻，文公❼之斬顛頡❽，皆違其情者也。故能使人彈疽❾者，必其忍痛者也。

【注　釋】❶堯之再誅　指堯殺鯀於羽山之郊、放逐共工於幽州之都。因二人都諫阻堯把天下讓給舜。詳見「傳三」。再，兩次。❷莊王　指楚莊王。春秋時楚國的國君，楚穆王的兒子，名侶，勤於政事，國家富強，曾在邲打敗晉國而稱霸諸侯，在位二十三年（西元前六一三～前五九一年）卒。❸應　回答。❹薄媼之決蔡嫗　薄婦所商定的事，還要蔡婦來決定。媼、嫗，皆老婦的通稱。❺揆　考量。❻吳起　（西元前？～前三七八年）戰國時衛國人。學於曾參，初仕魯，後仕魏，守西河拒秦，後被忌奔楚，楚悼王用為令尹，力圖改革，引發貴戚大臣的怨恨，悼王死，被宗室大臣所殺。❼文公　指晉文公。春秋時晉國的國君，晉獻公的兒子，名重耳，被獻公寵姬所讒，流亡列國達十九年，獲秦之助，返國即位，勵精圖治，終於繼齊桓公之後，成為諸侯的霸主，在位九年（西元前六三六～前六二八年）卒。❽顛頡　春秋時晉國人。追隨公子重耳流亡列國十九年，返國後為大夫。據《左傳・僖公二十八年》，晉文公圍曹，顛頡違令焚燒曹國大夫僖負羈的住家，文公殺之以示眾。與本篇所載殺顛頡的情節不同。❾彈疽　用石針刺破膿瘡。疽，膿瘡。

【語　譯】經三——君術之所以不能施行，是有原因的。賣酒的人若不把猛狗殺掉，顧客不敢上門，酒就會變酸。國家也有猛狗，而且左右近侍也都像社鼠。君主若不效法唐堯的一再誅戮諫臣，以及楚莊王的嚴詞回答太子，便會像薄媼一樣，家事都由蔡嫗來決定了。這樣一來，君主就不能用教歌的方法來衡量官吏的建議。吳起休掉愛妻，晉文公殺死顛頡，都是為了顧全法律而違背人情。所以能用石針替人刺破癰疽的，一定是能忍受痛苦以除病患的人。

傳一——賞之、譽之，不勸❶；罰之、毀之，不畏；四者加焉不變，則除之。

【注　釋】❶不勸　不努力。勸，勉；盡力；努力。

【語　譯】傳一——獎賞他、稱讚他，他也不努力；處罰他、詆毀他，他也不畏懼。四種辦法施於他，都不能改善，就必須除掉他。

齊景公❶之晉，從平公❷飲，師曠❸侍坐。始坐，景公問政於師曠曰：「太師❹將奚❺以教寡人？」師曠曰：「君必惠民而已。」中坐❻，酒酣，將出，又復問政於師曠曰：「太師奚以教寡人？」曰：「君必惠民而已矣。」景公出之舍❼，師曠送之，又問政於師曠。師曠曰：「君必惠民而已矣。」景公歸思，未醒❽，而得師曠之所謂❾：「公子尾、公子夏❿者，吾之二弟也，甚得齊民⓫，家富貴，而民說⓬之，擬於公室。此危吾位者也。今謂我惠民者，使我與二弟爭民邪？」於是反國⓭，發廩粟以賦眾貧⓮，散府財以賜孤寡，倉無陳粟⓯，府無餘財，宮婦不御者⓰出嫁之，七十受祿米，鬻德⓱施惠於民也，已⓲與二弟爭民。居二年⓳，二弟出走，公子夏逃楚，公子尾走晉。

【注　釋】❶齊景公　春秋時齊國的君主。靈公的兒子，莊公的異母弟，名杵臼。崔杼弒莊公，立杵臼為國君。喜歡營建宮室，畜養犬馬，課徵重稅，濫用刑罰，幸有晏嬰輔佐，才不致顛危，在位五十八年（西元前五四七～前四九〇年）卒。❷平公　指晉平公。春秋時晉國的君主，悼公的兒子，昭公的父親，名彪，在位二十六年（西元前五五七～前五三二年）卒。❸師曠　春秋時晉國的樂師。生而目盲，善辨音樂。師，指樂師。❹太師　古代樂官之長。❺奚　何。❻中坐　坐中。指宴會之中。❼之舍　到館舍。❽未醒　指醉酒而尚未清醒。❾所謂　指師曠所說「惠民」的涵義。❿公子尾公子夏　齊惠公之孫。公子尾，公子高的兒子公孫蠆，字子尾。公子夏，即公子雅。公子欒的兒子公孫竈，字子雅。古雅、夏通用。按：公子尾、公子夏於齊景公為叔輩，本篇說是景公之弟，恐是傳聞有誤。⓫齊民　齊國人民。⓬說　同「悅」。⓭反國　回國。反，通作「返」。⓮發廩粟以賦眾貧　發放倉庫的糧食給貧苦的民眾。廩，糧倉。賦，給予。⓯陳粟　舊米。陳，舊。⓰宮婦不御者　不獲親幸的宮女。御，君主所進。如君主所坐的車叫御駕，君主所用的筆叫御筆，君主所吃的菜肴叫御膳。⓱鬻德　猶言施恩。鬻，賣。德，恩德；恩惠。⓲已　通「以」。⓳居二年　過了二年。居，停留。

【語　譯】齊景公到晉國訪問，和晉平公飲酒，師曠陪坐。坐定不久，景公向師曠請教治國的方法說：「太師將拿什麼來指教我呀？」師曠說：「您務必施恩於人民罷了。」宴會進行中，酒喝得非常痛快。當景公要告辭的時候，景公又向師曠請教治國的方法說：「太師將拿什麼來指教我呀？」師曠說：「您務必施恩於人民罷了。」景公告辭出門，師曠送他回客館，景公又向師曠請教治國的方法，師曠說：「您務必施恩於人民罷了。」景公回到客館，想了又想，還沒等到酒醒，便領悟了師曠所說的意思：「公子尾和公子夏，是我的兩個弟弟，很得齊國人民的信賴，一門富貴，人民愛戴，比得上公室，這會危及我的地位啊！現在師曠教我施恩於人民，是教我跟兩個弟弟爭取人民吧？」於是景公回國後，發放倉庫裡的糧食給貧苦的人民，散發府庫的錢財給孤寡無依的百姓。倉庫裡沒有陳年的粟米，府庫裡沒有多餘的錢財，宮中的婦女未獲親幸的都讓她們出嫁，七十歲以上的老人都可以領到祿米，普遍施恩於百姓，以與兩個弟弟爭取人民。過了兩年，兩個弟弟便逃往國外，公子夏逃往楚國，公子尾逃到晉國。

景公與晏子游於少海❶，登柏寢❷之臺，而還望其國曰：「美哉，泱泱乎❸，堂堂乎❹，後世將孰❺有此？」晏子對曰：「其田氏乎❻！」景公曰：「寡人有此國也，而曰田氏有之何也？」晏子對曰：「夫田氏甚得齊民。其於民也，上之❼請爵祿行諸❽大臣，下之❾私大斗斛區釜以出貸❿，小斗斛區釜以收之。殺一牛，取一豆肉⓫，餘以食⓬士。終歲，布帛取二制⓭焉，餘以衣⓮士。故市木之價，不加貴於山；澤之魚鹽龜鱉蠃⓯蚌，不加貴於海。君重斂⓰，而田成氏厚施。齊嘗大饑，道旁餓死者不可勝數也，父子相牽而趨田氏者，不聞不生。故周齊之民⓱

相與歌之曰：『謳乎⑱，其〈已〉乎⑲！苞乎⑳，其往歸田子乎！』《詩》曰：『雖無德與女，式歌且舞㉑。』今田氏之德，而民歌舞，民往歸之矣。故曰：其田氏乎！」公泫然出涕㉒曰：「不亦悲乎？寡人有國，而田氏有之，今為之奈何？」晏子對曰：「君何患焉？若君欲奪之，則近賢而遠㉓不肖，治其煩亂，緩其刑罰，振㉔貧窮而恤㉕孤寡，行恩惠而給不足，民將歸君，則雖有十田氏，其如君何？」

或曰：景公不知用勢，而師曠晏子不知除患。夫獵者託車輿㉖之安，用六馬之足，使王良佐轡㉗，則身不勞，而易及輕獸㉘矣。今釋㉙車輿之利，捐㉚六馬之足，與王良之御㉛，而下走逐獸，則雖樓季㉜之足，無時及獸㉝矣。託良馬固車，則臧獲㉞有餘。國者，君之車也，勢者，君之馬也。夫不處勢以禁誅擅愛之臣，而必德厚以與下齊行㉟以爭民，是皆不乘君之車，不因馬之利，舍車而下走者也。故曰：景公不知用勢之主也，而師曠、晏子不知除患之臣也。

【注釋】❶少海　渤海。❷柏寢　今山東省高苑縣東北十二公里。❸泱泱乎　盛大的樣子。❹堂堂乎　盛大的樣子。❺孰　誰。❻其田氏乎　大概是田氏吧。其，猜測性副詞。意為大概、恐怕。田氏，即陳氏。春秋時陳公子完因國難逃到齊國，改姓田氏，子孫世代為齊國的大夫，傳到田和，代齊列為諸侯。❼上之　猶言大者。大的方面。❽行諸　行於。諸，「之於」合音。❾下之　猶言小者。小的方面。❿私大斗斛區釜以出貸　私製較大的斗斛區釜以出借糧食。斗，十升。斛，容器。十斗。區，一斗六升。釜，容器。六斗四升。貸，借出；借給。⓫一豆肉　形容少量的肉。豆，古代盛食物的木質器具。形似高足盤。⑫食　拿食物給人吃。⑬二制　三丈六尺。制，布匹的長度單位。一丈八尺為一制。⑭衣　拿衣服給人穿。⑮贏　同「螺」。⑯重斂　抽重稅。斂，賦稅。⑰周齊之民　猶言全齊國的人民。周，遍。⑱謳乎　唱吧。謳，唱歌。⑲其已乎　唱那〈采芑〉的歌吧。已，俞樾《諸子平議》以為「當作芑」。即指《詩經．小雅．采芑》。⑳芑乎　聚在一起吧。芑，草木叢生。引申為聚合、集聚。㉑雖無德與女二句　見《詩經．小雅．車舝》。女，通「汝」。式，句首助詞。㉒泫然出涕　傷感流淚。泫然，垂淚的樣子。涕，淚。㉓遠　疏離；遠離。㉔振　通「賑」。拯救。㉕恤　救濟。㉖車輿　車子。輿，車。㉗王良佐轡　猶言王良駕車。王良，春秋時晉國人。以善於駕車著名。佐轡，猶言駕車。佐，助。轡，馬韁繩。㉘易及輕獸　容易追到奔走輕快的野獸。輕獸，奔跑輕疾的野獸。㉙釋　放棄。㉚捐　拋棄。㉛御　駕車。㉜樓季　人名。以善走著稱。㉝無時及獸　沒有追到野獸的時候。㉞臧獲　奴婢的賤稱。㉟與下齊行　與臣下同行。下，指臣子。齊行，並行；同行。

【語譯】齊景公和晏子到少海遊玩，登上柏寢臺，回頭望著齊國說：「好美呀！好廣大呀！好壯觀呀！將來誰將擁有這個國家呢？」晏子回答說：「大概是田氏吧！」景公說：「我正統治著這個國家，你卻說田氏將會擁有它，為什麼呢？」晏子回答說：「那田氏很得齊國人民的愛戴，他對於人民，從大的方面說，向君主請求爵祿，給予官吏；從小的方面說，他私製較大的斗斛區釜等量器，把糧食借給人民，卻用公定較小的量器收回。殺一隻牛，自己只取一豆的牛肉，其餘的都分給屬下吃。到了年尾，所徵收的布帛，自己只取三丈六尺，其餘的都送給屬下做衣服。所以市集上的木材，不比山上的價格高；池裡的魚鹽龜鱉螺蚌等物，不比海邊昂貴。君主加重人民的稅賦，而田氏卻厚施恩惠於人民。齊國曾經遇到大饑荒，路邊餓死的人數不清，而人民扶老攜幼投奔到田氏的，沒有聽說有餓死的。所以整個齊國的人民一起唱道：『唱罷！唱那〈采芑〉的歌吧！大家聚在一起，前往歸附田氏罷！』《詩經．小雅．車舝》那篇詩裡說：『他對你雖沒有什麼恩德，欲為他載歌載舞。』現在田氏的德行，人民已為他唱歌跳舞，眼看就要前往歸附了。所以我說，將來享有這個國家的，恐怕是田氏吧！」景公傷心地流下眼淚說：「這不是太令人悲傷了嗎？我所統治的國家，卻歸田氏所有，現在怎麼辦才好呢？」晏子回答說：「君主何必這樣憂愁呢？如果您還想奪回來，就要親近賢臣，疏遠姦佞，治理紛亂的局面，放寬刑罰，救濟貧窮，周濟孤寡，廣施恩惠，供給缺乏，人民將會自動歸附君主，雖有十個田氏，又能把君主怎麼樣呢？」

有人說：齊景公不懂得運用權術，師曠和晏子不知道消除禍害。那打獵的人，憑藉車輛的安穩，應用六馬的腳力，使像王良那樣的好手駕車，自己不必辛苦，就很容易獵得奔走輕快的野獸了。如果放棄車輛的方便和六馬的腳力，不用好手駕車，而徒步追趕野獸，即使像樓季那樣善走，也沒有獵獲野獸的時候。憑藉優良的馬匹和堅固的車輛，即使笨拙的奴僕，也能獵獲野獸而綽有餘力。國家，就是君主的車輛；權勢，就是君主的馬匹。如果不運用權勢，以禁止並誅罰擅自行惠的官吏，而定要多施德澤，和官吏一樣，以爭取人民，這都是不乘坐君主的車輛，不利用馬匹的腳力，而下來徒步追趕野獸啊！所以說，齊景公是個不懂得運用權術的君主，而師曠和晏子都是不知道消除禍害的臣子啊！

子夏❶曰：「《春秋》❷之記臣弒君、子弒父者，以十數矣，皆非一日之積也，有漸而至❸矣。」凡姦者，行久而成積，積成而力多，力多而能殺，故明主蚤❹絕之。今田常❺之亂，有漸見矣❻，而君不誅。晏子不使其君禁侵陵之臣，而使其主行惠，故簡公❼受其禍。故子夏曰：「善持勢者，蚤絕姦之萌。」

【注　釋】❶子夏　姓卜。名商，字子夏，春秋時衛國人，孔子弟子。❷春秋　六經之一。孔子所著，記載魯國的歷史。❸有漸而至　乃逐漸形成。有，猶「乃」。漸，漸進；徐進。❹蚤　通「早」。❺田常　又名田恆、陳恆。春秋時，陳公子完因內亂奔齊，改姓田氏，世代為齊國大夫，田常即其第六代孫。齊簡公四年（西元前四八一年），田常殺簡公，擁立平公，自任齊相，齊國的政權都掌握在田氏手中，卒諡成子，故又稱田成子。❻有漸見矣　有跡象呈現出來了。漸，指逐漸顯現的跡象。見，現。❼簡公　春秋時齊國的君主。悼公的兒子，名壬，在位四年（西元前四八四～前四八一年），為田常所殺。

【語譯】子夏說：「《春秋》記載臣子弒君、兒子弒父的事件，要用十做單位來計算了，這都不是一天造成的，而是漸漸形成的。」凡是姦邪的事情，進行久了就會結成黨團，黨團結成了，力量就強大，力量強大了，就能殺害君主，所以英明的君主一定要及早加以消滅。現在田常作亂，已有端倪露出來了，然而君主沒有及早誅滅他。晏子沒有請君主禁止侵奪君權的官吏，卻勸君主廣施恩惠，所以簡公遭受災禍。所以子夏說：「善於掌握權勢的人，要及早剷除姦計的萌芽。」

季孫❶相魯，子路❷為郈令❸。魯以❹五月起眾❺為長溝，當此之為，子路以其私秩粟❻為漿飯，要❼作溝者於五父之衢❽而飡❾之。孔子聞之，使子貢❿往覆其飯，擊毀其器，曰：「魯君有民，子奚為乃飡之⓫？」子路怫然⓬怒，攘肱⓭而入，請曰：「夫子疾⓮由之為仁義乎？所學於夫子者，仁義也；仁義者，與天下共其所有，而同其利者也。今以由之秩粟而飡民，其不可，何也？」孔子曰：「由之野⓯也！吾以女⓰知之，女徒⓱未及也，女故⓲如是之不知禮也！女之飡之，為愛之也。夫禮，天子愛天下，諸侯愛境內，大夫愛官職，士愛其家，過其所愛曰侵。今魯君有民，而子擅⓳愛之，是子侵也，不亦誣⓴乎？」言未卒㉑，而季孫使者至，讓㉒曰：「肥㉓也起民而使之，先生使弟子令徒役㉔而飡之，將奪肥之民邪？」孔子駕而去魯。以孔子之賢，而季孫非魯君也，以人臣之資，假人主之術，蚤禁於未形㉕，而子路不得行其私惠，而害不得生，況人主乎？以景公之勢，而㉖禁田常之侵也，則必無劫弒之患矣。

【注釋】❶季孫　據下文，指季康子（名肥）。據《史記・魯周公世家》，應是季桓子（名斯）。❷子路　（西元前五四二～前四八〇年）姓仲。名由，字子路，一字季路，春秋時卞（今山東省泗水縣）人，孔子弟子，有勇力，仕衛，為衛國大夫孔悝的邑宰，因不肯跟從孔悝迎立蒯聵為衛君，被殺。❸郈令　郈邑的長官。郈，春秋時魯國的邑名。在今山東省東平縣東南二十公里。❹以　於。❺起眾　發動民眾。❻私秩粟　個人的官俸。❼要　約定。❽五父之衢　魯國路名。在今山東省曲阜縣東南。衢，大道；四通八達的大路。❾飡　「餐」的俗字。❿子貢　（西元前五二〇～前？年）姓端木。名賜，字子貢，春秋時衛國人，孔子弟子，長於辭令，並善於經商，家累千金，曾替魯國出使各國，化解魯國的危機，是孔門中言語科的高才生。⓫奚為乃飡之　為何而餐之；為什麼拿飯給他們吃。奚為，為何。乃，而。⓬怫然　生氣的樣子。⓭攘肱　奮臂；捋袖出臂。肱，手臂自肘至腕的部分。⓮疾　憎恨；憎惡。⓯野　粗魯。⓰女　通「汝」。⓱徒　乃；卻。⓲故　固。⓳擅　任意；獨斷專行。⓴誣　謬誤。㉑卒　終；畢。㉒讓　責備。㉓肥　季康子的名。㉔徒役　服勞役。按：指上文「起眾為長溝」。㉕未形　尚未形成的時候。㉖而　如。

【語譯】季孫做魯國的相，當時子路做郈邑的首長。魯國在五月的時候發動民眾挖掘一條長長的溝渠，以備水災。在工程進行中，子路拿出私人的祿米做成稀飯，約集挖掘溝渠的工人在五父衢道上一起吃。孔子聽到這件事，派子貢去把稀飯倒掉，打壞盛稀飯的器具，說：「魯國君主統治下的人民，你為什麼做飯給他們吃？」子路非常生氣，捋起衣袖便衝進去見孔子，質問道：「老師憎惡我實行仁義嗎？我向老師所學的就是仁義。所謂仁義，就是把自己所有的東西與天下人共有，而同享它的利益。現在我拿出私有的祿米給挖掘溝渠的人民食用，有何不可呢？」孔子說：「由啊！你太粗魯了！我原以為你懂這個道理，原來你還不懂，所以你才會這樣沒有禮貌。你拿自己的祿米給他們吃，是為了愛他們。但就禮來講，天子愛全天下的人民，諸侯愛他境內的百姓，大夫愛自己官職所管轄的人民，士愛自己的家屬，超越自己所當愛的範圍叫做侵權。現在，魯國君主所統治的人民，你卻擅自去愛他們，這是你侵奪魯君的權力，不是錯誤嗎？」話還沒說完，而季孫所派的使者就到了，使者責備孔子說：「我發動人民挖掘溝渠，先生卻派弟子約集工人請他們吃飯，難道是想奪取我的人民嗎？」孔子聽後，駕車離開魯國。以孔子的明智，不能阻止子路行惠。季孫不是魯國的君主，他只以臣子的地位，假借君主的權術，在事情未發生前及早禁止，使得子路不能施行私人的恩惠，禍害也因此沒有發生，何況是君主呢？以齊景公的權勢，如果及早禁止田常的侵權，那就一定不會有劫殺君主的災禍了。

太公望東封於齊，齊東海上❶有居士❷曰狂矞、華士昆弟❸二人者，立議❹曰：「吾不臣天子，不友諸侯，耕作而食之，掘井而飲之，吾無求於人也。無上之名❺，無君之祿，不事仕❻而事力。」太公望至於營丘❼，使吏執殺❽之，以為首誅❾。周公旦❿從魯聞之，發急傳⓫而問之，曰：「夫二子，賢者也，今日饗國⓬而殺賢者，何也？」太公望曰：「是昆弟二人立議曰：吾不臣天子，不友諸侯，耕作而食之，掘井而飲之，吾無求於人也。無上之名，無君之祿，不事仕而事力。彼不臣天子者，是望不得而臣也；不友諸侯者，是望不得而使也；耕作而食之，掘井而飲之，無求於人者，是望不得以賞罰勸禁⓭也。且無上名，雖知⓮不為望用；不仰⓯君祿，雖賢不為望功。不仕則不治⓰，不任⓱則不忠。且先王之所以使其臣民者，非爵祿則刑罰也。今四者不足以使之，則望當誰為君乎⑱？不服兵革而顯⑲，不親耕耨而名⑳，又非所以教於國也。今有馬於此，如驥之狀㉑者，天下之至良者也。然而驅之不前，卻㉒之不止，左之不左，右之不右，則臧獲雖賤，不託其足。臧獲之所願託其足於驥者，以驥之可以追利辟害㉓也。今不為人用，臧獲雖賤，不託其足焉。已㉔自謂以為世之賢士，而不為主用，行極賢而不用於君，此非明主之所臣也，亦驥之不可左右矣，是以誅之。」

一曰：太公望東封於齊，海上有賢者狂矞，太公望聞之，往請㉕焉，三卻馬於門，而狂矞不報見㉖也，太公望誅之。當是時也，周公旦在魯，馳往止之，比至㉗，已誅之矣。周公旦曰：「狂矞，天下賢者也，夫子何為誅之？」太公望曰：「狂矞也，議不臣天子，不友諸侯，吾恐其亂法易教㉘也，故以為首誅。今有馬於此，形容似驥㉙也，然馳之不往㉚，引之不前㉛，雖臧獲不託足以旋其軫㉜也。」

【注釋】❶東海上　東海海邊。❷居士　猶言隱士。❸昆弟　兄弟。❹立議　建立學說。❺無上之名　沒有居於人上的名號。❻事仕　做官。❼營丘　今山東省昌樂縣東南。❽執殺　捕殺。❾首誅　最先誅殺的人；首開誅殺的先例。❿周公旦　姓姬，名旦。周文王的兒子，武王的弟弟，輔佐武王滅商，封於魯，以曲阜為都。武王死，兒子成王尚幼，周公代理政事，平定武庚之亂，為周朝制禮作樂，天下大治，卒於周成王十一年（西元前一一〇五年）。⓫急傳　猶言快遞。急，緊急。傳，古代傳遞官文書的驛車。⓬饗國　享有國家。饗，通「享」。⓭以賞罰勸禁　以賞勸，以罰禁；用獎賞使人努力，用刑罰禁止犯罪。勸，勉；努力。⑭知　智。⑮仰　仰給；依賴。⑯不治　不治理事情。⑰不任　不擔任職務。⑱當誰為君乎　將怎樣做君主呢。當，將。誰為，猶言如何。誰，何。⑲不服兵革而顯　不用作戰而貴顯。服，用。兵革，甲冑。指打仗之事。兵，武器。革，去毛的獸皮。此指戰衣。⑳不親耕耨而名　不從事耕種而獲高名。耕，翻土。耨，除草。名，得到美名。㉑如驥之狀　像千里馬那樣。驥，駿馬。狀，模樣。此指其一日千里之狀。㉒卻　退。㉓追利辟害　追求利益，避免災害。追，追求。辟，通作「避」。避免。㉔已　既然。㉕請　拜訪。㉖報見　以會見對方，表示回報。㉗比至　及至。比，及。㉘易教　改變教化。易，變易；更改。㉙形容似驥　狀態像千里馬。形容，形貌容態。此指所表現的能力。㉚馳之不往　鞭策牠，牠不往前跑。馳之，使牠奔馳。㉛引之不前　應作「引之不止」。〈外儲說右下〉說：「引而卻之。」又說：「引，所以退之也。」可以為證。㉜旋其軫　應作「施其軫」。施其軫，用以駕車。其，於。軫，車子前後兩端像枕的橫木。引申指車子。

【語　譯】太公望被封於東方的齊國，齊國的東海海濱有隱士叫做狂矞和華士，二人是兄弟，他們提出主張說：「我們不做天子的臣子，不做諸侯的朋友，靠自己耕田來吃，挖井來飲，我們無所求於別人。不要官爵的名稱，不要君主的俸祿，不要做官，只靠勞力。」太公望到了齊國的首都營丘，便派官吏去捕殺他們，他們成了太公望到齊國後最先殺戮的人。周公旦在魯國聽到這件事，派人乘特快的驛車到齊國質問說：「那兩位隱士是道德高尚的賢人，現在你享有封國卻殺賢人，這是什麼道理？」太公望回答說：「他們兄弟二人提出主張說：我們不做天子的臣子，不做諸侯的朋友，靠自己耕田來吃，挖井來飲，我們無所求於別人。不要官爵的名稱，不要君主的俸祿，不要做官，只靠勞力。他們不做天子的臣子，我便不能使他們做我的臣子；他們不做諸侯的朋友，我便不能差遣他們；他們靠自己耕田來吃，挖井來飲，無所求於別人，我便不能用獎賞來使人努力，用刑罰來禁止犯罪。而且，他們不要官爵的名稱，雖有智慧，也不被我所用；不仰賴君主的俸祿，雖然賢能，也不替我建功。不從政便不能治理事情，不任職便不能效忠國家。再者，先王差使他的臣民，不是靠爵祿，就是靠刑罰，現在這四種方法都不足差使他們，那我將怎樣做君主呢？不作戰卻能獲得顯貴的地位，不種田卻有賢能的名譽，這也不是教導人民的方法呀！假使有一匹馬在此，樣子就像千里馬，是天下最好的，可是趕牠，牠不前進；勒止牠，牠不肯停止；使牠左轉，牠不肯向左；使牠右轉，牠不肯向右，即使是卑賤的奴才，也不願利用牠的腳力。一般人願意利用千里馬的腳力，是因為千里馬可以助人追求利益、逃避災害。假使不能供人使用，奴才雖然卑賤，也不會利用牠的腳力啊！既然自認為是天下的賢士，卻不被君主所用；行為高尚，卻不效力於君主，這不是明主所需要的官吏，就像不受控制的千里馬一樣，所以要把他們殺掉。」

一說：太公望被封在東方的齊國，海邊有個賢人叫狂矞，太公望聽說以後，便去訪問他，三次把車馬停在他家門前，而狂矞都不出來會見，太公望便把他殺掉。當這個時候，周公旦在魯國，快馬趕往齊國勸阻這件事，等到他到達齊國，狂矞早已被殺掉了。周公旦說：「狂矞是天下公認的賢人，你為什麼把他殺掉？」太公望說：「狂矞呀！他主張不臣事天子，不結交諸侯，我擔心他擾亂法度，影響教化，所以首先把他殺掉。如果有匹馬在此，樣子像千里馬，可是，驅趕牠不肯向前，勒止牠不肯停止，即使是奴僕，也不願用牠駕車來趕路啊！」

如耳說衛嗣公❶，衛嗣公說而太息❷。左右曰：「公何為不相❸也？」公曰：「夫馬似鹿者，而題❹之千金。然而有千金之馬，而無千金之鹿者，馬為人用，而鹿不為人用也。今如耳，萬乘❺之相也，外有大國之意❻，其心不在衛，雖辯智亦不為寡人用，吾是以不相也。」

【注釋】❶如耳說衛嗣公　如耳勸說衛嗣公。如耳，戰國時衛國人。曾仕於衛。說，勸說。衛嗣公，戰國時衛國的君主。❷說而太息　心中喜悅，卻長聲歎息。說，同「悅」。太息，長聲歎氣。❸何為不相　為何不立如耳為相。❹題　評定價值。

❺萬乘　萬輛兵車。指擁有萬輛兵車的大國。乘，車輛的單位。❻外有大國之意　有向外發展，出仕大國的志向。

【語　譯】如耳勸說衛嗣君，衛嗣君聽了很高興，卻長歎了一聲。左右近侍說：「君主既然喜歡如耳，為什麼不用他為相？」衛嗣君說：「假如馬的樣子像鹿，評價可值千金。可是有人拿千金買馬，卻沒人拿千金買鹿，原因是馬可以供人使用，而鹿卻不能供人使用啊！現在如耳的才幹，可以做萬乘大國的相，他有向外發展出仕大國的志向，目標不在衛國，雖然有辯才，有智慧，也不肯為我效力，所以我不用他為相。」

薛公❶之相魏昭侯❷也，左右有欒子❸者，曰陽胡、潘，其於王甚重，而不為❹薛公，薛公患之。於是乃召與之博，予之人百金❺，令之昆弟博，俄❻又益之人二百金。方博有間❼，謁者❽言客張季❾在門，公怫然怒，撫兵❿而授謁者，曰：「殺之，吾聞季之不為文也。」立有間，時季羽⓫在側，曰：「不然。竊聞季為公甚，顧⓬其人陰未聞⓭耳。」乃輟⓮不殺客而大禮之⓯，曰：「曩者⓰，聞季之不為文也，故欲殺之；今誠為文也，豈忘季哉！」告廩⓱獻千石⓲之粟，告府⓳獻五百金，告騶⓴獻良馬固車二乘，因令奄㉑將㉒宮人之美妾二十人并遺㉓季也。欒子因相謂曰：「為公者必利，不為公者必害，吾曹㉔何愛㉕不為公？」因私競勸而遂為之。薛公以人臣之勢，假人主之術也，而害不得生，況錯之㉖人主乎！

【注　釋】❶薛公　即田文。戰國時齊國的相。❷魏昭侯　戰國時魏國的君主。哀王的兒子，名遬，在位十九年（西元前二九五～前二七七年）。侯，應作「王」。魏自惠王即位（西元前三七〇年）即已稱王。❸孿子　雙胞胎兄弟。孿，通「攣」。❹為　助。❺予之人百金　給他們每人百金。予，給與。之，指孿子。人，每人。❻俄　頃刻；不久。❼有間　少時；片刻。❽謁者　掌理進見事務的人。❾張季　人名。事蹟不詳。❿撫兵　拿起兵器。⓫季羽　人名。事蹟不詳。尹桐陽《韓子新釋》以為是張季的同黨。⓬顧　但；只是。⓭陰未聞　隱晦而不張揚。陰，暗；隱秘。⓮輟　停止。⓯大禮之　深深地敬重他。⓰曩者　往時；從前。⓱廩　廩吏；管理糧倉的官吏。⓲石　容量的單位。十斗為石。⓳府　府吏；管理倉庫的官吏。⓴騶　廄吏；管理馬房的官吏。㉑奄　宦官。通作「閹」。㉒將　送。㉓遺　送。㉔吾曹　我等；我輩。㉕愛　惜。㉖錯之　施於；實施於。錯，通「措」。之，於。

【語　譯】薛公田文做魏昭侯之相的時候，昭侯身邊有對孿生兄弟叫陽胡、陽潘，很受昭侯的重視，卻不肯幫助薛公，薛公很擔心，於是召他們來，給他們每人百金，讓他們賭博，一會兒又加給他們每人二百金。賭了一會兒，通報員來報告：門客張季請求謁見。薛公立刻變臉，拿起寶劍交給通報員說：「把他殺掉！我聽說張季向來不肯幫助我。」大家愣了一會兒，當時季羽在旁邊，對薛公說：「這話不對。我聽說張季很賣力幫助你，只是他暗地裡幫助，不願張揚罷了。」於是薛公沒殺張季，反而對他特別敬重，說：「以前我聽說張季不肯幫我，所以想要殺他；現在知道他的確在幫助我，我豈可忘記張季呢！」便吩咐廩吏贈送糧食一千石，庫吏贈送錢財五百金，廄吏贈送良馬好車兩輛，順便又派宦官選宮中美女二十名一併送給張季。孿生兄弟於是商量說：「幫助薛公的一定有好處，不幫助薛公的一定有禍害，我們為什麼要有所吝惜而不幫助薛公呢？」於是私下競相努力為薛公效勞。薛公以人臣的地位，假借君主的治術，就能使災害不致發生，何況是把這一套治術用之於君主呢。

夫馴烏❶者，斷其下翎❷，則必恃人而食，焉得❸不馴乎？夫明主畜臣亦然，令臣不得不利君之祿❹，不得無服上之名❺。夫利君之祿，服上之名，焉得不服？

【注　釋】❶馴烏　使烏鴉順服。❷翎　鳥類翅膀上的長羽。❸焉得　怎能；安能。❹利君之祿　享受君主的俸祿。❺服上之名　充任君主的官職。服，擔任。上，君上。名，指官爵之名。

【語　譯】馴養烏鳥的人，要把烏鳥翅膀上的羽毛的末端剪掉，這樣牠就一定要靠人飼養，牠怎能不馴服呢？明主畜養臣子也是同樣的道理，使臣子們不得不享受君主的俸祿，不得不充任君主的官職。既享受君主的俸祿，充任君主的官職，怎能不順服呢？

傳二——申子❶曰：「上明見❷，人備之；其不明見，人惑❸之。其知❹見，人飾❺之；不知見，人匿❻之。其無欲見，人司❼之；其有欲見，人餌❽之。故曰：吾無從知之，惟無為可以規之❾。」

一曰：申子曰：「慎而❿言也，人且和女⓫；慎而行也，人且隨女。而有知見也，人且匿女；而無知見也，人且意⓬女。女有知也，人且臧女⓭；女無知也，人且行女⓮。故曰：惟無為可以規之。」

【注　釋】❶申子　指申不害。戰國時韓昭侯的相。❷上明見　君主表現了明察的態度。上，君主。明，明察。見，通作「現」。呈現；表現。以下諸「見」字同。❸惑　迷亂。❹知　智。❺飾　修飾；裝扮增美。❻匿　藏。指隱藏姦邪。❼司　窺察。通作「伺」。❽餌　引誘。❾惟無為可以規之　只有無為可以窺測臣下的作為。無為，不做作；不刻意表現。規，通作「窺」。❿而　汝；你。下文各「而」字同。⓫人且和女　人將附和你。且，將。和，附和。⓬意　推測。通作「臆」。⓭臧女　對你隱藏。臧，通作「藏」。⓮行女　對你施行。

【語　譯】傳二——申子說：「君主的明察表現出來，官吏就會防備他；君主的昏昧表現出來，官吏就會迷惑他。君主的聰明表現出來，官吏就會裝飾自己；君主的不聰明表現出來，官吏就會隱藏過失。君主的沒有嗜欲表現出來，官吏就會窺伺他；君主的嗜欲表現出來，官吏就會引誘他。所以說：我無法知道官吏的意圖，惟有虛靜無為可以規避他們的揣測和手段。」

一說：申子說：「謹慎你的言語喲！因為官吏是會迎合的；謹慎你的行為喲！因為官吏會追隨你。你表現了有知，官吏將躲避你；你表現了無知，官吏將揣測你。你真是有知，官吏將對你隱藏；你真是無知，官吏將指使你。所以說：只有虛靜無為可以規避他們的揣測和手段。」

田子方❶問唐易鞠❷曰：「弋❸者何慎？」對曰：「鳥以數百目視子，子以二目御❹之，子謹周子廩❺。」田子方曰：「善，子加之弋❻，我加之國。」鄭長者❼聞之，曰：「田子方知欲為廩，而不知所以為廩；夫虛無無見❽者，廩也。」

一曰：齊宣王❾問弋於唐易子，曰：「弋者奚貴❿？」唐易子曰：「在於謹廩。」王曰：「何謂謹廩？」對曰：「鳥以數十目視人，人以二目視鳥，奈何其不謹廩也？故曰在於謹廩也。」王曰：「然則為天下何以異此廩？今人主以二目視一國，一國以萬目視人主，將何以自為廩乎？」對曰：「鄭長者有言曰：夫虛無無為而無見也，其可以為此廩乎！」

【注釋】❶田子方　戰國時魏國人。名無擇，為魏文侯師，與段干木齊名。❷唐易鞠　名鞠。❸弋　以繩繫箭射鳥。❹御　觀望；瞰望。❺謹周子廩　謹慎地備妥你的蔽身設備。周，周密。當動詞。子，你。廩，古代射鳥時隱蔽自己身體的東西。也叫做翳、倉。❻加之弋　施於弋事。加，施。之，於。❼鄭長者　戰國鄭國人，未知姓名。《漢書・藝文志・諸子略》道家類中，有《鄭長者》一篇，今已亡佚。❽虛無無見　虛靜無為，無所表現。虛無，實若虛，有若無。見，現。❾齊宣王　戰國時齊國的君主。威王的兒子，姓陳，也姓田，名辟疆，曾攻滅燕國，又喜歡學術，在稷下宮設講堂，為學者討論學術之所，在位十九年（西元前三四二～前三二四年）。❿奚貴　何重；要注意什麼。

【語　譯】田子方問唐易鞠說：「射鳥的人最要謹慎的是什麼？」唐易鞠回答說：「鳥用幾百隻眼睛看著你，你用兩隻眼睛觀望牠們，你要將隱身的廩設置得特別周密。」田子方說：「很好！你把這種道理應用於射鳥，我把這種道理應用於治國。」鄭國的一位長者聽到這番話，說：「田子方知道君主需要隱身的廩，卻不知道怎麼做法；君主虛靜無為，無所表現，這就是君主之廩的做法。」

一說：齊宣王向唐易子問射鳥的事，說：「射鳥的人要注重的是什麼？」唐易子說：「在於謹慎設置隱身的廩。」宣王說：「什麼叫做謹慎設置隱身的廩？」唐易子回答說：「鳥用數十隻眼睛注視人，人用兩隻眼睛注視鳥，怎麼可以不謹慎設置隱身的廩呢？所以說，要謹慎設置隱身的廩。」宣王說：「這樣說來，治理天下那有什麼不同於射鳥謹廩的呢？君主以兩隻眼睛看全國的人，全國的人用萬隻眼睛看君主，君主將怎樣為自己設置隱身的廩呢？」唐易子又回答說：「鄭國的一個長者曾說過：虛靜無為，無所表現，大概就可以做君主的廩了吧！」

國羊重於鄭君，聞君之惡❶己也，侍飲❷，因❸先謂君曰：「臣適❹不幸而有過，願君幸而告之。臣請變更，則臣免死罪矣。」

【注　釋】❶惡　憎惡。❷侍飲　陪君主飲酒。❸因　藉機；趁機。❹適　若。

【語　譯】國羊為鄭國君主所重用，聽說君主開始憎惡自己，便在陪伴君主飲酒的時候，趁機對君主說：「臣若不幸做錯了事，希望君主及時告訴我，臣願馬上改過，這樣臣就不致陷於死罪了。」

客有說❶韓宣王，宣王說❷而太息。左右引❸王之說之，以先告客以為德❹。

【注　釋】❶說　勸說。❷說　同「悅」。❸引　引用。❹德　恩德。

【語　譯】有位賓客勸說韓宣王，宣王聽了很高興，但卻長歎了一聲。左右近侍便拿宣王高興的情形，率先告訴賓客，向他示恩。

靖郭君之相齊也，王后死，未知所置❶，乃獻玉珥以知之。

一曰：薛公相齊，齊威王❷夫人❸死，中❹有十孺子❺皆貴於王，薛公欲知王所欲立，而請置一人以為夫人。王聽之，則是說❻行於王，而重於置夫人❼也；王不聽，是說不行，而輕於置夫人❽也。欲先知王之所欲置，以勸王置之。於是為十玉珥，而美其一而獻之。王以賦❾十孺子。明日坐視美珥之所在，而勸王以為夫人。

【注　釋】❶未知所置　未知立誰為后。置，立。❷齊威王　戰國時齊國的君主。桓公午的兒子，名因齊，在位三十六年（西元前三七八～前三四三年）。❸夫人　諸侯的妻子。❹中　指宮中。❺孺子　古代貴族妾的稱呼。❻說　勸說。❼重於置夫人　由於立夫人而被看重。於，由於。置，立。❽輕於置夫人　由於立夫人而被看輕。❾賦　給予。

【語　譯】靖郭君田嬰做齊國之相的時候，齊國的王后去世，靖郭君不知道齊王要立哪一位姬妾為王后，於是用奉獻玉珥的方法推測出答案來。

一說：薛公田嬰做齊國的相，齊威王的夫人死了，宮中有十位姬妾都受威王的寵幸，薛公想知道威王想要立哪一位為夫人，以便向威王建議。如果威王聽從，就表示自己的建議在威王面前行得通，而由於立夫人的關係被威王所看重；如果威王不聽從，就表示自己的建議在威王面前行不通，而由於立夫人的關係被威王所看輕。所以想先知道威王所想立的人，而勸威王立她。於是他準備了十副玉珥，而把其中的一副做得特別漂亮，一併獻給威王。威王把十副玉珥分賜十位姬妾。第二天，薛公默默地察看誰戴了那副最漂亮的玉珥，便勸說威王立她為夫人。

甘茂❶相秦惠王❷，惠王愛公孫衍❸，與之間❹有所言，曰：「寡人將相子。」甘茂之吏道穴聞之❺，以告甘茂。甘茂入見王，曰：「王得賢相，臣敢再拜賀。」王曰：「寡人託國於子，安更得賢相❻？」對曰：「將相犀首❼。」王曰：「子安聞之？」對曰：「犀首告臣。」王怒犀首之泄，乃逐之。

一曰：犀首，天下之善將❽也，梁王❾之臣也，秦王欲得之與❿治天下。犀首曰：「衍其臣人者也，不敢離主之國。」居期年⓫，犀首抵罪⓬於梁王，逃而入秦，秦王甚善之。樗里疾⓭，秦之將也，恐犀首之代之將也，鑿穴於王之所常隱語者⓮。俄而⓯王果與犀首計曰：「吾欲攻韓，奚如⓰？」犀首曰：「秋可矣。」王曰：「吾欲以國累子⓱，子必勿泄也。」犀首反走⓲再拜曰：「受命。」於是樗里疾已道穴聽之矣。郎中⓳皆曰：「兵秋起攻韓，犀首為將。」於是日也，郎中盡知之；於是月也，境內盡知之。王召樗里疾曰：「是何匈匈⓴也？何道出㉑？」樗里疾曰：「似犀首也。」王曰：「吾無與犀首言也，其犀首何哉？」樗里疾曰：「犀首也羈旅㉒新抵罪，其心孤，是言自嫁於眾㉓。」王曰：「然。」使人召犀首，已逃諸侯矣。

【注釋】❶甘茂　戰國時楚國上蔡（今安徽省壽縣）人。先事秦惠王，後相武王。❷秦惠王　戰國時秦國的君主。秦孝公的兒子，名駟，在位二十七年（西元前三三七～前三一一年）中，滅蜀，取楚漢中地六百里，魏獻上郡十五縣，國勢強盛，開始稱王。❸公孫衍　戰國時魏國人。又稱犀首，曾做魏相，後入秦，秦王欲立他為相，被甘茂阻止。其學屬縱橫家，和張儀對立。❹間　私下。❺道穴聞之　從牆洞聽到。道，從；由。穴，指牆壁的孔穴。❻安更得賢相　何能再得賢相。安，何；怎能。更，再；又。❼犀首　即公孫衍。❽善將　良將；善於率兵作戰的將軍。❾梁王　魏王。戰國時魏國遷都於大梁，故魏亦稱梁。❿與　以。⓫居期年　過了一整年。居，停留。期年，一周年。⓬抵罪　觸犯罪刑。⓭樗里疾　（西元前？～前三〇〇年）戰國時秦國人。秦惠王的異母弟，因鄉里有大樗樹，故號樗里子，能言善辯，滑稽多智，秦人稱為智囊，攻魏、趙、楚有功，武王及昭王時為右丞相。樗，木名。落葉喬木，俗稱臭椿。⓮所常隱語者　常常密談的地方。隱語，秘密談話。⓯俄而　不久。⓰奚如　何如；怎麼樣。⓱以國累子　拿國事來麻煩你。累，煩勞；託付。⓲反走　猶言退步、後退。⓳郎中　戰國時近侍的通稱。居於宮中廊下，故稱。郎，通作「廊」。⓴匈匈　喧鬧的樣子。通作「詾詾」。㉑何道出　何由說出。㉒羈旅　寄居作客。㉓自嫁於眾　猶言求媚於眾、討好於眾。

【語譯】甘茂做秦惠王的相，惠王喜歡公孫衍，曾私下對他說：「寡人將用你為相。」甘茂的部屬從牆壁裡的孔穴聽到這句話，跑去告訴甘茂。甘茂進宮謁見惠王說：「君主得到一位賢相，臣大膽地向君主行禮祝賀。」惠王說：「寡人已把國事託付於你，怎麼會再得到什麼賢相？」甘茂回答說：「將拜犀首為相。」惠王說：「你從哪裡聽來的？」甘茂回答說：「是犀首告訴我的。」惠王怪怨犀首洩漏消息，便將他趕走。

一說：犀首是天下聞名的良將，梁王的臣子，秦王想要重用他，以統治天下。犀首說：「我是臣事梁王的，不敢離開梁國。」過了一年，犀首犯法，將被梁王治罪，乃逃入秦國，秦王待他非常優厚。樗里疾是秦國的大將，害怕犀首取代自己的地位，便在秦王經常密談的宮室鑿了一個洞，以便偷聽。不久，秦王果然和犀首秘密商議說：「我想攻打韓國，你看怎麼樣？」犀首說：「到了秋天就可以了。」秦王說：「我想拿國事來煩勞你，你千萬別洩露出去。」犀首後退幾步，行拜禮說：「我願接受命令。」當時樗里疾已從牆洞聽到這些話。朝廷裡的近侍都說：「到秋天將起兵攻打韓國，而犀首做統帥。」這一天，朝廷裡的近侍都知道了；這個月，全國的人民都知道了。秦王召見樗里疾說：「臣民們為什麼這麼吵鬧？攻韓的消息是怎樣傳出去的？」樗里疾說：「好像是犀首傳出去的。」秦王說：「我沒有跟犀首談啊！卻由犀首傳出去，為什麼呢？」樗里疾說：「犀首最近在梁國獲罪，客居秦國，心情孤單，說這些話來討好群眾。」秦王說：「沒錯。」派人去召犀首，犀首已逃往他國了。

堂谿公❶謂昭侯❷曰：「今有千金之玉巵，通而無當❸，可以盛❹水乎？」昭侯曰：「不可。」「有瓦器而不漏，可以盛酒乎？」昭侯曰：「可。」對曰：「夫瓦器，至賤也，不漏可以盛酒；雖有千金之玉巵，至貴而無當，漏不可盛水，則人孰注漿❺哉？今為人主而漏其群臣之語，是猶無當之玉巵也，雖其聖智，莫盡其術，為其漏也。」昭侯曰：「然。」昭侯聞堂谿公之言，自此之後，欲發天下之大事，未嘗不獨寢，恐夢言而使人知其謀也。

一曰：堂谿公見昭侯曰：「今有白玉之卮而無當，有瓦卮而有當，君渴將何以飲？」君曰：「以瓦卮。」堂谿公曰：「白玉之卮美，而君不以飲者，以其無當邪？」君曰：「然。」堂谿公曰：「為人主而漏泄其群臣之語，譬猶玉卮之無當也。」堂谿公每見而出，昭侯必獨臥，惟恐夢言泄於妻妾。

【注釋】❶堂谿公　春秋時吳王闔閭的弟弟夫槩封於堂谿，故稱。❷昭侯　指韓昭侯。❸通而無當　上下貫通而無底。當，底。❹盛　以器受物。❺注漿　灌注水漿。

【語譯】堂谿公對韓昭侯說：「假使有一個價值千金的玉杯，上下貫通而沒有底，可用來裝水嗎？」昭侯說：「當然不可以。」堂谿公又說：「如果是瓦器而不會漏，可用來裝酒嗎？」昭侯說：「可以。」堂谿公說：「瓦器是不值錢的東西，因不會漏而可以裝酒；價值千金的玉杯，雖貴到極點，但因沒有底，會漏，不可以裝水，有哪個人用來裝水漿呢？現在做君主而洩漏他臣子們的言語，這就好像沒有底的玉杯一般，雖然通達而睿智，也不能充分運用治術，因為它會漏啊！」昭侯說：「對。」昭侯聽了堂谿公的話以後，要想發動有關天下的大事，便獨自睡覺，深恐說了夢話而讓人知道他的計謀。

一說：堂谿公進見韓昭侯說：「如果有一只白玉做的杯子而沒有底，有一只瓦做的杯子而有底，君主口渴將用哪一只來飲水？」昭侯說：「用瓦杯。」堂谿公說：「白玉杯很精美，而君王不用它來飲水的原因，是因為它沒有底嗎？」昭侯說：「對。」堂谿公說：「做君主而洩露他臣子們的言語，就好比玉杯而沒有底啊！」堂谿公每次見了昭侯以後，昭侯一定獨自睡覺，唯恐夢話洩露出去讓妻妾知道。

申子❶曰：「獨視者謂明，獨聽者謂聰，能獨斷者故可以為天下王。」

【注釋】❶申子　指申不害。

【語譯】申子說：「人家看不清的事情，只有自己看得清，叫做明；人家聽不懂，只有自己聽得懂，叫做聰。遇到難題而能自行決斷的，便可以做天下的君王。」

傳三——宋❶人有酤酒❷者，升概❸甚平，遇客❹甚謹，縣幟❺甚高，然而不售❻，酒酸，怪其故，問其所知閭長者楊倩❼。倩曰：「汝狗猛邪？」曰：「狗猛，則酒何故而不售？」曰：「人畏焉。或令孺子❽懷錢挈壺甕❾而往酤，而狗迓而齕之❿，此酒所以酸而不售也。」夫國亦有狗。有道之士，懷其術而欲以明萬乘之主⓫，大臣為猛狗，迎而齕之，此人主之所以蔽脅⓬，而有道之士所以不用也。故桓公⓭問管仲⓮曰：「治國最奚患⓯？」對曰：「最患社鼠⓰矣。」公曰：「何患社鼠哉？」對曰：「君亦見夫為社⓱者乎？樹木而塗之⓲，鼠穿其間，掘穴託其中，燻⓳之則恐焚木，灌之則恐塗阤⓴，此社鼠之所以不得也。今人君之左右，出則為勢重而收利於民，入則比周而蔽惡於君㉑；內間㉒主之情以告外，外內為重，諸臣百吏以為富，吏不誅則亂法，誅之則君不安，據而有之，此亦國之社鼠也。故人臣執柄而擅禁㉓，明為己者必利，不為己者必害，此亦猛狗也。夫大臣為猛狗，而齕有道之士矣；左右又為社鼠而間主之情，人主不覺，如此主焉得無壅㉔，國焉得無亡乎！」

一曰：宋之酤酒者，有莊氏者，其酒常美。或使僕往酤莊氏之酒，其狗齕人，使者不敢往，乃酤佗家㉕之酒。問曰：「何為不酤莊氏之酒？」對曰：「今日莊氏之酒酸。」故曰：不殺其狗則酒酸。

一曰：桓公問管仲曰：「治國何患？」對曰：「最苦社鼠。夫社，樹木而塗之，鼠因自託也；燻之則木焚，灌之則塗阤，此所以苦於社鼠也。今人君左右，出則為勢重以收利於民，入則比周謾侮㉖蔽惡以欺於君，不誅則亂法，誅之則人主危，據而有之，此亦社鼠也。故人臣執柄擅禁，明為己者必利，不為己者必害，亦猛狗也。故左右為社鼠，用事者㉗為猛狗，則術不行矣。」

【注釋】❶宋　周朝國名。周武王滅殷，封殷遺臣微子啟於宋，都商丘。❷酤酒　賣酒。酤，買酒、賣酒都稱酤。❸升概　猶言份量。升，容量單位。十合為一升，十升為一斗。概，平升斗的器具。❹遇客　對待顧客。❺縣幟　懸掛酒旗。

縣，通作「懸」。懸掛。幟，旗。此指酒旗，也稱酒簾，賣酒的標識。❻不售　賣不出去。售，賣。❼所知閭長者楊倩　所熟識的鄉里中的老人家楊倩。知，熟悉。閭，人民聚居的處所。此指鄉里。長者，年高德劭的人。楊倩，事蹟不詳。❽孺子　童子。❾挈壺甕　提著盛酒的壺和甕。挈，提。壺，酒壺。甕，也作「罋」、「瓮」。盛水漿或酒的器具。❿迓而齕之　迎而咬之。迓，迎。齕，咬。⓫明萬乘之主　使大國的君主明白。萬乘，萬輛兵車。指擁有萬輛兵車的大國。乘，車輛的單位。⓬蔽脅　蒙蔽脅迫。⓭桓公　指齊桓公。春秋時齊國的君主，名小白，以管仲為相，九合諸侯，成為春秋五霸的第一位霸主。⓮管仲　春秋時潁上人。名夷吾，字仲，諡敬，故又稱管敬仲，相齊桓公，稱霸諸侯。⓯最奚患　最怕什麼。奚，何。⓰社鼠　託身於土地公祠的老鼠。比喻仗勢作惡的人。社，土神。祭土神之廟也稱社。古以二十五家為社，立社時，祭土神，並種樹以為標記。⓱為社　立社。⓲樹木而塗之　種樹且塗上顏色。樹，種。⓳燻　以火煙炙物。⓴塗阤　所塗顏色剝落。塗，指所塗的顏色。阤，小崩。㉑比周而蔽惡於君　結黨營私，而在君主面前遮掩醜惡的事情。比周，親密地結合在一起以謀私利。比，親近。周，周密。㉒間　偵察。㉓執柄而擅禁　掌握權力而專擅禁令。柄，比喻權力。擅，獨斷專行。㉔焉得無壅　怎能不被蒙蔽。焉得，安能；怎能。壅，障蔽；堵塞。㉕佗家　他家。佗，同「他」。㉖謾侮　傲慢輕視；輕慢。謾，通「慢」。㉗用事者　指掌權的人。

【語　譯】傳三——宋國有一個賣酒的人，分量很準確，待客很周到，酒旗掛得很高；可是酒賣不出去，久了發酸，覺得很奇怪，不知是什麼原因，於是問他所認識的同鄉老人楊倩。楊倩說：「你家的狗很兇嗎？」他說：「狗很兇，酒為什麼賣不出去呢？」楊倩說：「人家怕牠呀！有人教小孩子帶了錢提著酒壺來買酒，狗就迎向前去咬他，這就是酒賣不出去而變酸的原因了。」一個國家也有狗。有道術的人帶著他的策略想要勸說萬乘大國的君主，大臣像猛狗一樣，迎向前去咬他，這就是君主被蒙蔽脅迫而有道術的人不被重用的原因了。所以齊桓公問管仲說：「治理國家最憂慮什麼？」管仲回答說：「最憂慮的是社鼠。」桓公說：「為什麼憂慮社鼠呢？」管仲又回答說：「君主看過立社的事嗎？把一根木材樹立在那裡，塗上色彩，老鼠鑽進木材裡面，挖個洞，住在其中。用火來燻牠，又怕燒燬木材；用水來灌牠，又怕浸壞色彩。這就是社鼠難以除掉的原因了。現在君主的左右近臣，在外面做出很有權勢的樣子以搜刮人民的財物，在宮廷裡就結黨營私，而在君主面前遮掩醜惡的事情，偵察君主的一舉一動，告訴外面的官吏，外內互相倚重，靠諸臣百官以致富，法官不誅戮他們，就破壞了法律；誅戮他們，則君主心裡又不安穩。他們盤據著重要的地位，視為己有，這就是國家的社鼠啊！所以人臣掌握權力而專擅禁令，表明凡是幫他的人一定獲得利益，不幫他的人一定遭受禍害，像這種人也是國家的猛狗啊！大臣成了猛狗，專咬有道術的人；左右親信又像社鼠而偵察君主的言行，君主卻毫不知覺，像這樣，君主怎能不被蒙蔽，國家又怎能不亡呢！」

一說：宋國有個姓莊的賣酒人，他的酒很醇美。有人遣僕人去向莊氏買酒，莊氏的狗常咬人，僕人不敢去，便到另外一家去買。主人問說：「為什麼不買莊氏的酒？」僕人回答說：「今天莊氏的酒味道變酸。」所以說，不把猛狗殺掉，酒便會變酸。

又一說：齊桓公問管仲說：「治理國家，最憂慮什麼？」管仲回答說：「最憂慮社鼠。古時立社，樹立一根木材，塗上色彩，老鼠便寄居在裡面。若用火燻牠，恐怕燒毀木材；若用水灌牠，又怕浸壞色彩。這就是最憂慮社鼠的原因了。現在君主的左右親信，到外面擺出很有勢力的樣子，向人民詐取財利；在宮中便結黨營私，蒙蔽君主，欺騙君主。不誅戮他們，便破壞法令；誅戮他們，則危及君主的地位。他們霸占重要的職位，這也就如同國家的社鼠了啊！所以人臣掌握權力而專擅禁令，表明凡是幫他的人一定獲得利益，不幫他的人一定得到災禍，像這種人，也是國家的猛狗啊！所以左右親信做社鼠，執政大臣做猛狗，治術就無法施行了。」

堯❶欲傳天下於舜❷，鯀❸諫曰：「不祥哉！孰❹以天下而傳之於匹夫❺乎！」堯不聽，舉兵而誅殺鯀於羽山之郊❻。共工❼又諫曰：「孰以天下而傳之於匹夫乎！」堯不聽，又舉兵而流❽共工於幽州之都❾。於是天下莫敢言無傳天下於舜。仲尼❿聞之曰：「堯之知舜之賢，非其難者也；夫至乎誅諫者，必傳之舜，乃其難也。」

一曰：不以其所疑，敗其所察⓫，則難也。

【注釋】❶堯　古代聖王。國號唐，史稱唐堯，晚年讓位於舜。❷舜　古代聖王。輔佐唐堯，代攝堯晚年政事，後來接受堯的禪讓而為天子，國號虞，史稱虞舜，晚年讓位於禹。❸鯀　夏禹的父親。唐堯時治水失敗，被殺於羽山。❹孰　何；怎麼。❺匹夫　平民。❻羽山之郊　猶言羽山之境。羽山，在今山東省蓬萊縣東南。郊，境地。❼共工　堯舜時掌管土木工程的官員。因荒廢政務，舜把他流放到幽州。❽流　放逐。❾幽州之都　幽州的聚落。幽州，今河北省東北部及遼寧省一帶。都，人民聚居的地方。❿仲尼　孔子的字。⓫不以其所疑二句　不因別人的懷疑而破壞自己的明察。按：這句話應是孔子的評語，與前「仲尼聞之曰」性質一樣。意思是說，堯不因鯀和共工的懷疑而改變自己對舜的支持。

【語譯】堯想把天下傳給舜，鯀勸諫說：「不好哇！怎麼可以把天下傳給一個平民呢！」堯不聽從他的話，派兵把他誅殺在羽山的近郊。共工又勸諫說：「怎麼可以把天下傳給一個平民呢！」堯仍然不聽從，又派兵把他驅逐到幽州的聚落。於是沒有人敢再說不要把天下傳給舜。孔子聽到這件事說：「堯知道舜的賢能，不是困難的事；到了不惜誅殺勸諫的人而定要把天下傳給舜的地步，這才是困難的事啊！」

一說：孔子如此評論：不因別人的懷疑而破壞自己的明察，這是很難做到的。

荊莊王❶有茅門❷之法，曰：「諸臣大夫諸公子入朝，馬蹏踐霤❸者，廷理❹斬其輈❺，戮其御❻。」於是太子入朝，馬蹏踐霤，廷理斬其輈，戮其御。太子怒，入為王泣曰：「為我誅戮廷理！」王曰：「法者，所以敬宗廟❼、尊社稷❽；

故能立法從令，尊敬社稷者，社稷之臣❾也，焉可誅也❿？夫犯法廢令，不尊敬社稷者，是臣乘⓫君，下尚校⓬也。臣乘君，則主失威；下尚校，則上位危。威失位危，社稷不守，吾將何以遺⓭子孫？」於是太子乃還走，避舍露宿三日，北面再拜請死罪。

一曰：楚王急召太子。楚國之法，車不得至茆門⓮。天雨，廷中有潦⓯，太子遂驅車至於茆門。廷理曰：「車至茆門，非法也。」太子曰：「王召急，不得須⓰無潦。」遂驅之。廷理舉殳⓱而擊其馬，敗其駕⓲。太子入為王泣曰：「廷中多潦，驅車至茆門，廷理曰：『非法也。』舉殳擊臣馬，敗臣駕，王必誅之。」王曰：「前有老主而不踰⓳，後有儲君⓴而不屬㉑，矜㉒矣。是真吾守法之臣也。」乃益爵二級，而開後門出太子，勿復過。

【注　釋】❶荊莊王　即楚莊王。荊，楚國的舊稱。❷茅門　即雉門。諸侯宮殿的南門。雉，古文作「𨿽」，或省作「弟」，與「茅」形近而誤（孫詒讓說，見《札迻》）。《太平御覽》卷六三八引正作「弟」，可證（王先慎說，見《韓非子集解》）。❸馬蹏踐霤　馬蹄踏到簷下滴水的地方。蹏，同「蹄」。踐，踏。霤，屋簷下承受雨水的設施。❹廷理　執法的官吏。❺輈　駕車的木器。用於大車的稱轅，用於小車的稱輈。輈為曲木，一端為方形，置於軸中央，從車底向前伸出，漸漸隆起，又漸成圓木，前端架一橫木，以便繫軛。❻御　車夫。❼宗廟　祖廟。古代天子諸侯祭祀祖先的宮室。❽社稷　土神和穀神。國家的代稱。古代建國，必立社稷，故以社稷代稱國家。❾社稷之臣　身繫國家安危的大臣。❿焉可誅也　怎可殺戮呢。焉，何。也，通「耶」。⓫乘　凌駕；侵犯。⓬下尚校　臣下違抗君主。下，指臣下。尚，通「上」。校，違抗；對抗。⓭遺　留傳。⓮茆門　即茅門。茆，通「茅」。⓯潦　雨後地面的積水。⓰須　待；等候。⓱殳　古代的一種兵器。⓲駕　車駕；車輛。⓳踰　超越。此指違法。⓴儲君　預備繼位為君的人。指太子。㉑屬　連結；阿附。㉒矜　賢。

【語　譯】楚莊王制定茅門的法律：「所有大臣、官吏及公子進入朝廷，馬蹄踏到屋簷下方承受水滴的地方，執法的廷理就砍斷他的車轅，誅戮他的車夫。」後來太子進入朝廷，馬蹄踏到屋簷下受水的地方，廷理便砍斷他的車轅，誅戮他的車夫。太子非常生氣，進入宮裡向莊王哭訴，說：「替我殺掉廷理！」莊王說：「國家的法律，是為禮敬宗廟、尊崇社稷的，所以能夠樹立法律，執行命令而尊敬社稷的人，便是身繫國家安危的大臣，怎麼可以誅殺呢？如果觸犯法律，破壞禁令，不尊敬社稷的話，便是臣子欺凌君主，屬下對抗主上。臣子欺凌君主，君主的威嚴便要喪失；屬下對抗主上，主上的地位就要動搖。威嚴喪失，地位動搖，國家便不能維持，我將拿什麼傳給子孫呢？」太子聽了，掉頭便走，離開家裡，在野外露天住了三天三夜，才醒悟過來，又回去向莊王行禮，請求以最嚴厲的罪刑來處罰自己。

一說：楚王緊急召見太子。楚國的法律規定：車駕不可以到達茆門。這一天，正逢下雨，殿前的地上積有雨水，太子便考慮駕著車子直達茆門。廷理說：「車駕直達茆門，是違法的。」太子說：「君王的召命很緊急，不能等到地面沒有積水。」說完就駕車到茆門。廷理便舉起兵器刺傷他的馬，破壞他的車子。太子便進宮去向楚王哭訴，說：「殿前的地面有很多積水，我把車駕趕到茆門。廷理說：『這是違法的。』便舉起兵器刺傷我的馬，破壞我的車駕，君王一定要把廷理殺掉。」楚王說：「當前有老邁的君主，而他不敢僭越，未來有繼位的君主，而他不肯攀附，真是賢明啊！這才真正是守法的大臣。」於是晉升他兩級爵位，而把朝廷的後門打開，放太子出來，不再讓他經過茆門。

衛嗣君❶謂薄疑❷曰：「子小❸寡人之國，以為不足仕邪？寡人力能仕子，請進爵以子為上卿。」乃進田萬頃。薄子曰：「疑之母親❹疑，以疑為能相萬乘所不窕❺也。然疑家巫有蔡嫗者，疑母甚愛信之，屬❻之家事焉。疑智足以言家事，疑母盡以聽疑也。然已與疑言者，亦必復決之於蔡嫗也。故論疑之智能，以疑為能相萬乘而不窕也；論其親，則母子之間也；然猶不免議之於蔡嫗也。今疑之於人主也，非子母之親也；而人主皆有蔡嫗。人主之蔡嫗，必其重人❼也；重人者，能行私者也。夫行私者，繩之外❽也；而疑之所言，法之內也。繩之外與法之內，讎❾也，不相受❿也。」

一曰：衛君之⓫晉，謂薄疑曰：「吾欲與子皆行⓬。」薄疑曰：「媼也在中，請歸與媼計之。」衛君自請薄媼，薄媼曰：「疑，君之臣也，君有意，從之甚善。」衛君曰：「吾以⓭請之⓮媼，媼許我矣。」薄疑歸言之媼也，曰：「衛君之愛疑奚與媼⓯？」媼曰：「不如吾愛子也。」「衛君之賢疑奚與媼也？」曰：「不如吾賢子也。」「媼與疑計家事已決矣，乃更請決之於卜者蔡嫗。今衛君從疑而行，雖與疑決計，必與他蔡嫗敗之，如是則疑不得長為臣矣。」

【注釋】❶衛嗣君　戰國時衛國的君主。❷薄疑　戰國時人。《呂氏春秋》說他曾阻止衛嗣君抽重稅，《淮南子》說他曾以王術遊說衛嗣君。❸小　嫌小。❹親　愛。❺相萬乘所不窕　輔佐萬乘的大國而不致有所不足。相，輔佐。萬乘，指有兵車萬輛的國家。所，而。不窕，猶言綽綽有餘。窕，間隙；不充滿。❻屬　託。❼重人　有權勢的人。❽繩之外　法之外。指違法。繩，比喻法律。❾讎　敵對。通「仇」。❿不相受　不相容。⓫之　往。⓬皆行　同行。皆，通作「偕」。⓭以　已。⓮之　於。⓯奚與嫗　比嫗何如。奚，何如。

【語　譯】衛嗣君對薄疑說：「你以為我的國家太小，不值得出仕嗎？我有能力讓你出仕，升你為上卿。」於是賜給他萬頃土地的俸祿。薄疑說：「我的母親愛我，認為我能輔佐萬乘的大國而不致有所不足。可是我家有個巫婆蔡嫗，我母親很信任她，把家事都託給她管。我的智慧足以應付家事，我母親也完全聽我的話，可是已經跟我談好的事，一定還要由蔡嫗占卜決定。若以我的智慧能力而論，認為我能輔佐萬乘的大國而不致有所不足，以親疏關係來說是母親和兒子的關係，可是還不免要和蔡嫗商量而後決定。現在我和君主的關係，不像兒子和母親那麼親密，而君主的旁邊都有個蔡嫗。君主的蔡嫗，一定是個有權力的人；有權力的人，就能照私意行事。照私意行事，是違法的；而我所提的意見，是合法的。違法與合法，是衝突的，是不能相容的。」

一說：衛國的君主要去晉國訪問，對薄疑說：「我想帶你一起去。」薄疑說：「我有老母在家，讓我回去跟老母商量商量。」衛君親自去向薄疑的老母提出要求。薄疑的老母說：「薄疑，是君主的臣子，君主有意帶他去，那很好呀！」衛君隨後告訴薄疑說：「我已向薄老太太請求，薄老太太已經答應我了。」薄疑回家對老母說：「衛君愛我的程度比起母親來怎樣？」薄老太太說：「不如我愛你。」薄疑又問：「衛君器重我的程度跟母親比起來怎樣？」薄老太太說：「不如我器重你。」薄疑說：「母親和我商量好家事了，卻又再請蔡嫗占卜來決定。現在衛君要帶我同行，雖已跟我商量好了，一定又會與像蔡嫗那樣的人去毀棄這項計畫，這樣，我就不能長期做他的臣子了。」

夫教歌者，使先呼而詘之❶，其聲反清徵❷者，乃教之。

一曰：教歌者先揆以法❸，疾呼中宮❹，徐呼中徵❺；疾不中宮，徐不中徵，不可謂教。

【注釋】❶先呼而詘之　先發聲喊叫，並使曲折變化。詘，通「屈」。曲折。❷反清徵　由濁變清，由宮變徵。反，通作「返」。徵，五音之一。❸先揆以法　先用音律衡量。揆，量度；衡量。法，指音律。❹疾呼中宮　急速發聲，合於宮調。疾，快速。中，合。❺徐呼中徵　緩慢發聲，合於徵調。

【語譯】教人唱歌的人，使學唱的人先發聲試唱，必須唱得曲折變化，並且聲音由濁轉清，由宮變徵，然後才開始教他。

一說：教人唱歌的人，先拿音律來衡量，急速發聲，要合於宮調；緩慢發聲，要合於徵調。若急速發聲不合宮調，緩慢發聲不合徵調，便不可以教導。

吳起❶，衛左氏❷中人也，使其妻織組❸，而幅狹於度❹，吳子使更❺之。其妻曰：「諾。」及成，復度❻之，果不中度❼，吳子大怒。其妻對曰：「吾始經之❽而不可更也。」吳子出❾之，其妻請其兄而索入❿。其兄曰：「吳子，為法者也，其為法也，且欲以與萬乘致功⓫，必先踐⓬之妻妾，然後行之，子毋幾⓭索入矣。」其妻之弟又重於衛君⓮，乃因以衛君之重請吳子，吳子不聽，遂去衛而之荊也。

一曰：吳起示其妻以組，曰：「子為我織組，令之如是。」組已就而效⑮之，其組異善⑯。起曰：「使子為組，令之如是，而今也異善，何也？」其妻曰：「用財若一⑰也，加務⑱善之。」吳起曰：「非語⑲也。」使之衣歸⑳。其父往請之，吳起曰：「起家無虛言。」

【注釋】❶吳起　戰國時衛國人。❷左氏　地名。在衛國境內，不詳今在何地。❸組　絲織而有花紋的帶子。❹幅狹於度　寬度比規格小。幅，寬度。度，規格；尺寸。❺更　改。❻度　量。❼果不中度　終不合規格。果，終。中，合。度，規格。❽經之　設置經線。經，織布的直線。經線固定而不動，所以下文說「不可更也」。❾出　出妻；休妻。❿索入　請求重入夫家。索，求。⓫且欲以與萬乘致功　將要替萬乘的大國立功。且，將。與，為；替。致功，建立功業。⓬踐　實行。⓭幾　通「冀」。希望。⓮重於衛君　為衛君所重。⓯效　呈獻。⓰異善　特別好。⓱用財若一　使用的材料是一樣的。財，通「材」。若一，相同。⓲加務　加工。⓳非語　不合我所說。太田方《韓非子翼毳》以為語字「當為吾言二字」。⓴衣歸　換衣服回娘家。

【語譯】吳起是衛國左氏地方的人，囑咐他的妻子織絲帶，結果織出來的尺寸比他所要求的窄一點，吳起要她改寬一些，她說：「好！」等到織成時，吳起再量一量，還是不合標準，吳起大發脾氣。她回答說：「我一開始安排經線就這樣，沒法更改。」吳起將她休棄，送回娘家。她央請哥哥出面要求再回吳家。她哥哥說：「吳起是制定法度的人，他制定法度，將要藉此替萬乘的大國建立功業，勢必先從妻妾開始實行，然後推行到國家。你不要期望再回吳家了。」她的弟弟在衛國很有權勢，便利用衛君的權勢請求吳起，吳起不接受，就離開衛國到楚國去了。

一說：吳起拿一條絲帶給他的妻子，說：「你替我織絲帶，使它和這條一樣。」她織好絲帶呈給吳起，那絲帶織得特別好。吳起說：「我使你織絲帶，要和這條一樣，而現在你所織的卻特別精美，這是什麼道理呢？」他的妻子說：「所用的材料是一樣的，是因加工的關係而使它精美的。」吳起說：「這和我所交代的不一致。」便教她換衣服回娘家。她的父親到吳家去請求，吳起說：「我吳起家裡從來沒有虛假的話。」

晉文公❶問於狐偃❷曰：「寡人甘肥周於堂❸，卮酒豆肉集於宮❹，壺酒不清❺，生肉不布❻，殺一牛徧為國中❼，一歲之功❽盡以衣❾士卒，其足以戰民❿乎？」狐子曰：「不足。」文公曰：「吾弛⓫關市之征⓬，而緩刑罰，其足以戰民乎？」狐子曰：「不足。」文公曰：「吾民之有喪資⓭者，寡人親使郎中視事⓮，有罪者，赦之，貧窮不足者，與之，其足以戰民乎？」狐子對曰：「不足。此皆所以慎產⓯也，而戰之者殺之也。民之從公也，為慎產也，公因而逆殺⓰之，失所以為從公矣。」曰：「然則何如足以戰民乎？」狐子對曰：「令無得不戰。」公曰：「無得不戰奈何？」狐子對曰：「信賞必罰，其足以戰。」公曰：「刑罰之極安至⓱？」對曰：「不辟⓲親貴，法行所愛。」文公曰：「善。」明日，令田於圃陸⓳，期⓴以日中為期，後期㉑者行軍法焉。於是公有所愛者，曰顛頡㉒，後期，吏請其罪，文公隕涕㉓而憂。吏曰：「請用事㉔焉。」遂斬顛頡之脊㉕，以徇㉖百姓，以明法之信㉗也。而後百姓皆懼，曰：「君於顛頡之貴重如彼甚也，而君猶行法焉，況於我則何有矣。」文公見民之可戰也，於是遂興兵伐原㉘，克之㉙；伐衛，東其畝㉚，取五鹿㉛；攻陽㉜；勝虢㉝；伐曹㉞；南圍鄭，反之陴㉟；罷宋圍；還與荊人戰城濮㊱，大敗荊人。返為踐土之盟㊲，遂成衡雍之義㊳。一舉而八有功，所以然者，無他故異物㊴，從狐偃之謀，假㊵顛頡之脊也。

【注釋】❶晉文公　春秋時晉國的國君，名重耳。❷狐偃　春秋時晉國的大夫。字子犯，為晉文公重耳的舅父，也稱咎犯（咎，舅的借字），隨重耳流亡各國十九年。重耳之得以回國即位，以及即位後之得以打敗楚國，成為霸主，多得力於狐偃。❸甘肥周於堂　甘美的食物遍設於廳堂。甘肥，甜美的食物。周，遍置；遍設。❹卮酒豆肉集於宮　豐盛的酒肉齊集於宮室。卮，酒器。豆，古代盛食物的木製器具。形似高足盤。❺壺酒不清　盛在壺裡的酒不待其澄清。指釀成即飲。❻生肉不布　屠宰的牲肉不待陳列。指隨屠隨吃。❼徧為國中　一一施給都城的人民。徧，周遍；普遍。為，施；給與。國中，城裡。國，城郭。❽一歲之功　一年所織的布。功，指女功。即女子所織的布。❾衣　拿衣服給人穿。❿戰民　使人民勇於作戰。⓫弛　放鬆；放寬。⓬征　徵稅。⓭喪資　喪事。資，通「齊」。即齊衰，指服喪一年的喪服。⓮使郎中視事　派郎中去弔唁。郎中，近侍之官。視事，指弔唁。⓯慎產　順生。指順著人民的生活而幫助他。慎，順。產，生。⓰逆殺　逆而殺之；違逆人性而毀滅他。⓱刑罰之極安至　刑罰的極致做到什麼地步。極，終點；最高境界。安至，到哪裡。安，何。⓲辟　避。⓳田於圃陸　在圃陸打獵。田，通作「畋」。打獵。圃陸，《左傳．僖公二十七年》作「被廬」（劉師培說，見《韓非子斠補》）。被廬，晉地。⓴期　約定。㉑後期　過了約定的日期。㉒顛頡　春秋時晉國人。隨晉公子重耳流亡各國十九年，返國後為大夫。㉓隕涕　落淚。㉔用事　指行刑。㉕斬顛頡之脊　指將顛頡腰斬。脊，背部中間的骨骼。㉖徇　向眾宣示。㉗明法之信　彰顯法令的確實性。信，確實；必然而無所差失。㉘伐原　事見《左傳．僖公二十五年》。原，今河南省濟源縣西北。㉙克之　攻下了它。克，制勝。㉚東其畝　使田壟皆東西向。㉛取五鹿　事見《左傳．僖公二十八年》。五鹿，衛國地名。在今河北省濮陽縣南。㉜陽　陽樊。在今河南省濟源縣。㉝虢　周朝國名。姬姓，文王弟仲所封國，春秋時為晉國所滅，故城在今河南省陝縣（三門峽市）東南。㉞伐曹　事見《左傳．僖公二十八年》。曹，周朝國名。武王封其弟叔振鐸於此，都陶丘，故城在今山東省定陶縣西北，春秋時，為宋國所滅。㉟反之陴　廢除鄭國的城上小牆。反，撥；廢除。之，其，指鄭國。陴，城上凸起的小牆。㊱還與荊人戰城濮　又和楚國戰於城濮。還，又。戰城濮，事見《左傳・僖公二十八年》。城濮，在今河南省陳留縣。㊲踐土之盟　事見《左傳・僖公二十八年》。參加會盟的諸侯有晉、齊、宋、蔡、鄭、衛、莒等國。踐土，鄭地。在今河南省廣武縣東北。㊳衡雍之義　指晉侯率諸侯朝天子於衡雍的義舉。衡雍，鄭地。在今河南省原武縣西北。㊴異物　特殊的事故。㊵假　借。

【語譯】晉文公問狐偃說：「我把甘美的食物羅列於殿堂，豐盛的酒肉齊集於宮室，酒釀成便喝，不待它沉澱轉清；肉隨屠隨吃，不待陳列。殺一頭牛，全首都的人都能分享；整年所織的布，全部拿給士卒穿，這樣足夠教人民去作戰了嗎？」狐偃說：「不夠。」文公說：「我減輕關口和市場的稅賦，放寬罪犯的刑罰，這樣足夠教人民去作戰了嗎？」狐偃說：「也還不夠。」文公說：「我的人民家裡有喪事的，我親自派遣郎中去弔唁；不幸犯罪的，盡量赦免他；家境貧窮，資用匱乏的，多方賑濟他。這樣足夠教人民去作戰了吧？」狐偃說：「還是不夠。這些都只是順著人民的生活而幫助他。而教人民去作戰，卻是要犧牲人民的。人民聽從於君主，是為了增進生活；君主卻相反的要犧牲他們，這便違反人民聽從君主的原有目的了。」文公說：「那麼，怎樣才足夠教人民去作戰呢？」狐偃回答說：「使人民不得不戰。」文公說：「使人民不得不戰，怎麼做呢？」狐偃回答說：「有功必賞，有罪必罰，大概就足夠教人民去作戰了。」文公說：「刑罰的極致是怎樣？」狐偃回答說：「不迴避親近貴顯的臣子，照樣施行刑罰於所喜愛的人。」文公說：「很好。」第二天，便下達命令，在圃陸打獵，約定日正當中時集合，遲到的人以軍法處置。這時文公有個最喜愛的臣子叫顛頡，他遲到了。執法的官吏請求處分他。文公流著眼淚，很憂心。執法的官吏說：「請君主下令用刑。」文公便下令腰斬顛頡，巡迴示眾，以明示執法的嚴格。此後，百姓都很害怕，說：「君主對於顛頡是那樣的尊寵愛重，尚且處以死刑，何況我們，君主還有什麼好顧忌的呢？」文公看到人民已可差使作戰，便起兵攻打原城，占領了它；又攻打衛國，使衛國的田畝都改為東西向，以便晉軍通行，並奪取五鹿；又攻打陽樊；又戰勝虢國；又攻打曹國，包圍鄭國，廢除鄭國城上的小牆；又解除宋國被圍的危機；又與楚國戰於城濮，大敗楚國。回去時在踐土和諸侯會盟，率領諸侯在衡雍朝見天子。一次起兵，建立了八項功業。文公所以能有這樣的成就，沒有其他特別的原因，只是聽從狐偃的計謀，借用顛頡的腰脊而已。

夫痤疽❶之痛也，非刺骨髓，則煩心不可支也；非知是❷，不能使人以半寸砥石彈之❸。今人主之於治亦然，非不知有苦則安；欲治其國，非知是，不能聽聖智而誅亂臣。亂臣者，必重人，重人者，必人主所甚親愛也，人主所甚親愛也者，是同堅白❹也。夫以布衣之資，欲以離人主之堅白所❺愛，是猶以解左髀說右髀❻者，是身必死而說不行者也。

【注釋】❶痤疽　癰瘡。痤，癰。疽，結成塊狀的毒瘡。❷非知是　不知此。❸以半寸砥石彈之　用半寸長的石針去刺它。砥石，磨好的石針。古稱為砭，也稱為石。砥，磨。彈，擊；刺。❹同堅白　比喻合為一體。堅白，皆石頭的屬性，同屬一體。堅，硬。指石頭的硬度。白，指石頭的顏色。❺所　之。❻猶以解左髀說右髀　如同拿「解剖左腿以除禍患」來勸說右腿。猶，如。髀，膝蓋以上的大腿骨。說，勸說。

【語譯】毒瘡引起的疼痛，若不用石針刺入骨髓，就會焦躁得不能支持。患者若不懂這個道理，便不肯讓醫生用半寸長的石針去刺它。君主治理政事也是這樣，並非不懂有痛苦才有安適。要把國家治好，而不懂這個道理，便不能聽從聖智，而誅除亂臣。亂臣，一定是權勢很大的人，權勢很大的人，一定是君主最親愛的人。君主最親愛的人，他與君主的關係，就像石頭的堅和白不可分一樣。如果以平民的身分，而想分離君主和他親如堅白不可分的人，就像拿解剖左腿以除禍害來勸說右腿聽從。這種勸說必然先犧牲了自己的生命，而終不見實行。

卷一四

外儲說右下

【題解】外儲說右下，五字之義，解見〈外儲說左上〉及〈內儲說上〉。

本篇主旨，在以事例說明五種君術：一、君主不可和百官共賞罰。二、君主嚴明賞罰，足以圖強；臣盡死力，可獲爵祿，而不必私忠於君。三、君主勿輕信游士的意見，要嚴禁疑似的事情。四、君主治吏而不治民，守法責成以立功。五、君主因順事理，不必勞神，而成就事功。

經一——賞罰共❶，則禁令不行。何以明之？明之以造父、於期❷。子罕為出彘❸，田恆為圃池❹，故宋君、簡公弒。患，在王良❺、造父之共車，田連、成竅之共琴❻也。

【注釋】❶賞罰共　指君臣共操賞罰的大權。❷造父於期　古時兩位善於駕車的人。造父，周朝人。為周穆王駕車有功，封於趙城，後為晉國趙氏的祖先。於期，即王良。春秋時晉國人，為趙簡子駕車。本篇下文作「王子於期」，〈喻老〉作「王於期」，《左傳》作「郵無恤」。大概是：王良，字於期。食采邑於郵，故亦稱郵良。於期和無恤讀音相近，故又稱郵無恤。

❸子罕為出彘　子罕執行刑罰，好比大豬突然衝出。子罕，即司城子罕。官司城，名皇喜，字子罕，戰國時宋國人。〈內儲說下〉謂皇喜與戴驩爭權，遂殺宋君而奪其政。出彘，大豬突然奔出，使馬驚懼。彘，豬。❹田恆為圃池　田恆施惠於民，好比以圃池的水飲渴馬。田恆，春秋時齊國的權臣。也稱田常，或稱陳恆，祖先為陳國的公子完。公子完奔齊，改姓田氏。田恆仕齊，弒簡公，立平公，掌握齊國的大權，至曾孫田和，立為諸侯，和子田午，遂代齊而有之。圃池，果菜園裡的池塘。根據下文「傳一」記載，王良駕車，當經過果菜園裡的池塘時，車駕就失去控制，因為馬渴，急著要去喝水。❺王良　即於期。春秋時晉國人，善於駕馭車馬。詳見❷。❻田連成竅之共琴　田連和成竅共同操琴。田連、成竅，春秋時人，善彈琴。陳奇猷《韓非子集釋》：「《琴操．水仙操》云：『伯牙學琴於成、連先生。』成、連當即田連、成竅二人，則田連、成竅亦春秋時人也。」共琴，指同在一張琴上演奏。

【語　譯】經一——君臣共操賞罰的大權，禁令就不能實行。如何證明呢？拿造父和於期的事就可以證明。子罕執行刑罰，好比大豬突然衝出，使造父駕車失去控制；田恆施惠於民，好比以圃池的水飲渴馬，使駕御副車的於期無法駕御。所以宋君和齊簡公終被殺害。這種禍害的緣由，在於王良和造父共駕一車，田連和成竅共操一琴。

經二——治強生於法，弱亂生於阿❶；君明於此，則正賞罰而非仁下也。爵祿生於功，誅罰生於罪；臣明於此，則盡死力而非忠君也。君通於不仁❷，臣通於不忠❸，則可以王矣。昭襄知主情，而不發五苑❹。田鮪知臣情❺，故教田章❻，而公儀辭魚❼。

【注　釋】❶阿　偏私。❷君通於不仁　君主懂得君無私情的道理。通，明曉。不仁，無私情；無私愛。❸臣通於不忠　臣子懂得臣無私忠的道理。不忠，指不私忠於一人。❹昭襄知主情二句　秦昭襄王懂得做君主的道理，所以不肯發放五苑的蔬果以救濟人民。昭襄，即秦昭襄王。戰國時秦國的君主，秦武王異母弟，名稷，用魏冉、范雎為相，白起為將，先後攻滅西周君、東周君，又屢破諸侯，奠立統一天下的基礎，在位五十六年（西元前三〇六～前二五一年），卒謚昭襄，史稱秦昭王。主情，做君主的道理。發，發放；散發。五苑，五個園囿。苑，古代養動、植物的園林。❺田鮪知臣情　田鮪懂得做臣子的道理。田鮪，人名。生平未詳。❻田章　人名。生平未詳。❼公儀辭魚　公儀休推辭人民的獻魚。公儀，指公儀休。複姓公儀，名休，戰國時魯國人，相魯穆公，恪遵法度。《史記・循吏傳》載有公儀休辭魚的故事。辭，推辭；婉拒。

【語　譯】經二——政治的修明是由於守法，衰亂是由於偏私，君主明白這個道理，便要切實執行賞罰，而不要私愛屬下。爵祿的獲得是由於立功，誅罰的降臨是由於犯罪，臣子明白這個道理，就應盡其死力，而不要私忠於君主。君主懂得君無私情的道理，臣子懂得臣無私忠的道理，就可以統治天下了。秦昭襄王懂得做君主的道理，所以不肯發放五苑的蔬果以救濟人民；田鮪懂得做臣子的道理，所以教導兒子田章先利君國，而公儀休謝絕人民的獻魚。

經三——人主鑒於外❶也，而外事不得不成❷，故蘇代非齊王❸。人主鑒於古❹也，而居者不適不顯❺，故潘壽言禹情❻。人主無所覺悟。方吾❼知之，故恐同衣族❽，而況借於權乎？吳章❾知之，故說以佯❿，而況借於誠乎？趙王惡虎目而壅⓫。明主之道，如周行人⓬之卻衛侯⓭也。

【注　釋】❶人主鑒於外　君主借鑒於外國的事情。鑒，鏡子。此當動詞，借鏡；以別人的事情當一面鏡子來照見（反省）自己。❷外事不得不成　外國的事情不合國情，就不能成功。得，適合。❸蘇代非齊王　蘇代非議齊王。蘇代，戰國時洛陽人。蘇秦之弟，長於言辯，為著名縱橫家之一。非，非議；責難。齊王，應指齊宣王。《史記・燕召公世家》有「齊宣王復用蘇代」之語。據《史記・田敬仲完世家》則為齊湣王。❹人主鑒於古　君主借鑒於古代的事情。古，一本作「上」，一本作

「士」，都是「古」字的壞體。（陳啟天《增訂韓非子校釋》說）❺居者不適不顯　隱居之士的言論不合時勢，就不能彰顯名聲。居者，隱士。適，合。❻潘壽言禹情　潘壽談論夏禹讓位給益的事情。潘壽，戰國時人。《史記・燕召公世家》作「鹿毛壽」。禹情，指禹將讓位於益而終不果的事情。❼方吾　人名。生平不詳。❽同衣族　同衣、同族。指君主與別人穿同樣的衣服，與同姓的人在一起。同族，同姓。族，有血緣關係的親屬。❾吳章　人名。生平未詳。❿說以佯　勸說君主不要假裝愛憎。說，勸說。此處當「諫止」講。佯，假裝。根據下文，指假裝有所愛憎。⓫趙王惡虎目而壅　趙王憎惡老虎的眼睛，卻被有老虎般眼睛的臣子所蒙蔽。趙王，應是指趙孝成王（西元前二六五～前二四五年在位）。惡，憎惡。壅，蒙蔽；阻塞。⓬行人　官名。掌管朝覲聘問的事情，類似現在的使者或外交官。⓭衛侯　指衛文公。名燬，戴公之弟，在位二十五年（西元前六五九～前六三五年）。

【語　譯】經三——君主借鑑於外國的事情，而外國的事情不合國情，便不能成功，所以蘇代非議齊王。君主借鑑於古代的事情，而隱者的言論不合時勢，便不能彰顯名聲，所以潘壽談論夏禹讓位給益的事情。做君主的卻終無所覺悟。方吾懂得這個道理，所以他怕君主與別人穿同樣的衣服，又怕君主與同姓的人在一起，何況是把權柄借給別人使用呢？吳章懂得這個道理，所以勸說君主不要假裝愛憎，以免被人利用，何況是把真意示人呢？趙王憎惡老虎兇惡的眼睛，卻不知除去兇如老虎的臣子，終被壅蔽。明主治理政治的道理，要像周天子的行人，衛侯名義不當，便拒絕他入朝。

經四——人主者，守法責成以立功者也。聞有吏雖亂而有獨善之民，不聞有民亂而有獨治之吏❶，故明主治吏不治民。說，在搖木之本❷，與引網之綱❸。故失火之嗇夫，不可不論也❹。故所御術❺者，如造父之御驚馬。是以說在椎鍛平夷❻，榜檠矯直❼。不然，敗❽在淖齒用齊戮閔王❾，李兌用趙餓主父❿也。

【注　釋】❶聞有吏雖亂二句　聽說有官吏雖亂而人民仍保持善良的情形，沒聽說有人民亂了而仍有辦好政治的官吏的道理。獨善之民，獨自保持善良而不受惡劣環境影響的人民。獨治之吏，獨自辦好政治而不顧人民幸福的官吏。❷搖木之本　搖動樹木的根。本，根。❸引網之綱　拉起網的提繩。引，拉。綱，提網的粗繩。❹失火之嗇夫二句　親自提水以救火災的鄉官，不可不定罪。嗇夫，鄉官。論，定罪；衡量賞罰的輕重。❺御術　君主控馭群臣之術。❻椎鍛平夷　用椎鍛搥平器物。椎，擊物之器。鍛，搥物之具。平夷，使之變平。夷，平。❼榜檠矯直　用榜檠使曲物變直。榜，矯正弓弩之器。檠，矯正弓弩之器。矯直，使曲物變直。矯，使曲者改變為直；糾正。❽敗　災禍。❾淖齒用齊戮閔王　淖齒在齊國掌權而將齊閔王殺掉。淖齒，戰國時楚國的大將。當燕將樂毅率諸侯聯軍伐齊而大敗齊國時，楚國派淖齒率兵救齊，齊閔王用他為相，後來閔王反被淖齒所殺。用齊，用事於齊。即在齊做官掌權。閔王，也作「湣王」。戰國時齊國的君主，宣王之子，名地。燕將樂毅攻破齊國時，閔王逃往莒城。楚將淖齒救齊，閔王用以為相，後來反被淖齒所殺。在位四十年（西元前三二三～前二八四年）。❿李兌用趙餓主父　李兌在趙國掌權，而把趙主父餓死。李兌，戰國時趙國的大臣，官司寇。主父，即趙武靈王。趙武靈王傳位於少子何，是為惠文王，而自稱主父，封長子章為安陽君，其後安陽君因抱怨未繼承王位而起兵作亂，為公子成和李兌所敗。安陽君逃往沙丘宮求主父庇護。公子成和李兌進兵圍沙丘宮，殺安陽君。公子成和李兌畏罪，續圍主父，主父遂餓死於沙丘宮。主父為趙王凡在位二十七年（西元前三二五～前二九九年）。

【語　譯】經四——所謂君主，就是能嚴守法度，責求成效，以建立功業的人。只聽說有官吏雖亂而人民仍保持善良的情形，沒聽說有人民亂了而仍有辦好政治的官吏這種道理。所以英明的君主只治理官吏，而不直接治理人民。這個道理可用「搖樹根而樹葉動，拉網綱而萬目張」來說明。所以親自提水救火的鄉官不可不給予定罪。因此君主之運用治術，就像造父駕馭驚馬。這個道理可舉「用椎鍛搥平器物，用榜檠矯正弓弩」來說明。不然就會產生這樣的災禍：淖齒在齊國掌權而將齊閔王殺掉，李兌在趙國做官而把趙主父餓死。

經五——因事之理，則不勞而成。故茲鄭❶之踞轅而歌❷，以上高梁❸也。

其患，在趙簡主稅，吏請輕重❹；薄疑之言國中飽，簡主喜而府庫虛，百姓餓而姦吏富也❺。故桓公巡民，而管仲省腐財怨女❻。不然，敗在延陵乘馬不能進，造父過之而為之泣也❼。

【注釋】❶茲鄭 人名。生平未詳。❷踞轅而歌 蹲在車轅上唱歌。踞，蹲。轅，車前駕牲畜的直木。歌，唱歌。此指唱鼓勵眾人出力的歌，以齊一動作，集中力量。❸高梁 高橋或高隄。梁，橋；河隄。❹趙簡主稅二句 趙簡主派官吏收稅，官吏請示稅率的高低。趙簡主，即趙簡子。名鞅，春秋時晉國的大夫，滅范氏和中行氏而執掌晉國的大權，封邑足以比擬諸侯，傳至曾孫趙籍，終與韓魏並列為諸侯，三分晉國，卒諡簡，史稱趙簡子。稅，派官吏收稅。輕重，指稅率的高低。❺薄疑之言國中飽三句 薄疑說國家的利益形成中飽的現象，簡主聽了很高興，而府庫卻日益空虛，百姓挨餓而姦吏日富。薄疑，松皋圓《定本韓非子纂聞》：「《呂氏春秋》：『衛嗣君欲重稅，薄疑止之。』〈外儲說右下〉：『薄疑謂趙簡主。』蓋初居趙，後乃事衛。」邵增樺《韓非子今注今譯》據此而謂：「是薄疑為戰國衛嗣君時人，上距趙簡子百餘年，簡主疑為衛嗣君或趙肅侯之誤。」按：邵說極是。中飽，指上虧國庫，下竭民財，而姦吏居中致富。❻桓公巡民二句 齊桓公巡視民間（把民間疾苦告訴管仲），管仲便領悟府庫有陳腐的財貨，宮中有未嫁的女子。桓公，指齊桓公。春秋時齊國的君主，名小白，任管仲為相，國富兵強，成為春秋第一位霸主，在位四十二年（西元前六八五～前六四四年）。巡民，巡視民間。管仲，春秋時潁上人。名夷吾，字仲，諡敬，故又稱管敬仲，相齊桓公，尊王攘夷，稱霸諸侯。省，明白。腐財，因積久而腐壞的財貨。怨女，年長未嫁的女子。❼延陵乘馬不能進二句 延陵卓子乘馬進退不得（向旁奔走），造父看見，為之悲傷流淚。延陵，指延陵卓子。生平未詳。造父，古代善馭車駕的人。

【語譯】經五——順著事物的道理，則不費力而能成功。所以茲鄭蹲在車轅上唱歌，大家就合力把車子拖到高高的橋上。反之，就會有下面所說的禍害：趙簡主派官吏去收稅，官吏請示稅率的高低，而趙簡主沒有明確的指示。薄疑說，這樣，國家便會「中飽」。趙簡主聽了很高興，但府庫卻日益空虛，百姓逐漸挨餓，而姦吏越發富有。齊桓公巡視民間，把所見所聞告訴管仲，管仲便領悟府庫有陳腐的財物，宮庭有未嫁的婦女。若不懂這個道理，就會產生這樣的禍害：延陵卓子駕馭車馬，既不能進，又不能退，馬便向旁邊奔跑，造父看到，為牠悲傷流淚。

傳一——造父御四馬❶，馳騶周旋❷，而恣欲於馬❸者，擅轡筴之制❹也。然馬驚於出彘❺，而造父不能禁制者，非轡筴之嚴❻不足也，威分於出彘❼也。王子於期為駙駕❽，轡筴不用，而擇欲於馬❾者，擅芻水之利❿也。然馬過於圃池，而駙駕敗者，非芻水之利不足也，德分於圃池⓫也。故王良、造父，天下之善御者也，然而使王良操左革而叱咤之⓬，使造父操右革而鞭笞⓭之，馬不能行十里，共故也。田連、成竅⓮，天下之善鼓琴者也，然而田連鼓上，成竅擫⓯下，而不能成曲，亦共故也。夫以王良、造父之巧，共轡而御，不能使馬，人主安能與其臣共權以為治？以田連、成竅之巧，共琴而不能成曲，人主又安能與其臣共勢以成功乎？

一曰：造父為齊王駙駕，渴馬服成⓰，效駕圃中⓱，渴馬見圃池，去車走池，駕敗。王子於期為趙簡主取道爭千里之表⓲，其始發也，彘伏溝中，王子於期齊轡筴而進之⓳，彘突出於溝中，馬驚駕敗。

【注釋】❶四馬　即駟。古代一車駕四馬，謂之駟。❷馳騶周旋　馳騁旋轉。馳騶，縱馬疾奔。騶，馬跑。❸恣欲於馬縱馬所欲；任馬所欲為。❹擅轡筴之制　握有馬韁和馬鞭的控制威力。擅，據有；握有。轡，馬韁。筴，同「策」。馬鞭。制，控制；節制。❺馬驚於出彘　馬被突然奔出的大豬所驚嚇。❻嚴　威力；威嚴。❼威分於出彘　轡策的威力被突然奔出的大豬所分散了。威，指馬韁和馬鞭的威力。❽王子於期為駙駕　王子於期駕副車。王子於期，即王良。古代善馭車駕的人。駙駕，駕馭副車。❾擇欲於馬　選擇馬所喜歡的東西來引誘牠。❿擅芻水之利　握有草和水的誘惑力。芻，飼養牛馬的草料。⓫德分於圃池　恩德被果菜園裡的池塘所分散了。德，指對馬的恩德、對馬的好處。⓬操左革而叱咤之　控制左邊的韁勒而大聲地吆喝。操，持；操控。革，通作「勒」。馬絡頭，即馬口繫韁繩的配件。叱咤，怒叫聲。⓭鞭笞　抽打。鞭，馬鞭。當動詞，用鞭抽打。笞，打人的竹板。當動詞，打。⓮田連成竅　皆春秋時人。⓯擫　用一指去按。也作「擪」。⓰渴馬服成　使馬忍渴，養成習慣。服，習。⓱效駕圃中　在果菜園裡試驗駕車。效駕，試車。效，試驗；取得實際經驗。⓲為趙簡主句　替趙簡子駕車，奔馳於千里之外。趙簡主，即趙簡子。名鞅，春秋時晉國的大夫。取道，在路上疾奔。取，通作「趣」，趣又通「趨」。疾行。表，外。⓳齊轡筴而進之　轡策並用，使馬前進。齊，一起；並用。

【語　譯】傳一——造父駕馭四匹馬拉的車子，馳騁旋轉，縱馬所欲，這是因為握有韁繩和馬鞭的控制威力。可是馬被突然奔出的大豬所驚嚇，造父沒辦法控制，這不是韁繩和馬鞭的威力不夠，而是威力被突然奔出的大豬所分散了。王子於期駕馭副車，不用韁繩和馬鞭，而選擇馬所喜歡的東西來引誘牠，這是因為握有草和水的誘惑力。可是當馬走過果菜園裡的蓄水池時，副車便無法控制，這不是草和水的吸引力不夠，而是好處被果菜園蓄水池的草和水分散了。王良和造父是天下最擅於駕車的，可是使王良控制左邊的韁繩而大聲地吆喝，使造父控制右邊的韁繩而不斷地抽打，那車馬將走不到十里，這是由於兩人同駕的緣故啊！田連和成竅是天下最擅於彈琴的，可是使田連彈奏上端的琴絃，使成竅按著下端的琴絃，便演奏不成一首歌曲，這也是由於二人共彈的緣故啊！憑王良和造父駕車的巧妙，共同控制韁繩而駕車，不能駕馭四馬，君主怎能和臣子共掌大權治理國家呢？憑田連和成竅彈琴的巧妙，共同彈奏一張琴，不能彈奏一首歌曲，君主又怎能和臣子同操威勢以建立功業呢？

一說：造父替齊王駕馭副車，使馬忍渴，養成習慣，在果菜園裡試驗駕車，口渴的馬看見園中的水池，便丟下車子，到池邊喝水，試驗駕車失敗。王子於期替趙簡子駕車，奔馳於千里之外，當他剛開始出發的時候，一隻大豬臥於壕溝裡面，王子於期轡策並用，驅馬前進，大豬突然從壕溝裡急奔而出，馬受到驚嚇，駕車因此失敗。

司城子罕❶謂宋君曰：「慶賞❷賜與，民之所喜也，君自行之；殺戮誅罰❸，民之所惡也，臣請當❹之。」宋君曰：「諾。」於是出威令，誅大臣，君曰：「問子罕也。」於是大臣畏之，細民❺歸之。處期年❻，子罕殺宋君而奪政。故子罕為出彘❼，以奪其君國。

【注　釋】❶司城子罕　戰國時宋國人。官司城，名皇喜，字子罕。❷慶賞　獎賞。慶，賞。❸誅罰　懲罰。誅，罰。❹當　承擔。❺細民　普通人民。❻處期年　經過一周年。處，居。期年，一周年。期，復至其日。❼子罕為出彘　子罕執行刑罰，好比大豬突然衝出。

【語　譯】司城子罕對宋君說：「獎勵賞賜，是人民所喜歡的，君主您自己施行；殺戮懲罰，是人民所憎惡的，由我來擔當。」宋君說：「好的！」自此凡發布嚴厲的命令、誅殺大臣，宋君便說：「去問司城子罕。」因此大臣都畏懼子罕，人民都親向子罕。過了一年，子罕殺掉宋君而奪取宋國的政權。所以子罕的作為就像突然奔出的大豬，使馬受到驚嚇，因而奪取君主的國家。

簡公❶在上位，罰重而誅嚴，厚賦斂而殺戮民。田恆設慈愛❷，明寬厚。簡公以齊民為渴馬，不以恩加民，而田恆以仁厚為圃池也。

一曰：造父為齊王駙馬，以渴服馬，百日而服成，請效駕齊王。王曰：「效駕於圃中。」造父驅車入圃，馬見圃池而走，造父不能禁。造父以渴服馬久矣，今馬見池，駻❸而走，雖造父不能治。今簡公之以法禁其眾久矣，而田恆利之，是田恆傾圃池而示渴民❹也。

一曰：王子於期為宋君為千里之逐，已駕，察手吻文❺且發矣，驅而前之，輪中繩❻，引而卻之，馬掩迹❼；拊❽而發之，彘逸出於竇中❾，馬退而卻，筴不能進前也；馬駻而走，轡不能止也。

一曰：司城子罕謂宋君曰：「慶賞賜予者，民之所好也，君自行之；誅罰殺戮者，民之所惡也，臣請當之。」於是戮細民而誅大臣，君曰：「與子罕議之。」居期年，民知殺生之命制於子罕❿也，故一國歸焉。故子罕劫⓫宋君而奪其政，法不能禁也。故曰子罕為出彘，而田恆為圃池也。今令王良、造父共車，人操一邊轡而入門閭⓬，駕必敗而道不至也。今田連、成竅共琴，人撫一絃而揮⓭，則音必敗、曲不遂⓮矣。

【注釋】❶簡公　指齊簡公。春秋時齊國的君主，後為田恆所弒。❷設慈愛　施行慈愛。❸騂　凶悍。❹傾圃池而示渴民　以圃池全部的水展現於口渴的人民面前。傾，盡；全。示，展現；拿給人看。❺察手吻文　摩擦手掌，以口吻手。察，通作「擦」。文，通作「紋」。指手紋。按：駕車馬的人，為使兩手執轡繩執得牢固，先以口吻手，使手沾口水而濕潤，手有紋，故稱「吻文」。手既濕潤，然後兩手摩擦，故稱「察手」。察手吻文的方法，不僅執轡繩如此，農夫執鋤、木匠執斧都如此，為的是增加磨擦力，以便執得牢固。（陳奇猷《韓非子集釋》說）❻輪中繩　車輪的轉動合於法度。中，合。繩，墨繩。用以測直的器具，引申為法度、規矩。❼馬掩迹　指引馬後退時，馬足仍踏在已走過的足跡上而不亂。掩，遮蓋；覆蓋。迹，指足跡、腳印。❽拊　擊。❾逸出於竇中　從溝裡奔出來。逸，奔。竇，借為「瀆」。溝。❿殺生之命制於子罕　殺生的命令控制在子罕手裡。殺生，使人死使人生。命，令；號令。制於子罕，為子罕所控制。⓫劫　威脅；強迫。⓬人操一邊轡而入門閭　每人各執一邊的轡繩而出里門。人，每一人。操，執。邊轡，單邊（左邊或右邊）的轡繩。人，當作「出」（王先慎《韓非子集解》說）。閭，里門。⓭人撫一絃而揮　每人各按一根琴絃而彈奏。撫，用手按著。揮，手搖動。此指彈琴。⓮遂　完成。

【語譯】齊簡公做君主，刑罰嚴厲，徵收重稅，濫殺人民。田恆則施行仁愛，表現寬厚。齊簡公使人民變成忍渴的馬，而不施恩惠，田恆卻以仁愛寬厚作為水池。

一說：造父替齊王駕馭副車，使馬練習忍渴，過了一百天，忍渴的習慣養成了，便自請替齊王試驗駕車，齊王說：「就在果菜園裡試駕。」造父駕車進入果菜園，馬看見園裡的水池，就奔向前去，造父不能控制。造父使馬練習忍渴已經很久了，現在馬一見水池，便悍然奔去，連造父都不能控制。如今齊簡公用嚴峻的刑罰壓制人民很久了，田恆卻盡量給他們好處，這是田恆拿所有水池中的水來展現在口渴難忍的人民面前啊！

又一說：王子於期替宋君參加千里路程的駕車競賽，車馬已經駕好，他用嘴唇吻過雙手，使唾液沾濕手掌，略加摩擦，握緊轡繩和馬鞭，將要出發。他試著趕馬向前，車輪的轉動合於正常的法度；又試著勒馬後退，馬的步伐中規中矩，不會錯亂，於是舉鞭策馬，使牠向前奔馳，這時突然有一隻大豬從壕溝裡衝出來，馬驚慌後退，用馬鞭抽牠也不能使牠前進，便向旁邊狂奔，用力拉轡繩也不能使牠停下來。

又一說：司城子罕對宋君說：「獎勵賞賜，是人民所喜歡的，君主您自己施行；刑罰殺戮，是人民所憎惡的，讓為臣的我來擔當。」自此凡殺戮人民、誅殺大臣，宋君便說：「去和子罕商量。」過了一年，人民知道生殺大權掌握在子罕手裡，所以全國上下都歸向於他。可見子罕之所以能夠威脅宋君而奪取政權，乃是因為宋君的法術不能防止姦邪啊！所以說子罕就像突然奔出的大豬，而田恆就像果菜園中的水池啊！假如使王良和造父共同駕車，每人各執一邊的轡繩而出里門，一定駕馭失敗上不了大道。使田連和成竅共同彈琴，每人各按一根琴絃而彈奏，一定彈奏失敗而完成不了一首歌曲。

傳二——秦昭王❶有病，百姓里買牛而家為王禱❷。公孫述❸出見之，入賀王曰：「百姓乃皆里買牛為王禱。」王使人問之，果有之。王曰：「訾之人二甲❹。夫非令而擅禱❺者，是愛寡人也。夫愛寡人，寡人亦且改法而心與之相循❻者，是法不立；法不立，亂亡之道也。不如人罰二甲，而復與❼為治。」

一曰：秦襄王❽病，百姓為之禱；病愈❾，殺牛塞禱❿。郎中⓫閻遏、公孫衍⓬出見之，曰：「非社臘之時⓭也，奚自⓮殺牛而祠社⓯？」怪而問之，百姓曰：「人主病，為之禱；今病愈，殺牛塞禱。」閻遏、公孫衍說⓰，見王拜賀曰：「過堯舜矣。」王驚曰：「何謂也？」對曰：「堯舜其民未至為之禱也。今王病而民以牛禱，病愈殺牛塞禱，故臣竊以王為過堯舜也。」王因使人問之，何里為之，訾其里正⑰與伍老⑱出二甲。閻遏、公孫衍媿⑲不敢言。居數月，王飲酒酣樂，閻遏、公孫衍謂王曰：「前時臣竊以王為過堯舜，非直敢諛⑳也。堯舜病，且㉑其民未至為之禱也。今王病而民以牛禱，病愈殺牛塞禱。今乃訾其里正與伍老出二甲，臣竊怪之。」王曰：「子何故不知於此？彼民之所以為我用者，非以吾愛之為我用者也，以吾勢之為我用者也。吾釋勢與民相收㉒若是，吾適㉓不愛，而民因不為我用也，故遂絕愛道㉔也。」

【注釋】❶秦昭王　戰國時秦國的君主。❷里買牛而家為王禱　每里每家都買牛肉為秦昭王拜神祈禱。里，古代以二十五家為一里。禱，祈禱。此指求神保祐病趕快好。❸公孫述　人名。生平未詳。❹訾之人二甲　罰他們每人出兩套戰甲。訾，借為「貲」。小罰。指出財贖罪。人，每人。二甲，兩套戰甲。甲，戰衣。❺非令而擅禱　沒下命令而擅自祈禱。非令，沒有下令。擅，專斷。❻寡人句　我也將改變法令，心裡順著他們。且，將。改法，改變法度。循，順著；依照。❼復與　猶言因以。❽秦襄王　即秦昭王。也稱秦昭襄王。❾病愈　病癒；病好。愈，通作「癒」。痊癒。❿塞禱　酬謝神明對自己所祈求的回應。即俗說的「還願」。塞，酬神。⓫郎中　官名。君主的近侍之臣，因為為郎而供給於宮中，故稱。⓬閻遏公孫衍　二人名。皆秦昭襄王的侍衛官員。公孫衍，前文作「公孫述」。⓭非社臘之時　不是社祭和臘祭的時節。社，土神。此指祭祀土神，常在春天舉行。臘，祭名。歲終祭祀眾神，常在十二月舉行，故十二月也稱臘月。⓮奚自　為什麼。⓯祠社　祭祀土神。⓰說　同「悅」。⓱里正　里長。正，長官。⓲伍老　伍長。伍，基層單位。五戶為一伍。⓳媿　愧。⓴非直敢諛　實在不是敢於阿諛。直，實。諛，曲意逢迎。㉑且　而。㉒釋勢與民相收　放棄權勢與人民相協調。釋，放開。勢，指權力。相收，平等地講條件，直到彼此都能接受為止。㉓適　偶然；偶爾。㉔遂絕愛道　終究斷絕人民「因我愛而為我用」的途徑。遂，終。絕，斷。愛道，指人民因君主有愛而為君主所用的途徑。

【語　譯】傳二——秦昭王有病，百姓們每里每家都買牛肉為昭王拜神祈禱，公孫述出宮門看到這種情形，入宮向昭王慶賀，說：「百姓竟然每里每家都買牛肉為王拜神祈禱。」昭王派人到各處去探訪，果然有這種情形。昭王說：「罰他們每人出兩套戰衣。沒有命令而擅自替我拜神祈禱，這是愛護我。他們愛護我，我豈不也將改變法令，心裡順著他們。這樣，法令就不能確立。法令不能確立，便是國家亂亡的原由。不如罰他們每人出兩套戰衣，而藉此機會實行法治。」

一說：秦襄王生病，百姓替他祈禱；病好以後，殺牛祭祀，以酬謝神祇的保祐。郎中閻遏和公孫衍出宮門看見這種情形，心想：「現在不是舉行社祭和臘祭的時節，百姓為什麼殺牛而祭土神呢？」覺得有點奇怪，便問百姓，百姓說：「君主生病時，我們替他祈禱，現在他病好了，殺牛來酬謝神祇的保祐。」閻遏和公孫衍很高興，回宮見秦襄王，向襄王拜賀說：「君主的盛德超過堯舜了。」襄王驚訝的說：「怎麼講？」閻遏和公孫衍回答說：「堯舜的人民還不至於替堯舜祈禱的地步。現在君主您一生病，人民就殺牛為您祈禱，病好之後，又殺牛酬神，所以我們私下認為君主您超過了堯舜。」襄王於是派人去詢問，是哪一里這樣做，罰那一里的里長和伍長各出兩套戰衣。閻遏和公孫衍感到很慚愧，不敢再說什麼。過了幾個月，襄王有一次飲酒正飲得歡暢的時候，閻遏和公孫衍對襄王說：「前些時臣私人認為君主您超過堯舜，並不是一味地阿諛討好。堯舜生病的時候，他的人民還不至於去替他祈禱啊！現在君主您一生病，而人民便殺牛為您祈禱；病一好，又殺牛酬謝神明。而您竟罰他們的里長和伍長各出兩套戰衣，臣私下覺得很奇怪。」襄王說：「你們怎麼不懂這當中的道理？人民聽任我使用的原因，不是因為我愛他們，而是因為我有權力才聽任我使用。如果我放棄權力而與人民平等地相協調，那麼，當我偶然不愛，人民便不聽任我使用了，所以我終究是要斷絕以愛為治的途徑。」

秦大饑，應侯❶請曰：「五苑之草蔬菜橡棗栗❷足以活民❸，請發之。」昭襄王曰：「吾秦法，使民有功而受賞，有罪而受誅。今發五苑之蔬果者，使民有功與無功俱賞也。夫使民有功與無功俱賞者，此亂之道也。夫發五苑而亂，不如棄棗蔬而治。」

一曰：今發五苑之蓏蔬❹棗栗足以活民，是使民有功與無功爭取也。夫生而亂，不如死而治，大夫其釋之❺。

【注釋】❶應侯　即范雎。戰國時魏國人，字叔，曾跟隨魏中大夫須賈出使齊國，因有暗通齊國的嫌疑，回國後被魏相魏齊笞打，范雎裝死得免，找機會入秦，以遠交近攻之策遊說秦昭襄王，昭襄王用他為相，封於應（今河南省魯山縣東十五公里），稱為應侯。❷草蔬菜橡棗栗　各舊本作「草著蔬菜橡果棗栗」，今依俞樾《韓非子平議》刪「著」字，依《藝文類聚》、《太平御覽》、《事類賦》、《初學記》刪「果」字。蔬，草實。菜，蔬類的總稱。橡，櫟樹的果實。❸活民　養活人民。❹蓏蔬　瓜類和蔬菜。蓏，瓜類等蔓生植物的果實。❺大夫其釋之　大夫應該放棄你的意見。大夫，指應侯。其，表示命令語氣的副詞。應當。釋，放棄；捨棄。

【語譯】秦國發生大饑荒，應侯請求說：「五個園囿裡的草、蔬、菜、橡、棗、栗足夠救活人民，請發放。」昭襄王說：「我秦國的法律，使人民有功受賞，有罪受罰。如果發放五個園囿的蔬菜水果的話，便是使有功與無功一同受賞啊！使人民無論有功無功一律受賞，這是致亂的途徑。發放五個園囿的果菜而致亂，不如棄置棗蔬而致治。」

一說：昭襄王對應侯說：「如果發放五個園囿的瓜、蔬、棗、栗來救濟人民，這使人民有功和無功都爭取到賞賜。與其讓部分人生存而致動亂，不如讓他們死亡而獲太平。大夫就放棄你的意見吧。」

田鮪教其子田章曰：「欲利而❶身，先利而君；欲富而家，先富而國。」

一曰：田鮪教其子田章曰：「主賣官爵，臣賣智力❷。故曰自恃無恃人❸。」

【注釋】❶而 汝；你。下三句「而」字皆同此。❷主賣官爵二句 君主出售官爵，臣子出售智力。意謂君主拿官爵來換取臣子的智力，臣子拿智力來換取君主的官爵，好像互相買賣一樣。❸自恃無恃人 靠自己，不要靠別人。意謂要靠自己立功以獲得官爵，不要仰賴君主的恩賜。恃，依靠；依賴。

【語譯】田鮪教導他的兒子田章說：「想要謀取自己的利益，要先謀取君主的利益；想要使家庭富有，要先使國家富有。」

一說：田鮪教導他的兒子田章說：「君主出售官爵，臣子出售智力。所以說，靠自己立功以獲得官爵，不要仰賴君主的恩賜。」

公儀休❶相魯，而嗜魚，一國盡爭買魚而獻之，公儀子不受。其弟諫曰：「夫子❷嗜魚而不受者，何也？」對曰：「夫唯嗜魚，故不受也。夫即❸受魚，必有下人之色❹；有下人之色，則枉於法❺；枉於法，則免於相。免於相，此不必能致❻我魚，我又不能自給魚❼。即無受魚，而不免於相。雖嗜魚，我能長自給魚。」此明夫恃人不如自恃也；明於人之為己❽者，不如己之自為也。

【注釋】❶公儀休 複姓公儀，名休。春秋時魯國人，曾相魯穆公。❷夫子 你。夫，發語詞。子，你。第二人稱的敬稱。❸夫即　假使；假若。夫，若。即，假使。❹下人之色　謙卑的姿態。下人，對人表示謙卑。色，表情；姿態。❺枉於法　違法；以私意歪曲法令。枉，彎曲。❻致　送。❼自給魚　用自己的錢買魚。給，供給。❽為己　幫助自己。為，助。

【語譯】公儀休做魯國的相，他喜歡吃魚，全國上下都爭著買魚送他，公儀休都婉謝不受。他的弟弟勸他說：「你好吃魚，又婉謝不受，為什麼呢？」公儀休回答說：「正因為好吃魚，所以才不接受。假使接受人家送的魚，一定會表現出謙卑的姿態；表現謙卑的姿態，一定有損法律；有損法律，就會被免去相位；被免去相位，人民就不再送我魚，而我又沒俸祿可自己買魚。反之，如果不接受別人送魚，就不會被免去相位，我雖然好吃魚，卻可用俸祿常常自己買魚。」由此可知，公儀休明白靠別人不如靠自己的道理；也明白人助不如自助的道理。

傳三——子之❶相燕，貴而主斷❷。蘇代❸為齊使燕，燕王問之曰：「齊王亦何如主也？」對曰：「必不霸矣。」燕王曰：「何也？」對曰：「昔桓公❹之霸也，內事屬鮑叔❺，外事屬管仲❻。桓公被髮而御婦人❼，日遊於市❽。今齊王不信其大臣。」於是燕王因益大信子之。子之聞之，使人遺蘇代金百鎰❾，而聽其所使之❿。

一曰：蘇代為秦使燕⓫，見無益子之，則必不得事而還，貢賜又不出⓬，於是見燕王乃⓭譽齊王。燕王曰：「齊王何若是之賢也？則將必王⓮乎？」蘇代曰：「救亡不暇，安得王哉？」燕王曰：「何也？」曰：「其任所愛不均⓯。」燕王曰：「其亡何也？」曰：「昔者，齊桓公愛管仲，置以為仲父⑯，內事理焉，外事斷焉⑰，舉國而歸之。故一匡天下⑱，九合諸侯⑲。今齊任所愛不均，是以知其亡也。」燕王曰：「今吾任子之，天下未之聞也⑳？」於是明日張朝㉑而聽子之。

【注釋】❶子之 戰國時燕王噲的相。掌大權，利用蘇代和潘壽，勸燕王噲把王位讓給自己，燕王噲照做，結果燕國大亂。齊國伐燕，燕王噲死，擒子之，醢（剁成肉醬）其身。❷貴而主斷 地位崇高而負責決定國家的大計。主，主持；負責。斷，決定。❸蘇代 戰國時洛陽人。蘇秦之弟。❹桓公 指齊桓公。春秋時齊國的君主。❺內事屬鮑叔 內政託給鮑叔牙。內事，指國家的內政。屬，付託；交給。鮑叔，即鮑叔牙。春秋時齊國人，少時與管仲為友，凡事都讓管仲而不與計較。公子小白出奔於莒，鮑叔牙輔佐之，小白即位，是為桓公，鮑叔牙薦管仲為相。❻外事屬管仲 對外的事情託給管仲。外事，指尊王攘夷之事。管仲，春秋時潁上人。名夷吾，字仲，相齊桓公。❼被髮而御婦人 披散頭髮而與婦人嬉戲。被，通「披」。散開。御，與君主有關的事物。此指齊桓公與婦女們嬉戲、廝混。❽日遊於市 每天遊於市肆。日，日日；每日。市，在宮中所設的市肆。按：本書〈難二〉也有「桓公宮中二市，婦閭二百，被髮而御婦人」的記載。❾遺蘇代金百鎰 送百鎰之金給蘇代。遺，贈送。鎰，二十兩。一說：二十四兩。❿聽其所使之 任他使用。聽，任憑。之，應是衍文。《戰國策・齊策》無「之」字。⓫蘇代為秦使燕 秦當作「齊」。陳奇猷《韓非子集釋》：「秦，仍當作齊。蘇代終身未嘗入秦，當無為秦使燕之事。且下文以齊言，而不以秦言，亦為自齊來燕之證。」⓬見無益子之三句 知道不幫助子之，便毫無成就地回齊國交差，也得不到賞賜。見，知。益，使之獲益；幫助。不得事，事情沒有成功。貢賜，賞賜。貢，賜。⓭乃 而。⓮王 統治天下。按：周朝唯天子可以稱王，稱為天王，統治全天下（當時以中國為天下），天子之下，為諸侯之國，分五等，即公、侯、伯、子、男，故春秋時，諸侯都稱某公某侯，到了戰國，諸侯紛紛僭位稱王，於是戰國七雄之君，個個都是王。⓯其任所愛不均 他任用所愛的人不夠信任。均，周徧；完全。指信任不疑。⓰置以為仲父 立以為仲父。置，立。仲，管仲的字。⓱內事理焉二句 內政由他治理，外交由他決定。理，治。焉，助詞。斷，決斷；決定。⓲一匡天下 糾正天下。一，助詞。匡，糾正。⓳九合諸侯 多次會盟諸侯。九，最大的基礎數目。引申為多。合，會合。⓴未之聞也 未聞之邪。也，通「邪」。句末詰問語助詞。㉑張朝　安排朝會。

【語　譯】傳三——子之做燕國的相，地位崇高，並負責決定國家的大計。蘇代為齊國出使燕國，燕王噲問蘇代說：「齊王是怎樣的君主？」蘇代回答說：「一定不能稱霸於諸侯。」燕王噲說：「為什麼呢？」蘇代回答說：「從前齊桓公稱霸諸侯，內政託給鮑叔牙，外交託給管仲，而桓公自己披散著頭髮而和婦人嬉戲，每天在宮中的市肆裡遊玩。現在齊王不信任他的大臣。」於是燕王噲便更加地信任子之。子之聽到這件事，派人送黃金百鎰給蘇代，任他怎麼使用。

一說：蘇代為齊國出使燕國，知道若不幫助子之，便沒有成就可回國交差，也得不到賞賜。因此進見燕王時便稱讚齊王，燕王說：「齊王怎麼這樣賢能呢？照這樣看，他一定會統治天下吧？」蘇代說：「他拯救危亡都來不及，怎能統治天下呢？」燕王說：「為什麼呢？」蘇代說：「他任用所愛的人不夠信任。」燕王說：「你說齊國會亡，又是什麼道理呢？」蘇代說：「從前齊桓公敬愛管仲，立為仲父，內政由他治理，外交由他決定，把整個國家交付給他，所以能夠多次召集諸侯會盟，匡正天下。現在齊王任用所愛的人不夠信任，所以我知道齊國將亡。」燕王說：「現在我任命子之，天下人難道還沒有聽說嗎？」於是第二天便安排朝會，聽任子之決定國家大計。

潘壽❶謂燕王曰：「王不如以國讓子之。人所以謂堯賢者，以其讓天下於許由❷，許由必不受也，則是堯有讓許由之名，而實不失天下也。今王以國讓子之，子之必不受也，則是王有讓子之之名，而與堯同行❸也。」於是燕王因舉國而屬子之❹，子之大重❺。

一曰：潘壽，隱者，燕使人聘之。潘壽見燕王曰：「臣恐子之之如益❻也！」王曰：「何益哉？」對曰：「古者，禹死，將傳天下於益，啟❼之人因相與攻益而立啟。今王信愛子之，將傳國子之，太子之人盡懷印，為子之之人無一人在朝廷者。王不幸棄群臣❽，則子之亦益也。」王因收吏璽❾，自三百石❿以上皆效之子之⓫，子之大重。夫人主之所以鏡照者，諸侯之士徒也；今諸侯之士徒，皆私門之黨也。人主之所以自羽翼⓬者，巖穴之士徒⓭也；今巖穴之士徒，皆私門之舍人⓮也。是何也？奪褫之資⓯，在子之也。

一曰：燕王欲傳國於子之也，問之潘壽。對曰：「禹愛益而任天下於益，已而以啟人為吏⓰，及老，而以啟為不足任天下，故傳天下於益，而勢重⓱盡在於啟也。已而啟與友黨攻益，而奪之⓲天下，是禹名傳天下於益，而實令啟自取之也。此禹之不及堯、舜明矣。今王欲傳子之，而吏無非太子之人者也，是名傳之，而實令太子自取之也。」燕王乃收璽，自三百石以上皆效之子之，子之遂重。

【注釋】❶潘壽　戰國時人。❷許由　唐堯時的高士。傳說堯讓天下於許由，許由不受，逃隱於箕山（在今河南省登封縣境內）。❸同行　德行相同。行，德行。❹舉國而屬子之　把整個國家託給子之。舉，全。屬，付託。❺大重　權力非常大。❻益　人名。虞夏時代管山澤的官吏。夏禹臨終，讓位給益，但人民擁戴禹的兒子啟，而不擁戴益，遂造成傳子的局面。

❼啟　禹的兒子。禹死，啟受人民擁戴立為天子，開了天子傳位於兒子的先例。❽棄群臣　指國君去世。❾璽　印章。秦以前，天子、諸侯、大夫的印章都稱璽，秦以後，只有皇帝的印章稱璽。❿三百石　指年俸三百石的官吏。古代以粟米為俸祿，官職的尊卑，以年俸的數量為標準。石，十斗。⓫效之子之　獻給子之。效，獻。之，於。⓬自羽翼　幫助自己；輔佐自己。羽翼，鳥的翅膀。因其在身體左右，故引申為左右輔佐之人，此當動詞，輔佐。⓭巖穴之士徒　隱居的賢士。巖穴，山洞。此指住在山洞，即隱居。⓮舍人　門客。⓯奪褫之資　罷黜的權力。奪褫，剝奪。褫，奪去衣服。資，憑藉。⓰已而以啟人為吏　不久，任用啟的黨羽做官吏。已而，不久；隨即。啟人，親附於啟的人。即啟的黨徒。⓱勢重　權力。⓲之　其。

【語　譯】潘壽告訴燕王說：「君王不如把國家讓給子之，一般人稱讚堯賢能的原因，是由於他讓天下給許由。而許由是不會接受的，這樣一來，堯有讓天下給許由的名義，而實際上沒有失去天下。現在君主您把國家讓給子之，子之一定不會接受，這樣，君王您有讓國給子之的名義，而與堯德行相同啊！」於是燕王便把整個國家交給子之，子之的權力便非常大了。

一說：潘壽，是個隱士，燕國派人去請他來。潘壽進見燕王說：「我擔心子之會像益那樣。」燕王說：「什麼益呀？」潘壽回答說：「從前，夏禹王死，將傳天下給禹的臣子名叫益的，禹的兒子啟的同黨就一起攻打益，而立啟為天子。現在君王您確實喜愛子之，將把國家傳給他。可是太子的同黨都在朝做官，而子之的黨人沒有一個在朝廷。有一天君王您不幸離開人間，遺棄群臣，那麼子之的遭遇也就和益一樣了。」燕王於是收回官吏的印信，從年俸三百石以上都交給子之，子之的權力便大了起來。大抵君主所賴以借鏡的，是各國的遊士；現在各國的遊士都變成私家的黨徒。君主所賴以輔佐自己的，是山林的隱士；現在山林的隱士都變成私家的門客。這是什麼道理呢？是罷黜官吏的權力操在子之之手的緣故啊！

一說：燕王打算把國家傳給子之，便詢問潘壽，潘壽回答說：「夏禹王喜愛益，把天下的政事都交給益治理，不久卻任用他兒子啟的黨徒做官吏，到了老年，認為啟不足以擔當天下的重任，便把天下傳給益，但是天下的大權都掌握在啟的手裡。後來啟和他的黨徒攻打益，而奪取了他的天下。這樣，禹在名義上把天下傳給益，而實際上是教啟自行奪取。由此可知，禹的德行比不上堯、舜是很明顯的。現在君王您想把國家傳給子之，而朝廷的官吏無一不是太子的黨人，這是名義上傳給他，而實際上教太子自行奪取啊！」於是燕王下令收回官吏的印信，從年俸三百石以上，都交給子之，子之的權力就因此大了起來。

方吾子❶曰：「吾聞之，古禮，行不與同服者同車，居不與同族者共家，而況君人者乃借其權而外其勢❷乎？」

【注釋】❶方吾子　人名。生平不詳。❷借其權而外其勢　出借他的權力，遺棄他的威勢。外，遺棄；拋棄。

【語譯】方吾子說：「我聽說，古代的禮規，君主出行，不和穿同樣服色的人同坐一輛車子；家居不和同族的人同住一幢房屋，避免人民誤會別人也有相同的權勢，又何況是君主把自己的權力借給別人而又放棄自己的威勢呢？」

吳章❶謂韓宣王❷曰：「人主不可佯❸愛人，一日❹不可復憎；不可以佯憎人，一日不可復愛也。故佯愛、佯憎之徵見❺，則諛者因資而毀譽之❻，雖有明主不能復收❼，而況於以誠借人❽也？」

一曰：吳章曰：「人主不佯愛憎人。佯愛人，不得復憎也；佯憎人，不得復愛也。」

【注釋】❶吳章　人名。生平不詳。❷韓宣王　即韓宣惠王。戰國時韓國的君主，韓昭侯的兒子，在位二十一年（西元前三三二～前三一二年），即位第十年始稱王。❸佯　假裝。❹一日　猶言異日、他日。❺佯愛佯憎之徵見　假裝喜愛假裝憎恨的徵象顯露出來。徵，徵象。見，現；表露。❻諛者因資而毀譽之　諂媚的人便藉此而毀謗他或稱讚他。諛，阿諛；說好聽的話來奉承人。資，憑藉。❼復收　指再收回假裝的喜愛和憎惡。❽以誠借人　把真意示人。

【語　譯】吳章對韓宣王說：「君主不可假裝喜愛人，假裝喜愛人，來日便不能再憎恨他；也不可假裝憎恨人，假裝憎恨人，來日便不能再喜愛他。所以假裝喜愛或憎恨的徵象顯露出來，阿諛諂媚的人便藉此而毀謗他或稱讚他。雖有賢明的君主也不能再把它假裝的愛、憎收回，何況是以真意示人呢？」

一說：吳章是這樣說的：「君主不假裝喜愛人或憎惡人。假裝喜愛人，便不能再憎恨他；假裝憎惡人，便不能再喜愛他。」

趙王❶遊於圃中，左右以兔與虎而輟之❷，虎盼然環其眼❸。王曰：「可惡哉，虎目也！」左右曰：「平陽君❹之目可惡過此，見此未有害也，見平陽君之目如此者，則必死矣。」其明日，平陽君聞之，使人殺言者，而王不誅也。

【注　釋】❶趙王　指趙孝成王。❷以兔與虎而輟之　拿兔子餵老虎而又停止不給。輟，停止。❸盼然環其眼　張目怒視。盼然，怒視的樣子。環其眼，圓睜著眼睛。環，通「圜」。圓。❹平陽君　即趙豹。趙惠文王的弟弟，趙孝成王的叔父，惠文王二十七年，封為平陽君。

【語　譯】趙王在苑囿裡遊玩，近侍拿兔子餵老虎，忽又停止不給，老虎圓睜大眼怒視著，趙王說：「老虎的眼睛好可惡！」近侍說：「平陽君的眼睛比這更可惡！看到老虎的眼睛這樣，還不至於受傷害；看到平陽君的眼睛這樣，就必死無疑了。」第二天，平陽君聽到這件事，便派人殺掉說這句話的近侍，而趙王卻沒有處罰他。

衛君❶入朝於周，周行人❷問其號❸。對曰：「衛侯辟疆。」周行人卻❹之，曰：「諸侯不得與天子同號❺。」衛君乃自更❻曰「衛侯燬」，而後內❼之。仲尼聞之曰：「遠哉，禁偪❽！虛名不以借人，況實事乎？」

【注　釋】❶衛君　應指衛文公。名燬，戴公的弟弟。❷行人　官名。掌管朝覲聘問的事情，類似現在的使者或外交官。❸號　名義。❹卻　推辭不受。❺與天子同號　與天子同一名義。按：衛君名辟疆，意謂開闢疆土。古代諸侯國土，由天子分封，邊境立封（堆土以為記號）以為疆界，謂之封疆，諸侯不得自由開闢，今衛君名「辟疆」，便是和天子同用開闢疆土的名義。❻更　改換。❼內　使進入；使入內。通作「納」。❽遠哉禁偪　意即禁偪遠哉。是說防止諸侯比擬天子的用心好深啊。禁偪，禁止比擬。偪，借作「匹」。匹敵；比擬。（說本陳奇猷《韓非子集釋》）

【語　譯】衛君入朝進見周天子，周天子的行人問他的名號。衛君回答說：「衛侯辟疆。」周行人拒絕他的晉見，說：「諸侯不得與天子同一名義。」衛君便自行更改說：「衛侯燬。」周行人這才讓他晉見天子。孔子聽到這件事，說：「周行人防止諸侯比擬天子的用心好深啊！虛名都不肯借給別人，何況是實權呢？」

傳四——搖木者，一一攝❶其葉，則勞而不徧；左右拊其本❷，而葉徧搖矣。臨淵而搖木，鳥驚而高，魚恐而下❸。善張網者，引其綱❹。若一一攝萬目❺而後得，則是勞而難；引其綱，而魚已囊❻矣。故吏者，民之本綱也❼，故聖人治吏不治民。

【注　釋】❶攝　牽引。❷拊其本　拍打它的根部。拊，拍擊；拍打。本，根。❸鳥驚而高二句　鳥因驚嚇而高飛，魚因恐慌而下潛。高，指高飛。下，指潛入深處。❹善張網者引其綱　善於張開魚網的人，先拉起網的提繩。張，打開；展開。引，拉。綱，提網的粗繩。❺萬目　無數的網目。萬，形容其多。目，用細繩織成的網孔。❻囊　盛物的袋子。此當動詞，指魚入網中。❼吏者二句　官吏是人民的根本。本綱，樹根和網綱。以本為喻，官吏是人民的根本，以綱為喻，官吏是人民的綱繩。

【語　譯】傳四——搖撼樹木這件事，如果一片一片地牽引樹葉，那麼雖然勤勞費力，也不能使樹葉全數搖動；只要從左右兩邊搥擊樹幹，樹葉就全部搖動了。走到深淵旁邊，搖動岸上的樹木，鳥便因驚嚇而高飛，魚因恐慌而深潛。善於張網捕魚的人，只拉起網子的提繩；如果定要一一牽引網目，才能使網張開，那就勞苦而艱難。只要牽引網子的提繩，魚就入網了。官吏對人民的關係，就好像樹根之於樹葉，綱繩之於網目。所以聖人只治理官吏，而不直接治理人民。

救火者，令吏挈壺甕而走火❶，則一人之用也；操鞭箠而趣使人❷，則制萬夫。是以聖人不親細民❸，明主不躬小事❹。

【注　釋】❶令吏挈壺甕而走火　官吏提著水壺而趕去救火。令，長官。挈，提。壺甕，皆盛水的器皿。走火，趕赴救火。❷操鞭箠而趣使人　拿著鞭箠而催促民眾救火。操，持；拿。鞭箠，皆打馬的器具，也用以打人。趣，急促。❸不親細民　不親自治理人民。親，親身；親自。細民，普通人民；一般百姓。❹不躬小事　不親自處理小事。躬，親身；親自。

【語　譯】救火這件事，如果官吏自己提著水壺等盛器而趕去撲救，那就只有一個人的效用；如果拿著鞭箠等刑具去催促民眾撲救，便可指揮上萬的人員。所以聖人不親自治理百姓，明主不親自處理小事。

造父方耨❶，見有子父乘車過者，馬驚而不行，其子下車牽馬，父下推車，請造父助之推車。造父因收器❷，綴而寄載之❸，援其子之乘❹，乃始檢轡持筴，未之用也，而馬咸鶩矣❺。使造父而不能御，雖盡力勞身助之推車，馬猶不肯行也。今使身佚，且寄載，有德於人者，有術而御之也❻。故國者，君之車也，勢者，君之馬也。無術以御之，身雖勞，猶不免亂。有術以御之，身處佚樂之地，又致❼帝王之功也。

【注釋】❶造父方耨　造父正在除草。造父，人名。善駕車馬。❷收器　收拾耨器。❸綴而寄載之　綁在一起，託車子載運。綴，連結。指將除草器具捆在一起。寄，託。❹援其子之乘　攀上他兒子的車子。援，攀引。乘，車子。❺乃始檢轡持筴三句　就開始控勒馬轡，舉起馬鞭，還沒有真正使用，馬便一齊急速奔跑。乃始，猶言於是。檢，約束。筴，通「策」。馬鞭。咸鶩，都一齊奔馳。咸，皆；俱。鶩，馬奔。❻今使身佚四句　現在（造父）讓自己身體安逸，農具又獲得託運，又有恩於人，其原因是有方術駕馭車子啊。佚，通「逸」。安閒。寄載，託運。有德於人，指有恩於乘車的父子。德，恩德；恩惠。❼致　獲致；獲得。

【語譯】造父正在田裡除草，看見一對父子駕著車馬經過，馬受到驚嚇而不走，做兒子的下車牽馬，做父親的下來推車，並請造父幫忙推。造父便收拾農具，綑成一束，放在車上託運，攀上車子，就開始控勒馬轡，舉起馬鞭，還沒有真正使用，駕車的馬便一齊奔馳。假設造父不會駕車，縱然使盡全力，勞苦身體，幫著推車，馬還是不肯走的。現在使身體安閒，而且農具得以託運，而又有恩惠於那對父子，原因就在於有方法駕車啊！所以，國家好比是君主的車子；權力好比是君主的馬匹。若是沒有方法來控制它，那麼縱然把身體累壞，也仍不免於混亂。反之，若有方法控制它，那麼，不僅身處安閒快樂的境地，而且又獲得統治天下的大功。

椎鍛❶者，所以平不夷❷也，榜檠❸者，所以矯❹不直也。聖人之為法也，所以平不夷、矯不直也。

【注　釋】❶椎鍛　皆捶擊的工具。❷平不夷　使不平之物變平。平，使物變平。夷，平。❸榜檠　皆矯正弓弩的器具。❹矯　使曲物變直。

【語　譯】椎和鍛這兩種器具，是用來搥平那些不平之物的；榜和檠這兩種器具，是用來矯正不直之物的。聖人創制法律，也是用來使不公平的事情變成公平，不正直的行為變成正直的啊。

淖齒❶之用齊也，擢閔王之筋❷；李兌❸之用趙也，餓殺主父❹。此二君者，皆不能用其椎鍛榜檠，故身死為戮❺，而為天下笑。

一曰：入齊，則獨聞淖齒，而不聞齊王；入趙，則獨聞李兌，而不聞趙王。

故曰：人主者不操術，則威勢輕，而臣擅名❻。

一曰：武靈王使惠文王莅政❼，李兌為相，武靈王不以身躬親殺生之柄❽，故劫於李兌❾。

【注　釋】❶淖齒　戰國時楚國的大將。因救齊而被齊閔王用為相。❷擢閔王之筋　抽閔王的筋。擢，抽引。閔王，也作「湣王」。戰國時齊國的君主，宣王之子，名地。筋，肌腱；骨頭上的韌帶。❸李兌　戰國時趙國的大臣。官司寇。❹主父　即趙武靈王。戰國時趙國的君主，傳位於少子何而導致內亂，被圍而餓死。❺戮　辱。❻擅名　獨占名聲。擅，占有；據有。❼武靈王使惠文王莅政　武靈王使惠文王主持政事。武靈王，戰國時趙國的君主。肅侯的兒子，名雍，在位時親自穿著胡服，練習騎射，以為全國表率，遂使趙國國力強盛，威震中原，在位二十七年（西元前三二五～前二九九年），傳位於少子何，是為惠文王，而自稱主父，引生內亂，被圍餓死。惠文王，武靈王少子，名何，在位三十三年（西元前二九八～前二六六年）。莅，臨；到。❽躬親殺生之柄　親自掌握生殺的大權。殺生，使人死使人生。柄，器物的把。比喻權力。❾劫於李兌　被李兌所威脅。劫，威脅；強迫。

【語　譯】淖齒在齊國受重用，卻抽齊閔王的筋；李兌在趙國受重用，卻把趙主父餓死。這兩個君主，都是不能應用他們的椎鍛以搥平不平的事物，不能使用他們的榜檠以矯正不直的行為，所以身體被殺，人格受辱，而被天下後世的人所恥笑。

一說：進入齊國，就只聽人家談到淖齒，而沒聽見人家談到齊王；進入趙國，就只聽見人家談到李兌，而沒聽見人家談到趙王。所以說，君主若不應用治術，威權便會變輕，而臣子專享盛名。

一說：趙武靈王使其子惠文王主持政事，李兌為相。武靈王不親自掌握生殺大權，所以終被李兌所脅迫。

傳五——茲鄭子引輦上高梁❶，而不能支❷。茲鄭踞轅而歌❸，前者止，後者趨❹，輦乃上。使茲鄭無術以致人❺，則身雖絕力❻至死，輦猶不上也。今身不至勞苦，而輦以上者，有術以致人之故也。

【注　釋】❶茲鄭子引輦上高梁　茲鄭拉車上高橋。茲鄭，人名。事蹟不詳。子，男子的美稱。引輦，拉車。輦，靠人力拉拖的車子。梁，橋；河隄。❷支　支持；勝任。❸踞轅而歌　蹲在車轅上唱歌。❹前者止後者趨　前面的人停下來幫著拉，後面的人趕上去幫著推。❺致人　招致眾人；得人之力。❻絕力　盡力。

【語　譯】傳五——茲鄭拉著車子上河隄的斜坡，而力量撐不住。於是請前後的路人幫忙，自己蹲在車轅上唱著勉勵大家一齊用力的歌，走在前面的人停下腳步，過來幫著拖；後面的人趕上去幫著推，車子便上去了。假使茲鄭沒有方法得到別人的幫助，那麼他自己雖盡力得沒命，車子還是上不了河隄的。現在他的身體不致於勞苦，而車子卻上了高隄，這是由於有方法獲得眾人幫助的緣故啊。

趙簡主出稅者，吏請輕重❶。簡主曰：「勿輕勿重，重則利入於上，若輕則利歸於民，吏無私利而止矣。」

【注釋】❶趙簡主出稅者二句　趙簡主派稅吏收稅，官吏請示稅率的高低。趙簡主，即趙簡子。名鞅，春秋時晉國的執政大夫。輕重，指稅率的輕重。

【語譯】簡主派稅吏去收稅，稅吏請示稅賦的輕重。簡主說：「不要太輕，也不要太重。太重，利益就集中到君主那裡；太輕，利益就歸於人民；只要官吏不營私利就好了。」

薄疑謂趙簡主❶曰：「君之國中飽❷。」簡主欣然而喜，曰：「何如焉？」對曰：「府庫空虛於上，百姓貧餓於下，然而姦吏富矣。」

【注釋】❶薄疑謂趙簡主　按：薄疑與趙簡主年代不相接，疑趙簡主為衛嗣君或趙肅侯之誤。薄疑，戰國時人。❷中飽　指上虧國庫，下竭民財，而姦吏居中致富。

【語譯】薄疑對趙簡主說：「君主的國家有『中飽』的現象。」簡主聽了，很歡喜地問道：「怎麼說呢？」薄疑回答說：「在上，君主府庫空虛；在下，百姓貧窮挨餓；而中間的貪官汙吏卻富有了。」

齊桓公微服以巡民家❶，人有年老而自養者，桓公問其故。對曰：「臣有子三人，家貧無以妻之❷，傭未及反❸。」桓公歸，以告管仲❹。管仲曰：「畜積有腐棄之財，則人飢餓；宮中有怨女❺，則民無妻。」桓公曰：「善。」乃論❻宮中有婦人而嫁之，下令於民曰：「丈夫二十而室❼，婦人十五而嫁。」

一曰：桓公微服而行於民間，有鹿門稷❽者行年❾七十而無妻。桓公問管仲曰：「有民老而無妻者乎？」管仲曰：「有鹿門稷者行年七十矣，而無妻。」桓公曰：「何以令之有妻？」管仲曰：「臣聞之，上有積財，則民必匱乏❿於下；宮中有怨女，則有老而無妻者。」桓公曰：「善。」令於宮中，女子未嘗御⓫，出嫁之。乃令男子年二十而室，女年十五而嫁，則內無怨女，外無曠夫⓬。

【注釋】❶齊桓公微服以巡民家　齊桓公穿便服巡視民家。齊桓公，春秋時齊國的君主。任管仲為相，國富兵強，為春秋時第一位霸主。微服，改穿便服。巡，巡視。❷無以妻之　無法替他娶妻。妻，娶妻。❸傭未及反　替人作工尚未回家。傭，受僱作工。反，返。❹管仲　春秋時潁上人。名夷吾，字仲，相齊桓公，霸諸侯。❺怨女　年長而未嫁的女子。❻論　考察。❼室　娶妻。❽鹿門稷　人名。事蹟不詳。❾行年　經歷的年歲。即年紀、年齡。❿匱乏　缺乏；窮無所有。匱，空乏；窮盡。⓫御　與君主有關的事物。此指與君主同房。⓬曠夫　壯而無妻的男子。

【語　譯】齊桓公換穿便服巡視民家，看到一位老人靠自己工作來養活自己，桓公問他原因，老人回答說：「我有三個兒子，因為家貧，無法娶妻，現在受僱替人做工，還沒回來。」桓公回去，把此事告訴管仲，管仲說：「府庫有腐爛無用的財貨，人民就會挨餓；後宮有年長未嫁的女子，人民就娶不到妻子。」桓公說：「你說得對！」於是考察宮中的婦女，宜嫁的都嫁出去，並下令給人民說：「男子二十歲就應娶妻，女子十五歲就應出嫁。」

一說：齊桓公換穿便服而巡視民間，有個叫做鹿門稷的人，年齡七十而還未娶妻。桓公問管仲說：「人民有年老而尚未娶妻的嗎？」管仲說：「有個叫做鹿門稷的人，已經七十歲了，還未娶妻。」桓公說：「怎樣才能使他娶妻？」管仲說：「我聽說，上面的君主有積蓄的財貨，那麼下面的人民必然匱乏；宮中有年長未嫁的女子，那麼就會有年老而娶不到妻子的人。」桓公說：「你說得對。」於是下令後宮，凡女子不曾接觸過君主的，都嫁出去。又下令，男子二十歲就要娶妻，女子十五歲就要出嫁。於是宮中沒有年長而未嫁的女子，社會上沒有年長而未娶的男子。

延陵卓子乘蒼龍挑文之乘❶，鉤飾❷在前，錯錣❸在後，馬欲進則鉤飾禁之，欲退則錯錣貫之❹，馬因旁出。造父過而為之泣涕，曰：「古之治人亦然矣。夫賞，所以勸之，而毀存焉；罰，所以禁之，而譽加焉。民中立而不知所由❺，此亦聖人之所為❻泣也。」

一曰：延陵卓子乘蒼龍與翟文之乘，前則有錯飾❼，後則有利錣，進則引之，退則筴之，馬前不得進，後不得退，遂避而逸❽，因下抽刀而刎❾其腳。造父見之而泣，終日不食，因仰天而歎，曰：「筴，所以進之也，錯飾在前；引，所以退之也，利錣在後。今人主以其清潔也進之，以其不適左右也退之；以其公正也譽之，以其不聽從也廢之。民懼中立，而不知所由，此聖人之所為泣也。」

【注　釋】❶延陵卓子句　延陵卓子駕著青色有雉尾花紋的駿馬。延陵卓子，人名。事蹟不詳。乘，上乘字，駕馭。下乘字，一車四馬為一乘。蒼龍，青色的馬。龍，八尺以上的馬。挑文，下文「一曰延陵卓子乘蒼龍與翟文之乘」作「翟文」，則挑文當讀為翟文（俞樾《諸子平議》說）。翟文，翟鳥羽毛的花紋。翟，長尾雉。也指雉的長羽。❷鉤飾　馬絡頭。飾，「勒」的借字。❸錯錣　馬鞭末端的針刺。錯，馬鞭。錣，馬鞭末端的針刺。❹貫之　猶言刺之。❺中立而不知所由　立於中央而不知所從。中立，立於中間；處在當中。由，從；自。❻所為　所以。❼錯飾　當作「鉤飾」。❽逸　奔馳。❾刎　割。

【語　譯】延陵卓子駕著青色有雉尾花紋的駿馬，馬的前面有絡銜，後面有鞭刺。馬要前進，絡銜阻止牠；馬要後退，鞭刺刺痛牠，馬便向旁側奔跑。造父從旁經過，看到這種情形，不覺難過地流下淚來，說：「古時治理人民也是如此啊！獎賞，是用來勉勵人的，而所獎賞的人往往是受毀謗的；刑罰，是用來嚇阻人的，而所懲罰的人往往是受稱譽的。人民只能停留在中間不知怎樣才好，這也是聖人看到要流眼淚的事情啊！」

一說：延陵卓子駕著青色有雉尾花紋的駿馬，前面有絡銜，後面有鞭刺。馬要前進，絡銜牽引牠；馬要後退，鞭刺刺痛牠。馬既不能前進，又不能後退，便從旁邊奔跑，延陵卓子於是下車來，抽出刀子砍馬的腳。造父看到這種情形，不覺流下淚來，整天沒吃，仰天歎息說：「馬鞭是用來使馬前進的，可是前面有絡銜阻止；韁繩是用來使馬後退的，但是後面有鞭刺擊刺。現在做君主的，由於臣子人品清高而提拔他，卻又因為他不能適應左右而予以罷斥；由於臣子做事公正而稱讚他，卻又因為他不能聽從命令而予以廢棄。人民疑懼地處在中間，而不知如何是好，這也是聖人看到要流淚的事情啊。」

卷一五

難一

【題　解】難，詰問；辯駁。一、二、三、四等字，表示次序。

法家學說，自成體系，基本觀念，與他家不同。韓非子為申張法家學說，往往一方面提出自己的主張，一方面辯駁他人的說法。在辯駁他人的說法方面，對各家的主要理論固然要加以破解，對世俗的既定看法，也要加以批判。本篇及以下〈難二〉、〈難三〉、〈難四〉都屬於這一類。方式是先舉出若干古人的言行，然後就世人所認定的看法，而批判其錯誤，以凸顯法家的學說。由於分量較多，故分作四篇，而以一、二、三、四為篇次的標記。

本篇共有九段，第一段言，對付敵人，要不惜以詐術求勝。第二段言，治理天下，不在躬親化民，而在運用權勢，控馭百官。第三段言，君主厲行賞罰，官吏便無從蒙蔽君主而作亂。第四段言，明主賞不加於無功，罰不加於無罪。第五段言，君不可失君道，臣不可失臣禮。第六段言，輕侮君上不可以為治。第七段言，尊重法律，不可輕赦罪人。第八段言，官吏應尊重君主，遵守法律，不可一味要求增寵益爵。第九段言，君主有術，兩用不為患；無術，兩用則爭事而外市，一用則專制而劫殺。

晉文公將與楚人戰❶，召舅犯❷問之，曰：「吾將與楚人戰，彼眾我寡，為之奈何？」舅犯對曰：「臣聞之，繁禮君子，不厭忠信❸；戰陣之間，不厭詐偽，君其詐之而已。」文公辭❹舅犯，因召雍季❺而問之，曰：「我將與楚人戰，彼眾我寡，為之奈何？」雍季對曰：「焚林而田❻，偷取❼多獸，後必無獸。以詐遇民，偷取一時，後必無復❽。」文公曰：「善。」辭雍季，以舅犯之謀與楚人戰以敗之，歸而行爵❾，先雍季而後舅犯。群臣曰：「城濮之事，舅犯謀也，夫用其言而後其身可乎？」文公曰：「此非若❿所知也。夫舅犯言一時之權⓫也，雍季言萬世之利也。」仲尼聞之，曰：「文公之霸也，宜哉！既知一時之權，又知萬世之利。」

或曰：雍季之對，不當⓬文公之問。凡對問者有因⓭，因大小緩急而對也。所問高大，而對以卑狹，則明主弗受也。今文公問以少遇⓮眾，而對曰：「後必無復。」此非所以應⓯也。且文公不知一時之權，又不知萬世之利。戰而勝，則國安而身定，兵強而威立，雖有後復，莫大於此，萬世之利，奚患不至？戰而不勝，則國亡兵弱，身死名息，祓拂⓰今日之死不及，安暇⓱待萬世之利？萬世之利，在今日之勝，今日之勝，在於詐敵而已。故曰：雍季之對，不當文公之問。且文公又不知舅犯之言。舅犯所謂不厭詐偽者，不謂詐其民，謂詐其敵也。敵者，所伐之國也，後雖無復，何傷哉！文公之所以先雍季者，以其功耶？則所以勝楚破軍者，舅犯之謀也；以其善言耶？則雍季乃道其後之無復也，此未有善言也。舅犯則以⓲兼之矣。舅犯曰「繁禮君子，不厭忠信」者，忠所以愛其下也，信所以不欺其民也。夫既以愛而不欺矣，言孰善於此？然必曰出於詐偽者，軍旅之計也。舅犯前有善言，後有戰勝，故舅犯有二功而後論，雍季無一焉而先賞。「文公之霸也，不亦宜乎？」仲尼不知善賞也。

【注釋】❶晉文公將與楚人戰　指周襄王二十年（西元前六三二年）晉楚城濮之戰。此年，楚成王圍攻宋國，晉文公出兵援救，在城濮（今河南省陳留縣）打敗楚國。晉文公，春秋時晉國的君主。名重耳，父獻公寵驪姬，驪姬讒毀太子及諸公子，太子申生自殺，重耳出境逃亡，歷十九年，獲秦穆公之助，返國即位，為文公，勵精圖治，國以富強，城濮之戰，力克楚國，而為諸侯霸主，在位九年（西元前六三六～前六二八年）。❷舅犯　也作「咎犯」。指晉文公的舅父狐偃。偃，字子犯。春秋時晉國的大夫，隨重耳逃亡在外，多所匡救。❸繁禮君子二句　講究禮節的君子，常覺自己忠信不夠。繁禮，多禮；講究禮節。不厭，不以為滿足。厭，通作「饜」。滿足。❹辭　遣去；遣開。❺雍季　陳奇猷《韓非子集釋》以為是晉文公的兒子。即晉襄公的庶弟公子雍，季是排行。❻田　通作「畋」。打獵。❼偷取　只顧一時而強取。偷，苟且；只顧一時而不管其他。❽無復　不能再行。❾行爵　猶言行賞。爵，爵位。用以賞有功的人。❿若　汝；你。⓫權　秤鎚。此指權變、權宜。按：測量時，秤鎚隨物輕重而在秤桿上調整挪移，故引申為權宜之計。⓬當　合；相合。⓭因　依據。⓮遇　敵對。⓯應　應答。⓰祓拂　免除。祓，除災祈福的儀式。拂，除去灰塵。⓱安暇　何有餘暇。安，何。⓲以　已。下文「既以愛而不欺矣」之「以」，義同。

【語　譯】晉文公將與楚國作戰，召見舅犯，問他說：「我將和楚國作戰，他們兵多，我們兵少，怎麼辦？」舅犯回答說：「我聽說，重視禮節的君子，常覺自己忠信不夠，所以要講求忠信；而在戰場上兩軍對陣的時候，卻要不斷地虛偽詐騙。君主就只有施行詐騙一途了。」文公遣退舅犯，接著又召見雍季而問道：「我將和楚國作戰，他們兵多，我們兵少，怎麼辦？」雍季回答說：「用焚燒森林的方法來打獵，雖然暫時可以獲得很多野獸，可是往後就獵獲不到野獸了。用詐騙的方法對待人民，雖然暫時可以獲得利益，可是以後就不能再用這種方法而獲利了。」文公說：「很好。」遣退了雍季，便用舅犯的計謀而與楚國人作戰，打敗了楚國。回國以後，行賞有功人員，結果雍季優先，舅犯落後。群臣說：「城濮之戰所以獲勝，靠的是舅犯的計謀，既採用他的建議，卻給予較低的獎賞，這合理嗎？」文公說：「這不是你們所能理解的。舅犯的建議，是暫時的權宜之計；雍季的意見，卻能使國家永遠獲利。」仲尼聽到這件事，說：「晉文公的成就霸業，是理所當然的啊！既懂得使用暫時的權宜之計，又懂得謀求國家萬世的利益。」

有人說：雍季的回答，沒有針對文公的問題。凡是回答問題，一定有他的依據；即依據問題的大小、緩急而回答。問的是高大，答的是低小，賢明的君主是不接受的。現在晉文公問的是如何以少數的軍隊戰勝多數的軍隊，卻回答說：「往後就不能再用這種方法獲利了。」這不是所要問的答案。而且文公不懂得暫時的權宜之計，又不懂萬世的利益。此戰如果勝利，便會國家安定，個人地位穩固，軍隊強大，威名建立，縱使以後再次獲利，也沒有比這更大的了。國家的萬世之利，何必擔心不能得到呢？此戰如果不勝，便會國家危亡，軍隊頹廢，身遭殺戮，聲名消失，想要免除當今的死難都來不及，哪有餘暇等待萬世之利呢？萬世之利，在於今日的勝利，今日的勝利，在於詐騙敵人而已。所以說，雍季的回答，沒有針對文公的問題。而且文公又不懂舅犯的意思。舅犯所謂盡量施行詐騙，不是說詐騙自己的人民，是說詐騙敵人啊！敵人，是自己所攻打的國家。往後雖然不能再用這種方法，有什麼損失呢？文公優先賞雍季的原因，是為了他的功勞嗎？打敗楚軍的卻是舅犯的計謀；是為了他說得有道理嗎？雍季乃是說以後不能再用這種方法獲利，這不算是說得有道理。舅犯便已兼而有之了。舅犯所說「注重禮節的君子，自覺不夠忠信，而要奉行忠信不倦」的意思是：

忠，能使人愛護屬下；信，能使人不欺騙人民。既做到愛護而不欺騙，還有什麼話比這更有意義？然而他卻一定要說使用詐騙之術，只是行軍作戰的計策罷了。舅犯事先有珍貴的言論，事後有戰勝的功勳。舅犯有兩大功勞卻論賞落後，雍季沒有一件功勞卻論賞優先。仲尼說：「文公的成就霸業，不是理所當然的嗎？」仲尼是不懂得怎樣才叫做善於獎賞的。

歷山❶之農者侵畔❷，舜往耕焉，朞年甽畝正❸。河濱之漁者爭坻❹，舜往漁焉，朞年而讓長❺。東夷❻之陶者❼器苦窳❽，舜往陶焉，朞年而器牢❾。仲尼嘆曰：「耕漁與陶，非舜官❿也，而舜往為之者，所以救敗也。舜其信⓫仁乎！乃躬耕處苦⓬而民從之，故曰聖人之德化乎！」

或問儒者曰：「方此時也，堯安在？」其人⓭曰：「堯為天子。」然則仲尼之聖堯⓮奈何？聖人明察在上位，將使天下無姦也。今⓯耕漁不爭，陶器不窳，舜又何德而⓰化？舜之救敗也，則是堯有失也。賢舜，則去堯之明察；聖堯，則去舜之德化，不可兩得也。楚人有鬻楯與矛⓱者，譽⓲之曰：「吾楯之堅，物莫能陷也。」又譽其矛曰：「吾矛之利，於物無不陷也。」或曰：「以子之矛，陷子之楯，何如？」其人弗能應也。夫不可陷之楯，與無不陷之矛，不可同世而立⓳。今堯舜之不可兩譽，矛楯之說也。且舜救敗，朞年已一過⓴，三年已三過，舜壽有盡，天下過無已者，以有盡逐無已，所止者寡矣。賞罰使天下必行之，令曰：「中程㉑者賞，弗中程者誅。」令朝至暮變，暮至朝變，十日而海內畢矣，奚待朞年？舜猶不以此說堯令從己㉒，乃㉓躬親，不亦無術乎？且夫以身為苦而後化民者，堯舜之所難也；處勢而矯下㉔者，庸主之所易也。將治天下，釋㉕庸主之所易，道㉖堯舜之所難，未可與為政也。

【注釋】❶歷山　在今濟南市郊。又稱千佛山，相傳舜耕於此山周圍，故又稱舜耕山。今山上有舜帝祠，又有娥皇、女英二妃祠。❷侵畔　侵占田畝的疆界。畔，田邊。❸朞年甽畝正　過了一年，田畝的疆界劃分妥當。朞年，滿一年。朞，也作「期」。甽畝，田隴。甽，也作「畎」。田裡的水溝。正，整飭。此指田的邊界劃分清楚。❹坻　水中高地。❺讓長　禮讓年歲較大的人。長，年歲大的人。❻東夷　我國古代東方的少數民族。❼陶者　製造陶器的人。❽苦窳　粗劣。苦，粗濫；粗劣。窳，粗劣；不堅實。❾牢　堅固。❿官　職掌。⓫信　真；確實。⓬躬耕處苦　親自耕田並處理困苦的事情。處，處理。苦，指苦事。⓭其人　那人。指儒者。⓮聖堯　以堯為聖；說堯是聖人。⓯今　假使；若。⓰而　之。⓱鬻楯與矛　賣盾和矛。鬻，賣；售。楯，通「盾」。古代作戰時用以防護的兵器。矛，長柄有刃用以刺敵的兵器。⓲譽　稱讚；讚美。⓳同世而立　猶言並世而存。⓴已一過　終止一件過失。已，止。㉑中程　合於法度。中，合；適合。程，法式；法度。㉒舜猶不以此說堯令從己　舜尚且不知拿此方法勸堯命令天下人照做。猶，尚。說，勸。令從己，令人依照自己的命令做事。己，指堯自己。㉓乃　竟；居然。㉔處勢而矯下　利用權力矯正臣民。勢，指權力。矯，使不直之物變直。㉕釋　放棄。㉖道　實行。

【語譯】歷山的農夫侵占別人的田界，舜到那裡耕種，過了一年，田畝的疆界便劃分妥當，不再紛爭。河邊的漁夫爭奪水中的高地，舜到那裡捕魚，過了一年，漁夫便懂得禮讓年長的人。東夷的陶人，所製的陶器很粗劣，舜到那裡製陶，過了一年，陶器都製作得很堅固。仲尼感歎地說：「耕種、捕魚和製陶，不是舜的職掌，舜卻親自去做，為的是挽救敗壞的民風。舜可真是個仁人啊！他親自耕種，並處理困苦的事情，而人民追隨著他，所以說聖人是以道德感化人民的啊！」

有人問儒者說：「當這個時候，堯在哪裡？」那個儒者說：「堯做天子。」那麼仲尼說堯是聖人怎麼講呢？聖人居上位做天子，明察事理，將使天下沒有姦邪的事情。假使種田打魚沒有爭執，陶器不粗劣，舜又哪來的以德化民呢？舜的挽救民風，正說明堯是有缺失的。稱讚舜的賢能，就否定了堯的明察；稱讚堯的聖明，就否定了舜的以德化民，不可兩者同時成立。楚國有個賣楯和矛的人，讚美他的楯說：「我的楯很堅固，沒有任何東西可以刺穿它。」接著又稱讚他的矛說：「我的矛很鋒利，對任何東西沒有不能刺穿的。」有人說：「拿你的矛去刺你的楯，會是怎樣的結果？」那個人不能回答。不可刺穿的楯和無不刺穿的矛是不能同時存在的。現在堯的明察和舜的德化不能一起稱讚，就和矛楯的道理一樣。而且舜挽救敗壞的民風，一年改正一種過失，三年改正三種過失，舜的生命有限，天下人的過失無窮，以有限的生命改正無窮的過失，所改正的太少了。賞和罰，使天下人一定遵守，下令說：「合於法度的賞，不合法度的罰。」命令早晨下達，傍晚就依令改變；傍晚下達，早晨就依令改變，十天工夫全天下都改正好了，何必等到一年？這樣的好辦法，舜尚且不知拿來勸堯命令天下人照做，竟親自到處去感化人民，不是太沒有治術了嗎？而且親身去做困苦的事然後才能感化人民，這是堯舜所難以做到的；利用權力矯正人民，這是平常的君主所容易做到的。想把天下治好，卻放棄平常君主所容易做到的事，而實行堯舜所難以做到的事，這是沒資格處理政事的。

管仲❶有病，桓公❷往問之，曰：「仲父病，不幸卒於大命❸，將奚以告寡人？」管仲曰：「微❹君言，臣故將謁之❺。願君去豎刁❻，除易牙❼，遠❽衛公子開方❾。易牙為君主味❿，君惟人肉未嘗⓫，易牙烝其首子⓬而進之。夫人情莫不愛其子，今弗愛其子，安能愛君？君妒而好內⓭，豎刁自宮以治內⓮。人情莫不愛其身，身且不愛，安能愛君？開方事君十五年，齊衛之間不容數日行⑮，棄其母，久宦⑯不歸，其母不愛，安能愛君？臣聞之，矜偽不長⑰，蓋虛不久⑱，願君去此三子者也。」管仲卒死，而桓公弗行。及桓公死，蟲出戶不葬⑲。

或曰：管仲所以見告桓公者，非有度⑳者之言也。所以去豎刁、易牙者，以不愛其身，適君之欲也。曰：「不愛其身，安能愛君？」然則臣有盡死力㉑以為其主者，管仲將弗用也。曰：「不愛其死力，安能愛君？」是欲君去忠臣也。且以不愛其身，度㉒其不愛其君，是將以管仲之不能死子糾㉓，度其不死桓公也，是管仲亦在所去之域㉔矣。明主之道不然。設民所欲，以求其功，故為爵祿以勸之；設民所惡，以禁其姦，故為刑賞以威之。慶賞㉕信而刑罰必，故君舉功於臣，而姦不用於上，雖有豎刁，其奈君何？且臣盡死力以與君市㉖，君垂㉗爵祿以與臣市。君臣之際，非父子之親也，計數㉘之所出也。君有道，則臣盡力，而姦不生；無道，則臣上塞主明，而下成私。管仲非明此度數㉙於桓公也，使去豎刁，一豎刁又至，非絕姦之道也。且桓公所以身死、蟲流出戶不葬者，是臣重㉚也；臣重之實㉛，擅主㉜也。有擅主之臣，則君令不下究㉝，臣情不上通，一人之力，能隔君臣之間，使善敗㉞不聞，禍福不通，故有不葬之患也。明主之道，一人不兼官，一官不兼事。卑賤不待尊貴而進㉟，大臣不因左右而見。百官修通㊱，群臣輻湊㊲。有賞者君見其功，有罰者君知其罪。見知不悖㊳於前，賞罰不弊㊴於後，安有不葬之患？管仲非明此言於桓公也，使去三子，故曰管仲無度矣。

【注　釋】❶管仲　春秋時潁上（今河南省許昌縣和臨潁縣一帶）人。名夷吾，字仲，謚敬，故又稱管敬仲，相齊桓公，尊王攘夷，稱霸諸侯。❷桓公　指齊桓公。春秋時齊國的君主，名小白，以管仲為相，九合諸侯，成為春秋五霸的第一個霸主。❸大命　猶言天命。❹微　無。❺故將謁之　固將告之。故，通「固」。本來。謁，告訴。之，指桓公。❻豎刁　春秋時齊國人。見齊桓公好色，多宮女，便自閹（割掉生殖器官）而替桓公治理後宮，以便接近桓公，後與易牙、開方共同作亂。❼易牙　春秋時齊國人。擅長烹調，齊桓公用為廚師，甚受寵幸。❽遠　疏遠；遠離。❾開方　春秋時衛國的公子。後事齊桓公，為桓公所寵幸。❿主味　猶言掌廚。⓫未嘗　沒有吃過。嘗，通作「嚐」。⓬烝其首子　蒸其長子。烝，蒸。首子，第一個兒子；長子。⓭內　指婦女。⓮自宮以治內　主動割掉生殖器，替桓公管理後宮的婦女們。⓯不容數日行　不需行走好幾天。不容，猶言不需。⓰久宦　長期在外做官。⓱矜偽不長　掩飾詐偽不能維持長久。矜，飾。⓲蓋虛不久　遮蔽虛假不能維持久遠。蓋，覆蓋；掩蔽。⓳蟲出戶不葬　按：據《史記・齊太公世家》，齊桓公有五子，其中公子昭被立為太子，管仲死，桓公重用豎刁、易牙和開方，桓公死，易牙和豎刁擁立公子無詭，諸公子各樹黨相攻，桓公屍體放在床上六十七天，屍蟲爬到門外。⓴度　法度。㉑盡死力　用盡所有的力量；不顧生命地為人效力。㉒度　推測。㉓管仲之不能死子糾　管仲不能為公子糾犧牲。按：管仲本來與召忽一起先事公子糾，齊襄公無道被殺，管仲與召忽奉公子糾逃往魯國，鮑叔牙奉公子小白逃往莒國，其後公子小白先入齊立為君，是為齊桓公，魯國亦派兵護送公子糾返齊，齊桓公派兵阻擋，打敗魯國，因而要求魯國殺公子糾，並把管仲和召忽押回齊國，魯國果然殺了公子糾，召忽自殺，管仲被押在囚車送回齊國，鮑叔牙推薦管仲，齊桓公欣然接受，並任管仲為相。㉔在所去之域　在摒除的範圍之內。去，除掉。域，區域。猶言範圍。㉕慶賞　獎賞。慶，獎賞。㉖市　交易。㉗垂　落下；向下。此處猶言下施。㉘計數　計算。指計算實利。㉙明此度數　說明這種法則。明，說明。度數，法則；定規。㉚臣重　臣子權大。㉛實　結果。㉜擅主　把持君主的威權。㉝下究　貫徹到底。究，窮極；窮盡到底。㉞善敗　猶言善惡。㉟卑賤不待尊貴而進　位卑的人不須位尊的人推薦就能升官。卑賤，指卑賤的小官。不待，不須。尊貴，指尊貴的大官。進，擢升。㊱修通　修之使通；設法使意見通達君主。㊲輻湊　指向中央集合。此喻群臣同心效力於君主。輻，輻木。車輪中，介於輪框和轂心之間的直木。湊，會合；聚集。㊳不悖　猶言不誤。悖，謬誤。㊴不弊　猶言不失。

【語　譯】管仲生病，桓公去慰問，說：「仲父病重，如果不幸天命告終，將有什麼話要告訴我？」管仲說：「君主沒問我，我本來也要稟告的。希望君主摒退豎刁，棄置易牙，疏遠衛公子開方。易牙替君主掌廚，君主只有人肉不曾嚐過，易牙蒸熟自己的長子給君主吃。人之常情沒有不愛自己的兒子的，現在易牙不愛自己的兒子，怎會去愛君主？君主妒嫉男子而愛好女子，豎刁便主動閹割自己，替君主管理後宮的婦女。人之常情沒有不愛自己的身體的；自己的身體尚且不愛，怎會去愛君主？開方事奉君主十五年，齊國和衛國之間的路途，不需行走許多天，他卻拋棄母親，長久在外做官不回家；自己的母親尚且不愛，又怎會去愛君主？我聽說，掩飾詐偽不能維持長久，遮蔽虛假不能維持久遠，希望君主摒棄這三個人。」管仲死後，桓公沒有照他的話做。後來桓公死了，屍體擺在床上，屍蟲爬出門外，都沒人替他安葬。

有人說：管仲稟告桓公的那番話，不是有法度的人所講的。要摒棄豎刁、易牙等的原因，是為了不愛自己，以迎合君主的欲望，他說：「不愛自己，怎能愛君主呢？」照這樣說來，縱有不顧生命為君主效力的人，管仲也將不會用他，卻說：「不愛自己的全力，怎能愛君主呢？」這樣是要君主摒棄忠臣啊！而且以不愛自己推測他不愛君主，這就可以拿管仲不能為公子糾犧牲，來推測他不能為桓公犧牲，這樣，管仲也在所摒棄的範圍之內了。英明的君主，其做法就不是這樣了。設置人民所想要的東西，以要求人民立功，所以設置爵祿來勉勵他；設置人民所厭惡的事物，以禁止人民做壞事，所以制定賞罰來嚇阻他。賞賜很有信用，刑罰徹底執行，君主舉用有功的臣子，姦人無從倖進，雖然有豎刁，又能對君主怎麼樣呢？而且臣子盡死力來和君主交易，君主給予爵祿來和臣子交易。君臣之間，沒有像父子之間的親情，只是計算利害罷了。君主處置合理，臣子便為他盡力，而壞事不會產生；君主做得不合理，臣子便對上蒙蔽君主，對下結成私黨。管仲沒有向桓公說明這個法度，而只是使桓公摒棄豎刁；縱使去掉一個豎刁，另一個豎刁又產生，這不是禁絕姦邪的途徑。而且桓公死後，屍蟲流出門外而不葬的原因，是由於臣子的權力大了。臣子權大的結果，就會把持君主的政令。有把持君主政令的臣子，君主的命令便不能向下貫徹，臣子的意見不能上達君主。一個人的力量，就能橫阻在君主和臣子當中，使好事壞事都聽不到，是禍是福不能通達，所以才有死而不葬的災禍。明主的辦法，一人不能兼任兩個官職，一個官職不兼做兩種職務。位卑的人不須位尊的人推薦，就能升官；大臣不需要透過親信的人接引，就能晉見君主。設法使百官的意見通達於君主，群臣的心力都向君主集中。受賞的人，君主看得到他的功勞；受罰的人，君主知道他的罪狀。君主先前看到的、知道的，沒有錯誤；事後獎賞的、處罰的，沒有差失，怎麼會有死而不葬的災禍呢？管仲沒有向桓公說明這個道理，只是勸他摒棄豎刁、易牙、開方三人。所以說管仲不懂得法度。

襄子圍於晉陽中❶，出圍，賞有功者五人，高赫為賞首❷。張孟談❸曰：「晉陽之事，赫無大功，今為賞首何也？」襄子曰：「晉陽之事，寡人國家危，社稷殆矣。吾群臣無不有驕侮之意者，惟赫不失君臣之禮，是以先之。」仲尼聞之❹曰：「善賞矣！襄子賞一人，而天下為人臣者，莫敢失禮矣。」

或曰：仲尼不知善賞矣。夫善賞罰者，百官不敢侵職，群臣不敢失禮。上設其法，而下無姦詐之心，如此則可謂善賞罰矣。使❺襄子於晉陽也，令不行，禁不止，是襄子無國，晉陽無君也，尚誰與守❻哉？今襄子於晉陽也，知氏❼灌之，臼竈生鼃❽，而民無反心，是君臣親也。襄子有君臣親之澤，操令行禁止之法，而猶有驕侮之臣，是襄子失罰也。為人臣者，乘事而有功則賞❾。今赫僅不驕侮，而襄子賞之，是失賞也。明主賞不加於無功，罰不加於無罪。今襄子不誅驕侮之臣，而賞無功之赫，安在❿襄子之善賞也？故曰仲尼不知善賞。

【注　釋】❶襄子圍於晉陽中　趙襄子被圍困在晉陽城裡。當時晉國有六卿，即智氏、范氏、中行氏、趙氏、韓氏和魏氏，智伯先向韓、魏二氏請求讓地，韓魏都答應，再向趙氏要求，趙襄子不肯，智伯便與韓魏二氏攻打趙襄子，襄子逃到晉陽，智伯便與韓魏共圍晉陽，並引晉水灌城，襄子派張孟談暗中聯合韓魏，共滅智伯，朋分他的土地。本書〈十過〉對此事有詳細的記載。襄子，指趙襄子。春秋時晉國的大夫，趙簡子的次子，名無恤。晉陽，今山西省太原市。❷高赫為賞首　高赫為受獎賞的第一名。高赫，事蹟不詳，應是趙氏的家臣。他書或作「高赦」，《史記・趙世家》作「高共」。❸張孟談　春秋時晉國人，趙氏家臣。趙襄子被圍困於晉陽，張孟談暗中聯合韓魏，共滅智伯。《史記・趙世家》作「張孟同」。按：司馬遷父親名談，應是為了避諱而私改為同，這就如同司馬遷在〈報任安書〉中稱趙談為「同子」一樣。❹仲尼聞之　按：晉陽之圍在周貞定王十六年（西元前四五三年），此時孔子已死二十七年（孔子死於西元前四七九年），不可能「仲尼聞之」。（根據日人松皋圓《定本韓非子纂聞》說）❺使　假使。❻誰與守　為誰遵守禮節。誰與，與誰。猶言為誰。守，指守禮。❼知氏　春秋時晉國的貴族。春秋時晉國大夫荀首封於知，遂稱知氏，傳到知瑤，稱為知伯，掌握晉國大權，聯合韓魏攻趙襄子，反被趙韓魏三家所滅。知，也作「智」。❽臼竈生鼃　臼穴和竈口生出蛙來。形容淹水之久。臼，春米的處所或器具。古時掘地為臼，後世以木石代替。竈，俗作「灶」。炊物的地方。鼃，同「蛙」。田雞類，如青蛙。❾乘事而有功則賞　計畫事情如有功績便加以獎賞。乘，計量；計算。而，如。❿安在　猶言哪裡見得。

【語　譯】趙襄子被智伯圍困在晉陽城中，解圍以後，獎賞有功的五個人，高赫受到最重的獎賞。張孟談說：「晉陽的事情，高赫沒有大功，現在卻受最高的獎賞，為什麼呢？」趙襄子說：「晉陽的事情，我的國家岌岌可危，社稷不安，我的群臣沒有一個不露驕矜輕慢的態度，只有高赫不失君臣的禮節，因此給他最高的獎賞。」仲尼聽到這件事，說：「賞得好哇！襄子賞一個人，而天下做臣子的，沒有人敢廢棄君臣的禮節！」

有人說：仲尼不懂怎樣才算是善於獎賞啊！所謂善於賞罰，百官不敢侵犯職權，群臣不敢廢棄禮節。君主設置法律，臣民沒有姦詐的意圖，這樣就可以說是善於賞罰了。假使襄子在晉陽的時候，命令不能施行，禁戒不生效果，這就等於襄子沒有國家，晉陽沒有君主，那官吏還為誰遵守禮節呢？那時襄子在晉陽，智伯引水灌城，城裡淹水淹到屋裡的臼穴和竈口都因積水而生出青蛙來，可是人民沒有反叛的意念，這表示君臣之間很親愛。襄子對臣子有親愛的恩澤，運用嚴格有效的法律，卻還有驕矜輕慢的臣子，這是襄子的懲罰有失當之處啊！做臣子的，計畫事情如有功績便加以獎賞。現在高赫只是不驕矜輕慢，襄子就給他最高的獎賞，這是破壞獎賞之道啊！明主的獎賞不會施給無功的人，懲罰不會施於無罪的人。現在襄子不懲罰驕矜輕慢的臣子，卻獎賞無功的高赫，怎見得襄子是善於獎賞呢？所以說仲尼是不懂得什麼叫做善於獎賞啊！

晉平公❶與群臣飲，飲酣❷，乃喟然❸歎曰：「莫樂❹為人君！惟其言而莫之違❺。」師曠❻侍坐於前，援琴❼撞之，公披衽而避❽，琴壞於壁。公曰：「太師誰撞❾？」師曠曰：「今者有小人言於側者，故撞之。」公曰：「寡人也。」師曠曰：「啞❿！是非君人者之言也！」左右請塗⓫之，公曰：「釋⓬之，以為寡人戒。」

或曰：平公失君道，師曠失臣禮。夫非其行而誅其身⓭者，君之於臣也。非其行而陳⓮其言，若諫不聽則遠其身者，臣之於君也。今師曠非平公之行，不陳人臣之諫，而行人主之誅，舉琴而親其體，是逆上下之位，而失人臣之禮也。夫為人臣者，君有過則諫，諫不聽則輕爵祿⑮以待之，此人臣之禮義也。今師曠非平公之過，舉琴而親其體，雖嚴父不加於子，而師曠行之於君，此大逆之術也。臣行大逆，平公喜而聽之，是失君道也。故平公之迹，不可明也⑯。使人主過於聽⑰而不悟其失，師曠之行，亦不可明也。使姦臣襲極諫⑱而飾弒君之道，不可謂兩明，此謂兩過。故曰：平公失君道，師曠亦失臣禮矣。

【注釋】❶晉平公　春秋時晉國的君主。悼公之子，名彪，在位二十六年（西元前五五七～前五三二年）。❷飲酣　飲酒暢足。酣，飲酒而樂。❸喟然　太息；歎息聲。❹莫樂　沒有比這更快樂。猶言最樂。❺莫之違　莫違之；沒人違抗他。❻師曠　春秋時晉國的樂師，字子野。❼援琴　拿琴。援，引；持。❽披衽而避　分開衣襟而閃避。披，分。衽，衣襟；衣裳兩旁交接處。❾太師誰撞　太師撞誰。太師，樂官的首長。誰撞，撞誰。❿啞　歎聲。⓫塗　塗飾。指塗飾壞壁。⓬釋　放棄；棄置。指不塗壞壁。⓭非其行而誅其身　不滿他的行為而加以懲罰。非，非議；不以為然。誅，懲罰。⓮陳　布列；陳述。⓯輕爵祿　猶言不在乎爵祿，或放棄爵祿。⓰平公之迹二句　平公的行為不可謂明智。迹，足跡。引申為行為。不可明，猶言不可謂明。下文云「師曠之行，亦不可明」，繼又云「不可謂兩明」，可證。明，明智。⓱過於聽　猶言不善聽，或誤聽。⓲襲極諫　竊取極諫的名義。襲，暗中奪取。極諫，盡力勸說。

【語譯】晉平公和群臣一起喝酒，喝到暢快的時候，長長歎了一聲，說：「沒有比做君主更快樂的了！只要說出話來就沒有人敢違背。」師曠陪坐在旁邊，拿起琴來就向他撞去，平公拉起衣襟馬上避開，琴撞到牆壁，撞壞了。平公說：「太師要撞誰？」師曠說：「剛剛有小人在旁邊說話，所以拿琴撞他。」平公說：「那是我啊！」師曠說：「唉！這不是君主所該說的！」左右近侍建議把撞壞的牆壁塗一塗，平公說：「不要塗了，留著做為我的鑑戒吧！」

有人說：平公違背做君主的道理，師曠違背做臣子的禮節。認為臣子做得不對而加以懲罰，這是君主對待臣子的辦法。認為君主做得不對而陳述他的諫言，如果勸諫不聽，就自我疏遠，這是臣子對待君主的態度。現在師曠認為平公的行為不對，不陳述臣子的諫言，而實行君主的懲罰，拿琴來撞君主的身體，這是顛倒了上下的地位，而違背了臣子的禮節。做臣子的人，君主有過失就應勸諫，勸諫不聽，就準備看輕爵祿，以等待君主的覺悟。這是臣子的禮節。現在師曠指責平公的過失，拿琴來撞他的身體，縱使是嚴厲的父親也不施於兒子，而師曠竟施於君主，這是非常悖逆的做法。臣子做了非常悖逆的事情，平公卻高興地聽從，這是違背做君主的道理。所以平公的行為不能算是明智。使君主誤聽而不能覺悟過失，師曠的行為也不能算是明智。使姦邪的臣子竊取極諫的名義而掩飾弒君的作為，不能算是君臣都明智，而應算是君臣都犯錯。所以說：平公違背做君主的道理，而師曠也違背做臣子的禮節。

齊桓公時，有處士❶曰小臣稷❷，桓公三往而弗得見。桓公曰：「吾聞布衣❸之士，不輕爵祿，無以易萬乘之主❹；萬乘之主，不好仁義，亦無以下❺布衣之士。」於是五往，乃得見之。

或曰：桓公不知仁義。夫仁義者，憂天下之害，趨❻一國之患，不避卑辱，謂之仁義。故伊尹❼以中國為亂，道為宰干湯❽；百里奚❾以秦為亂，道為虜❿干穆公——皆憂天下之害，趨一國之患，不辭卑辱，故謂之仁義。今桓公以萬乘之勢⓫，下匹夫⓬之士，將欲憂齊國，而小臣不行見，是小臣之忘民也，忘民不可謂仁義。仁義者，不失人臣之禮，不敗君臣之位者也。是故四封之內⑬，執禽而朝⑭，名曰臣；臣吏分職受事，名曰萌⑮。今小臣在民萌之眾，而逆君上之欲，故不可謂仁義。仁義不在焉，桓公又從而禮之。使小臣有智能而遁⑯桓公，是隱也，宜刑；若無智能，而虛驕矜桓公，是誣⑰也，宜戮。小臣之行，非刑則戮。桓公不能領⑱臣主之理，而禮刑戮之人，是桓公以輕上侮君之俗教齊國也，非所以為治也。故曰：桓公不知仁義。

【注釋】❶處士　猶言隱士。有才德而隱居的人。❷小臣稷　複姓小臣，名稷。《周禮》有小臣官，世居此官，後遂以此為姓，如司馬、司徒之類。（日人太田方《韓非子翼毳》說）❸布衣　指平民。古時有官爵或年老者才能穿絲織品，平民穿麻布或葛布做的衣服，故稱。❹不輕爵祿二句　不輕視爵祿，便不會輕慢大國的君主。易，看輕。萬乘之主，指大國的君主。萬乘，一萬輛兵車。周朝之制，天子有兵車萬乘，諸侯千乘，但春秋後期及戰國時代，部分諸侯國勢強大，也有兵車萬乘。乘，車輛的單位。❺下　自居卑下。猶言尊重。❻趨　奔赴。❼伊尹　商湯的輔臣。名摯，助湯伐桀，滅夏，湯尊稱他為阿衡（宰相）。據《史記・殷本紀》，伊尹原為湯妻陪嫁的僕人，善於烹調，為求一展長才，便向商湯陳說調味與政治相通的道理，商湯果然重用他。❽道為宰干湯　藉由做廚夫的途徑求商湯重用。道，經由。宰，廚夫。干，求用。❾百里奚　也作「百里傒」。春秋時秦穆公的賢相，字井伯，原為虞大夫，晉滅虞，百里奚被俘虜，做了秦穆公夫人陪嫁的僕人，百里奚引以為恥，逃到宛地，被楚人所執。秦穆公久聞他的賢名，用五隻羊皮將他贖回，後來把國事託給他。❿虜　奴僕。⓫勢　地位。⓬匹夫　指庶民。⓭四封之內　猶言國境以內。四封，四面邊境。封，累土為界。指疆界。⓮執禽而朝　拿著禮物進見君主。禽，指古時初次見面所帶的禮物。即所謂贄，依身分而不同：卿執羔，大夫執雁，士執雉，庶人執鶩，工商界執雞。朝，進見；謁見。⓯萌　民。借為「氓」，字又作「甿」。⓰遁　逃；躲藏。⓱誣　虛詐。⓲領　領會；理解。

【語　譯】齊桓公的時候，有個隱士叫做小臣稷，桓公連去拜訪三次都見不到。桓公說：「我聽說布衣人士不看輕爵祿，便不會輕慢大國的君主；大國的君主不喜好仁義，也就不能禮敬布衣士人。」於是連去五次，才見到他。

有人說：桓公不懂仁義。所謂仁義，憂慮天下的禍害，奔赴國家的災難，不逃避卑賤汙辱，這才叫做仁義。所以伊尹認為天下大亂，藉由做廚師的途徑求湯重用；百里奚認為秦國大亂，藉由做俘虜的途徑求穆公重用——這都是憂慮天下的禍害，奔赴國家的災難，不逃避卑賤汙辱，所以稱他們為仁義。現在桓公以大國君主的地位，禮敬一介匹夫，心裡憂慮著齊國，而小臣稷卻避不見面，可見小臣稷把人民拋到腦後，把人民拋到腦後不可以算是仁義。仁義的人，不違背臣子的禮節，不破壞君臣的地位，所以四面邊界以內，凡曾拿著禮物進見君主的，都叫做臣；由群臣百官分別授予職業的，都叫做民。現在小臣稷處在人民的行列，卻違反君主的願望，所以不能稱他為仁義。仁義不在他身上，桓公卻對他禮敬有加。假使小臣稷有智慧、有才能而躲避桓公，這是有意隱藏，應該處罰；若是沒有智能，而虛偽驕傲地輕慢桓公，這是有意詐騙，應該殺戮。小臣稷的行為，不是該處罰，就該殺戮。桓公不能理解臣子和君主的應有分寸，反而禮敬該罰該殺的人，這等於桓公拿輕慢君主的習俗來教化齊國，這不是治理國家的辦法，所以說：桓公不懂仁義。

靡笄之役❶，韓獻子❷將斬人，郤獻子❸聞之，駕往救之，比至❹，則已斬之矣。郤子因曰：「胡不以徇❺？」其僕❻曰：「曩❼不將救之乎？」郤子曰：「吾敢不分謗乎❽？」

或曰：郤子之言，不可不察也，非分謗也。韓子之所斬也，若罪人，則不可救；救罪人，法之所以敗也，法敗則國亂。若非罪人，則勸之以徇，是重不辜❾也；重不辜，民所以起怨者也，民怨則國危。郤子之言，非危則亂，不可不察也。且韓子之所斬，若罪人，郤子奚分焉？斬若非罪人，則已斬之矣，而郤子乃至，是韓子之謗已成，而郤子且後至也。夫郤子曰：「以徇。」不足以分斬人之謗，而又生徇之謗，是郤子之言，非分謗也，益謗也。昔者紂為炮烙❿，崇侯、惡來⓫又曰斬涉者之脛⓬也，奚分於紂之謗？且民之望於上也甚矣，韓子弗得⓭，且⓮望郤子之得之也。今郤子俱⓯弗得，則民絕望於上矣。故曰：郤子之言，非分謗也，益謗也。且郤子之往救罪也，以韓子為非也，不道⓰其所以為非，而勸之以徇，是使韓子不知其過也。夫下使民望絕於上，又使韓子不知其失，吾未得郤子之所以分謗者⓱也。

【注釋】❶靡笄之役　猶言靡笄之戰。即《左傳》所載魯成公二年（周定王十八年，西元前五八九年）齊晉鞌之戰，此戰晉國打敗齊國，令齊退還所侵魯衛之地。靡笄，山名。在今山東省長清縣境。役，戰事。❷韓獻子　春秋時晉國的大夫韓厥。晉悼公時主政，使晉復霸諸侯，卒謚獻子，故稱。靡笄之戰，時任司馬之職。❸郤獻子　春秋時晉國的大夫郤克。齊晉鞌之戰，郤克率領中軍，大敗齊軍，卒謚獻子，故稱。❹比至　及至。比，及；等到。❺胡不以徇　何不巡行示眾。胡，何。徇，向眾宣示；巡行。❻僕　御者；車夫。❼曩　往時；剛才。❽敢不分謗乎　怎敢不分擔一些毀謗呢。敢，怎敢；豈敢。分謗，分擔毀謗。❾重不辜　猶言加倍冤枉。重，再次；加深。不辜，無罪。辜，罪過。❿紂為炮烙　商紂王設炮烙的刑罰。紂，商朝最後一位君主。名受辛，嗜酒無度，殘暴成性，周武王滅商，紂投火自焚而死。炮烙，商紂所用的酷刑。用炭燒熱銅柱，令人爬行柱上，立即墜落炭上燒死。⓫崇侯惡來　商紂王的兩個姦邪佞臣。崇侯，即崇侯虎，商紂王時的諸侯。崇，商朝國名。故地在今陝西省鄠縣東。惡來，蜚廉的兒子。蜚廉善走，惡來有力，父子都靠技能事紂王而助紂為虐。⓬日斬涉者之脛　每天斬過水人的小腿。涉，徒步過河。脛，膝蓋以下的下肢；小腿。⓭弗得　猶言做不到。⓮且　則。⓯俱　同；同樣。⓰道　言；說。⓱未得郤子之所以分謗者　不懂郤子所說分謗的道理。未得，猶言不懂。

【語　譯】靡笄那次戰事，韓獻子將要殺人，郤獻子聽到消息，趕緊駕車前去營救，等他到達的時候，人已被殺了。郤獻子趁機便說：「為什麼不把死者的屍體拿來巡行示眾呢？」他的車夫說：「剛才你不是要救他嗎？」郤獻子說：「我怎敢不分擔一些毀謗呢？」

有人說：郤獻子的話，不可不加以細辨。那不是分擔毀謗。韓獻子所殺的人如果是罪人，就不可以營救；營救罪人，這是法律被破壞的原因；法律被破壞，國家就混亂。如果所殺的不是罪人，而勸他拿屍體巡行示眾，這是加倍冤枉。加倍冤枉，這是引起民怨的原因；引起民怨，國家就危殆。郤獻子的話，不導致危殆，就導致混亂，不可不細辨啊。而且韓獻子所殺的若是罪人，郤獻子有什麼毀謗可分擔呢？若所殺的不是罪人，而已經殺了，郤獻子才到，這是韓獻子的毀謗已經構成而郤獻子後到，已來不及分擔毀謗了。郤獻子說：「把屍體巡行示眾。」這不足以分擔殺人的毀謗，反而又產生巡行示眾所招致的毀謗，由此看來，郤獻子的話不是分擔毀謗，而是增加毀謗。從前商紂設置炮烙的酷刑，崇侯和惡來又天天斬斷渡河的人的小腿，哪裡見得分擔了商紂所招致的毀謗？而且人民對長官的期望很高，韓獻子做不到，還希望郤獻子能夠做到。現在郤獻子同樣做不到，人民便只有對長官絕望了。所以說，郤獻子的話，不是分擔毀謗，而是增加毀謗。而且郤獻子前去營救罪人，是認為韓獻子錯了，不說明他錯的緣由，卻勸他拿屍體巡行示眾，這樣，使得韓獻子不知道錯在哪裡。既使人民對長官絕望，又使韓獻子不知道過失何在，我不懂郤獻子是怎樣地分擔毀謗啊。

桓公解管仲之束縛而相之。管仲曰：「臣有寵矣，然而臣卑。」公曰：「使子立高、國❶之上。」管仲曰：「臣貴矣，然而臣貧。」公曰：「使子有三歸之家❷。」管仲曰：「臣富矣，然而臣疏。」於是立以為仲父❸。霄略❹曰：「管仲以賤為不可以治貴，故請高、國之上；以貧為不可治富，故請三歸；以疏為不可治親，故處仲父。管仲非貪，以便治也。」

或曰：今使臧獲❺奉君令，詔❻卿相，莫敢不聽，非卿相卑而臧獲尊也，主令所加，莫敢不從也。今使管仲之治，不緣❼桓公，是無君也；國無君不可以為治。若負❽桓公之威，下桓公之令，是臧獲之所以信❾也，奚待高、國、仲父之尊而後行哉？當世之行事、都丞❿之下徵令⓫者，不辟⓬尊貴，不就⓭卑賤。故行之而法⓮者，雖巷伯⓯信乎卿相；行之而非法者，雖大吏詘乎民萌⓰。今管仲不務尊主明法，而事增寵益爵，是非管仲貪欲富貴，必闇⓱而不知術也。故曰管仲有失行，霄略有過譽。

【注釋】❶高國　指高子和國子。高國二氏為春秋時代齊國的兩大貴族，太公望的後代，世代為卿，地位僅次於國君。據《左傳·莊公九年》的記載，這時的高子是高傒，至於國子，已無可確考。❷三歸之家　按：三歸有四種說法：一、娶三姓。二、臺名。三、三成歸公的租稅。四、三百乘之誤。據第一種說法，謂管仲有三個家室。據第二種說法，謂管仲有三歸之臺。據第三種說法，謂管仲可取三成的租稅。據第四種說法，謂管仲有三百輛兵車的財富。此處乃論貧富，當以第三種或第四種說法比較合理。❸仲父　對管仲的尊稱。仲，管仲的字。父，對男子的尊稱。❹霄略　齊國的大夫。事蹟不詳。❺臧獲　奴婢的賤稱。根據《方言》，荊、淮、海岱一帶罵奴為臧，罵婢為獲。燕、齊一帶，逃亡之奴叫臧，逃亡之婢叫獲。一說：取貨叫臧，擒得叫獲。皆有罪而淪為奴婢的人。❻詔　以上告下。猶言命令。❼緣　沿著。猶言遵循。❽負　仗恃；憑藉。❾信　「伸」的假借字。伸；伸張。❿行事都丞　兩種官名。職掌未詳。⓫徵令　懲戒的命令。徵，通作「懲」。⓬辟　通作「避」。避開。⓭就　趨向。⓮行之而法　執行如果合法。而，如。下文「行之而非法」義同。⓯巷伯　閹官；太監。因居於宮巷，主掌宮內的事，故稱。⓰大吏詘乎民萌　大官在人民面前感到理虧。詘，通「屈」。猶言理虧。萌，民。⓱闇　昏暗；愚昧。

【語　譯】齊桓公為管仲鬆綁，赦免他的罪，並立他為相。管仲說：「我已受到寵信了，可是我的地位還低。」桓公說：「我使你的地位在高子和國子之上。」管仲說：「我的地位已經尊貴了，可是我還貧窮。」桓公說：「我使你有個可收三成市租的家。」管仲說：「我已經富有了，可是我還疏遠。」於是立他為仲父。霄略說：「管仲認為地位低的不可以治理地位高的，所以請求提升地位在高子和國子之上；認為貧窮的不可以治理富有的，所以請求擁有可收三成市租的家；認為疏遠的不可以治理親近的，所以接受仲父的稱號。管仲不是貪心，是為了方便統治。」

有人說：假使派奴婢傳達君主的命令，告知卿相，沒人敢不聽，不是卿相地位低而奴婢地位高，而是君主的命令下達，沒人敢不聽從啊。假使管仲治理國家，而不遵循桓公的命令，這等於齊國沒有君主；國家沒有君主，便沒辦法治理。如果憑藉著桓公的威勢，頒發桓公的命令，這樣，奴婢也可以伸張他的權力，何必等到像高子、國子、仲父那樣高的地位才能行得通呢？現在行事、都丞等低級官員執行懲戒的命令，不避開尊貴的人，不趨向於卑賤的人，所以如果執行得合法，縱使是奄宦小吏對於卿相也能伸張權力；如果執行得不合法，縱使是卿相大官，在人民面前也得屈服。現在管仲不盡力推尊君主，伸明法律；卻從事於增加寵信，提高爵祿，這若不是管仲貪圖富貴，便是愚昧而不懂治術啊。所以說，管仲有過失的行為，霄略有錯誤的讚譽。

韓宣王❶問於樛留❷，曰：「吾欲兩用公仲、公叔❸，其可乎？」樛留對曰：「昔魏兩用樓、翟❹而亡西河❺，楚兩用昭、景❻而亡鄢郢❼。今君兩用公仲、公叔，此必將爭事而外市❽，則國必憂矣。」

或曰：昔者齊桓公兩用管仲、鮑叔❾，成湯兩用伊尹、仲虺❿。夫兩用臣者國之憂，則是桓公不霸，成湯不王也。湣王一用淖齒，而身死乎東廟⓫；主父一用李兌，減食而死⓬。主誠有術，兩用不為患；無術，兩用則爭事而外市，一用則專制而劫殺。今留無術以規上，使其主去兩、用一，是不有西河、鄢郢之憂，則必有身死、減食之患，是樛留未有善以知言⓭也。

【注釋】❶韓宣王　即《史記・韓世家》的韓宣惠王。韓昭侯的兒子，在位二十一年（西元前三三二～前三一二年）卒。❷樛留　戰國時韓國人。（日人松皐圓《定本韓非子纂聞》說）❸公仲公叔　公仲，韓宣惠王的相國。《史記索隱》以為名侈。《戰國策》有公仲明。明，一本作「朋」。本書〈十過〉有公仲朋。按：侈、朋、明三字形似，不知何者為是。公叔，或以為公叔伯嬰。（《史記・韓世家》、《戰國策・韓策》俱有公叔伯嬰，為韓襄王的太子，韓宣王的孫子）但此言兩用公仲、公叔，恐公叔另有其人，否則年歲不能相當。❹樓翟　樓鼻和翟強。（顧廣圻《韓非子識誤》說）皆戰國時的策士，見《戰國策・魏策》。❺西河　山西省龍門山一帶的黃河。一說：指黃河以西，今陝西省大荔、宜川等縣的地方。❻昭景　楚國宗族的二姓。❼鄢郢　楚國的兩城。鄢，故城在今湖北省宜城縣西南。郢，故城在今湖北省江陵縣北。按：楚國最初定都於丹陽（今湖北省秭歸縣東），後徙都於郢，後又徙都於鄢。❽爭事而外市　爭奪事權，對外勾結。爭事，猶言爭權。外市，以利益換取外力的援助。猶言勾結外國。市，交易。❾鮑叔　即鮑叔牙。春秋時齊國人，少時與管仲為友，凡事都讓管仲而不與計較。公子小白出奔於莒，鮑叔輔佐之，小白即位，是為桓公，鮑叔薦管仲為相。❿伊尹仲虺　商湯的兩位賢相。伊尹，名摯。助湯伐桀，滅夏。仲虺，商湯的左相。⓫湣王一用淖齒二句　齊湣王專用淖齒，結果被吊死於東廟。湣王，也作「閔王」。即齊湣王，戰國時齊國的君主，宣王的兒子，名地。燕將樂毅攻破齊國時，湣王逃往莒城。楚將淖齒救齊，湣王用以為相，後來反被淖齒所殺。在位四十年（西元前三二三～前二八四年）。一用，專用。一，專一。淖齒，也作「卓齒」。戰國時楚國的大將。當燕將樂毅率諸侯聯軍伐齊而大敗齊國時，楚國派淖齒率軍救齊，齊湣王用他為相，後來淖齒殺了齊湣王。本書〈姦劫弒臣〉說「卓齒之用齊也，擢湣王之筋，懸之廟梁，宿昔而死」，即指此事而言。⓬主父一用李兌二句　趙主父專用李兌，結果被圍而餓死。主父，即趙武靈王。傳位於少子何，是為惠文王，而自稱主父，封長子章為安陽君，其後安陽君因抱怨未繼承王位而起兵作亂，為公子成和李兌所敗，安陽君逃往沙丘宮求主父庇護，公子成和李兌進兵圍沙丘宮，殺安陽君。公子成和李兌畏罪，續圍主父，主父遂餓死於沙丘宮，凡在位二十七年（西元前三二五～前二九九年）。李兌，戰國時趙國的大臣，官司寇。減食而死，即餓死。⓭未有善以知言　猶言未為善於知言。即不算長於知言。有，為。以，於。知言，說話有遠見。

【語譯】韓宣王問樛留說：「我打算同時重用公仲、公叔，可以嗎？」樛留回答說：「從前魏國同時重用樓鼻、翟強，而喪失西河；楚國同時重用昭、景二氏，而喪失鄢郢。現在君主若同時重用公仲、公叔，這一定導致互相爭權而以利益換取外力的援助，國家一定堪憂。」

有人說：從前齊桓公同時重用管仲、鮑叔，商湯同時重用伊尹、仲虺。如果同時重用兩個大臣就國家堪憂，那麼桓公就不會稱霸諸侯，商湯就不會統治天下了。齊湣王專一地重用淖齒，結果被吊死在東廟；趙主父專一地重用李兌，結果被餓死於沙丘宮。君主真有治術的話，同時重用兩個大臣不會構成禍害。沒有治術的話，同時重用兩個大臣就互相爭權，並以利益換取外力的援助；專用一人就獨擅大權而劫殺君主。現在樛留沒有治術可勸君主，卻使君主放棄同時重用兩個大臣的方案，而採取專用一人的方案，這樣，即使沒有喪失西河、鄢郢這類的禍端，也必有被吊死、餓死的災難。如此說來，樛留不能算是說話有遠見的人了。

難二

【題解】難二，解釋見〈難一〉。

本篇共有七段：第一段言，刑罰恰當，無所謂多，刑罰不當，無所謂少。緩刑寬惠，非治之道。第二段言，無功而賞，有過不誅，是致亂的根由。第三段言，智者避禍，應該體道無為。第四段言，五霸之功，得力於君臣合作。第五段言，君主使人，必依法度。第六段言，為官者應有術以察下屬之誠偽。第七段言，用眾之道，在於信賞必罰。

景公過晏子❶曰：「子宮❷小，近市，請移子家豫章之圃❸。」晏子再拜而辭曰：「且❹嬰家貧，待市食而朝暮趨之，不可以遠。」景公笑曰：「子家習❺市，識貴賤乎？」是時景公繁於刑，晏子對曰：「踴貴而屨賤❻。」景公曰：「何故？」對曰：「刑多也。」景公造然變色❼，曰：「寡人其暴乎！」於是損刑❽五。

或曰：晏子之貴踴，非其誠❾也，欲便辭❿以止多刑也，此不察治⓫之患也。夫刑當無多，不當無少⓬，無以不當聞，而以太多說⓭，無術之患也。敗軍之誅，以千百數，猶北且不止⓮。即治亂之刑，如恐不勝，而姦尚不盡⓯。今晏子不察其當否，而以太多為說，不亦妄乎！夫惜草茅者耗禾穗⓰，惠盜賊者傷良民。

今⑰緩刑罰，行寬惠，是利姦邪而害善人也，此非所以為治也。

【注　釋】❶景公過晏子　齊景公探望晏子。景公，春秋時齊國的君主。靈公的兒子，莊公的異母弟，名杵臼。崔杼弒莊公，立杵臼為國君。喜歡營建宮室，畜養犬馬，課徵重稅，濫用刑罰，幸賴晏嬰輔佐，才不致顛危，在位五十八年（西元前五四七～前四九〇年）。過，探望；拜訪。晏子，（西元前？～前五〇〇年）名嬰。字平仲，春秋時齊國夷維（今山東省高密縣）人，繼他的父親弱為齊卿，後相景公，長於應對，以節儉力行著稱於當時。❷宮　房屋。古人無論貴賤，所住房屋都稱宮，秦漢以後，惟帝王所居高大房屋才稱宮。❸豫章之圃　種有很多豫木和樟木的園子。一說：以豫章為圃名，未必有豫木和樟木。豫章，兩種樹名。豫，通作「櫲」，也作「橨」。木名，即枕木，又名釣樟。章，通作「樟」。木名，即現在的樟木。❹且　猶言「今」。❺習　近。❻踴貴而屨賤　刖者的鞋子貴，普通人的鞋子便宜。踴，通「踊」。受過刖刑的人所穿的鞋子。屨，草鞋；鞋子。❼造然變色　驚悚地變了臉色。造然，驚悚的樣子。色，指臉色。❽損刑　減刑。損，減少。❾誠　真實；本意。❿便辭　猶言借辭、託辭。⓫察治　明察治術。⓬刑當無多二句　刑罰適當，無所謂多，刑罰不當，無所謂少。即刑罰合理的話，雖多也沒有壞處，若刑罰不合理，雖少也沒有少的好處。當，適當；合理。⓭說　勸說。⓮敗軍之誅三句　軍隊潰敗時殺戮逃兵，殺得成千上百，還是奔逃不停。誅，殺戮。以千百數，用千或百為單位來計算。數，計算。猶，尚；還。北，敗逃。且，猶言「而」。⓯即治亂之刑三句　而治理社會混亂的刑罰，惟恐嚴厲得不能制止亂事，可是姦邪之徒還是沒有除盡。即，而。治亂，治理亂象。如恐不勝，好像懼怕不能克服的樣子。此處形容刑罰的嚴厲。不勝，不能克服；不能壓制。⓰惜草茅者耗禾穗　愛惜雜草而不除，就會妨害穀實。惜，愛惜。草茅，泛指草類。茅，草名。有白茅、黃茅、青茅等。耗，損害。⓱今　若；假使。

【語　譯】齊景公去探望晏子，說：「你的房屋太小，又靠近市場，我讓你把家搬到豫章園去。」晏子再拜行禮，推辭說：「現今晏嬰家裡貧窮，早晚都要到市場買食物吃，不能搬得太遠。」景公笑著說：「你家靠近市場，知道貨品的貴賤嗎？」這個時期景公用刑頻繁，晏子便回答說：「受刖刑的人所穿的鞋子較貴，普通人所穿的鞋子比較便宜。」景公說：「為什麼呢？」晏子回答說：「刑罰用得太多的緣故。」景公聽了，驚詫地變了臉色，說：「大概我太殘暴了！」於是減免了五種刑罰。

有人說：晏子說受過刖刑的人所穿的鞋子貴，不是事實，只是想借辭以終止頻頻用刑的現象，這是不明察治術的不良後果。刑罰如果適當，多也沒有多的壞處；如果不適當，少也沒有少的好處。晏子不拿用刑不當報告景公，卻拿刑罰太多來勸諫，這是沒有治術的害處。軍隊潰敗時，殺戮逃兵成千上百，逃兵還是奔逃不停；制止社會混亂的刑罰，嚴厲得唯恐不能禁止亂事，姦人還是沒有除盡。現在晏子不明察刑罰適當與否，而以刑罰太多勸諫景公，不是太荒唐了嗎？愛惜雜草而不除，便會損害穀實；愛惜盜賊而不除，便會傷害良民。假使寬緩刑罰，實施恩惠，便等於造福姦邪而傷害善人，這不是治理國家的方法。

齊桓公❶飲酒醉，遺❷其冠，恥之，三日不朝❸。管仲曰：「此非有國之恥也，公胡不雪之以政❹？」公曰：「善。」因發倉囷賜貧窮❺，論囹圄出薄罪❻。處❼三日，而民歌之，曰：「公乎！公乎！胡不復遺其冠乎？」

或曰：管仲雪桓公之恥於小人，而生桓公之恥於君子矣。使桓公發倉囷而賜貧窮，論囹圄而出薄罪，非義也，不可以雪恥使之而義也。桓公宿義❽，須遺冠而後行之，則是桓公非行義，為遺冠也。是雖雪遺冠之恥於小人，而亦生遺冠之恥於君子矣。且夫發囷倉而賜貧窮者，是賞無功也；論囹圄而出薄罪者，是不誅過也。夫賞無功，則民偷幸❾而望於上；不誅過，則民不懲❿而易為非，此亂之本也，安可以雪恥哉？

【注 釋】❶齊桓公 春秋時齊國的君主。名小白，任管仲為相，成為春秋第一個霸主。❷遺 失；遺失。❸朝 到朝廷會見群臣，裁決政務。❹胡不雪之以政 為何不用良好的政治來洗刷恥辱。胡，何。雪，滌除。❺發倉囷賜貧窮 發放倉庫裡的糧食給貧窮的人。倉囷，儲藏米穀的倉庫。此指倉庫裡的米糧。方的叫做倉，圓的叫做囷。❻論囹圄出薄罪 審判監牢裡的囚犯，釋放輕罪的人。論，審判。囹圄，監獄。此指監獄裡的罪犯。薄罪，輕罪。此指犯輕罪的人。❼處 居。此指過了。❽宿義 久藏胸中的正義。宿，積久；平素。❾偷幸 苟且僥倖。❿懲 警戒。

【語 譯】齊桓公喝醉酒，遺失了他的冠帽，覺得很丟臉，連續三天不上朝。管仲說：「這不是君主所應引以為恥的事。君主何不拿良好的政治來洗刷羞恥呢？」桓公說：「很好。」便發放倉庫裡的糧食給貧窮的人，審判監牢裡的囚犯，釋放輕罪的犯人。這樣過了三天，人民歌頌說：「君主啊！君主啊！為什麼不再遺失他的冠帽呢？」

有人說：管仲使桓公在一般人民心目中洗刷了羞恥，卻在君子的心目中產生了羞恥。假使桓公發放倉庫裡的糧食給貧窮的人，審判監獄裡的囚犯而釋放輕罪的人，這些都不合於正義的話，那就不能拿洗刷羞恥來使他合於正義。假使桓公心裡久已蓄藏著正義，等到遺失了冠帽以後才實行，那麼桓公就不是實行正義，而是為了遺失冠帽。這樣說來，雖然在一般人民心目中洗刷了羞恥，但又在君子的心目中產生蓄藏正義而不施行的羞恥。而且，發放倉庫裡的糧食給貧窮的人，這是獎賞沒有功勞的人；審判監獄裡的囚犯，釋放輕罪的人，這是不懲罰有罪的人。獎賞無功的人，人民就會得過且過，心存僥倖，以盼望君主的恩惠；不懲罰有罪的人，人民就不知警戒而輕易地為非作歹，這是國家混亂的緣由，怎麼能夠洗刷羞恥呢？

昔者文王❶侵盂、克莒、舉酆❷，三舉事❸而紂❹惡之。文王乃懼，請入洛西❺之地，赤壤❻之國，方千里，以解炮烙❼之刑，天下皆說❽。仲尼聞之曰：「仁哉文王！輕千里之國，而請解炮烙之刑。智哉文王！出千里之地，而得天下之心。」

或曰：仲尼以文王為智也，不亦過乎？夫智者知禍難之地❾而辟❿之者也，是以身不及於患也。使文王所以見惡於紂者，以其不得人心耶？則雖索⓫人心以解惡⓬可也。紂以其大得人心而惡之已⓭，又輕地以收人心，是重⓮見疑也，固其所以桎梏囚於羑里⓯也。鄭長者⓰有言：「體道，無為，無見也⓱。」此最宜於文王矣，不使人疑之也。仲尼以文王為智，未及此論也。

【注　釋】❶文王　指周文王。姓姬，名昌，周武王的父親，殷時為諸侯，居於岐山（今陝西省岐山縣東北）之下，受到諸侯的擁護，曾被商紂王囚於羑里，後獲釋，為西方諸侯之長，稱西伯，周武王滅紂，追尊為文王。❷侵盂克莒舉豐　攻占盂國，制勝莒國，占據豐地。盂，「邘」的假借。《史記・周本紀》：「文王敗耆國，明年伐邘。」邘，商朝國名。故地在今河南省沁陽縣西北邘臺鎮。莒，疑即「耆」，因音近而寫為莒（邵增樺《韓非子今注今譯》說）。豐，文王所建新邑。在今陝西省鄠縣東。❸舉事　發動戰事。❹紂　商朝末代君主。名受辛，嗜酒好色，殘暴無道，周武王滅商，投火自焚。❺洛西　洛水以西。洛，洛水。黃河支流之一，發源於陝西省雒南縣，經河南省盧氏、洛陽至鞏縣入黃河。❻赤壤　猶言美土、沃土。❼炮烙　商紂所用的酷刑。用炭燒熱銅柱，令人爬行柱上，立即墜落炭上燒死。❽說　同「悅」。❾禍難之地　災難的所在。難，禍災。地，所在。❿辟　通作「避」。⓫索　求。⓬解惡　消除憎惡。⓭已　助詞。猶「矣」。⓮重　重複；再。⓯桎梏因於羑里　繫著腳鐐手銬囚禁在羑里。桎梏，舊時刑具。在腳上的叫做桎，在手上的叫做梏。羑里，即今河南省湯陰縣北羑里故城。羑，或作「牖」。⓰鄭長者　戰國時鄭國人，姓名不詳。《漢書・藝文志》有《鄭長者》一篇。⓱體道三句　體會大道，不要做作，不要表現。道，萬物的本體；萬物變化的規律。無為，不做作，順其自然。見，通「現」。表現；顯露。

【語　譯】從前周文王攻占盂國，制勝莒國，奪取豐邑，發動三次戰事，商紂憎恨他。文王於是害怕，請求獻上洛水以西的土地，土壤肥沃的地區，周圍千里，以解除炮烙的酷刑，天下的人民都很高興。仲尼聽到這件事，說：「文王真是有愛心啊！不在乎千里的土地，而用以請求解除炮烙的酷刑。文王真聰慧啊！獻出千里的土地，而獲得天下的人心。」

有人說：仲尼認為文王是個智者，不是太錯誤了嗎？所謂智者，是知道災難的所在而設法避開它，所以自身不會遇到災難。假使文王被商紂憎恨的原因，是由於不得人心，那麼縱使是盡量博取人心的歸向，以解除商紂的憎惡也是可以的。假使紂王是因文王太得人心而憎恨他，而文王卻又看輕土地以收買人心，這是加倍招致疑忌，這也正是他被綁縛手腳囚禁在姜里的原因了。鄭長者曾說：「體會大道，不要做作，不要表現。」這是最適合文王的，因為那可以不使人疑忌於他。仲尼認為文王是智者，實不如鄭長者的見解。

晉平公❶問叔向❷曰：「昔者齊桓公九合諸侯，一匡天下❸，不識❹臣之力也，君之力也？」叔向對曰：「管仲善制割❺，賓胥無善削縫❻，隰朋善純緣❼，衣成，君舉而服之，亦臣之力也，君何力之有！」師曠伏琴而笑之❽。公曰：「太師奚笑也❾？」師曠對曰：「臣笑叔向之對君也。凡為人臣者，猶炮宰和五味而進之君❿，君弗食，孰敢強之也？臣請譬之，君者壤地也，臣者草木也，必壤地美，然後草木碩大，亦君之力也，臣何力之有！」

或曰：叔向、師曠之對，皆偏辭也。夫一匡天下，九合諸侯，美之大者也，非專君之力也，又非專臣之力也。昔者宮之奇⓫在虞⓬，僖負羈⓭在曹⓮，二臣之智，言中事，發中功⑮，虞、曹俱亡者，何也？此有其臣而無其君者也。且蹇叔⑯處虞而虞亡，處秦而秦霸，非蹇叔愚於虞而智於秦也，此有君與無君也。向曰：「臣之力也。」不然矣。昔者桓公宮中二市，婦閭二百⑰，被髮而御婦人⑱。得管仲，為五伯⑲長；失管仲，得豎刁⑳，而身死蟲流出戶不葬㉑。以為非臣之力也，且㉒不以管仲為霸；以為君之力也，且不以豎刁為亂。昔者晉文公慕於齊女而忘歸㉓，咎犯㉔極諫，故使得反晉國。故桓公以管仲合㉕，文公以舅犯霸。而師曠曰：「君之力也。」又不然矣。凡五霸所以能成功名於天下者，必君臣俱有力焉，故曰叔向、師曠之對，皆偏辭也。

【注釋】❶晉平公　春秋時晉國的君主。悼公的兒子，名彪，在位二十六年（西元前五五七～前五三二年）。❷叔向　春秋時晉國的大夫。姓羊舌，名肸，字叔向，也稱叔肸。羊舌職的兒子，羊舌赤的弟弟，執晉國之政，著名於當時。❸一匡天下　匡正天下；使動亂的天下恢復安定。一，助詞。匡，正。❹不識　不知。❺管仲善制割　管仲善長於剪裁。管仲，春秋時潁上（今河南省許昌縣和臨潁縣一帶）人。名夷吾，字仲，諡敬，故又稱管敬仲，相齊桓公，尊王攘夷，稱霸諸侯。制割，剪裁。制，裁斷。❻賓胥無善削縫　賓胥無善於縫合。賓胥無，春秋時齊桓公的賢臣。削縫，修飾縫合。削，刪減。❼隰朋善純緣　隰朋善於裝飾衣邊。隰朋，春秋時齊桓公的賢臣。純緣，衣邊。此作動詞，即裝飾衣邊。純，衣服的邊緣。緣，衣服的邊緣。❽師曠伏琴而笑之　師曠放下琴發笑。師曠，春秋時晉國的樂師，字子野。伏琴，猶偃琴。把琴放下。❾太師奚笑也　太師笑什麼。太師，樂官的首長。奚笑，為什麼笑；笑什麼。奚，何。也，通「邪」。疑問語助詞。❿猶炮宰　像廚師調和五味而獻給君主。猶，如。炮宰，膳夫；廚師。炮，通「庖」。和，調和。五味，酸甜鹹辣苦。進，獻。之，於。

⑪宮之奇　春秋時虞國的大夫。晉獻公欲伐虢，用璧石駿馬向虞借路，宮之奇以脣亡齒寒的道理諫阻，虞君不聽，宮之奇與族人離開虞國，結果晉師滅虢後，並滅虞國。⑫虞　周朝國名。周太王之子虞仲的後代所建，周武王所封，春秋時為晉獻公所滅，故城在今山西省平陸縣東北。⑬僖負羈　春秋時曹國的大夫。晉公子重耳出奔列國，經過曹國時，曹共公想趁他洗澡時偷看他不同常人的駢脅的樣子，僖負羈勸阻不了，便依妻子的建議，送公子重耳一盤食物，裡面藏著寶玉，表示自己的敬意，後來重耳回國即位，是為晉文公，伐曹，破之，下令軍士，不准進入僖負羈的家，以示回報。⑭曹　周朝國名。周武王弟振鐸的封國，都於陶丘，後為宋國所滅，故城在今山東省定陶縣西北。⑮言中事發中功　說話切合事理，行動足以達成事功。中，切合；合理。發，指發為行動。功，事功。⑯蹇叔　春秋時人。與百里奚為友，百里奚推薦給秦穆公，秦穆公用為上大夫。日人太田方《韓非子翼毳》認為蹇叔應是百里奚之誤，《呂氏春秋》、《史記・淮陰侯列傳》都有「百里奚處乎虞而虞亡，處乎秦而秦霸」的記載，可證。⑰婦閭二百　二百間婦女住的房屋。閭，通「廬」。居室。（邵增樺《韓非子今注今譯》說）⑱被髮而御婦人　披散頭髮而與婦人嬉戲。被髮，散開頭髮；不束髮不戴冠。被，通「披」。散開。御，與君主有關的事物。此指齊桓公與婦女們嬉戲、胡鬧。⑲五伯　五霸。即齊桓公、晉文公、宋襄公、秦穆公、楚莊王。伯，通「霸」。⑳豎刁　春秋時齊國人。詳見二七〇頁❺。㉑身死蟲流出戶不葬　詳見五八九頁⑲。㉒且　必；必然。㉓晉文公慕於齊女而忘歸　按：晉文公為公子時流亡到齊國，齊桓公嫁宗室女姜氏給他，他覺得生活安定而美滿，不肯離開齊國，也不打算回國，姜氏和咎犯設計，使他喝醉酒，乘他酒醉未醒而離開齊國。晉文公，即公子重耳。詳見二一四頁❼。㉔咎犯　也作「舅犯」。即晉文公的舅父狐偃。偃，字子犯。春秋時晉國的大夫，隨重耳逃亡在外，多所匡救。㉕合　指會合諸侯。

【語　譯】晉平公問叔向說：「從前齊桓公九次會合諸侯，匡正天下，不知道是臣子的力量呢？還是君主的力量呢？」叔向回答說：「比方做衣服好了，管仲善於剪裁，賓胥無善於縫合，隰朋善於修飾衣邊。衣服做成了，君主拿來穿上，此乃臣子的力量，君主哪有力量可言呢！」師曠放下琴發笑。平公說：「太師笑什麼？」師曠回答說：「我笑叔向對君主的答話。凡是做臣子的人，就好像廚師調和五味進獻於君主一樣，君主不吃，誰敢勉強他吃呢？讓我打個比方：君主好比土壤，臣子好比草木，一定是土地肥美，然後草木茂盛；可見是君主的力量，臣子哪有什麼力量可言呢！」

有人說：叔向和師曠的回答，都是片面之辭。那匡正天下，會盟諸侯的事業，是極其美好而盛大的，不是專靠君主的力量，也不是專靠臣子的力量。從前宮之奇在虞國，僖負羈在曹國，兩人的智慧，說話切合事理，行動足以成功，而虞曹兩國都終歸於滅亡，什麼原因呢？這是有好的臣子而沒有好的君主的緣故。而且蹇叔在虞國而虞國滅亡，在秦國而秦國稱霸，這不是蹇叔在虞國就笨，在秦國就聰明，而是有好君主和沒有好君主的關係。叔向說：「是臣子的力量。」這是不對的。從前齊桓公在宮中設置兩處市場，兩百所婦女住的房屋，桓公披散著頭髮而和婦女們胡鬧。用管仲，成為五霸的首領；失了管仲，用豎刁，結果死後屍蟲爬出門外而沒人替他安葬。以為不是臣子的力量，必不會因管仲而成為霸主；以為君主的力量，必不會因豎刁而導致混亂。從前晉文公眷戀齊女姜氏而淡忘回去復國的志願，咎犯極力勸諫，才使他得以回國，而做了君主。所以齊桓公是由於管仲而得以會盟諸侯，晉文公是由於舅犯而得以稱霸天下。而師曠說：「是君主的力量。」這也是不對的。大凡五霸之所以能成就大功和美名於天下，必然是君主和臣子都有力量，所以說叔向和師曠的回答，都是片面之辭。

齊桓公之時，晉客至，有司請禮❶，桓公曰「告❷仲父」者三。而優笑❸曰：「易哉為君！一曰仲父，二曰仲父。」桓公曰：「吾聞君人者勞於索人，佚於使人❹。吾得仲父已難矣，已得仲父之後，何為不易乎哉？」

或曰：桓公之所應優❺，非君人者之言也。桓公以君人為勞於索人，何索人為勞哉？伊尹自以為宰干湯❻，百里奚自以為虜干穆公❼。虜，所辱也，宰，所羞也，蒙羞辱而接君上，賢者之憂世急也。然則君人者，無逆賢❽而已，索賢不為人主難。且官職所以任賢也，爵祿所以賞功也。設官職，陳❾爵祿，而士自至，君人者奚其勞哉？使人，又非所佚也。人主雖使人，必以度量準之⑩，以形名參之⑪。事遇⑫於法則行，不遇於法則止；功當⑬其言則賞，不當則誅。以形名收臣⑭，以度量準下，此不可釋⑮也，君人者焉佚哉？索人不勞，使人不佚，而桓公曰「勞於索人，佚於使人」者，不然。且桓公得管仲又不難。管仲不死其君而歸桓公⑯，鮑叔⑰輕官讓能而任之，桓公得管仲又不難，明矣。已得管仲之後，奚遽⑱易哉？管仲非周公旦⑲。周公旦假⑳為天子七年，成王㉑壯，授之以政，非為天下計也，為其職㉒也。夫不奪子㉓而行㉔天下者，必不背死君而事其讎；背死君而事其讎者，必不難奪子而行天下；不難奪子而行天下者，必不難奪其君國矣。管仲，公子糾之臣也，謀殺桓公而不能，其君死，而臣桓公㉕。管仲之取舍㉖，非周公旦亦以㉗明矣。然其賢與不賢，未可知也。若使管仲大賢也，且為湯武㉘。湯武，桀紂㉙之臣也，桀紂作亂，湯武奪之。今桓公以易居其上，是以桀紂之行，居湯武之上，桓公危矣。若使管仲不肖㉚人也，且為田常㉛。田常，簡公㉜之臣也，而弒其君。今桓公以易居其上，是以簡公之易，居田常之上也，桓公又危矣。管仲非周公旦以明矣，然為湯武與田常，未可知也。為湯武，有桀紂之危；為田常，有簡公之亂也。已得仲父之後，桓公奚遽易哉？若使桓公之任管仲，必知不欺己也，是知不欺己之臣也。然雖知不欺己之臣，今33桓公以任管仲之專，借豎刁、易牙，蟲流出戶而不葬。桓公不知欺主與不欺主已明矣，而任臣如彼其專也，故曰桓公闇主34。

【注釋】❶有司請禮　官吏請示待客的禮節。有司，指官吏。官吏各有執掌，故稱。司，掌管。請，請示。禮，此指招待客人的禮節。❷告　告訴；請求。此指請問。❸優笑　以調戲詼笑娛樂別人的人。優，調戲。笑，嘲笑。引申為詼笑、笑謔。按：本書〈八姦〉：「優笑侏儒，左右近習。」《國語・齊語》：「優笑在前，賢才在後。」可證「優笑」應連續成詞。❹勞於索人二句　在尋求人才方面比較費力，在使用人才方面比較輕鬆。勞，費力；勤勞。索，求。佚，輕鬆；安閒。❺應優　回答優笑。應，回答。優，優人。即前文的優笑。❻伊尹自以為宰干湯　伊尹親自藉做廚夫的機會求商湯重用。伊尹，詳見一二一頁35。自，自己；親自。以，經由；憑藉。為，做。宰，宰夫；廚夫。干，求用。按：此與〈難一〉「伊尹……道為宰干湯」同義。❼百里奚句　百里奚親自藉做奴僕的機會求秦穆公重用。百里奚，詳見一二一頁36。虜，奴僕。按：此與〈難一〉「百里奚……道為虜干穆公」同義。❽逆賢　拒絕賢才。逆，拒。❾陳　設置；陳設。❿以度量準之　用法度來衡量它。度量，法度。準，測量水平。引申為衡量。⓫以形名參之　拿名實來檢驗它。形名，猶言名實。形，指事物的實質。名，名稱；名號。參，檢驗。⓬遇　合；投合。⓭當　適合。⓮收臣　收攏臣子。收，收錄；收攏。⓯釋　放棄。⓰管仲句　詳見一八三頁39。⓱鮑叔　即鮑叔牙。春秋時齊國人，與管仲為友，知管仲賢。鮑叔事公子小白，管仲事公子糾，二公子爭位，管仲射公子小白，射中衣帶的帶鉤，後來小白即位，是為桓公，任命鮑叔為相，鮑叔自稱有五種事都比不上管仲，故推薦管仲。桓公終於任管仲為相。⓲遽　遂；就。⓳周公旦　姓姬，名旦。周文王的兒子，周武王的弟弟，輔助武王滅商，封於魯。武王死，成王年幼，周公代理政務，管叔、蔡叔聯合殷商的後代武庚作亂，周公東征，平定管、蔡和武庚，七年，還政於成王。⓴假　代理。㉑成王　周武王的兒子，名誦。武王死，成王年幼，由叔父周公旦代理政務，七年，還政於成王。㉒職　職務；分內當做的事。㉓子　嗣君。指周成王，為武王之子。㉔行　治理。㉕管仲五句　按：《史記・齊太公世家》載：襄公無道，諸弟恐及禍，公子糾奔魯，管仲、召忽輔佐他，公子小白奔莒，鮑叔輔佐他，後來公孫無知作亂，弒襄公自立，不久又被雍林人所殺，大臣高子、國子祕召公子小白，魯國也急派兵護送公子糾返齊，途中，管仲率兵攔截小白，射中小白衣帶的帶鉤，小白假裝被射死，魯國的軍隊便緩了下來，結果小白先回到齊國，做了國君，是為桓公，桓公要求魯國殺公子糾，公子糾死，召忽殉難，而管仲卻由於鮑叔的推薦做了齊桓公的相。㉖取舍　猶言出處、進退。舍，通作「捨」。㉗以　已。㉘且為湯武　將做商湯、周武王那樣的人物。且，將。湯，商朝的開國君主。滅夏桀而有天下。武，周武王。周朝的首位天子，滅商紂而有天下。㉙桀紂　夏桀王和商紂王。皆暴虐無道的君主，分別為商湯和周武王所滅。㉚不肖　猶言不賢、不才。㉛田常　也稱田恆，或稱陳恆。春秋時齊國的權臣，祖先為陳國的公子完。公子完奔齊，改姓田，宗族越來越強大，傳至田常，以大斗出貸，以小斗回收，齊國人心因此盡歸田常。齊簡公四年，田常弒簡公，立平公而自為相，掌握齊國的大權。㉜簡公　春秋時齊國的君主。悼公的兒子，名壬，在位四年，為田常所殺。㉝今　猶乃、卻。㉞闇主　愚昧的君主。闇，冥暗；昏昧。

【語譯】齊桓公的時候，晉國的賓客來到齊國，官吏向桓公請示接待賓客的禮節，桓公說「去問仲父」，這樣回答了三次。一個俳優說：「做君主真容易呀，第一次答說『問仲父』，第二次也答說『問仲父』。」桓公說：「我聽說，做君主的人在尋求人才方面比較辛苦，在任用人才方面比較輕鬆。我尋求仲父，已經尋得很辛苦了；獲得仲父以後，為什麼不輕鬆呢？」

有人說：桓公回答俳優的話，不是做君主的人所應有的言論。桓公認為君主在尋求人才方面比較辛苦；為什麼尋求人才會辛苦呢？伊尹親自藉做廚夫的機會，求商湯重用他，百里奚親自藉做奴僕的機會，求秦穆公重用他。做奴僕，是被認為汙辱的事；做廚夫，是被認為羞恥的事。蒙受這樣的羞辱去接近君主，這表示賢者憂慮世人的急切。可見做君主的人，只要不拒絕賢人便可以了，尋求賢才並不構成君主的困難。而且官職是用來任命賢人的，爵祿是用來獎賞有功之人的。設立官職，陳設爵祿，人才自然就會前來，君主怎麼會辛苦呢？使用人才，也不是輕鬆的事。君主雖只是下令使用人才，但一定要拿法度來衡量，用名實來檢驗。事情合於法度就實行，不合法度就廢止。績效合於他的說法就賞，不合的就罰。用循名責實的方法收攏臣子，用法度衡量屬下，這是不可忽略的。做君主的人哪裡會輕鬆呢？尋求人才，並不辛苦；使用人才，也不輕鬆。

而桓公卻說「尋求人才很辛苦，使用人才便輕鬆」，這話是不對的。而且桓公獲得管仲也不困難。管仲不為公子糾死難而歸附桓公，鮑叔輕視官爵，自謙無能，而使他受重用，桓公獲得管仲並不困難，這是很明顯的了。得到管仲以後，哪裡就輕鬆了呢？管仲不比周公旦；周公旦代理天子的職務長達七年，等到成王長大，便把政權交給他，不是只為天下打算，也是為了本分啊！那不奪取幼主的地位而治理天下的人，一定不會背叛已死的君主去事奉仇敵；背叛已死的君主去事奉仇敵的人，一定不難奪取幼主的地位而統治天下；不難奪取幼主的地位而統治天下的人，也一定不難奪取他君主的地位和國家了。管仲是公子糾的臣子，謀殺桓公而沒有成功，他所事奉的主人死後，便歸順桓公。管仲的進退大節不像周公旦那樣坦坦蕩蕩，也是很明顯的了。可是他賢或不賢，還不知道。假使管仲是個大賢，那他將做商湯、周武王那樣的人物。商湯、周武王是夏桀、商紂的臣子。夏桀、商紂暴虐亂國，商湯、周武王便奪取他們的地位。現在桓公以輕鬆的態度居於其上，這就像以桀紂的態度，做湯武的君主，桓公好危險啊！假使管仲是個不賢的人，那他將做田常那樣的人物。田常是齊簡公的臣子，而弒了簡公。現在桓公以輕鬆的態度居於其上，這就像以簡公的態度，做田常的君主，桓公又多危險啊！管仲不是像周公旦那樣的人物，已經很明顯了，可是他要做湯武或田常，還不知道。他若做湯武，桓公就會有像桀紂那樣的危險；他若做田常，桓公就會有像簡公所遇的叛亂。得到管仲以後，桓公哪裡就輕鬆了呢？假使桓公任用管仲，確知他不會欺騙自己，這可算是認識了不欺騙自己的臣子。他雖認識了不欺騙自己的臣子，但後來卻以任用管仲的專一，來任用豎刁、易牙，以至於死後屍蟲流出門外而沒人替他安葬。桓公不知道誰會欺騙君主、誰不會欺騙君主已經很明白了，而他任用臣子卻那樣的專一。所以說，桓公是個愚昧的君主。

李克❶治中山❷，苦陘令上計而入多❸。李克曰：「言語辯❹，聽之說❺，不度❻於義，謂之窕言❼。無山林澤谷之利而入多者，謂之窕貨❽。君子不聽窕言，不受猋貨，子姑免矣❾。」

或曰：李子設辭❿曰：「夫言語辯，聽之說，不度於義者，謂之猋言。」辯，在言者；說，在聽者。言非聽者也，則辯非說者也。所謂不度於義，非謂聽者，必謂所聽⓫也。聽者，非小人，則君子也。小人無義，必不能度之義也；君子度之義，必不肯說也。夫⓬曰「言語辯，聽之說，不度於義」者，必不誠之言也。入多之為猋貨也，未可遠行⓭也。李子之姦弗蚤禁⓮，使至於計⓯，是遂過⓰也。無術以知而入多，雖倍入⓱，將奈何？入多者，穰⓲也。舉事慎陰陽之和⓳，種樹節四時之適⓴，無早晚之失、寒溫之災，則入多。不以小功妨大務，不以私欲害人事，丈夫盡於耕農，婦人力於織紝㉑，則入多。務於畜養之理，察於土地之宜，六畜遂㉒，五穀殖㉓，則入多。明於權計㉔，審於地形舟車機械之利，用力少，致功大，則入多。利商市關梁㉕之行，能以所有致所無，客商歸之，外貨留之，儉於財用，節於飲食，宮室器械，周於資用㉖，不事玩好，則入多。入多，皆人為也。若天事風雨時，寒溫適，土地不加大，而有豐年之功，則入多。人事、天功，二物㉗者皆入多，非山林澤谷之利也。夫無山林澤谷之利入多，因謂之猋貨者，無術之言也。

【注　釋】①李克　戰國初年魏國人，子夏弟子。魏文侯用為相，多所改革，魏國因此日益富強。②中山　國名。故地在今河北省定縣一帶。按：古中山國有二：一在春秋時代，為姬姓國，為魏文侯所滅。一在戰國時代，為魏所封。文侯既滅中山，派太子擊駐守，及太子擊返魏，又封少子摯於中山，後為趙武靈王所滅。此文之中山，指前者。③苦陘令上計而入多　苦陘縣的縣長年終呈上施政報告書，收入財物很多。苦陘，中山國所屬縣名。故地在今河北省無極縣東北。令，縣長。大縣稱令，小縣稱長。上計，地方長官於每年年終向中央政府報告一年的會計及施政情形。④辯　言語巧捷。⑤說　同「悅」。⑥度　考慮。⑦窕言　虛詐不實的話。窕，不實；不充滿。⑧窕貨　來歷不正當的貨物。⑨子姑免矣　你暫且免去職務吧。子，你。姑，暫且。免，免官；免職。⑩設辭　假設言辭。⑪所聽　指聽到的話。⑫夫　彼；他。⑬遠行　施行久遠。⑭李子之姦弗蚤禁　李子對於姦邪不及早禁止。之，於；對於。蚤，「早」的借字。⑮計　指上計。⑯遂過　順成過失；使過失因循下去。遂，順；因循。⑰倍入　悖入；不正當的收入。倍，通「悖」。違反；逆亂。⑱穰　豐收。⑲舉事慎陰陽之和　興辦農事順著陰陽的和氣。舉，舉辦。事，指農事。慎，順。陰陽，指寒暑、晴雨等變化。和，調和；平衡而無所偏重。⑳種樹節四時之適　種植作物配合四季的恰當時機。種樹，種植。樹，種。節，適度；配合得正好。四時，四季；春夏秋冬。㉑織紝　製作布帛。紝，織；用線穿針。㉒六畜遂　六畜養得成功。六畜，指馬、牛、羊、雞、犬、豕。遂，成；完成。㉓五穀殖　五穀繁殖。五穀，說法不一，一般指稻、黍、稷、麥、菽。㉔權計　計謀。權，謀。㉕關梁　關塞橋梁。㉖周於資用　供給應用周備無缺。周，完備；周備。資，供給。㉗二物　二事。指人事和天功。

【語　譯】李克治理中山國的舊地，苦陘縣的縣長年終呈報一年的會計和施政情形，收入的財物很多。李克說：「說話巧妙，聽來高興，卻沒有考慮是否合於正義，叫做不實的言語。沒有山林水澤的利益，而收入的財物很多，叫做不實的財物。君子不聽不實的言語，不接受不實的財物。你暫且免職吧。」

有人說：李子假設言辭說：「說話巧妙，聽來高興，卻沒有考慮是否合於正義，叫做不實的言語。」話說得巧妙，在於說話的人；聽得高興，在於聽話的人。說話的人不是聽話的人；巧妙的人也不是高興的人。所謂不考慮是否合於正義，不是指聽話的人，而一定是指所聽的言語。聽話的人不是小人便是君子。小人沒有正義，一定不能使他合於正義；君子本就講究正義，一定不會因此而高興。他所說「言語巧妙，聽來高興，卻沒有考慮是否合於正義」的話，一定是不正確的。收入的財物很多，如果是來源不正當，便不能施行久遠。

李子對於姦邪的事情不早禁止，以至持續到上計，這是使過失因循下去啊！沒有方術來察覺姦邪，而收入很多財物，雖然收入不正當，又有什麼辦法呢？再說，收入多，有可能是由於豐收。興辦農事，順著陰陽的和氣，種植作物配合四時的恰當時機，沒有過早或過晚的失誤，沒有太冷太熱的災害，收入就多。不拿小事來妨害大事，不拿私欲來妨害共同的事業，男人盡力於耕種，婦女盡力於紡織，收入就多。講究畜養牲畜的原理，察明土地的性能，六畜順利養成，五穀滋長暢茂，收入就多。懂得計畫，認清地形、車、船、機器的便利，用力少，功效大，收入就多。便利商場、市肆、關塞、橋梁的通行，能以多餘的財貨換取缺少的物資，旅客商人都來會聚，外地的貨物都來屯積，節省財用，節約飲食；宮室器械，備用無缺，不購置賞玩嗜好的物品，收入就多。收入多，都是靠人為的努力。至於天然的事情，風雨來得正是時候，冷熱適中；土地沒有增大，卻有豐年的收成，收入就多。人事、天功兩種條件都能使收入增多，不是只靠山林水澤的利益。沒有山林水澤的利益而收入多，便認為是來歷不正當的財物，這是不懂治術的說法。

趙簡子❶圍衛之郛郭❷，犀楯犀櫓❸，立於矢石❹之所不及，鼓之而士不起❺。簡子投枹❻曰：「烏乎！吾之士數弊❼也！」行人燭過免冑而對❽曰：「臣聞之，亦有❾君之不能耳，士無弊者。昔者吾先君獻公❿并國十七，服國三十八，戰十有二勝，是民之用⓫也。獻公沒，惠公⓬即位，淫衍⓭暴亂，身好玉女⓮，秦人來侵，去絳⓯十七里，亦是人之用也。惠公沒，文公⓰受之，圍衛取鄴⓱，城濮之戰⓲，五敗荊人⓳，取尊名⓴於天下，亦此人之用也。亦有君不能耳，士無弊也。」簡子乃去楯櫓，立矢石之所及，鼓之而士乘㉑之，戰大勝。簡子曰：

「與吾得革車千乘，不如聞行人燭過之一言也㉒。」

或曰：行人未有以說㉓也，乃道㉔惠公以此人是敗㉕，文公以此人是霸，未見所以用人㉖也；簡子未可以速去楯櫓也。嚴親㉗在圍，輕㉘犯矢石，孝子之所愛親也；孝子愛親，百數之一也。今以為身處危而人尚㉙可戰，是以百族之子於上，皆若孝子之愛親也㉚，是行人之誣㉛也。好利惡害，夫㉜人之所有也。賞厚而信，人輕敵矣；刑重而必，人不北㉝矣。長行徇上㉞，數百不一人；喜利畏罪，人莫不然。將㉟眾者不出乎莫不然之數㊱，而道㊲乎百無一人之行，行人未知用眾之道也。

【注釋】❶趙簡子　春秋時晉國的大夫。名鞅，滅范氏和中行氏而執掌晉國的大權，封地足以比擬諸侯，卒謚簡，史稱趙簡子。❷衛之郛郭　衛國的外城。衛，周武王少弟康叔的封國，都朝歌（今河南省淇縣東北）。郛郭，外城。郛，大郭。郭，外城。❸犀楯犀櫓　用犀牛皮做成的盾牌。犀，即犀牛。體大於牛，鼻上有一角或二角，也有三角的，無毛而皮堅厚，古人多用以製戰衣。楯，古代作戰時用以防護的兵器。通「盾」。櫓，大盾。❹矢石　箭和石。古代作戰，射箭拋石以攻擊敵人。❺鼓之而士不起　擊鼓進軍而戰士不肯前進。鼓，擊鼓。古時擊鼓表示進軍。之，指戰士。不起，猶言不肯前進。❻投枹　丟下鼓槌。投，拋；扔。枹，通「桴」。鼓槌。❼數弊　很疲倦。數，緊促；緊湊。此用為副詞，形容弊的程度。弊，疲倦；疲憊。❽行人燭過免冑而對　行人燭過脫下頭盔而回答。行人，官名。掌管朝覲聘問的事宜，類似現在的使者或外交官。燭過，人名。事蹟不詳。免冑，軍禮之一。即脫下頭盔。免，脫掉。冑，戰士所戴的頭盔。❾亦有　猶言惟有、只有。❿獻公　春秋時晉國的君主。武公的兒子，名詭諸，先後滅耿、霍、虞、虢等國，日益強大，在位二十六年（西元前六七六～前六五一年）。⑪是民之用　用此民。是，此。之，助詞。⑫惠公　春秋時晉國的君主。獻公的兒子，名夷吾。獻公死後，諸子爭立，夷吾以河西之地賄賂秦國，秦穆公派兵送夷吾回國，立為君主，是為惠公，後來惠公背約食言，引發秦晉韓原之戰，惠公被俘，不久被釋復立，在位十三年（西元前六五〇～前六三八年）。⑬淫衍　猶言淫佚。縱欲放蕩。⑭玉女　美女。⑮絳　春秋時晉國的國都。故城在今山西省翼城縣東南境內。⑯文公　春秋時晉國君主。獻公的兒子，名重耳，受驪姬的讒毀，流亡列國十九年，得秦穆公之助，返國即位，勵精圖治，國勢日強，繼齊桓公而成為春秋第二位霸主，在位九年（西元前六三六～前六二八年）。⑰鄴　地名。今河南省臨漳縣。按：邵增樺《韓非子今注今譯》引《左傳·僖公二十八年》及《呂氏春秋·貴直論》為證，以為鄴當作「曹」。⑱城濮之戰　發生於西元前六三二年。詳見五四六頁㊱。⑲荊人　楚人。荊，楚國的舊稱。楚原建國於荊山（湖北省南漳縣西）一帶，故稱。⑳尊名　光榮的名聲。指霸諸侯之名。㉑乘　猶言進攻。㉒與吾得革車千乘二句　與其獲得千輛戰車，不如聽到行人燭過的一番話。與，猶言與其、如。革車，戰車。千乘，千輛。乘，計算車輛的單位。㉓說　勸說。㉔乃道　只說。乃，只；僅。道，說。㉕以此人是敗　因此人而敗。是，而。下文「以此人是霸」之「是」義同。㉖未見所以用人　未知用人的方法。未見，猶言未知、不知。㉗嚴親　父親。㉘輕　輕易；輕率。㉙尚　猶言「乃」。㉚以百族之子於上二句　認為眾多家族的子弟對待長官都像孝子愛親一樣。百族之子，指軍中的子弟。因其來自不同的家族，故稱。百族，很多的家族。於上，對待長官。㉛誣　欺騙。㉜夫　猶言「是」。㉝北　敗逃。㉞長行徇上　以高尚的情操為長官犧牲。長行，高尚的德行。徇上，為長官犧牲。徇，通「殉」。以身從物。上，長上；長官。㉟將　率領。㊱數　通「術」。㊲道　由。

【語　譯】趙簡子率軍包圍衛國國都的外城，拿著犀牛皮製的盾牌，站在敵人弓箭和石塊所不能到達的地方，擊鼓進軍，而軍士不肯前進。簡子拋下鼓槌，說：「啊！我的軍士已經很疲倦了！」行人燭過脫下頭盔，回答說：「我聽說，只有長官不會用兵，軍士是不會疲倦的。從前我們的先君獻公併吞十七個國家，降服三十八個國家，戰爭獲勝十二次，用的正是這些晉國人民。獻公死後，惠公即位，縱欲放蕩，暴虐無道，愛好美女，秦國軍隊入侵，距離絳都只有十七里，惠公用的也是這些人民。惠公死後，文公繼位，包圍衛國，奪取鄴地；城濮之戰，五次打敗楚國，取得霸主光榮的名聲於天下，用的仍然是這些人民。只有長官不會用兵，軍士是不會疲倦的。」簡子聽了，便撤除盾牌，站在敵人弓箭和石塊所能到達的地方，擊鼓進軍，軍士奮勇前進，大勝敵人。簡子說：「與其獲得千輛戰車，不如聽到行人燭過的一番話。」

有人說：行人燭過的勸說，其實沒有什麼意義，只說惠公用晉國人而敗，文公用晉國人而霸，並不知道用人的方法。簡子不可以這樣快就撤除盾牌。父親在敵人的包圍之中，不顧生命地冒犯敵人的弓箭和石塊，這是孝子愛親的表現；孝子愛親，百人之中也許只有一個。現在以為親自冒險，人民就能奮戰，這是認為每一家族的子弟對待長官都像孝子愛親一樣，可見行人燭過是騙人的。好利惡害，是人的本性。獎賞優厚而確定不爽，人民就不怕敵人了；刑罰嚴峻而必然執行，人民就不會敗逃了。有高尚的情操而肯為長官犧牲的，百人之中沒有一個；喜愛利益，畏懼刑罰，人類莫不如此。率領軍士的人，不採取足以使人莫不如此的方法，而採用百人之中沒有一個的途徑，可見行人燭過不懂用兵的方法。

卷一六

難三

【題解】 難三，解釋見〈難一〉。

本篇共有八段：第一段言，隱藏罪惡的，應該處罰，揭發姦邪的，應該獎賞。第二段言，君主不可以輕信臣子的飾詞。第三段言，君主勿使人侵害自己，勿使臣子的權位比擬君主、妾的地位比擬皇后、庶子的地位比擬嫡長子。第四段言，君主當務之急在於洞察臣下，禁止姦邪，而不在惠民、舉賢、節財。第五段言，君主當因物以治物，因人以知人，切勿恃聰明，勞智慮。第六段言，明主治理國家的要訣是使用權力，不容別人向君主的權力挑戰。第七段言，君主不可憑藉臣下虛飾的行為，以決定賞罰。第八段言，法要公開，術要隱密。

魯穆公❶問於子思❷曰：「吾聞龐⿰米間氏❸之子不孝，其行奚如？」子思對曰：「君子尊賢以崇德，舉善以勸民❹；若夫❺過行，是細人之所識❻也，臣不知也。」子思出，子服厲伯❼入見，問龐⿰米間氏子。子服厲伯對曰：「其過三，皆君之所未嘗聞。」自是之後，君貴子思，而賤子服厲伯也。

或曰：魯之公室，三世劫於季氏❽，不亦宜乎！明君求善而賞之，求姦而誅之，其得之一也❾。故以善聞之者，以說善同於上者也❿；以姦聞之者，以惡姦同於上者也⓫，此宜賞譽之所及也。不以姦聞，是異於上而下比周⓬於姦者也，此宜毀罰之所及也。今子思不以過聞，而穆公貴之；厲伯以姦聞，而穆公賤之。人情皆喜貴而惡賤，故季氏之亂成，而不上聞，此魯君之所以劫也。且此亡王之俗⓭，鄒⓮、魯之民自以為美，而穆公獨貴之，不亦倒⓯乎？

【注釋】❶魯穆公　戰國時魯國的君主。名顯（一說：名不衍），在位三十三年（西元前四〇七～前三七五年），諡「穆」，或作「繆」。❷子思　孔子的孫子。名伋，字子思，受學於曾子，曾為魯穆公師。相傳子思作《中庸》，後世稱為「述聖」。❸龐繝氏　龐，鄉里名。繝，姓。《史記・酷吏傳》有瞯氏，在濟南。繝，或即「瞯」字（顧廣圻《韓非子識誤》說）。❹勸民　勉勵人民。❺若夫　猶言至於。❻細人之所識　小人所牢記不忘的事。細人，見識淺薄的人。識，通「志」。記。❼子服厲伯　戰國時魯國的公族。春秋時仲孫蔑（孟獻子）的後代，姓子服，諡「厲」。伯，應是排行，表示最年長。按：仲孫蔑的兒子名佗，字子服，他的子孫便以子服為姓，《論語》有子服景伯。《漢書・古今人表》有子服子，屬於智人（九等中的第三等），與趙襄子同時，也許就是子服厲伯。❽魯之公室二句　魯國君主的家族連續三代都被季氏所挾持。魯，周公旦的兒子伯禽的封國。建都於今山東曲阜，傳至戰國時代，為楚國所滅。公室，指諸侯的家族。三世，三代。指魯昭公、定公、哀公。劫，挾持；逼迫。季氏，也稱季孫氏。與孟孫氏（仲孫氏）、叔孫氏同為魯桓公的子孫，並稱三桓，世代掌握魯國的政權，魯昭公時，起兵攻季平子，昭公反被季平子趕出國外，客死於齊，魯君的權勢自此便日益衰落。❾其得之一也　求善和求姦的方法一樣。其，指求善和求姦。得之，指得到的方法。一，一樣；相同。❿以善聞之者二句　拿善行報告君主的人，就是喜愛善行和君主一樣的人。聞，猶言報告。說，同「悅」。喜愛。⓫以姦聞之者二句　拿惡行報告君主的人，就是憎惡惡行和君主一樣的人。惡姦，憎惡姦邪的事情。⓬比周　結夥營私。比，親近。周，周密。⓭亡王之俗　亡國之君的作風。亡王，亡國的君主。俗，猶言作風。⓮鄒　春秋時邾國。戰國時為騶，孟子的祖國，在今山東省鄒縣。⓯倒　相反。

【語　譯】魯穆公問子思說：「我聽說龐繝氏的兒子不孝，他的行為怎麼樣？」子思回答說：「君子尊敬賢人，以增進道德；稱述善行，以勉勵人民。至於過失的行為，是小人所銘記的，我不知道。」子思退出，子服厲伯進見，穆公又問龐繝氏兒子的情形。子服厲伯回答說：「他的過失有三件，都是君主所未嘗聽過的。」從此以後，穆公就看重子思，而看輕子服厲伯。

有人說：魯國的公族，連續三代被季氏所逼迫，是理所當然的了！英明的君主尋求善行而予以獎賞，尋求惡行而予以懲罰，尋求的方法是一樣的。所以，拿善行報告君主的人，就是喜好善行和君主一樣的人；拿惡行報告君主的人，就是憎恨惡行和君主一樣的人，這是應該獎賞讚美的。不拿惡行報告君主的，這是好惡不同於君主，卻與姦人結夥營私的人，這是應該詆毀懲罰的。現在子思不把過失報告君主，而穆公看重他；厲伯把惡行報告君主，而穆公卻看輕他。人之常情都是喜歡被看重而不願被看輕，所以季氏作亂直到成功，都沒有人報告君主，這就是魯國君主被挾持的原因了。而且，這種亡國君主的作風，鄒國和魯國的人民自認為很有價值，穆公也偏偏看重它，這不是很反常嗎？

文公出亡❶，獻公❷使寺人披❸攻之蒲城❹，披斬其袪❺，文公奔翟❻。惠公❼即位，又使攻之惠竇❽，不得也。及文公反國❾，披求見。公曰：「蒲城之役，君令一宿，而汝即至❿；惠竇之難，君令三宿，而汝一宿，何其速也？」披對曰：「君令不二⓫，除君之惡⓬，惟恐不堪⓭。蒲人、翟人，余何有焉⓮？今公即位，其無蒲翟乎⑮？且桓公置射鉤，而相管仲⑯。」公乃見之。

或曰：齊晉絕嗣⑰，不亦宜乎！桓公能用管仲之功，而忘射鉤之怨；文公能聽寺人之言，而棄斬袪之罪：桓公、文公能容二子者也。後世之君，明不及二公；後世之臣，賢不如二子。以不忠之臣，事不明之君，君不知，則有燕操⑱、子罕⑲、田常⑳之賊㉑；知之，則以管仲、寺人自解。君必不誅，而自以為有桓、文之德。是臣讎㉒君而明不能燭㉓，多假之資㉔，自以為賢而不戒㉕，則雖無後嗣，不亦可乎㉖？且寺人之言也，直飾君令而不貳㉗者，則是貞㉘於君也。死君復生，臣不愧，而後為貞。今惠公朝卒，而暮事文公，寺人之不貳何如？

【注釋】❶文公出亡　晉文公出國流亡。事情的始末是這樣的：晉獻公寵驪姬，生奚齊。驪姬想使奚齊被立為世子，便計害世子申生，申生自殺，又譖害公子重耳和夷吾，重耳逃往北狄，夷吾逃往梁國。獻公死後，大夫里克殺奚齊，夷吾獲秦國的幫助，回國即位，是為惠公。重耳流亡於狄、衛、齊、曹、宋、鄭、楚、秦等國，共十九年（西元前六五五～前六三七年），終獲秦穆公的幫助而回國，殺了惠公的兒子懷公（名圉），而做了君主，是為文公。文公勵精圖治，助周襄王復位，城濮之戰又大敗楚國，遂為諸侯的霸主，在位九年（西元前六三六～前六二八年）。❷獻公　春秋時晉國的君主。武公的兒子，名詭諸，先後滅耿、霍、虞、虢等國，日益強大，終因寵愛驪姬而引起內亂，在位二十六年（西元前六七六～前六五一年）。❸寺人披　宦官，名披。寺人，宮廷內的近侍。東漢以後，專指宦官。寺，通「侍」。❹蒲城　地名。公子重耳的封邑，在今山西省隰縣的西北方。❺袪　衣袖。❻翟　「狄」的借字。我國北方的少數民族之一，有赤狄、白狄。赤狄民俗喜穿赤衣，分布在今山西省長治、潞城、屯留、黎城等縣一帶。白狄民俗喜穿白衣，分布在今山西省離石、石樓等縣及陝西省膚施、延長等縣一帶。按：公子重耳逃亡路線是自狄入衛，也就是自西向東，所以重耳奔狄，應是赤狄。❼惠公　春秋時晉國的君主。獻公的兒子，名夷吾，受驪姬的讒害，逃奔梁國。獻公死，夷吾以河西之地賄賂秦國，秦穆公派兵送他回國，立為君主，是為惠公，後來惠公背約，引發秦晉韓原之戰，惠公被俘，不久獲釋復立，在位十三年（西元前六五〇～前六三八年）。❽惠竇　地名。地點已無法確考。于省吾《諸子新證》以為「惠竇即渭濆，音近相混」。《左傳》和《國語》都作「渭濱」。❾反國　回國。反，通作「返」。❿君令一宿二句　君主命你隔一夜到達，你卻當天就趕到。一宿，指在路上過一夜到達。即兩天一夜。即至，當天就到。⓫不二　沒有二心；沒有異志。⓬除君之惡　剷除君主所憎惡的人。惡，憎惡。此指所憎惡的人。⓭不堪　不能。⓮蒲人翟人二句　逃於蒲的人、逃於翟的人，跟我有什麼關係呢。蒲人翟人，指逃到蒲和翟的人。即重耳。何有，猶言有何關聯。⓯其無蒲翟乎　難道沒有像逃於蒲、逃於翟的人嗎。其，通「豈」。按：當獻公、惠公在位時，重耳逃於蒲，又逃於翟，讓在位的人深感不安，現在重耳自己在位，難道沒有其他在逃並對在位者構成威脅的人嗎？言下之意是：你若派刺客去暗殺，是要趕盡殺絕呢？還是放走他們呢？⓰桓公置射鉤二句　齊桓公放棄追究射中自己衣帶帶鉤的罪過，而拜管仲為相。置，放棄。鉤，衣帶的帶鉤。⓱齊晉絕嗣　齊國和晉國的君位斷絕繼承。絕嗣，君位不再繼承。指亡國。嗣，繼承君位。按：齊國被田氏所篡，晉國被趙、魏、韓三家所瓜分，故云。⓲燕操　燕國的公孫操。據《史記・趙世家》，趙惠文王二十八年（燕武成王元年，西元前二七一年），燕將成安君公孫操殺害了燕惠王。⓳子罕　即司城子罕。官司城，名皇喜，字子罕，戰國時宋國人。〈內儲說下〉謂皇喜與戴驩爭權，遂殺宋君而奪其政。又〈外儲說右下〉、〈二柄〉、〈孤憤〉都載有子罕弒君奪權的事蹟。⓴田常　即田恆。或稱陳恆，春秋時齊國的權臣，弒齊簡公。㉑賊　害。㉒讎　仇恨；仇視。㉓燭　照；看清楚。㉔假之資　給予憑藉。假，給予。資，憑藉。㉕不戒　不知戒備。㉖不亦可乎　猶言不亦宜乎。㉗直飾君令而不貳　只知認真執行君主的命令而無二心。直，但；只是。飾，通「飭」。謹慎。不貳，即不二。沒有二心；沒有異志。㉘貞　堅定不改。

【語　譯】晉文公當年逃亡，獻公派寺人披攻打蒲城，寺人披追殺文公，斬下一截衣袖，文公脫險後逃往翟國。惠公即位，又派寺人披到惠竇去刺殺他，也沒有成功。等到文公回國，做了君主，寺人披請求進見。文公派人指責他說：「蒲城那次戰事，君主命令你隔一夜到達，你卻當天就趕到；惠竇那次事件，君主命令你四天到達，你卻隔一夜就趕到，為什麼那麼急速呢？」寺人披回答說：「君主的命令，我不能存有二心；剷除君主所憎惡的人，惟恐不能做到。當時逃到蒲城和翟國的人，跟我有什麼關係而要放過他呢？現在公子即位了，難道沒有逃亡在外而可能危害君主的人嗎？再說，從前齊桓公放棄追究射中自己衣服帶鉤的罪過而拜管仲為相，結果稱霸天下。」文公聽到以後，便接見了寺人披。

有人說：齊國和晉國都斷絕國祚，是理所當然的。齊桓公能用管仲的才能，而忘記射中自己帶鉤的仇恨；晉文公能聽寺人披的自白，而不再追究斬斷衣袖的罪過。桓公和文公是真正能夠寬容管仲和寺人披二人的。後世的君主，明智不如桓公和文公；後世的臣子，才能不如管仲和寺人披二人。以不忠的臣子事奉不明智的君主，若君主不能察覺，便會有像燕國公孫操、宋國子罕、齊國田常那樣的禍害；若君主能夠察覺，便會拿管仲、寺人披的例子來自我解釋。君主一定不會加以誅戮，因為他自認為有像桓公、文公那樣的德行。這樣，臣子仇視君主，而君主仍看不清，還多給他各種憑藉，自以為賢明而不加戒備，雖然斷絕國祚，不是應該的嗎？再說，寺人披的話，若只是謹慎執行君主的命令而無二心，那便是對君主忠貞不移。縱使死去的君主復活，而臣子仍毫不愧疚，這樣才算忠貞。今在惠公早上剛死，而晚上就來事奉文公，寺人披的所謂沒有二心，怎麼樣呢？

人有設桓公隱❶者，曰：「一難❷，二難，三難，何也？」桓公不能射❸，以告管仲❹。管仲對曰：「一難也，近優而遠士❺；二難也，去其國而數之海❻；三難也，君老而晚置太子。」桓公曰：「善。」不擇日而廟禮太子❼。

或曰：管仲之射隱，不得❽也。士之用，不在近遠。而俳優侏儒❾固人主之所與燕❿也，則近優而遠士，而以為治，非其難者也。夫⓫處勢⓬而不能用其有，而徒不去國，是以一人之力禁一國；以一人之力禁一國者，少能勝⓭之。明能照遠姦而見隱微，必行之令⑭，雖遠於海，內必無變。然則去國之海，而不劫殺，非其難者也。楚成王⑮置商臣⑯以為太子，又欲置公子職⑰，商臣作亂，遂弒成王。公子宰，周太子也，公子根有寵，遂以東周反，分而為兩國⑱。此皆非晚置太子之患也。夫分勢不二⑲，庶孽卑，寵無藉⑳，雖處耄老㉑，晚置太子可也。然則晚置太子，庶孽不亂，又非其難者也。物㉒之所謂難者，必借人成勢㉓，而勿使侵害己，可謂一難也。貴妾不使二后㉔，二難也。愛孽不使危正適㉕，專聽一臣而不敢偶君㉖，此則可謂三難也。

【注釋】❶設桓公隱　作謎語給桓公去猜。設，製作。桓公，即齊桓公。名小白，為春秋第一位霸主。隱，指隱語。即謎語。❷難　困難。❸射　猶言猜想。此指射中、猜中。❹管仲　春秋時潁上（今河南省許昌縣和臨潁縣一帶）人。名夷吾，字仲，謚敬，故又稱管敬仲，相齊桓公，尊王攘夷，稱霸諸侯。❺近優而遠士　接近倡優而疏遠賢才。優，倡優。以演唱調戲娛樂別人的人。遠，疏遠；遠離。士，賢才。❻去其國而數之海　常常離開國都而到海邊去。齊國三面瀕海，故云。去，離開。國，指國都。數，屢次；常常。之，往。海，指海邊。❼不擇日而廟禮太子　來不及選擇吉日，就在宗廟冊立太子。不擇日，沒有選擇吉日。形容迫不及待。廟禮太子，在宗廟舉行冊立太子的典禮。❽不得　沒有猜中。得，中。❾俳優侏儒　詼諧逗樂的演藝人員。俳優，倡優。古代以樂舞作諧戲的藝人。俳，詼諧。侏儒，身材特別矮小的人。古時多從事於表演雜技，以供人笑樂。❿人主之所與燕　君主私下宴樂的對象。與燕，是燕。與，是。助詞。燕，安息；宴飲。⓫夫　若；如果。⓬處勢　指居於君主的地位。處，居。勢，權力地位。⓭勝　勝任；力量足以擔任。⓮必行之令　必行其令。之，其。⓯楚成王　春秋時楚國的君主。楚文王的兒子，名惲，弒其兄莊敖而自立，在位四十六年（西元前六七一～前六二六年）。⓰商臣　楚成王的兒子。弒成王而自立，是為楚穆王，在位十二年（西元前六二五～前六一四年）。⓱公子職　楚成王的庶子，商臣的庶弟。按：楚成王置商臣為太子，又欲置公子職這件事，又見於本書〈內儲說下〉。⑱公子宰五句　按：本書〈內儲說下〉也載此事，但公子宰作公子朝。根據古書，與此類似的事件有兩件：一、《左傳》定公二十二年至二十四年記載，周景王的太子壽早死，景王想立王子猛。景王崩，王子猛立，就是悼王，這時景王的長庶子王子朝便作亂。悼王立七月而崩，他的弟弟王子匄立，就是敬王，此時王子朝占據王城，稱西王，敬王避處翟泉（今河南省洛陽市），稱東王。後來敬王獲晉國的幫助，趕走王子朝，入於王城。二、《史記・周本紀》記載，周考王封他的弟弟揭於河南，即西周桓公，桓公卒，兒子威公代立，威公卒，兒子惠公代立，惠公封他的少子於鞏（今河南省鞏縣），號為東周惠公。本書此處敘述公子宰與弟公子根（史書未見此人）因爭位而分為兩國，與上述兩事皆近似而不盡同，不知它的根據在什麼地方。⑲分勢不二　分權力給人，不使均等對立。勢，權力。不二，猶言不敵。即不相匹敵。二，並；並等。⑳庶孽卑二句　庶子地位卑賤，雖受寵而無所憑藉。庶孽，庶子；妾所生的兒子。孽，非嫡妻所生的兒子。藉，憑藉。㉑雖處耄老　雖到老年。處，居。耄，八十歲以上的老人。㉒物　事；事情。㉓借人成勢　借助於別人的力量，成就自己的勢力。㉔貴妾不使二后　寵愛小妾，卻不使她和元配相匹敵。貴，尊貴。指寵愛。二后，與后並立。二，並；並等。㉕正適　正妻所生的長子。適，通「嫡」。㉖偶君　與君對等。偶，同「耦」。匹配；相對。

【語譯】有人作謎語讓桓公去猜，說：「第一種困難，第二種困難，第三種困難，是什麼？」桓公猜不出來，便去請教管仲。管仲回答說：「第一種困難是，接近倡優而疏遠賢才；第二種困難是，離開國都而常到海邊去玩；第三種困難是，君主年老，卻遲遲才立太子。」桓公說：「很好。」來不及挑選吉日便在宗廟裡舉行冊立太子的典禮。

有人說：管仲猜謎語，沒有猜中。賢才的任用，不在於接近或疏遠，而倡優和侏儒等藝人本來就是君主私下娛樂的對象。那麼，接近倡優而疏遠賢才，以此治理國家，並不是困難的事。如果居於君主的地位，而不能使用他的權力，只是守著國都而不肯離開，這是想憑一個人的力量去禁止全國的人做壞事；憑一個人的力量去禁止全國的人做壞事，是很少能夠勝任的。如果君主的明智能夠看清遙遠難見的壞事，洞燭機先，切實執行他的命令，雖然遠遊到海邊，國都裡面也一定不會發生變亂。那麼離開國都，到海邊遊玩，而不會遭到挾持、殺害，也不是困難的事。楚成王已立商臣為太子，又想立公子職，商臣便作亂而殺了成王。公子宰是周室的太子，公子根受到寵愛，便憑藉東周而造反，周室分為兩國。這些事件，都不是因為晚立太子所導致的禍害。如果分權力給人，不使均等對立，庶子地位卑賤，有寵而無所憑藉，雖然到了很老的年紀才立太子，也是無妨的。那麼，晚立太子，庶子不作亂，也不是困難的事。所謂困難的事，在於必須借助別人的力量以成就自己的勢力，而不使別人侵害到自己，這可算是第一種困難。寵幸小妾，而不使她與元配平等並立，這是第二種困難。寵愛庶子，而不使他危害嫡子；專心聽信一位臣子，而不使他與君主相匹敵，這可以算是第三種困難了。

葉公子高❶問政於仲尼❷，仲尼曰：「政在悅近而來遠❸。」魯哀公❹問政於仲尼，仲尼曰：「政在選賢。」齊景公❺問政於仲尼，仲尼曰：「政在節財。」三公出，子貢❻問曰：「三公問夫子政一也，夫子對之不同，何也？」仲尼曰：「葉都大而國小❼，民有背心，故曰政在悅近而來遠。魯哀公有大臣三人❽，外障距❾諸侯四鄰之士，內比周❿而以愚其君，使宗廟不掃除⓫，社稷不血食⓬者，必是三臣也，故曰政在選賢。齊景公築雍門⓭，為路寢⓮，一朝而以三百乘⓯之家賜者三，故曰政在節財。」

或曰：仲尼之對，亡國之言也。葉民有倍心⓰，而說⓱之悅近而來遠，則是教民懷惠⓲。惠之為政，無功者受賞，而有罪者免，此法之所以敗也。法敗而政亂，以亂政治敗民⑲，未見其可也。

且民有倍心者，君上之明有所不及也。不紹葉公之明⑳，而使之悅近而來遠，是舍吾勢之所能禁，而使與下行惠以爭民，非能持勢者也。夫堯之賢，六王㉑之冠也。舜一徙而成邑㉒，而堯無天下矣。有人無術以禁下，恃為舜而不失其民，不亦無術乎？明君見小姦於微，故民無大謀；行小誅於細，故民無大亂。此謂「圖難者於其所易也，為大者於其所細」㉓也。今有功者必賞，賞者不德君㉔，力之所致也；有罪者必誅，誅者不怨上，罪之所生也。民知誅賞之皆起於身也，故疾功利於業㉕，而不受賜於君。「太上，不知有之」㉖。此言太上之下民無說㉗也，安取懷惠之民？上君之民無利害，說以悅近來遠，亦可舍已㉘。哀公有臣外障距，內比周，以愚其君，而說之以選賢，此非功伐之論㉙也，選其心之所謂賢者也。使哀公知三子㉚外障距，內比周，則三子不一日立矣，哀公不知選賢，選其心之所謂賢，故三子得任事。燕子噲㉛賢子之㉜而非孫卿㉝，故身死為僇㉞。夫差㉟智太宰嚭㊱而愚子胥㊲，故滅於越㊳。魯君不必知賢，而說以選賢，是使哀公有夫差、燕噲之患也。明君不自舉臣，臣相進㊴也；不自賢功，功相徇也㊵。論之於任㊶，試之於事，課之於功㊷，故群臣公正而無私，不隱賢，不進不肖，然則人主奚勞於選賢？

景公以百乘之家賜，而說以節財，是使景公無術知侈儉之施㊸，而獨儉於上，未免於貧也。有君以千里㊹養其口腹，則雖桀紂不侈焉㊺。齊國方三千里，而桓公以其半自養，是侈於桀紂也，然而為五霸冠者，知侈儉之施也。為君不能禁下而自禁者，謂之劫；不能飾㊻下而自飾者，謂之亂；不能節下而自節者，謂之貧。明君使人無私，以詐而食㊼者必禁；力盡於事，歸利於上者必聞，聞者必賞；汙濊為私者必知，知者必誅。然故忠臣盡忠於公，民士竭力於家，百官精剋㊽於上，侈倍景公，非國之患也。然則說之以節財，非其急者也。夫對三公，一言而三公可以無患，知下之謂也。知下明則禁於微，禁於微則姦無積，姦無積則無背心。知下明則公私分，公私分則朋黨㊾散，朋黨散則無外障距、內比周之患。知下明則見精沐㊿，見精沐則誅賞明，誅賞明則國不貧。故曰一對而三公無患，知下之謂也。

【注　釋】❶葉公子高　春秋時楚國人。姓沈，名諸梁，字子高，楚國左司馬沈尹戌的兒子。葉公，葉縣的長官。春秋時，地方長官稱大夫，如屈原為三閭大夫，春秋後期，楚國君主僭稱為王，大夫稱公。葉，春秋時楚國的邑名。在今河南省葉縣。沈諸梁食邑於葉，故稱為葉公。❷仲尼　孔子的字。❸悅近而來遠　使近處的人喜悅，遠處的人歸附。《論語・子路》：「葉公問政，子曰：『近者悅，遠者來。』」❹魯哀公　春秋時魯國的君主。定公的兒子，名蔣，在位二十七年（西元前四九四～前四六八年）。❺齊景公　春秋時齊國的君主。靈公的兒子，莊公的異母弟，名杵臼。崔杼弒莊公，立杵臼，是為景公。喜歡營建宮室，畜養犬馬，課徵重稅，濫用刑罰，幸賴晏嬰輔佐，才不致顛危，在位五十八年（西元前五四七～前四九〇年）。❻子貢　（西元前五二〇～？）春秋時衛國人。複姓端木，名賜，字子貢，也作子贛，孔子著名弟子，擅長辭令，又善於經商，家累千金，曾任魯、衛相，勸阻齊國伐魯，遊說吳、越、晉各國之間，使互相牽制，是當時著名的外交家。❼都大而國小　指城裡人多，而城外人少。❽大臣三人　指孟孫氏、叔孫氏和季孫氏。❾障距　堵塞；擋拒。距，通「拒」。❿比周　結夥營私。⓫宗廟不掃除　宗廟沒人打掃。指國家不存，宗廟成為廢墟。⓬社稷不血食　社稷沒人祭祀。指國家滅亡。社稷，土神和穀神。代表國家。血食，殺牲祭祀。⓭雍門　齊國城門的名稱。⓮路寢　正寢。天子、諸侯的正室，也是君主罷朝以後治事的地方。⓯三百乘　三百輛車子。乘，計算車子的單位。即一車四馬。⓰倍心　背離的心意。倍，借作「背」。⓱說　勸說。⓲懷惠　期待獲得恩惠。⓳敗民　破壞社會秩序的人民。⓴不紹葉公之明　不接續伸展葉公的智慧。紹，繼承。引申為繼續伸展、擴充。㉑六王　指堯、舜、禹、湯、文（周文王）、武（周武王）。㉒舜一徙而成邑　舜一遷徙，人民就聚集而成聚落。舜，中國古代的聖王。相傳舜接受了堯的禪讓而為天子，後來又把天子之位讓給禹。㉓圖難者於其所易也二句　解決困難的事情，要趁它容易的時候著手，處理重大的事情，要從它微細的時候做起。語出王弼注本《老子・六三章》：「圖難於其易，為大於其細。」㉔不德君　不感謝君主的施恩。德，感恩。㉕疾功利於業　趕緊在職務上求取功利。疾，急速。業，職務。㉖太上二句　最高的政治境界，人民不知有政府（或君主）的存在。太上，猶言最上等、最高級。語出王弼注本《老子・一七章》。㉗說　同「悅」。㉘亦可舍已　可以罷了。亦，助詞。舍，通「捨」。罷；停息；放棄。已，表示果決的助詞。㉙功伐之論　對功勞的考量。伐，功勞。論，考量；衡量。㉚三子　指孟孫氏、叔孫氏、季孫氏。㉛燕子噲　即燕王噲。戰國時燕國的君主，易王的兒子，名噲，聽信蘇代和鹿毛壽（本書〈外儲說右下〉作潘壽）的話，讓國給宰相子之，引起內亂，齊人伐燕，大破之，燕王噲死。㉜子之　戰國時燕王噲的相。掌大權，利用蘇代和潘壽（《史記・燕召公世家》作鹿毛壽）勸燕王噲把王位讓給自己，燕王噲果然讓位給他，三年，燕國大亂，齊國伐燕，大破之，燕王噲死，子之被擒，並被剁成肉醬。㉝孫卿　即荀卿。戰國時趙國人，名況，學者尊之，稱為荀卿，漢時避宣帝（名詢）諱，改稱孫卿，曾遊學於齊稷下，後到楚國，楚春申君請他做蘭陵（今山東省蒼山縣西南）令，後來就住在蘭陵，著有《荀子》傳世。㉞僇　通「戮」。陳屍。㉟夫差　（西元前？～前四七三年）春秋時吳國的君主，闔閭的兒子。闔閭為越王句踐所傷而死，夫差嗣立，誓報父仇，大敗越國於夫椒，句踐求和。後又伐齊，與晉爭霸，越乘虛而入，大敗吳兵，周元王四年（西元前四七三年）越滅吳，夫差自殺。㊱太宰嚭　即伯嚭。春秋時楚國人，伯州犁的孫子。楚誅伯州犁，伯嚭奔吳，吳以為大夫，後任太宰，故也稱太宰嚭。吳王夫差打敗越國時，伯嚭接受越國的賄賂，勸夫差接受議和，越王句踐滅吳，以伯嚭為不忠，殺之。太宰，官名。相傳始設於殷，周稱冢宰，春秋時列國多稱太宰，地位相當於後世的宰相。㊲子胥　即伍子胥。春秋時楚國人，名員，父伍奢、兄伍尚，都被楚平王殺害，子胥奔吳，佐吳王闔閭伐楚，入郢，掘平王墓，鞭屍復仇，後諫阻吳王夫差與越議和，夫差不聽，被迫自殺。㊳越　姒姓國。相傳始祖為夏少康庶子無余，封於會稽。春秋末期，越王句踐滅吳稱霸，戰國時，被楚國所滅。㊴相進　互相推進。㊵不自賢功二句　不必親自獎勵功績，功績自然相隨而來。賢功，獎勵功績。徇，順從。㊶論之於任　在職務方面加以衡量。論，衡量。任，職務。㊷課之於功　在功效方面加以考核。課，考查；考核。㊸侈儉之施　奢侈節儉的適當標準。施，宜；適當。㊹千里　指千里土地的賦稅。㊺不侈焉　不侈於此；不比此更奢侈。焉，於此。兼當語末助詞。㊻飾　通「飭」。整飭；整頓。㊼以詐而食　用詐術求取祿位。食，俸祿。此作動詞。㊽精剋　專心刻意。精，專誠；專心。剋，通「刻」。深入。此處就心意上說，即刻意。㊾朋黨　排斥異己的利益集團。㊿見精沐　見識精深明達。沐，洗頭。引申為明潔、清新。

【語　譯】葉公子高向仲尼請教辦理政事的道理，仲尼說：「辦理政事，主要在使近處的人民喜悅，遠方的人民前來歸附。」魯哀公向仲尼請教辦理政事的道理，仲尼說：「辦理政事，主要在選拔賢才。」齊景公向仲尼請教辦理政事的道理，仲尼說：「辦理政事，主要在節省財用。」三公問過以後，子貢問說：「三公向夫子請教辦理政事的問題都一樣，而夫子的回答都不同，什麼道理呢？」仲尼說：「葉這個地方都城大而領域小，人民有背離的意向，所以我告訴他說，辦理政事主要在使近處的人民喜悅，遠方的人民前來歸附。魯哀公有孟孫、叔孫、季孫三位大臣，對外阻擋各國和四鄰的賢才，對內勾結營私，蒙騙君主。使魯國宗廟成為廢墟、社稷斷絕祭祀的，一定是這三位大臣，所以我告訴他說，辦理政事主要在選拔賢才。齊景公在都城建築雍門，修造路寢；一天之內，把三百乘的采邑賜給大夫三人，所以我告訴他，辦理政事主要在節省財用。」

有人說：仲尼的回答，是足以亡國的言論。葉地的人民有背離的意向，便勸說葉公要使近處的人民喜悅，遠方的人民前來歸附，這是導致人民期待獲得恩惠。布施恩惠的為政方式，無功的人接受獎賞，有罪的人免除刑罰，這就是法度敗壞的原因了。法度敗壞，政治就紊亂；以紊亂的政治，治理暴戾的人民，那是不可能的。

而且，人民有背離的意向，是由於君主的智慧有所不足。不繼續啟發葉公的智慧，而教他使近處的人民喜悅，遠方的人民來歸，這是放棄自己足以禁制人民的權力，而使他對下布施恩惠，以爭取人民，這是不能掌握權力的啊。堯的賢明，是六王之首。而舜遷徙之處，人民便跟隨著他而成聚落，堯就沒有天下了。擁有人民，而沒有方術加以禁制，只靠著仿效舜的仁政來維繫人民，這不是太沒有治術了嗎？英明的君主，能發現隱微的小姦，所以人民沒有重大的陰謀；能懲罰微小的過失，所以人民不會有重大的叛亂。這叫做「解決困難的事情，要趁它容易的時候著手；處理重大的事情，要從它微細的時候做起」。如果有功的人一定獲賞，獲賞的人不必感激君主，因為是靠自己的能力所得到的；有罪的人一定受罰，受罰的人不會怨恨君主，因為是犯罪而導致的。人民知道賞罰都是起因於自己，所以努力在職務上求取功利，而不期待君主的賞賜。老子講過，「最上等的政治，人民不知道君主的存在」。這是說，在最好的政治環境中，人民對君主無所欣悅，哪裡還要爭取期待獲得恩惠的人民？在最好的君主統治下的人民，只知守法，而不以利害為惟一的考量標準。而仲尼卻勸說葉公使近處的人民喜悅，遠方的人民來歸，我看算了罷。魯哀公有三位大臣，對外阻擋賢才，對內結黨營私，以欺騙君主，而仲尼卻勸說他選拔賢才，這不是以功勞為標準來衡量，而是選拔他心中所認定的賢才。假使哀公知道三位大臣對外阻擋賢才，對內結黨營私，那麼三位大臣便立即不能立於朝廷了。哀公不知道怎樣選拔賢才，只是選用他心中所認定的賢才，所以三位大臣得以擔當國家的大事。燕王噲讚美子之而詆毀孫卿，所以被殺而暴屍在外。夫差認為太宰嚭明智而伍子胥愚昧，所以被越國所滅。魯哀公不能切實認識賢才，卻勸說他選拔賢才，這是使哀公有夫差、燕噲一般的災禍啊。英明的君主，不必親自選拔臣子，臣子們自然會互相推進；不必親自獎勵功績，功績自然相隨而來。在職位方面加以衡量，在事務方面加以測試，在功效方面加以考核，群臣便公正無私，不埋沒賢才，不進用不好的人，這樣一來，君主何必費神地選拔賢才？

齊景公拿百乘的封地賜給大夫，而仲尼勸他節省財用，這等於使景公無法知道奢侈和節儉的標準，只是自己獨自節儉，而國家仍未免於貧窮。如果有個君主拿千里土地的稅收來供自己享受，那即使桀紂也沒有這樣奢侈。齊國的土地方三千里，而桓公拿一半來供養自己，這比桀紂還要奢侈；可是他卻成為五霸的第一位霸王，這是因為他知道奢侈和節儉的標準啊！做君主不能禁制臣民，卻反而禁制自己，這叫做劫持；不能整飭臣民，卻反而整飭自己，這叫做混亂；不能使臣民節儉，卻反而節儉自己，這叫做貧窮。英明的君主使人無所偏私，用詐術求取祿位的，一定被禁止；盡力做事，把利益奉獻給君主的，一定要知曉，知曉了一定要賞；用卑鄙手段營私的，一定要知道，知道了一定要罰。這樣的話，忠臣盡忠於國家，人民盡力於家庭，百官專心致力於自己的職務，雖然比景公加倍奢侈，也不是國家的災禍。可見仲尼勸他節省財用，並不是當務之急啊！回答三公，一句話就可以使三公沒有災禍，那就是指了解臣下。了解臣下徹底，就可以在隱微難見的階段就禁阻姦邪；在隱微的階段禁阻姦邪，姦邪就不能逐漸增長；姦邪不能逐漸增長，便不會產生背離的意向。了解臣下透徹，臣下便會公私分明；公私分明，朋黨自然解散；朋黨解散，就不會有對外阻擋賢才、對內結黨營私的禍害。了解臣下徹底，見解就精深明達；見解精深明達，賞罰就會公平；賞罰公平，國家就不會貧窮。所以說，回答一句話而三公沒有災禍，只有徹底了解臣下。

鄭子產❶晨出，過東匠之閭❷，聞婦人之哭，撫其御之手❸而聽之，有間❹，遣吏執而問之，則手絞其夫❺者也。異日❻，其御問曰：「夫子❼何以知之？」子產曰：「其聲懼。凡人於其親愛也，始病而憂，臨死而懼，已死而哀。今哭已死，不哀而懼，是以知其有姦也。」

或曰：子產之治，不亦多事乎？姦必待耳目之所及而後知之，則鄭國之得姦者寡矣。不任典成之吏❽，不察參伍❾之政，不明度量，恃盡聰明、勞智慮，而以知姦，不亦無術乎？且夫物眾而智寡❿，寡不勝⓫眾，故因物以治物。下眾而上寡，寡不勝眾，故因人以知人。是以形體不勞而事治，智慮不用而姦得。故宋人語曰：「一雀過羿⓬，羿必得之，則羿誣⓭矣。以天下為之羅⓮，則羿不失矣。」夫知姦亦有大羅，不失其一而已矣。不修其羅，而以己之胷察⓯為之弓矢，則子產誣矣。老子⓰曰：「以智治國，國之賊也⓱。」其子產之謂矣。

【注釋】❶鄭子產　鄭國的子產。鄭，周宣王庶弟友的封國。約有今河南省中部黃河以南的地區，戰國時為韓所滅。子產，春秋時鄭國的大夫。姓公孫，名僑，字子產，執鄭國之政四十餘年，鄭國大治。❷閭　里門。❸撫其御之手　按住車夫的手。指用手勢示意車夫停車。撫，按；摸。御，駕車的人。❹有間　猶言有頃、一會兒。❺手絞其夫　親手用繩子勒死丈夫。手，親手；親自。絞，用繩勒死。❻異日　猶言他日、後來某一天。❼夫子　對人敬稱。❽典成之吏　主管平斷訴訟的官吏。典，主管。成，平。按：有爭訟便是有不平，法官評斷曲直使之平，叫做成。❾參伍　錯綜比較，以為驗證。都指多種方法。❿物眾而智寡　事多而智少。物，事。⓫勝　制服。⓬羿　夏朝時有窮國的君主。擅長射箭，曾篡奪夏相的天子之位，後被寒浞所殺。⓭誣　妄誕。⓮羅　捕鳥的網。⓯胷察　胸中的識察能力。猶今語主觀意識。胷，也作「胸」。心的所在。古人以為思想智慧由心而發（實際是腦）。察，識；知曉。此指認知的能力。⓰老子　姓老，名耼。春秋時楚國苦縣（今河南省鹿邑縣）人，曾做過周朝的史官（掌管典籍），晚年進入關中隱居，不知所終。著有《老子》（《道德經》）五千餘字。⓱以智治國二句　用智巧治理國家，是國家的禍害。智，智巧；巧詐之術。賊，害。語出王弼注本《老子・六五章》。

【語譯】鄭國的子產早晨出門，經過東匠的里門，聽到婦人的哭聲，便按住車夫的手，示意他把車子停下來，仔細聽那哭聲。過了一會兒，便派官吏去把她捉來，加以詢問，原來她親手用繩子勒死了自己的丈夫。後來有一天，車夫向子產問說：「您是怎麼知道她勒死丈夫的？」子產說：「因為她的哭聲含有恐懼的感覺。大抵人對於自己的親人，在他剛生病的時候會感到憂愁；臨死的時候，感到恐懼；死了以後，感到悲傷。現在她哭已死的丈夫，哭聲不哀傷，卻含著恐懼，所以知道她有姦邪的事情。」

有人說：子產治理國家，不是管得太多了嗎？姦邪的事情必須親耳聽到、親眼看到後才知道，那麼鄭國所能察覺的姦邪事情就很少了。不委任主管訴訟的官吏，不行使各種驗證的方法，不發揮法度的功能，而只靠竭盡自己的聰明、煩勞自己的智慮，便要察覺姦邪的事情，不是不懂治術嗎？而且事物眾多，智慧短少，短少的智慧不能克服眾多的事物。所以要利用事物來治理事物。人民眾多而君主孤單，孤單的君主不能管制眾多的人民，所以利用別人來了解別人。因此，自己的身體不必辛勞而政事辦得很好，自己的智慮不必動用而姦邪的事情能夠察覺。所以宋國人的俗話說：「每一隻飛經羿附近的麻雀，羿一定要把牠射到，那是羿的妄想。依照天下的大小張設網羅，麻雀就一隻也跑不掉了。」察知姦邪，也有大網，一個也不會漏掉。不準備好網羅，卻把自己的智慮當作弓箭，這是子產的妄誕。老子說：「用智巧治理國家，這是國家的禍害。」說的大概就是子產吧！

秦昭王❶問於左右曰：「今時韓、魏孰與始強❷？」左右對曰：「弱於始也。」「今之如耳❸、魏齊❹孰與曩❺之孟嘗❻、芒卯❼？」對曰：「不及❽也。」王曰：「孟嘗、芒卯率強韓、魏，猶無奈寡人何也！」左右對曰：「甚然。」中期伏瑟而對❾曰：「王之料❿天下過矣。夫六晉之時⓫，知氏⓬最強，滅范、中行⑬，而從⑭韓、魏之兵以伐趙，灌以晉水⑮，城之未沉者三板⑯。知伯⑰出，魏宣子⑱御，韓康子⑲為驂乘⑳。知伯曰：『始吾不知水可以滅人之國，吾乃今知之。汾水㉑可以灌安邑㉒，絳水㉓可以灌平陽㉔。』魏宣子肘㉕韓康子，康子踐㉖宣子之足，肘足接乎車上，而知氏分於晉陽㉗之下。今足下雖強，未若知氏；韓、魏雖弱，未至如其晉陽之下也。此天下方用肘足之時，願王勿易㉘之也。」

或曰：昭王之問也有失，左右中期之對也有過。凡明主之治國也，任其勢㉙。勢不可害，則雖強天下㉚，無奈何也，而況孟嘗、芒卯、韓、魏能奈我何？其㉛勢可害也，則不肖如如耳、魏齊及韓、魏，猶能害之。然則害與不侵，在自恃㉜而已矣，奚問乎？自恃其不可侵，則強與弱奚其擇焉㉝？夫㉞不能自恃，而問其奈何也，其不侵也幸矣。申子㉟曰：「失之數而求之信，則疑矣㊱。」其昭王之謂也。知伯無度㊲，從韓康、魏宣，而圖以水灌滅其國，此知伯之所以國亡而身死，頭為飲杯㊳之故也。今昭王乃問孰與始強，其畏有水人之患乎㊴？雖有左右，非韓、魏之二子也，安有肘足之事？而中期曰：「勿易。」此虛言也。且中期之所官㊵，琴瑟也，絃不調，弄㊶不明，中期之任也，此中期所以事昭王者也。中期善承其任，未慊㊷昭王也，而為所不知，豈不妄哉？左右對之曰「弱於始」與「不及」則可矣；其曰「甚然」則諛也。申子曰：「治不踰官，雖知不言㊸。」今中期不知而尚言之，故曰昭王之問有失，左右中期之對皆有過也。

【注釋】❶秦昭王　戰國時秦國的君主。即秦昭襄王，惠王的兒子，武王的異母弟，名稷，常對六國用兵，國勢鼎盛，在位五十六年（西元前三〇六～前二五一年）。❷今時韓魏孰與始強　現在的韓國和魏國跟從前比起來，什麼時候比較強盛。韓，戰國七雄之一。春秋時晉國封韓武子於韓原（今陝西省韓城縣南），子孫逐漸強盛，遂為六卿之一，終和趙氏、魏氏三分晉國而為諸侯。魏，戰國七雄之一。始祖畢萬，受晉封於魏（今山西省芮城縣東北），子孫為六卿之一，終與趙氏、韓氏三分晉國而為諸侯。孰與始強，即「與始孰強」。孰，何；誰。此指時間，即何時。❸如耳　人名。魏國大夫。❹魏齊　魏國公子，曾相魏昭王。❺曩　往時；以前。❻孟嘗　即孟嘗君。姓田，名文，齊國的公子，齊湣王想除去孟嘗君，孟嘗君逃往魏國，魏昭王用以為相。❼芒卯　也作「孟卯」。戰國時齊國人，長於辯論，曾為魏相。❽不及　猶言不如。❾中期伏瑟而對　中期把瑟放下而後回答。中期，人名。事蹟不詳，似是秦國的樂官。伏瑟，使瑟藏伏。即把瑟放下。❿料　量度；推測。⓫六晉之時　晉國六卿並立的時候。春秋時晉國范氏、中行氏、知（也作智）氏、韓氏、趙氏、魏氏六家世代為卿，共掌國政。⓬知氏　也作「智氏」。指知伯，春秋時晉國的大夫，名瑤。⓭范中行　范氏和中行氏。范氏，春秋時晉國大夫士會的後代。士會食邑於范，稱范武子，子孫以邑為氏。中行，春秋時晉國軍制三行之一。三行即中行、右行、左行。晉國原有上、中、下三軍，加置三行，實為六軍，為避天子六軍之名，故稱行。春秋時荀林父率領中行，後世子孫以官為氏，故稱中行氏。⓮從　率領。⓯晉水　汾河的支流。發源於山西省太原縣（即古代的晉陽）西南縣甕山，分三渠，東流入汾河，今謂之晉渠。⓰板　也作「版」。古代計量城牆的單位，長八尺（一說六尺，一說十尺），寬二尺。⓱知伯　見⓬。⓲魏宣子　春秋時晉國的大夫。名駒，魏文侯的祖父。《戰國策》、《史記．魏世家》均作「魏桓子」。⓳韓康子　春秋時晉國的大夫，名虎。⓴驂乘　陪乘。乘車時居於車右。古代乘車之法，尊者居左，御者居中，又有一人居右，以防重心不穩而傾斜翻覆。作戰時，居右的人負責護衛車駕，稱車右。平時只是陪乘，稱驂乘。驂，三。一車三人，故稱。㉑汾水　又稱汾河。黃河的支流，發源於山西省寧武縣管涔山，南流至曲沃縣西折，在河津縣入黃河。㉒安邑　相傳為夏朝的都城。春秋時為晉國魏氏的都邑，在今山西省夏縣。一九五八年，併入運城縣。㉓絳水　汾水的支流。發源於山西省絳縣西北十公里的絳山，西北流，會澮水，注入汾水。一名白水，又名沸水。㉔平陽　相傳為堯的都城。春秋時韓氏的都邑，在今山西省臨汾縣南。㉕肘　上下臂相接可以彎曲的部位。此作動詞，即以肘觸人。此示意別人勿動。㉖踐　踩；踏。㉗晉陽　春秋時晉國趙氏的都城。在今山西省太原市。㉘易　輕忽；輕視。㉙任其勢　運用他的權力。㉚強天下　指聯合天下各國，加強勢力。㉛其　若；如果。㉜自恃　靠自己的力量。恃，靠；憑藉。㉝奚其擇焉　有何分別。奚，何。擇，分別。㉞夫　若；如果。㉟申子　即申不害（西元前？～前三三七年）。戰國時鄭國京（今河南省滎陽縣東）人，原為鄭國低級官員，韓滅鄭，韓昭侯用他為相，政治修明，諸侯不敢來侵。其學以道家為本，而重法術。《漢書・藝文志》有《申子》六篇，已散佚，有輯本。㊱失之數二句　不根據定理而聽信消息，就迷惑了。之，於。數，定理。信，消息。㊲無度　沒有考量。㊳頭為飲杯　頭顱被當作便器。飲，承受。《戰國策・趙策》：「趙襄子最怨知伯，而將其頭以為飲器。」飲器，即便器。此作飲杯，似誤以飲器為酒杯。㊴其畏有水人之患乎　難道是害怕用水灌滅別人的國家，而反招禍害嗎。其，通「豈」。水人之患，指用水灌滅別人的國家，而反招禍害。㊵官　主管。㊶弄　樂曲。㊷慊　滿足。㊸治不踰官二句　官吏辦理政事，不能超越職權，職權以外的事，雖然知道也不可進言。踰，超越。官，指職權、職守。

【語　譯】秦昭王問左右侍臣說：「現在的韓國和魏國跟從前比起來，什麼時候比較強盛？」侍臣回答說：「現在比從前衰弱。」又問：「現在的如耳、魏齊比從前的孟嘗君、芒卯如何？」侍臣回答說：「不如啊。」昭王說：「從前孟嘗君、芒卯率領韓魏強盛時的軍隊，尚且不能對我怎麼樣，何況是現在的如耳、魏齊呢！」侍臣回答說：「很對。」中期把瑟放下，回答說：「君主對天下大勢的預料，錯了。從前晉國六卿並立的時候，知氏最強，滅了范氏和中行氏以後，又率領韓魏二氏的軍隊攻打趙氏，引晉水灌晉陽城，晉陽城只剩三板六尺的高度未被淹沒。知伯出去巡視，魏宣子替他駕車，韓康子陪乘在魏宣子的右邊。知伯說：『起初我不知道水可以毀滅別人的都城，現在才知道。利用汾水可以淹沒安邑，利用絳水可以淹沒平陽。』魏宣子用手肘去碰韓康子，韓康子用腳去踩魏宣子以示回應。肘和腳在車上接觸，知氏就在晉陽那裡被瓜分了。現在君王的國勢雖然強盛，可是還比不上知氏，韓魏兩國雖然衰弱，可是也還不至於像圍攻晉陽的時候。現在正是天下各國用肘腳暗中接觸的時候，希望君王不要輕忽了它啊。」

有人說：昭王的問話有偏差，侍臣和中期的回答也有錯誤。凡是英明的君主，治理國家全靠運用自己的權力。自己的權力不能損害，雖然聯合天下各國，加強勢力，也不能加以侵害，何況孟嘗、芒卯只用韓魏的力量，能對我怎麼樣呢？如果自己的權力可能損害，那麼無能像如耳、魏齊只用韓魏的力量，也能加以侵害。這樣說來，會不會被侵害，全靠自己的力量罷了，還問什麼呢？靠自己做到不能侵害的地步，那麼對方的強與弱有什麼區別呢？假如不能靠自己的力量，卻問對方能把我怎麼樣，他不被侵害只是幸運罷了。申子說：「不根據定理，而聽信消息，就迷惑了。」大概就是指昭王而說的。知伯沒有多加考量，率領韓康子、魏宣子攻打趙氏，卻打算利用汾水、絳水淹沒他們的都邑，這是知伯國亡身死，頭骨被做成溺器的原因了。現在昭王問的是，韓魏兩國跟從前相比，什麼時候比較強盛，哪裡是害怕用水灌滅別人的國家而招致禍害？雖然有左右近臣聽到，但和韓魏二氏的情形不同，怎會有附和足暗中接觸的事？而中期卻說：「不要忽視。」這是不切實際的話。再說，中期所主管的是音樂，弦音不諧調，曲調不彰明，這是中期的責任。這是中期事奉昭王的方法。中期好好地承擔自己的職責，都未必能使昭王滿意，卻談一些與自己不相干的事情，不是很荒唐嗎？侍臣們回答說「比從前要衰弱一些」和「不如從前」，是可以的；可是說「很對」，那就是諂媚了。申子說：「官吏辦理政事，不能超越自己的職權；職權以外的事，雖然知道也不能進言。」現在中期對自己職權以外的事不了解，還要進言，所以說：昭王的問話有偏差，侍臣和中期的回答都有錯誤啊。

管子❶曰：「見其可，說之有證；見其不可，惡之有形❷。賞罰信於所見，雖所不見，其敢為之乎？見其可，說之無證；見其不可，惡之無形。賞罰不信於所見，而求所不見之外，不可得也。」

或曰：廣廷嚴居❸，眾人之所肅❹也；晏室獨處❺，曾、史❻之所慢❼也。觀人之所肅，非得情❽也。且君上者，臣下之所為飾❾也。好惡在所見，臣下之飾姦物❿以愚其君必也。明不能燭遠姦、見隱微，而待以觀飾行、定罰賞，不亦弊⓫乎？

【注釋】❶管子　即管仲。春秋時潁上人，相齊桓公，霸諸侯。按：以下所引，見《管子·權修》。❷見其可四句　發現他做得好，喜歡需有證驗，發現他做得不好，憎惡需有事實。其，指臣民。說，同「悅」。惡，憎惡。形，指事實、事跡。❸廣廷嚴居　端莊地處於廣大的朝廷上。廣廷，廣大的朝廷。嚴，端莊。居，處於。❹肅　敬慎。❺晏室獨處　在暗室裡獨自生活。晏室，猶言暗室。即燕居所處的房室。晏，通「燕」。閒居：安息。獨處，獨自生活。❻曾史　曾參和史鰌。曾參，春秋時魯國人。孔子弟子，傳孔子一貫之道。史鰌，字子魚。春秋時衛國的賢大夫。❼慢　懈怠。❽情　實際。❾飾　修飾；使增加美觀。❿姦物　姦邪的事情。⓫弊　通「蔽」。遮蔽。此指愚闇。

【語譯】管子說：「發現他做得好，喜歡需有證驗；發現他做得不好，憎惡需有事實。對於所發現的好壞，切實加以賞罰；那麼沒有發現的，還敢不好好地做嗎？發現他做得好，喜歡卻沒有證驗；發現他做得不好，憎惡卻沒有事實。對於所發現的好壞，沒有切實加以賞罰，而希求沒有發現的地方能自動地好好做，那是不可能的。」

有人說：端莊地處在廣大的朝廷上，大家都會很謹慎；在閒居的房內獨自生活，曾參、史鰌也會懈怠。在人謹慎的時候觀察，看不到實際的情形。而且，君主是臣下修飾自己行為的依據。君主的好惡表現在看得到的地方，臣下修飾邪惡的事情來欺騙君主，那是必然的。君主的智慧不能洞見未來的姦惡，預測潛伏的禍災，卻靠觀察修飾的行為，以決定賞罰，不是太愚昧了嗎？

管子曰：「言於室，滿於室；言於堂，滿於堂，是謂天下王❶。」

或曰：管仲之所謂言室滿室，言堂滿堂，非特❷謂遊戲飲食之言也，必謂大物❸也。人主之大物，非法則術也。法者，編著之圖籍❹，設之於官府，而布之於百姓者也。術者，藏之於胸中，以偶❺眾端❻，而潛御❼群臣者也。故法莫如顯，而術不欲見。是以明主言法，則境內卑賤莫不聞知也，不獨滿於室；用術，則親愛近習，莫之得聞也，不得滿室。而管子猶曰「言於室滿室，言於堂滿堂」，非法術之言也。

【注釋】❶言於室五句　見《管子・牧民》。原文作「言室滿室，言堂滿堂，是謂天下王」。室，起居的房室。堂，辦事的大廳。❷特　助詞。❸大物　大事。❹編著之圖籍　記錄在簿書。編，編次。著，記述。之，於。圖籍，猶言簿書。❺偶　遇；應付。❻眾端　猶言諸事。❼潛御　暗中控制。

【語譯】管子說：「在室內說話，全室的人都聽到；在廳堂說話，滿堂的人都聽到，這才是領導天下的王者。」

有人說：管仲所說的「在室內說話，全室的人都聽到；在廳堂說話，滿堂的人都聽到」，不是指遊戲飲食一類的話，而一定是指重大的事情。君主重大的事情，不是法，就是術。所謂法，是要記載在簿書，設置在官府，而公布於百姓面前的。所謂術，則是懷藏在胸中，用以應付各種事件，並暗中控制群臣的。所以法最好公開，術不要顯露。因此，英明的君主提出法律來，國內的庶民沒有人不知道，不止全室的人聽到而已；而當他運用治術時，左右親信沒有一個人知道，不能使全室的人都聽到。管子卻說「在室內說話，全室的人都聽到；在廳堂說話，滿堂的人都聽到」，這是不懂法術的話啊。

難四

【題解】難四，解釋見〈難一〉。

本篇共有四段：第一段言，君臣須各守本分。第二段言，君主須明而知微，嚴而無赦。第三段言，君主怒須當罪，而誅不逆人心。未可以怒則不可有怒之色，未可以誅則不可有誅之心。第四段言，君主用人，忌用所愛而不真賢。

本篇體例，與前三篇略有不同。王先慎《韓非子集解》云：「前三篇皆一難，此篇先立一義以難古人，又立一義以自難前說。其文皆出於韓子。」

衛孫文子聘於魯❶，公登亦登❷。叔孫穆子❸趨進曰：「諸侯之會，寡君❹未嘗後衛君也。今子不後寡君一等，寡君未知所過也。子其少安❺！」孫子無辭❻，亦無悛容❼。穆子退而告人曰：「孫子必亡，臣而不後君，過而不悛，亡之本也。」

或曰：天子失道，諸侯代之，故有湯武❽。諸侯失道，大夫代之，故有齊晉❾。臣而代君者必亡，則是湯武不王，齊晉不立也。孫子君於衛，而後不臣於魯。臣之君也❿，君有失也，故臣有得也。不命⓫亡於有失之君，而命亡於有得之臣，不察⓬。魯不得誅⓭衛大夫，而衛君之明不知不悛之臣，孫子雖有是二⓮

也，巨⑮以亡？其所以忘其失，所以得君也。

或曰：臣主之施，分也⑯。臣能奪君者，以得相踦⑰也。故非其分而取者，眾之所奪也；辭其分而取者，民之所予也。是以桀索崏山之女⑱，紂求比干之心⑲，而天下離；湯身易名⑳，武身受詈㉑，而海內服；趙宣走山㉒，田氏外僕㉓，而齊晉從。則湯武之所以王，齊晉之所以立，非必以其君也，彼得之㉔，而後以君處之也。今未有其所以得，而行其所以處，是倒義而逆德也。倒義，則事之所以敗也；逆德，則怨之所以聚也，敗亡之不察，何也？

【注釋】❶衛孫文子聘於魯　衛國孫文子訪問魯國。衛，周朝諸侯國名。即周武王少弟康叔的封國，約有今河南省北部和河北省南部一帶。孫文子，春秋時衛國的大夫，名林父，於魯襄公十四年驅逐衛獻公而立殤公。聘，訪問。魯，周朝諸侯國名。即周公的兒子伯禽的封國，約有今山東泰山以南的地方，都曲阜。按：衛孫文子聘魯，事見《左傳・襄公七年》。❷公登亦登　魯襄公登階，孫文子也同時登階。公，指魯襄公。成公的兒子，名午，在位三十一年（西元前五七二～前五四二年）。登，指登階。按：古禮，君臣登階，臣後君一等。公登亦登，表示孫文子與魯襄公地位相等，這是違禮的。❸叔孫穆子　春秋時魯國的大夫。名豹，謚穆子，也稱穆叔。最早提出人生三不朽之說的，就是他。❹寡君　對外國人稱本國國君的謙詞。❺少安　稍微慢一點。少，通「稍」。安，安定。猶言緩慢。❻無辭　猶言沒有回答。❼悛容　改正的狀態。悛，悔改；改正。容，狀態；樣子。❽湯武　指商湯和周武王。商湯放桀，周武王滅紂。❾齊晉　指田氏篡齊，趙魏韓三家分晉。❿臣之君也　臣子而做了國君。⓫命　言；稱說。⓬察　詳審。⓭誅　懲罰。⓮是二　這兩種情況。指不臣和不悛。⓯巨　通作「詎」。豈。⓰臣主之施分也　臣子和君主的適當關係，建立在名分上。施，宜。分，名分。⓱以得相踦　憑藉所擁有的實力來傾覆對方。以，用；憑藉。得，猶言所擁有的實力。踦，一隻腳。引申為傾覆。⓲桀索崏山之女　夏桀強求崏山的美女。桀，夏朝的末代君主。暴虐無道，被商湯放逐。索，求。嵋山，大概就是有嵋，見〈十過〉。《汲冢紀年》記載，桀伐嵋山，得二女，一名琬，一名琰，桀愛二女，把她們的名字刻在玉版上。⑲紂求比干之心　商紂尋找比干的心竅。紂，商朝的末代君主。暴虐無道，為周武王所滅。比干，商紂的叔伯父（一說，紂的庶兄）。相傳比干犯顏極諫，紂怒，說：「我聽說聖人的心，有七個孔竅。」便剖比干的心來觀看。⑳易名　更改名字。夏桀名履癸，湯也名履，因此獲罪改名（日人太田方《韓非子翼毳》說）。一說：「易名」為「困呂」之誤。《說苑》：「湯困於呂。」名、呂字形相似（日人松皐圓《定本韓非子纂聞》說）。㉑受詈　被羈押。指武王受羈於王門而言。詈，《呂氏春秋》、《戰國策》、《尸子》、《竹書紀年》皆作「羈」。而本書獨作「詈」，疑「詈」也有羈義（高亨《韓非子補箋》說）。一說：「詈」是「羈」字之誤，例同本書〈喻老〉：「文王見詈於王門。」（日人松皐圓《定本韓非子纂聞》說）㉒趙宣走山　趙宣子逃亡於邊境的山區。趙宣，即趙盾。春秋時晉國的執政大夫，事晉靈公。靈公無道，欲殺趙盾，趙盾出奔。趙穿弒靈公，趙盾未出晉國邊境的山區，又折回來，迎立成公。卒諡宣子。㉓田氏外僕　田常在外，做別人的奴僕。田氏，指田常（也稱陳恆）。春秋時齊國的大夫，弒齊簡公，立平公，卒諡成子。傳至田和，列為諸侯。初，田常離開齊國，前往燕國，曾替他的部屬鴟夷子皮掌管通行關卡的有關證件。事見本書〈說林上〉。外，指離開齊國而在外。僕，指自居為奴僕。㉔得之　指得民心。

【語　譯】衛國大夫孫文子訪問魯國，魯襄公登臺階，孫文子也同時登臺階。叔孫穆子趕快走近孫文子，說：「當諸侯會盟的時候，我國的君主不曾在衛國君主的後面，兩國的地位是平等的。現在你不落後我國君主一個階位，我們不知道有什麼過失，希望你稍微走慢一點。」孫文子沒有回答，也沒有改正的樣子。叔孫穆子回去告訴人說：「孫文子一定會滅亡。做臣子而不肯走在君主後面，有了過失又不肯悔改，這是導致滅亡的根源啊。」

有人說：天子無道，諸侯便取而代之，所以有商湯和周武王。諸侯無道，大夫便取而代之，所以有田氏篡齊、三家分晉的事情。如果說做臣子的取代了君主的地位就一定滅亡，那麼商湯和周武王便不能統治天下，田齊和三晉便不能立為諸侯了。孫文子在衛國做了君主，然後在魯國不行臣子的禮節。臣子變成君主，這是君主有過失，臣子才能獲得君主的地位。不說有過失的君主會滅亡，卻說有所得的臣子會滅亡，這是欠考慮的。魯國不能懲罰衛國的大夫，而衛君的智慧又不能發覺不肯改過的臣子，孫文子雖有不遵臣禮和不肯改過兩種過失，又豈會滅亡？孫文子不注意自己過失的這一點，正是他可以取代君主的因素啊。

又有人說：君主和臣子的關係是各有本分。臣子所以能奪取君主的地位，一定有可以傾覆的因素。所以不是自己的本分而能取得，這是民眾幫忙奪取的；是自己的本分，推辭不掉，這是民眾所給予的。所以夏桀強索嶓山的美女，商紂剖視比干的心竅，天下的人民便離心離德；商湯親自改換名字，周武王親受羈押，而海內的人民都輸誠擁戴。趙宣子逃亡到邊境的山區，田成子離開齊國做別人的奴僕，而齊晉兩國的人民都心悅誠服。這樣說來，商湯和周武王之所以能統治天下，田齊和三晉之所以能立為諸侯，並不是本來理當為天子或諸侯；而是他們獲得人民的支持，人民才擁戴他們為君主啊。現在未能具備獲得君位的因素，卻實行君主的禮儀，這是違反義理而背棄仁德啊。違反義理，這是事情失敗的原因；背棄仁德，這是怨恨集聚的緣由。敗亡的道理這麼明顯，卻不能察覺，這是什麼緣故呢？

魯陽虎❶欲攻三桓❷，不克而奔齊❸，景公禮之❹。鮑文子❺諫曰：「不可。陽虎有寵於季氏，而欲伐季孫，貪其富也。今君富於季孫，而齊大於魯，陽虎所以盡詐也。」景公乃囚陽虎。

或曰：千金之家❻，其子不仁，人之急利甚也。桓公，五霸之上❼也，爭國而殺其兄❽，其利大也。臣主之間，非兄弟之親也。劫殺之功❾，制萬乘而享大利，則群臣孰非陽虎也。事以微巧成，以疏拙敗❿。群臣之未起亂⓫也，其備未具也。群臣皆有陽虎之心，而君上不知，是微而巧也。陽虎以貪欲攻上，知於天下，是疏而拙也。必使景公加誅於拙虎，是鮑文子之說反也。臣之忠詐，在君所行也。君明而嚴，則群臣忠；君懦而闇⑫，則群臣詐。知微之謂明，無赦之謂嚴。不知齊之巧臣，而誅魯之成亂⑬，不亦妄乎？

或曰：仁貪不同心。故公子目夷辭宋⑭，而楚商臣弒父⑮；鄭去疾予弟⑯，而魯桓弒兄⑰。五伯兼并，而以桓律人⑱，則是皆無貞廉也。且君明而嚴，則群臣忠。陽虎為亂於魯，不成而走，入齊而不誅，是承⑲為亂也。君明，則知誅陽虎之可以濟亂⑳也，此見微之情也。語曰：「諸侯以國為親。」君嚴，則陽虎之罪不可失，此無赦之實也。則誅陽虎，所以使群臣忠也。未知齊之巧臣，而廢明亂㉑之罰；責於未然，而不誅昭昭之罪，此則妄矣。今誅魯之罪亂，以威群臣之有姦心者，而可以得季、孟、叔孫之親，鮑文之說，何以為反？

【注釋】❶陽虎　字貨。春秋時魯國季孫氏的家臣，掌握季孫氏大權，想除去季孫氏、叔孫氏和孟孫氏，計畫失敗，逃往齊國。按：陽虎攻三桓，見《左傳・定公八年》。❷三桓　指孟孫氏、叔孫氏和季孫氏。春秋時魯國的大夫，世代掌握魯國的政治大權，為魯桓公庶子的後代，故稱三桓，也稱三家。❸不克而奔齊　沒有成功而逃往齊國。按：陽虎奔齊，見《左傳・定公九年》。❹景公禮之　齊景公以禮接待他。景公，春秋時齊國的君主。靈公的兒子，莊公的異母弟，名杵臼。崔杼弒莊公，立杵臼，是為景公，喜歡營造宮室，畜養犬馬，課徵重稅，濫用刑罰，幸賴晏嬰輔佐，才不致危亂，在位五十八年（西元前五四七～前四九〇年）。禮，以禮接待。❺鮑文子　指鮑國（日人太田方《韓非子翼毳》說）。春秋時齊國的大夫。

❻千金之家　指富有的人家。千金，一千斤或一千鎰金子。金，古時計算貨幣的單位。秦以金一鎰為一金，漢以一斤為一金，後世多以銀一兩為一金。❼桓公五霸之上　齊桓公是五霸之首。桓公，春秋時齊國的君主，名小白。用管仲為相，富國強兵，九合諸侯，為春秋第一個霸主。五霸，指齊桓公、晉文公、宋襄公、秦穆公、楚莊王。上，猶言首。即第一個。❽爭國而殺其兄　指齊桓公與其庶兄公子糾爭位，桓公即位後，迫令魯國就地殺公子糾。按：《史記・齊太公世家》載，齊襄公無道，管仲事奉公子糾奔魯，鮑叔事奉公子小白奔莒，後來襄公被弒，大臣國子、高子密召公子小白，魯國也派兵護送公子糾回國，結果小白先回到齊國，做了君主，出兵打敗魯國的護送軍隊，要求魯國就地殺死公子糾。❾功　成果。❿事以微巧成二句　事情由於隱密巧詐而成功，由於疏忽笨拙而失敗。微巧，隱微巧詐。疏拙，疏忽笨拙。⓫起亂　生亂；作亂。⓬君懦而闇　君主懦弱而昏昧。懦，軟弱。闇，昏昧無知。⓭成亂　已經發生的叛亂。⓮公子目夷辭宋　公子目夷辭讓宋國的君位。事見《左傳・僖公八年》。宋桓公病重，太子茲父向桓公請求由他的庶兄目夷繼承君位，目夷推辭說：「能夠讓國，這是最高的美德，我比不上。」於是仍由太子茲父即位，是為宋襄公。⓯楚商臣弒父　楚國商臣殺死父親而自立。事見《左傳・文公元年》。商臣，楚成王的兒子。殺成王而自立，是為楚穆王，在位十二年（西元前六二五～前六一四年）。⓰鄭去疾予弟　鄭去疾把君位讓予他的庶兄公子堅。事見《左傳・宣公四年》。鄭靈公被弒，鄭人欲立靈公庶弟去疾為君，去疾讓予他的庶兄公子堅，公子堅立，是為鄭襄公。此處說「予弟」，恐誤。⓱魯桓弒兄　魯桓公弒兄隱公而自立。事見《左傳・隱公十一年》。魯桓，即魯桓公。名軌（一說，名允），惠公的兒子，隱公的弟弟，與公子翬謀，弒隱公而自立，在位十八年（西元前七一一～前六九四年），為齊人所殺。⓲以桓律人　拿齊桓公的行為做標準，來衡量別人。律，拿某一標準來衡量。⓳承　容受；接受。⓴濟亂　止亂。濟，停止。㉑明亂　公然作亂。

【語　譯】魯國季孫氏的家臣陽虎想要攻滅孟孫、叔孫、季孫三家，沒有成功而逃往齊國。齊景公依照禮節招待他。鮑文子勸諫說：「不可以這樣做。陽虎受寵於季孫氏，卻想攻滅季孫氏，這是貪圖季孫氏的財富。現在君主比季孫氏富有，齊國又大於魯國，這正是陽虎要使盡巧詐的原由。」景公聽了，便把陽虎囚禁起來。

有人說：擁有千金的有錢人家，他的子女便不會相親愛，因為人類是很熱衷於追求財利的。齊桓公是五霸的第一位，為了爭國而殺了哥哥，是因為利益太大了。臣子和君主之間，不像兄弟那般親密，而劫殺的效果，可以統治萬乘的國家，享有豐厚的財利，那麼群臣哪一個不想做陽虎呢？事情往往由於隱密巧詐而成功，由於疏忽笨拙而失敗。群臣之所以尚未作亂，是因為作亂的條件尚未具備啊。群臣都有像陽虎那般的念頭，而君主不知道，這就是隱密而巧詐。陽虎因為貪心多欲而攻擊長上，天下人都知道，這就是疏忽而笨拙。一定要使景公施刑罰於笨拙的陽虎，這是鮑文子的諫說不對。臣子的忠貞或姦詐，關鍵在君主的作為。君主明智而嚴厲，群臣就忠貞；君主懦弱而愚昧，群臣就姦詐。洞見隱密的事情叫做明察，絕不寬赦有罪的人叫做嚴厲。不能發覺齊國的姦臣，卻誅戮魯國的叛逆，這不是很荒唐嗎？

又有人說：人心不同，有人仁厚，有人貪婪。所以宋國的公子目夷辭讓君位，而楚國的商臣卻弒父自立，鄭國的公子去疾讓位給庶兄，魯國的桓公卻弒兄奪位。春秋五霸都有兼併他國的事實，假如拿齊桓公的行為作標準，就完全沒有忠貞廉潔的人了。而且君主明察而嚴厲，群臣才會忠貞。陽虎在魯國作亂，沒有成功而逃走，進入齊國，如果齊國不加誅戮，等於是容許他繼續作亂。君主明察，便知誅戮陽虎可以終止禍亂，這是能夠洞見隱密的事情啊。古語說：「諸侯都愛自己的國家。」君主嚴厲，陽虎的罪便不能放過，這是絕不寬赦罪人的事實。可見，誅戮陽虎正是使群臣忠貞的方法。不能察覺齊國巧詐的臣子，卻放棄對公然作亂者的誅戮；要求防範未然，卻不誅罰昭彰的罪過，這才是最荒唐的。現在誅戮魯國的叛逆，以嚇阻群臣中心懷不軌的人，又可獲得季孫氏、孟孫氏和叔孫氏的友好，鮑文子的諫說，又有什麼不對呢？

鄭伯❶將以高渠彌❷為卿，昭公❸惡之，固諫不聽。及昭公即位，懼其殺己也，辛卯弒昭公而立子亶❹也。君子曰：「昭公知所惡矣。」公子圉❺曰：「高伯❻其為戮乎！報惡已甚矣❼。」

或曰：公子圉之言，不亦反乎？昭公之及於難者，報惡晚也。然則高伯之晚於死者，報惡未甚也。明君不懸怒❽，懸怒則臣懼罪，輕舉以行計❾，則人主危。故靈臺之飲，衛侯怒而不誅，故褚師作難❿。食黿之羹，鄭君怒而不誅，故子公弒君⓫。君子之舉「知所惡」，非甚之也，曰知之若是其明也，而不行誅焉，以及於死。故曰「知所惡」，以見其無權也⓬。人君非獨⓭不足於見難⓮而已，或⓯不足於斷制。今昭公見惡，稽罪⓰而不誅，使渠彌含憎懼死以徼幸⓱，故不免於殺，是昭公之報惡不甚也。

或曰：報惡甚者，大誅報小罪。大誅報小罪也者，獄之至⓲也。獄之患，故非在所以誅也，以讎之眾也⓳。是以晉厲公滅三郤，而欒中行作難⓴；鄭子都殺伯咺，而食鼎起禍㉑；吳王誅子胥，而越句踐成霸㉒。則㉓衛侯之逐，鄭靈之弒，不以褚師之不死，而㉔子公之不誅也，以未可以怒而有怒之色，未可誅而有誅之心。怒其㉕當罪，而誅不逆人心，雖懸奚害？夫未立有罪，即位之後，宿罪而誅，齊胡之所以滅也㉖。君行之臣，猶有後患，況為臣而行之君乎？誅既不當，而以盡㉗為心，是與天下為讎也，則雖為戮，不亦可乎？

【注釋】❶鄭伯　指鄭莊公。春秋時鄭國的君主，武公的兒子，名寤生，在位四十三年（西元前七四三～前七〇一年）。

❷高渠彌　春秋時鄭國的大夫，事鄭莊公。鄭莊公三十七年（西元前七〇七年），周桓王伐鄭，高渠彌獻魚麗陣法而獲勝，

晉升為卿。❸昭公　鄭莊公的太子，名忽。後繼位為昭公，在位二年（西元前六九六～前六九五年），為高渠彌所弒。❹子亹　《左傳》作「子亹」。昭公的弟弟。高渠彌弒昭公，立子亹以為君，在位一年（西元前六九四年），為齊國所殺。❺公子圉　《左傳》作「公子達」。杜預以為魯國的大夫。❻高伯　即高渠彌。杜預以為伯是高渠彌的字。❼報惡已甚矣　報怨太過了。報，報復。惡，憎恨。此當名詞。已，太。甚，過分。按：從「鄭伯將以高渠彌為卿」到「報惡已甚矣」，見於《左傳・桓公十七年》。❽懸怒　指心雖忿怒，而不施刑罰。懸，猶言暫止、擱置。❾輕舉以行計　輕率行動以進行作亂的計畫。輕舉，輕率地發動。❿靈臺之飲三句　靈臺那次宴飲，衛出公對褚師發怒，而沒有加以誅罰，所以褚師作亂。靈臺，建築名，衛出公所建。衛侯，指衛出公。春秋時衛國的君主，靈公的孫子，蒯聵的兒子，名輒，在位十二年（西元前四九二～前四八一年），出國流亡。褚師，即褚師比。又稱褚師聲子，曾欲伐蒯聵，不成而逃往宋國。作難，猶言作亂。按：《左傳・哀公二十五年》記載，衛出公在靈臺飲酒，褚師走上席子而沒有脫襪，出公很生氣，褚師解釋說：「我的腳有病。」出公越發生氣，諸大夫替他說情，出公氣仍未消，當褚師退下時，出公手插著腰說：「我一定要砍你的腳。」褚師便起來叛亂，出公逃往宋國。⓫食黿之羹三句　鄭靈公請群臣食黿羹，忿恨子公無禮，卻沒有及時誅罰，所以子公就殺死君主。黿，鱉魚。鄭君，指鄭靈公。穆公的兒子，名子夷，即位不及一年（西元前六○三年）被弒。子公，即公子宋，與子家合謀弒靈公。按：《左傳・宣公四年》記載，楚國送黿給鄭靈公，子公和子家有事求見，子公的食指忽然自己動起來，便跟子家說：「以前每遇這種情形，一定會吃到特殊美味的食物。」進去以後，果然看到廚師正要殺黿，二人相視而笑，靈公問他們笑什麼？二人照實回答，等到黿羹烹好了，遍賜群臣，卻偏不分給子公，子公便把手指伸入鼎中，嚐一嚐滋味才走，靈公很生氣，要殺子公，子公便和子家合謀殺死靈公。⓬以見其無權也　藉此顯示他沒有權術。見，通「現」。權，權術。⓭非獨　不但；不僅。⓮見難　察覺禍亂。難，災禍。⓯或　又。⓰稽罪　指發現有罪而不馬上處置。稽，留止。⓱徼幸　同「僥倖」。意外獲得成功或避免不幸。⓲獄之至　刑罰最重的。獄，刑獄；刑罰。⓳獄之患三句　用刑的禍害，本不在已經被誅罰的人，而在怨恨執法不當的人太多。故，通「固」。所以誅，所已誅。讎，怨恨。⓴晉厲公滅三郤二句　晉厲公誅滅郤錡、郤犨、郤至三人，欒書和中行偃便起來作亂。晉厲公，春秋時晉國的君主。景公的兒子，名壽曼，在位八年（西元前五八○～前五七三年）。三郤，指郤錡、郤犨、郤至。皆晉國的大夫。欒，指欒書。晉國的大夫，曾率軍敗齊師於鞌，又敗楚師於鄢陵，卒諡武子。中行，指中行偃。晉國的大夫。晉國軍制，有上、中、下三軍，又有右、中、左三行。中行偃本姓荀，祖父荀林父曾做中行的主帥，後遂以官為氏，故稱。按：晉厲公無道，寵信嬖臣胥童、長魚矯，殺三郤，又欲殺欒書和中行偃，欒書和中行偃便共弒厲公而立悼公。事見《左傳‧成公十七年》、《史記‧晉世家》及本書〈內儲說下〉。㉑鄭子都殺伯咺二句　鄭子都殺戮伯咺，以致因食鼎而釀成災禍。子都，鄭厲公名。伯咺，即《史記‧鄭世家》的「伯父原」，《左傳》作「原繁」。鄭厲公再度回國時被殺。事見《左傳‧莊公十四年》（以上據尹桐陽《韓非子新釋》說）。食鼎起禍，未詳。㉒吳王誅子胥二句　吳王夫差誅殺伍子胥，越王句踐便滅吳而成就霸業。按：本書〈難三〉第四段言「夫差智太宰嚭而愚子胥，故滅於越」，與此同指一事。㉓則　故。㉔而　與。㉕其　若。㉖宿罪而誅二句　心裡記恨臣下的罪過而不施誅罰，這就是齊國君主胡公被滅的原因。宿罪而誅，陳啟天《韓非子校釋》以為「誅」上疑脫「不」字，因為事實上齊胡之所以滅，是由於宿罪而不誅，不是由於宿罪而誅。宿罪，猶前文的「稽罪」。指發現有罪而不馬上處置。齊胡，指齊國君主胡公。名靜，哀公的弟弟。據《史記‧齊太公世家》，周夷王烹哀公而立其弟靜，是為胡公。哀公的同母少弟山，怨胡公，便糾合黨羽攻殺胡公而自立，是為獻公。又據《國語‧楚語》，齊胡公虐待其大夫騶馬繻（騶馬，養馬的官吏。繻，是他的名），繻便殺死胡公，將他投於貝水。㉗盡　指盡殺。不論當與不當。

【語譯】鄭莊公將任命高渠彌為卿，太子忽憎惡高渠彌，極力諫阻，莊公不聽。後來太子忽即位，就是昭公。高渠彌害怕昭公殺他，便在辛卯這一天殺昭公而立他的弟弟子亹為君主。有一位君子說：「昭公知道什麼樣的人是該憎惡的。」魯國的大夫公子圉說：「高渠彌一定會被殺戮吧，因為報怨太過分了。」

有人說：公子圉所說的話不是正好相反嗎？昭公所以遭到殺害，是由於報怨太晚了。如此說來，高渠彌所以死在昭公以後，正是因為昭公報怨不夠狠啊。英明的君主，有所怨恨就馬上處理，絕不暫時擱置；暫時擱置，則被怨恨的臣子因害怕被治罪，而輕率地發動叛亂，這樣君主就危險了。所以衛出公在靈臺飲酒，惱怒褚師無禮，卻沒有立即處置，所以褚師便發動叛亂。鄭靈公賜群臣食黿羹，惱恨子公無禮，卻沒有立即誅罰，所以子公就殺害君主。君子說昭公「知所惡」，不是特別讚美他，而是說，昭公知道得這麼清楚，卻沒有即刻誅罰，以至於被殺死。所以說他「知所惡」，是藉以表示他沒有權術啊。君主的過失，不只由於不能預知禍亂而已，也由於不夠果斷。現在昭公認清了該憎惡的人，卻暫時擱置而不加以誅罰，使高渠彌懷著怨恨，害怕隨時被殺，因而想藉叛亂而得以不死，所以昭公反而終不免於被殺，可見昭公報怨不夠兇狠啊。

又有人說：所謂報怨兇狠，是指以嚴重的誅罰來報復小罪。以嚴重的誅罰報復小罪，是用刑最嚴厲的。

用刑的禍害，本不在已被誅罰的人，而在怨恨執法不公的人太多。因此，晉厲公誅滅郤錡、郤犫、郤至三人，欒書和中行偃便起來作亂；鄭子都殺戮伯咺，便有人藉食鼎而釀成災禍；吳王夫差誅戮伍子胥，越王句踐就滅吳而成就霸業。所以衛出公的被放逐、鄭靈公的被殺，並不是由於褚師沒被處死與子公沒被誅戮；而是由於不該惱怒而有惱怒的神色，不該誅戮而有誅戮的心思。惱怒如果針對著臣子的罪過而很合理，而且誅罰不會違背人心，那麼雖然暫時擱置，又有什麼妨害？假如未立為君，而臣子已有罪過；到了即位以後，卻只記恨臣子而不加誅罰，這就是齊國君主胡公被滅的原因了。君主這樣對待臣子，尚且還有後患，何況是臣子這樣對待君主呢？誅罰既已失當，還想全部殺盡，這是和全天下人結仇，雖然被殺，不也是理所當然的嗎？

衛靈公❶之時，彌子瑕❷有寵於衛國，侏儒❸有見公者，曰：「臣之夢踐❹矣。」公曰：「奚夢❺？」「夢見竈❻者，為❼見公也。」公怒曰：「吾聞見人主者夢見日，奚為❽見寡人而夢見竈乎？」侏儒曰：「夫日兼照天下，一物不能當❾也。人君兼照一國，一人不能壅❿也，故將見人主而夢日也。夫竈，一人煬⓫焉，則後人無從見矣。或者一人煬君邪？則臣雖夢竈，不亦可乎？」公曰：「善。」遂去雍鉏⓬，退彌子瑕，而用司空狗⓭。

或曰：侏儒善假⓮於夢以見⓯主道矣，然靈公不知侏儒之言也。去雍鉏，退彌子瑕，而用司空狗者，是去所愛而用所賢也。鄭子都⓰賢慶建⓱而壅焉，燕子噲⓲賢子之⓳而壅焉。夫去所愛而用所賢，未免使一人煬己也。不肖者煬己，不足以害明；今不加知[20]，而使賢者煬己，則必危矣。

或曰：屈到嗜芰[21]，文王嗜菖蒲葅[22]，非正味[23]也，而二賢尚[24]之，所味不必美。晉靈侯說參無恤[25]，燕噲賢子之，非正士[26]也，而二君尊之，所賢不必賢也。非賢而賢用之，與愛而用之同實；誠賢而舉之，與用所愛異狀[27]。故楚莊舉孫叔而霸[28]，商辛用費仲而滅[29]，此皆用所賢而事相反也。燕噲雖舉所賢，而同於用所愛。衛奚距然哉[30]？則侏儒之未見也。君壅而不知其壅也，已見之後，而知其壅也，故退壅臣，是加知之也。曰「不加知，而使賢者煬己，則必危」，而今已加知矣，則雖煬己，必不危矣。

【注　釋】[1]衛靈公　春秋時衛國的君主。襄公的兒子，名元，在位四十二年（西元前五三四～前四九三年）。[2]彌子瑕　衛靈公所寵愛的近臣。[3]侏儒　身材特別矮小的人。古代多從事於雜技表演，以供笑樂。侏，矮小。[4]踐　實現。[5]奚夢　夢見什麼。奚，何；什麼。[6]竈　炊物的地方。通常由一圓形垂直洞穴與一橫向孔道相連構成，垂直洞穴的上方，用以置鍋，炊者由橫向孔道送進燃料，置於垂直洞穴的下方（鍋底），以炊煮食物。[7]為　卻；竟然。[8]奚為　為何；為什麼。奚，何。[9]當　擋；遮蔽。[10]壅　堵塞；障蔽。[11]煬　烘烤；焚燒。[12]雍鉏　也作「雍渠」。春秋時衛國的宦官。孔子初到衛國時，衛靈公和夫人南子同車，雍渠參乘，而使孔子乘次車，孔子感到羞恥，遂離開衛國。《戰國策・趙策》作「雍疸」，《孟子》作「癰疽」，《說苑・至公》作「雍雎」。[13]司空狗　即史狗。史朝的兒子，也稱文子，見《左傳・襄公二十九年》（據日人松皋圓《定本韓非子纂聞》說）。[14]假　藉。[15]見　顯示。[16]鄭子都　鄭厲公名。[17]慶建　人名。事蹟未詳。[18]燕子噲　即燕王噲。戰國時燕國的君主，易王的兒子，名噲，聽信蘇代和鹿毛壽（本書〈外儲說右下〉作「潘壽」）的話，讓國予燕相子之，引起內亂，齊人伐燕，大破之，燕王噲死。⑲子之　戰國時燕王噲的相。掌大權，利用蘇代和鹿毛壽勸燕王噲讓國給自己，燕王噲果然讓位，三年後燕國大亂，齊國伐燕，大破之，燕王噲死，子之被擒，並被剁成肉醬。⑳今不加知　假如不提高警覺。今，若。加知，猶言更加警覺。知，覺察。㉑屈到嗜芰　屈到喜歡吃菱角。屈到，春秋時楚國的大夫。屈蕩的兒子，字子夕，執楚國之政，性喜吃菱角，臨死囑咐族人要用菱角祭他，事見《國語・楚語》。芰，菱角。二角者稱菱，四角者稱芰。㉒文王嗜菖蒲菹　文王喜歡吃醃菖蒲根。文王，指周文王。菖蒲菹，用菖蒲根作的醃菜。菖蒲，草名。生於水邊，有香氣，根可以入藥。菹，同「葅」。醃菜。㉓正味　美味。㉔尚　崇尚。㉕晉靈侯說參無恤　晉靈公喜歡參無恤。晉靈侯，即晉靈公。晉爵為侯，依《春秋》例，稱晉侯，故稱晉靈公為晉靈侯。說，同「悅」。喜愛。參無恤，日人松皐圓《定本韓非子纂聞》、近人陳奇猷《韓非子集釋》分別據《史記》、《左傳》以為即「范無恤」。㉖正士　猶言賢士。㉗異狀　情形不同。㉘楚莊舉孫叔而霸　楚莊王擢用孫叔敖而成為霸主。楚莊，即楚莊王。春秋時楚國的君主，楚穆王的兒子，名侶，為春秋五霸之一，在位二十三年（西元前六一三～前五九一年）。孫叔，即孫叔敖。春秋時楚國人，兒時曾殺兩頭蛇，後為楚相，輔佐莊王成就霸業。㉙商辛用費仲而滅　商紂王任用費仲而滅亡。商辛，即商紂王。辛，紂王的本名。費仲，商紂王時的諛臣。㉚衛奚距然哉　衛國難道也會如此嗎。奚距，何；豈；哪裡。距，通「詎」。

【語譯】衛靈公在位的時候，彌子瑕很受寵信，有個侏儒進見衛靈公，說：「我的夢應驗了。」靈公說：「你夢見什麼？」侏儒說：「我夢見灶臺，居然來謁見君主。」靈公生氣地說：「我聽說要謁見君主的人會夢見太陽，為什麼你謁見我卻夢見灶臺？」侏儒說：「太陽普照天下，一件物體不能擋住它。君主遍照全國，一個人不能蒙蔽他，所以將謁見君主的人會先夢見太陽。至於灶臺，一個人在前面燒火，便把後面的人遮住，無法看見。也許有人擋住了君主吧？那麼我夢見灶臺，不是很合理嗎！」靈公說：「很對！」便罷免雍鉏，摒退彌子瑕，而任用司空狗。

有人說：侏儒善於假借夢兆來顯示做君主的道理。可是靈公沒有真正了解侏儒的話。罷免雍鉏，摒退彌子瑕，而任用司空狗，這是罷免所喜愛的人而任用自己所認為賢能的人。鄭國的君主子都認為慶建賢能，結果反被他蒙蔽；燕國的君主子噲認為子之賢能，結果也反受他的壅塞。可見罷免所喜愛的人，而任用自己所認為賢能的人，仍不免讓一個人擋住自己。不像樣的人擋住自己，還不足以損害自己的明智；假如不提高警覺，而讓賢能的人擋住自己，那就危險了。

又有人說：楚國大夫屈到喜歡吃菱角，周文王喜歡吃菖蒲根做的醃菜。這兩種食物都不是美味，可是這兩位賢人卻喜歡它，可見個人所認為的美味不一定是美味。晉靈公喜愛參無恤，燕王噲認為子之賢能，這兩人都不是賢士，可是這兩位君主都尊敬他們，可見所認為賢能的人不一定賢能。不是賢人而當賢人來用，和由於喜愛而任用他，實質上是一樣的；確是賢人而加以任用，與任用所喜愛的人，情形就不一樣了。所以楚莊王任用孫叔敖而成就霸業，商辛任用費仲而遭致滅亡，這都是任用自己所認為賢能的人，而事情的結局卻正好相反啊。燕王噲雖然任用自己所認為賢能的人，結果卻和任用自己所喜愛的人一樣。衛靈公難道也會這樣嗎？可見侏儒沒有了解到這一點。君主被壅蔽而自己不知道，察覺以後，知道被壅蔽了，便斥退壅蔽他的臣子，這是提高了對壅蔽的警覺。前面說「不提高警覺，而讓賢人擋住自己，就危險了」，可是現在已經提高警覺了，縱使有人擋住自己，也一定不會產生危險了啊！

卷一七

難勢

【題解】難勢，即辯論權力的重要性。難，詰問；辯駁。勢，權力。

勢，是法家的重要概念。在先秦諸子中，惟法家對政治的本質認識得最清楚，法家認為政治的本質就是權力。權力在握，才能使別人屈服，政治之所以能推動，政策之所以能貫徹，都靠權力。權力的本質則是威嚴，所以本篇內稱為威勢；權力必來自於地位，所以本篇內又稱為勢位。總之本篇純粹是一篇權力論。

本篇內容，主要是以任賢和任勢兩種主張互相辯難，而主旨在申說任賢不如任勢。文分三段：第一段，引慎到的話，提出權力比賢德重要的主張。第二段，設為儒者的口吻，提出勢必待賢乃治的主張以辯駁慎到。第三段，韓子反駁儒者，以為賢勢不能相容，極力申說任賢不如任勢的道理。

慎子❶曰：「飛龍乘雲❷，騰蛇❸遊霧。雲罷，霧霽❹，而龍蛇與螾螘❺同矣，則失其所乘也。故賢人而詘❻於不肖者，則權輕位卑也；不肖而能服賢者，則權重位尊也。堯為匹夫❼，不能治三人；而桀為天子，能亂天下。吾以此知勢位之足恃，而賢智之不足慕也。夫弩❽弱而矢高者，激於風❾也。身不肖而令行者，得助於眾也。堯教於隸屬❿，而民不聽。至於南面而王天下⓫，令則行，禁則止。由此觀之，賢智未足以服眾，而勢位足以詘賢者也。」

【注釋】❶慎子　即慎到。戰國時趙國人，曾為齊稷下學士，其學說大抵以齊萬物為首，循自然而立法，而法的推行，靠統治者的威勢，為重勢派的法家。《漢書・藝文志》著錄《慎子》一卷，四十二篇，唐以後散失大部分，今僅存五篇。❷乘雲　駕雲而行。乘，駕馭。❸騰蛇　形狀像龍的蛇。傳說能興起雲霧，而遊於其中。也作「螣蛇」，又名「飛蛇」。❹霧霽　霧氣消散。霽，雨止。❺螾螘　蚯蚓和螞蟻。螾，同「蚓」。蚯蚓。螘，同「蟻」。❻詘　通「屈」。屈服。❼匹夫　指平民。古時庶民一夫配一妻，故稱。❽弩　古時用機關發射的弓。❾激於風　為風所激動。❿隸屬　奴隸們。指賤民。隸，奴隸。屬，輩。⓫南面而王天下　做君主而統治天下。南面，指君位。古代君主的座位都向南，故稱。王，統治；君臨。

【語譯】慎子說：「飛龍駕雲而行，螣蛇在霧裡騰飛。等到雲散霧開，飛龍和螣蛇便和蚯蚓螞蟻一樣了，因為牠失去了依傍。所以賢人而被愚人所屈服，是由於權小位低的緣故；愚人而能制服賢人，是由於權大位高的緣故。堯做平民，不能管理三個人；桀做天子，能擾亂天下。我從這一點知道權力地位足以依賴，而賢德智慧不值得推崇。弓弩力量微小，而箭矢射得高遠，是由於風力的激動；自身愚昧而命令能夠推行，是由於眾人的幫助。堯教導低賤的人民，人民不聽從。等到他做了君主，統治天下，下命令，人民就照著實行，下禁令，人民就停止。由此看來，賢德智慧不足以收服民眾，而權力地位足以屈服賢人啊！」

應❶慎子曰：飛龍乘雲，騰蛇遊霧，吾不以龍蛇為不託於雲霧之勢也。雖然，夫釋❷賢而專任勢，足以為治乎？則吾未得見也。夫有雲霧之勢，而能乘遊之者，龍蛇之材美也。夫雲盛，而螾弗能乘也；霧醲❸，而螘不能遊也。夫有盛雲醲霧之勢，而不能乘遊者，螾、螘之材薄也。今桀、紂南面而王天下，以天子之威為之雲霧，而天下不免乎大亂者，桀、紂之材薄也。且其人❹以堯之勢，以治天下也，其勢何以異桀之勢，以亂天下者也？夫勢者，非能使賢者用己❺，而不肖者不用己也。賢者用之，則天下治；不肖者用之，則天下亂。人之情性，賢者寡，而不肖者眾。而以威勢之利，濟❻亂世之不肖人，則是以勢亂天下者多矣，以勢治天下者寡矣。夫勢者，便治而利亂者也。故《周書》❼曰：「毋為虎傅❽翼，將飛入邑，擇人而食之。」夫乘不肖人於勢❾，是為虎傅翼也。桀、紂為高臺深池以盡民力，為炮烙❿以傷民性。桀、紂得成四行者，南面之威為之翼也。使桀、紂為匹夫，未始⓫行一，而身在刑戮矣。勢者，養虎狼之心，而成暴亂之事者也。此天下之大患也。勢之於治亂，本末有位⓬也。而語⓭專言勢之足以治天下者，則其智之所至者淺矣。夫良馬固車，使臧獲⓮御之，則為人笑；王良⓯御之，而日取千里⓰。車馬，非異也，或至乎千里，或為人笑，則巧拙相去遠矣。今以國為車，以勢為馬，以號令為轡銜⓱，以刑罰為鞭筴⓲，使堯、舜御之，則天下治；桀、紂御之，則天下亂，則賢不肖相去遠矣。夫欲追速致遠⓳，知任王良；欲進利除害，不知任賢能，此則不知類⑳之患也。夫堯、舜，亦治民之王良也。

【注釋】❶應 答覆；應答。按：此段應答是擬儒者的口吻駁難慎子。❷釋 放棄。❸醲 通「濃」。濃密。❹其人 指慎子。❺己 指勢。下文「不肖者不用己」之「己」義同。❻濟 助。❼周書 書名。記周朝誥誓號令，上起文王，下終景王，後世或題《逸周書》。下文所引，出於《逸周書・寤儆》。❽傅 通「附」。附加；增益。❾乘不肖人於勢 使不肖人乘勢；使不肖人憑藉權勢。於，以。❿炮烙 商紂王所用的酷刑。用炭燒熱銅柱，令人爬行柱上，立即墜落炭上燒死。⓫未始 未嘗；不曾。⓬本未有位 本來沒有一定的方位。指勢本屬中性，可以成治，也可以致亂，沒有一定的方向。⓭語 指慎子的話。⓮臧獲 奴婢。⓯王良 春秋時晉國人，善於駕車。⓰日取千里 日行千里。形容疾速。取，通「趣」。趣，通「趨」。疾行。⓱轡銜 馬韁繩和馬勒口。⓲鞭筴 馬鞭。筴，通「策」。馬鞭。⓳追速致遠 催馬使速，到達遠方。追，催促。⓴不知類 不知類推。

【語　譯】有人回應慎子說：飛龍駕雲而行，騰蛇遊於霧中，我不否認龍蛇是憑藉著雲霧的力量。但是君主放棄賢才而專任權力，就能夠把政治辦好嗎？我看不出來。有雲霧的情勢，而能憑藉它來飛行，這是龍蛇材質美好的緣故。雲雖多，蚯蚓也不能駕馭它而飛行；霧雖厚，螞蟻也不能在裡面遨遊。有厚雲濃霧的情勢，卻不能憑藉它來飛行，這是蚯蚓螞蟻材質不好的緣故。桀紂坐在天子的座位而君臨天下，以天子的威嚴做他的雲霧，而天下免不了大亂，原因就在桀紂的材質不好哇。而且慎子所說的堯所藉以平治天下的勢，又哪有不同於桀所藉以擾亂天下的勢呢？勢的本身，既不能使賢人利用自己，也不能使不肖人不利用自己。賢人利用它，天下就治，不肖人利用它，天下就亂。人類的質性，賢智的少，不肖的多。拿威勢的有利條件，去資助亂世的不肖人，那麼憑藉威勢來擾亂天下的機會就多了，憑藉威勢而平治天下的機會就少了。權力這東西，是既便於平治天下，也利於擾亂天下的啊。所以《周書》說：「不要替老虎加上翅膀；牠一有翅膀，將飛入都邑裡面，選擇肥壯的人吃掉。」使不肖人憑藉威勢，這等於為虎添翼啊。桀紂築高臺、挖深池，以消耗人民的力量，製造炮烙的酷刑，以傷害人民的性命。桀紂所以能夠做出這幾樣暴行來，就是由於天子的威勢做他的翅膀的緣故。假使桀紂只是一介平民，還沒有做出其中一樣暴行，自身就受刑戮了。權力這東西，使人養成虎狼般兇殘的野心，而釀成暴亂的事情，這是天下最大的禍害。權力的本身對於治亂，本來沒有一定的方向，而慎子的話，卻專說權力足夠把天下治好，這顯示他智慧所到的境地太淺了。優良的馬和堅固的車，使笨拙的奴才來駕馭，必被人嘲笑；使王良來駕馭，就能日行千里。車馬沒有差別，有人到達千里，有人被嘲笑，這是因為駕車技術的巧妙與笨拙相差太遠了。現在把國家當車子，把權力當馬，把命令當馬韁繩和馬勒口，把刑罰當馬鞭，讓堯舜去駕馭它，天下就太平；讓桀紂去駕馭它，天下就大亂，這是因為賢智和庸劣相差太遠了。想加速到達遠方，懂得任用王良，想獲利除害，卻不懂得任用賢能，這是不懂得類推所造成的禍害。那堯舜就是治理人民的高手啊！

復應之曰❶：其人❷以勢為足恃以治官，客❸曰「必待賢乃治」，則不然矣。夫勢者，名一而變無數❹者也。勢必於自然，則無為❺言於勢矣。吾所為❻言勢者，言人之所設❼也。今曰：堯、舜得勢而治，桀、紂得勢而亂，吾非以堯、舜為不然也。雖然，非人之所得設也。夫堯、舜生而在上位，雖有十桀、紂不能亂者，則勢治也。桀、紂亦生而在上位，雖有十堯、舜而亦不能治者，則勢亂也。故曰：「勢治者則不可亂，而勢亂者則不可治也。」此自然之勢也，非人之所得設也。若吾所言，謂人之所得設也而已矣，賢何事焉？何以明其然也？客曰，人有鬻❽矛與楯❾者，譽其楯之堅，物莫能陷也。俄而❿又譽其矛曰：「吾矛之利，物無不陷也。」人應之曰：「以子之矛，陷子之楯，何如？」其人弗能應也。以不可陷之楯與無不陷之矛，為名不可兩立也。夫賢之為勢不可禁，而勢之為道也無不禁；以不可禁之賢與無不禁之勢，此矛楯之說也。夫賢勢之不相容，亦明矣。且夫堯、舜、桀、紂，千世而一出，是比肩、隨踵而生也⑪。世之治者，不絕於中，吾所以為言勢者，中也。中者，上不及堯、舜，而下亦不為桀、紂，抱法處勢則治，背法去勢則亂。今廢勢背法而待堯、舜，堯、舜至乃治，是千世亂而一治也。抱法處勢而待桀、紂，桀、紂至乃亂，是千世治而一亂也。且夫治千而亂一，與治一而亂千也，是猶乘驥、駬⑫而分馳也，相去亦遠矣。夫棄隱栝⑬之法，去度量之數，使奚仲⑭為車，不能成一輪。無慶賞之勸，刑罰之威，釋勢委法⑮，堯、舜戶說而人辯之⑯，不能治三家。夫勢之足用亦明矣。而曰「必待賢」，則亦不然矣。且夫百日不食，以待粱肉⑰，餓者不活。今待堯、舜之賢，乃治當世之民，是猶待粱肉而救餓之說也。夫曰：「良馬固車，臧獲御之，則為人笑；王良御之，則日取乎千里。」吾不以為然。夫待越人之善游者，以救中國之溺人，越人善游矣，溺者不濟⑱矣。夫待古之王良，以馭今之馬，亦猶越人救溺之說也，不可亦明矣。夫良馬固車，五十里而一置⑲，使中手御之，追速致遠，可以及也，而千里可日致也，何必待古之王良乎？且御，非使王良也，則必使臧獲敗之；治，非使堯、舜也，則必使桀、紂亂之。此味，非飴、蜜⑳也，必苦菜、亭歷㉑也。此則積辯累辭，離理失術，兩末之議也，奚可以難夫道理之言乎哉？客議未及此論也。

【注　釋】❶復應之曰　又駁難客人說。按：此段是韓非子站在慎子的立場，駁難前段儒者的意見。❷其人　指慎子。❸客　指駁難慎子的儒者。❹名一而變無數　名稱只有一個，而內容的變化很多。❺無為　無以。❻所為　所以。❼設　設施；設立。❽鬻　賣；售。❾楯　盾牌；禦敵的兵器。❿俄而　不久；瞬間。⓫千世而一出二句　千世出現一個就等於是並立相隨而產生了。形容極其難得。千世，千代。世，父子相繼為一世。比肩，猶言並立。隨踵，猶言相繼。都形容很多。⓬驥駬　驥和駬。皆千里馬。駬，騄駬。周穆王八駿之一。⓭隱栝　矯正曲物的器具。隱，也作「檃」。栝，也作「括」。⓮奚仲　夏禹時掌管車輛的官員。相傳奚仲是第一個創製車子的人。⓯釋勢委法　放棄勢與法。釋，放棄。委，委棄；棄置。⓰戶說而人辯之　挨家去勸說，逢人就辯說。⓱粱肉　穀和肉。指美食佳餚。粱，穀子。⓲濟　渡河。引申為拯救。⓳五十里而一置　五十里設一個驛站。置，驛站。⑳飴蜜　糖漿和蜂蜜。飴，糖漿。㉑亭歷　即葶藶。草名，味苦。《爾雅》稱為「蕇」。

【語　譯】我又反駁客人說：慎子認為勢可以用來治好百官，客人說一定要等賢人在位，才能治好。這是不對的。所謂勢，名稱只有一個，而內容的變化卻很多。勢如果一定要限定於自然，那就無從說起了。我所以要談勢，是談人所可以施為的。現在說：堯舜得到勢，天下就太平；桀紂得到勢，天下就大亂。我不否認堯舜是這樣。但是堯舜能否得到勢，不是人力所能施為的。堯舜生來就居上位，雖有十個桀紂也不能擾亂，這是勢使他平治；桀紂也生來就居上位，雖有十個堯舜，也不能平治，這是勢使他動亂。所以說：「勢是平治的，便不能使它亂；勢是亂的，便不能使它平治。」這說的就是自然的勢，不是人力所能施為的。至於我所說的，是指人力所能施為的，跟賢智有什麼關係？怎樣明瞭這個道理呢？有個客人說，有個人同時賣矛和盾。讚美他的盾說，這盾的堅硬，沒有一樣東西能夠刺穿它。一會兒又讚美他的矛說：「我這矛的銳利，沒有一樣東西不能刺入。」有人質問他說：「拿你的矛，刺你的盾，將會怎樣呢？」那賣矛盾的人就不能回答了。因為不能刺入的盾和無不能刺入的矛，這兩種概念是不能同時存在的。賢的作用不能強制，而勢的作用無不強制；拿不能強制的賢，和無不強制的勢來相提並論，這和矛盾的說法是一樣的。那麼賢和勢的不能並存，是很明顯的了。而且堯舜和桀紂是極少見的，縱使千世才出現一個，也像肩挨著肩，腳跟接著腳跟一般，已經算是很多了。世上的政治，相繼不斷的統治者多是中等的人才。我所以要談勢，是針對中等人才說的。所謂中等人才，好，比不上堯舜；壞，也不如桀紂。這種人做君主，只要遵守法度，善用權力，就能平治；違背法度，放棄權力，就會敗亂。假若放棄權力，違背法度，一心等待堯舜，堯舜出現才能平治，這樣便要經歷千世的動亂，才有一世的平治。遵守法度，善用權力，聽任桀紂的出現，桀紂出現才會動亂，這樣便要經歷千世的平治，才有一世的動亂。平治千世而動亂一世，和平治一世而動亂千世相比，就好像騎著騏驥和騄駬，向相反的方向奔馳，彼此的距離太遠了。丟掉矯正曲物的器具，放棄長短多寡的計算，教奚仲去製作車子，連一個車輪也做不成。沒有獎賞的勉勵，沒有刑罰的威迫，放棄權力，放棄法度，教堯舜挨家挨戶去勸說，逢人就辯論，連三家都治不好。這樣看來，權力之值得運用，是很明顯的了。客人卻說「一定要等待賢人在位」，就不對了。再說，人一百天不進食物，而等待粱肉美食，那麼飢餓的人就會死亡。假如要等待堯舜那樣的賢才，才來治理現代的人民，這就和等待粱肉美食來救飢餓的道理是一樣的。客人又說：「優良的馬，堅固的車，奴才去駕它，就會被人嘲笑；王良去駕它，就能日行千里。」我認為不對。等待越國善於游泳的人，來救中原溺水的人，越國人雖善游泳，可是那溺水的人卻無法拯救了。等待古代王良那樣的駕車高手，來駕現在的車馬，也和等待越國人來救溺是一樣的道理，不適當是很明顯的。優良的馬，堅固的車，每五十里設個驛站，使中等的駕車手來駕馭，催馬疾行，到達遠方，是可以做到的。千里的路程，一天也可以到達，何必等待古代王良那樣的駕車高手呢？而且駕車這件事，假如不使王良駕馭，就一定被奴才敗壞；政治的事，假如不使堯舜治理，就一定被桀紂糟蹋。這就好像說：味道，不是糖漿和蜂蜜，就是苦菜和亭歷，這只是堆積辯辭，違背道理的偏見，怎麼可以駁倒合理的言論呢？客人的主張是比不上我這種議論的。

問辯

【題解】問，發問。辯，爭辯。問辯，就是假託有人問爭辯是怎樣發生的，韓非給予答覆。

戰國時代，諸子百家的學說紛紛產生，他們都想拿自己的學說來說服天下的人，所以都很注重爭辯。儒家的孟子以好辯著名，其他遊說諸侯的說客，也都是能言善辯的人，名家和墨家，更建立一套有系統的名學。他們的論辯足以影響各國諸侯，於是韓非便寫了這篇文章。

本篇的主旨在於討論爭辯產生的原因和阻止爭辯的方法。韓非認為爭辯是由於君主不明智而產生的，君主應該以功用作為言行的標準，凡是不合法令的，一概予以禁止，這樣便不致於發生爭辯了。

或問曰：「辯安生乎？」對曰：「生於上之不明也。」問者曰：「上之不明，因生辯也，何哉？」對曰：「明主之國，令者，言最貴者也❶；法者，事最適者也❷。言無二貴❸，法不兩適❹，故言行而不軌❺於法令者，必禁。若其無法令，而可以接詐應變❻，生利揣事❼者，上必采❽其言而責其實❾。言當則有大利，言不當則有重罪。是以愚者畏罪而不敢言，智者無以訟❿，此所以無辯之故也。亂世則不然。主上有令，而民以文學⓫非之；官府有法，而民以私行矯之。人主顧漸其法令⓬，而尊學者之智行，此世之所以多⓭文學也。夫言行者，以功用為之的彀⑭者也。夫砥礪殺矢⑮，而以妄發，其端未嘗不中秋毫⑯也。然而不可謂善射者，無常儀的⑰也。設五寸之的，引⑱百步之遠，非羿⑲、逢蒙⑳不能必中者，有常儀的也。故有常，則羿、逢蒙以五寸的為巧；無常，則以妄發之中秋毫為拙。今聽言觀行，不以功用為之的彀，言雖至察㉑，行雖至堅㉒，則妄發之說㉓也。是以亂世之聽言也，以難知為察，以博文為辯㉔；其觀行也，以離群㉕為賢，以犯上㉖為抗㉗。人主者，說㉘辯、察之言，尊賢、抗之行。故夫作㉙法術之人，立取舍之行㉚，別辭爭之論㉛，而莫為之正㉜。是以儒服、帶劍者㉝眾，而耕戰之士寡，堅白、無厚之詞㉞章㉟，而憲令之法息。故曰上不明，則辯生焉。」

【注　釋】❶令者二句　命令是言語中最尊貴的。令，命令。古代命令多用言語傳達，君主所發出的命令，和法律的效力相同，有時可以代替法律。貴，尊貴；貴重。❷法者二句　法律是事情中最適當的。法，法律。是官府制定用文字寫下來的條規，一切事情都應按照法律辦理。適，適當。❸言無二貴　指君主的命令以外，不容再有和君主命令相反的言語。❹法不兩適　法律以外，不能再有適當的事情（指條規）。❺軌　遵循。❻接詐應變　應接詐偽和變故。❼生利揣事　創造國家的利益，忖度事情的演變。❽采　「採」的本字。採擇；摘取。❾責其實　要求實效。責，求。❿訟　爭論是非。⓫文學　指古代經典。⓬人主顧漸其法令　君主反而損害自己的法令。顧，反。漸其法令，亂其法令。漸，借為「姦」。⓭多　重視。⓮的彀　標準。的，箭靶的中心。彀，把弓拉滿。⓯砥礪殺矢　把田獵用的箭磨得銳利。砥礪，磨刀石。此用作動詞，磨的意思。殺矢，田獵用的箭。⓰秋毫　比喻最細微的事物。鳥獸到秋天生長新毛，毛細而末端尖銳。⓱儀的　鵠的；箭靶。⓲引　開弓。⓳羿　夏朝有窮氏的國君。善於射箭，篡夏自立，後為家臣所殺。⓴逢蒙　夏朝善射箭的人。曾向羿學射箭。

㉑察　精審。㉒堅　堅強。㉓說　言論。這裡指言論和行為。㉔辯　辯給；有口才。㉕離群　不同世俗。㉖犯上　冒犯尊長。㉗抗　高尚。㉘說　同「悅」。喜歡。㉙作　制作。㉚立取舍之行　訂立行為的應取應捨。立，訂立。舍，同「捨」。㉛別辭爭之論　分別爭論的孰是孰非。㉜正　確定；決定。㉝儒服帶劍者　指穿著儒服佩帶劍的人。指儒家和遊俠。㉞堅白無厚之詞　堅白、無厚詭辯的言詞。堅白、無厚為名家的學說。㉟章　同「彰」。彰顯。

【語譯】有人問我說：「爭辯是怎樣發生的呢？」我回答說：「由於君主不明智才發生的。」問的人又說：「君主不明智，就發生爭辯，是什麼緣故呢？」我回答說：「明智君主所統治的國家，命令是言語中最尊貴的；法律是事情中最適當的。命令以外，不能再有尊貴的言語；法律以外，不能再有適當的條規；所以言語行為不遵循法令的，一定要嚴厲禁止。臣民說出無法令根據的言論，可是能對付詐偽，應付突發的變故；創造國家的利益，揣測事情變化的；君主一定採擇這種言論，而要求他的實效。他的言論適當，就給他大量的利益；言論不適當，就給他嚴厲的懲罰。所以智慧低的害怕被治罪，不敢隨便說話；智慧高的無法爭辯，這就是沒有爭辯的緣故。亂世便不是這樣。君主有命令，人民拿古代經典予以批評；官府有法律，人民拿個人行為予以矯正。君主反而損害自己的法令，而尊重學者的智慧和作為，這就是世人重視古代經典的緣故。言論和行為，是要以功用作為標準的。把田獵用的箭磨得銳利，隨便發射，箭鏃可能射中像秋毫那樣小的目標；但是不能稱他為擅長射箭的人，因為沒有一定的箭靶。設置五寸見方的箭靶，在距離百步的地方發射，只有像羿和逢蒙那麼擅長射箭的人才能百發百中，因為有一定的箭靶。所以有一定的箭靶，羿和逢蒙能射中五寸見方的箭靶，才算巧妙；沒有一定的箭靶，隨便發射，能射中秋毫那樣小的目標，仍算笨拙。假如君主聽取言論，觀察行為，不把功用作為標準，言論雖然極精審，行為雖然極堅強，也是隨便表達的言行。因此亂世聽取言論，以深奧難明為精審，以廣博引證為辯給；觀察行為，以不同世俗為賢良，以冒犯尊長為高尚。君主喜歡辯給精審的言論，尊敬賢良高尚的行為。所以那些制作法術的人，訂立行為的應取應捨，分別爭論的孰是孰非，可是卻沒有人給予確定。因此穿著儒服的學者、佩帶寶劍的遊俠越來越多，耕田作戰的士民卻越來越少，堅白、無厚詭辯的言論越來越盛行，法律命令的效能越來越消滅，所以我說：君主不明智，爭辯就會發生。」

問田

【題解】本篇節取第一句「徐渠問田鳩曰」中的兩個字作為篇名。本篇的思想，雖然和法家的旨趣相合，但是第二段尊稱韓非為韓子，可見不是韓非作的；而且堂谿公是韓昭侯時人，生年比韓非稍早，是否和韓非有過這段問答，也是可疑的。這篇可能是韓非的後學所記，後人因為篇旨和韓非相同，文中又言及韓子，於是編入本書中。

本篇主旨在說明法術足以治理國家。全篇分為兩段：第一段說明君主有法制，所以宰相和大將都從低級職位做起。第二段說明君主創立法制，設置標準，這是對人民有利，大眾便利的方法。

徐渠❶問田鳩❷曰：「臣聞智士不襲下❸而遇君❹，聖人不見功❺而接上❻。今陽成義渠❼，名將也，而措❽於屯伯❾；公孫亶回❿，聖相也，而關於州部⓫，何哉？」田鳩曰：「此無他故異物⓬，主有度，上有術之故也。且足下不聞楚將宋觚⓭而失其政，魏相馮離⓮而亡其國。二君者，驅於聲詞⓯，眩乎辯說⓰，不試於屯伯，不關乎州部，故有失政亡國之患。由是觀之，夫無屯伯之試、州部之關，豈明主之備⓱哉？」

【注釋】❶徐渠　人名。生平事蹟未詳。❷田鳩　墨家後學。齊人，與秦惠王同時。《漢書・藝文志》墨家有《田俅子》，田俅大概就是田鳩。❸襲下　由下級官吏依次升遷。襲，重疊。❹遇君　遇到情意相合的君主。遇，遇合。❺見功　表現功績。❻接上　接近君主。上，指君主。❼陽成義渠　人名。《呂氏春秋・愛士》有「陽城胥渠」，與趙簡子同時，疑即陽成義渠。❽措　安置。❾屯伯　屯長。軍隊駐守一地的官長。屯，以兵駐守。❿公孫亶回　人名。生平事蹟未詳。⓫關於州部　由州縣的官吏依次升遷為相。關，由。州部，指地方官吏。⓬他故異物　別的事故。物，事的意思。⓭楚將宋觚　楚國任命宋觚為大將。將，任命為將軍。宋觚，人名。生平事蹟未詳。⓮魏相馮離　魏國任命馮離為宰相。相，任命為宰相。馮離，人名。生平事蹟未詳。⓯驅於聲詞　受臣子的言論所驅使。聲詞，指言論。⓰眩乎辯說　受臣子的辯說所迷惑。眩，迷惑。⓱備　措施；辦法。

【語譯】徐渠問田鳩說：「我聽說智慧高的人不從下級官吏依次升遷，就能得到君主的賞識；德行高的人不等表現出功績，就能獲得君主的親近。陽成義渠是一位著名的將軍，可是最初被任命為屯長；公孫亶回是一位最好的宰相，可是從最低的地方官吏做起；這是什麼道理呢？」田鳩回答說：「這是沒有別的理由，君主有法度、治術的緣故。你沒有聽說楚國任命宋觚為大將，就敗壞了軍事；魏國任命馮離為宰相，就喪失了國土。楚國和魏國這兩位君主，受臣子言論的驅使，被臣子的辯說所迷惑，不拿屯長這種卑微的職位考驗他們，不讓他們從低級的地方官做起，所以有敗壞軍事、喪失國土的禍害。從上面所說的事實看來，武官不用卑微的軍職來考驗，文官不從低級的地方官做起，哪裡是明智君主施政的辦法呀？」

堂谿公❶謂韓子❷曰：「臣聞服禮❸辭讓，全❹之術也；修行退智❺，遂❻之道也。今先生立法術，設度數❼，臣竊以為危於身而殆於軀。何以效❽之？所聞先生術❾曰：楚不用吳起❿而削亂，秦行商君⓫而富彊，二子之言已當矣，然而吳起支解⑫，而商君車裂⑬者，不逢世遇主之患也。逢遇不可必也，患禍不可斥⑭也。夫舍乎全遂之道，而肆⑮乎危殆之行，竊為先生無取⑯焉。」韓子曰：「臣明先生之言矣。夫治天下之柄⑰，齊民萌⑱之度⑲，甚未易處⑳也。然所以廢先生之教㉑，而行賤臣㉒之所取者，竊以為立法術、設度數，所以利民萌、便眾庶之道也。故不憚㉓亂主闇上㉔之患禍，而必思以齊民萌之資利㉕者，仁智之行也。憚亂主闇上之患禍，而避乎死亡之害；知明夫身，而不見民萌之資利者，貪鄙之為也。臣不忍嚮貪鄙之為，不敢傷仁智之行。先生有幸㉖臣之意，然有大傷臣之實。」

【注釋】❶堂谿公　韓昭侯時人。❷韓子　指韓非。❸服禮　行禮。❹全　指全身。保全自身。❺退智　隱藏智巧。❻遂　指名遂。名譽成就。❼度數　法度；標準。❽效　證明。❾術　通「述」。陳述；陳說。❿吳起　戰國時衛國人。善用兵，曾從學於曾參，初仕魯，後仕魏，魏文侯任命為將軍，攻秦，占領五城，為西河守以拒秦。為魏相公叔所忌，奔楚，楚悼王任命為令尹。吳起為將軍，與士卒同甘苦，為相，明法令，務在富國強兵。楚國貴戚大臣多怨起，悼王死，被宗室大臣殺害。著有《吳子》四十八篇，今存六篇，為後人依託的作品。⓫商君　即商鞅。戰國時衛國人，姓公孫名鞅，喜好刑名法術的學問，輔佐秦孝公變法，廢井田，開阡陌，獎勵耕戰，秦國因而富強。封於商，因稱商君或商鞅。孝公死，公子虔等誣陷鞅謀反，車裂死。著有《商君》二十九篇，今本《商君書》二十四篇。⓬支解　同「肢解」。分解人的四肢，是古代的一種酷刑。⓭車裂　古代的一種酷刑。把犯人的頭和四肢，縛在車上，驅車撕裂人體。⓮斥　驅逐；避免。⓯肆　盡力。⓰取　擇取；選擇。⓱柄　權柄。⓲民萌　人民。萌，假借為「氓」。人民。⓳度　標準；準則。⓴處　處理。㉑廢先生之

教　不採用先生的指教。先生，指堂谿公。教，指堂谿公所說全遂的道理。㉒賤臣　卑賤的臣子。韓非自稱。㉓憚　恐懼；畏懼。㉔亂主闇上　昏亂的君主。㉕資利　利益。資，利。㉖幸　愛；愛護。

【語　譯】堂谿公告訴韓非說：「我聽說遵行禮制，待人謙讓，這是保全自身的方法；修養德行，隱藏智巧，這是名譽成就的途徑。現在先生創立法制，設置標準，我認為會危害你的前途，毀滅你的生命。這拿什麼來證明呢？我曾聽你說過：楚國不採用吳起的意見，國家便削弱紊亂；秦國施行商鞅的法制，國家便富裕強大，他們兩人的言論都很正確，但是吳起被支解，商鞅被車裂，這是因為他們沒有遇到清明的時代和明智的君主的禍害啊。清明的時代和明智的君主未必能夠遇到，危難禍害卻是很難避免的。那麼捨棄全身成名的方法，去做危難毀滅的事情，我認為先生不應這樣做。」韓非回答說：「我已經了解先生的意思了。治理天下的大權，齊一人民的準則，是很不容易處理的。可是我為什麼不採納先生的指教，而施行我的辦法，我認為創立法制，設置標準，是對人民有利，大眾便利的方法。所以不畏懼昏亂君主的刑戮，卻一定想要齊一人民，以獲取利益，這是仁智的行為。畏懼昏亂君主的刑戮，避免死亡的禍害；對自己很明智，對人民卻沒有利益，這是貪鄙的行為。我不忍做出貪鄙的行為，不敢傷害仁智的行為。先生有愛護我的美意，其實對我有很大的傷害。」

定法

【題　解】定，審定；訂立。定法，就是對法（和術）加以考究和斷定。

戰國時法家分為三派：商鞅注重法，申不害注重術，慎到注重勢。韓非兼取三家之長，以建立其理論系統。本篇主旨在於比較商鞅的法和申不害的術，以發明法和術的意義及其重要。全篇採用問答體，可分為三段：第一段說明法和術都是帝王治理天下重要的工具。第二段說明只用術而不用法，或者只用法而不用術的流弊。第三段批評申不害的術和商鞅的法都不完善。

問者曰：「申不害❶、公孫鞅❷，此二家之言，孰急於國❸？」應之曰：「是不可程❹也。人不食十日則死；大寒之隆❺，不衣亦死。謂之衣、食，孰急於人？則是不可一無也，皆養生之具❻也。今申不害言術，而公孫鞅為法。術者，因任❼而授官，循名而責實❽，操❾殺生之柄❿，課⓫群臣之能者也；此人主之所執也。法者，憲令著於官府⓬，賞罰必於民心⓭，賞存乎慎法⓮，而罰加乎姦令⓯者也：此人臣之所師⓰也。君無術則弊於上⓱，臣無法則亂於下。此不可一無，皆帝王之具也。」

【注釋】❶申不害　戰國時鄭國京邑（故城在今河南省滎陽縣東南二十一里）人。原來是鄭國的低級官吏，韓哀侯滅鄭，至韓昭侯時，任命他做宰相。他對內改善政治教化，對外應接諸侯各國，在他做宰相十五年中，國家安定，軍力強大，諸侯沒有敢侵犯韓國的。申不害的學問，以道家黃老一派的學問為根源，而特別注重刑名。《漢書・藝文志》著錄《申子》六篇，宋時亡佚，今有《申子》佚文輯本。申子在當時法家中，以注重用術著名。❷公孫鞅　戰國時衛國的公族。名鞅，故稱公孫鞅，亦稱衛鞅，後來因為相秦有功，封於商地（故城在今陝西省商縣東八十五里），因號商君，又稱商鞅，少好刑名法術之學，最初事奉魏國的宰相公叔痤，公叔痤死，就離開魏國到秦國，為左庶長。周顯王十七年（西元前三五二年）為大良造，輔佐秦孝公變法，施行新的政治制度，經過十年，秦國大治，道不拾遺，山無盜賊，家給人足，人民勇於公戰，怯於私鬥。秦孝公死後，被秦惠王處死。商鞅在當時法家中，以注重用法著名。《漢書・藝文志》著錄《商君》二十九篇，今本《商君書》存二十四篇。❸孰急於國　哪一家對國家更迫切。急，迫切；急迫。❹程　度量。❺大寒之隆　極寒的時候。隆，盛。❻養生之具　養活生命的東西。具，器物。❼任　能力；才幹。❽循名而責實　依照他擔任的官位，要求他做到應盡的職責。循，依；順。名，指官位。責，要求。實，指職責、職守。❾操　掌握。❿柄　權柄；權力。⓫課　考察。⓬憲令著於

官府 法令明定於官府。憲令，法令。著，明定。⓭賞罰必於民心 使人民心裡確信有功必賞，有罪必罰。⓮慎法 謹守法律。⓯姦令 違犯法令。姦，犯。⓰師 師法；遵守。⓱君無術則弊於上 君主沒有術駕馭臣子，在上面就會受到蒙蔽。弊，通「蔽」。蒙蔽。

【語譯】有人問道：「申不害、公孫鞅這兩家的學說，哪一家對國家更迫切呢？」我回答說：「這是不能度量他們的高下的。人十天不吃飯就會餓死；寒氣最盛的時候，不穿衣服也會凍死。要說穿衣和吃飯哪一樣對於人更迫切呢？實在是不能缺少一樣，都是供養人生活的東西啊。現在申不害提倡術，公孫鞅制作法。所謂術，就是看能力給予官位，照官位要求職責，掌握生殺的權柄，考核群臣的效能，這是君主應該執掌的。所謂法，就是由官府公布法令，使人民心裡相信賞罰是絕對實施的，獎賞的是謹慎守法的，懲罰的是違犯命令的，這是群臣所要遵守的。君主沒有術，在上面就要受到蒙蔽；群臣沒有法，在下面就要亂做事。這兩樣不可缺一，都是帝王治理天下的工具啊。」

問者曰：「徒❶術而無法，徒法而無術，其不可何哉？」對曰：「申不害，韓昭侯❷之佐❸也。韓者，晉之別國❹也。晉之故法未息❺，而韓之新法又生；先君之令未收，而後君之令又下。申不害不擅其法❻，不一其憲令❼，則姦多。故利在故法前令，則道之；利在新法後令，則道之❽。新故相反，前後相悖❾，則申不害雖十使❿昭侯用術，而姦臣猶有所譎其辭⓫矣。故託⓬萬乘之勁韓，十七年而不至於霸王者⓭，雖用術於上，法不勤飾於官⓮之患也。公孫鞅之治秦也，設告坐而責其實⓯，連什伍而同其罪⓰，賞厚而信⓱，刑重而必⓲。是以其民用力勞而不休，逐敵危而不卻⑲，故其國富而兵強。然而無術以知姦，則以其富強也資⑳人臣而已矣。及孝公、商君死㉑，惠王㉒即位，秦法未敗也，而張儀以秦殉韓、魏㉓；惠王死，武王㉔即位，甘茂以秦殉周㉕；武王死，昭襄王㉖即位，穰侯越韓、魏而東攻齊㉗，五年而秦不益一尺之地，乃成其陶邑之封；應侯攻韓八年㉘，成其汝南之封㉙。自是以來，諸用秦者，皆應、穰之類也。故戰勝則大臣尊，益地則私封立㉚，主無術以知姦也。商君雖十飾㉛其法，人臣反用其資㉜。故乘強秦之資，數十年而不至於帝王者，法雖勤飾於官，主無術於上之患也。」

【注釋】❶徒 獨；只。❷韓昭侯 懿侯的兒子。周顯王十一年（西元前三五八年）即位，在位二十六年。❸佐 輔佐。此指輔佐的人，即宰相一類的官。❹韓者晉之別國 周威烈王二十三年（西元前四〇三年），晉大夫韓虔、魏斯、趙籍皆自立為諸侯，三分晉地。別國，分出的國家。❺故法未息 舊法還沒有廢止。息，止。❻不擅其法 不整齊統一舊法和新法。擅，專一。❼不一其憲令 憲，當據龍宇純《韓非子集解補正》刪。不統一前令和後令。❽故利在故法前令四句 言故法前令於人臣有利，人臣則從故法前令，若新法後令於人臣有利，人臣則從新法後令。道，由；從。遵從的意思。❾相悖 相背。❿十使 極力使。十，表示齊全、完備的意思。此可解釋作極力、盡量。⓫譎其辭 說欺詐的話。譎，詭詐。辭，說辭。⓬託 寄託；憑藉。⓭十七年而不至於霸王者 據《戰國策・韓策》：「魏之圍邯鄲也，申不害始合於韓。」這年是韓昭侯五年（西元前三五四年），申不害開始事奉韓昭侯，八年做宰相，二十二年（西元前三三七年）死亡，首尾共十八年，實足則應為十七年。⓮法不勤飾於官 官府於法律未能勤謹地整飭修正。飾，通「飭」。修整；整治。⓯設告坐而責其實 設立告姦獎賞，誣告反坐的辦法，以求告發的真實。告，告姦。坐，反坐。謂告姦如不確實，就對告發者治罪。⓰連什伍而同其罪 使人民十家或五家連保，一家有姦而不檢舉，則共同有罪。這就是所謂連坐法。連，結合；編組。⓱賞厚而信 賞賜優厚而有信用。商鞅變法時，恐民不信，乃立三丈之木於國都南門，令民有能徙之北門者，予五十金。有一人徙之，立予五十金，以明不欺。⑱刑重而必　刑罰嚴重而必然施行。秦太子駟犯禁，商鞅以太子為國君繼承人，不可施刑，於是刑其師公孫賈、傅公子虔。明日秦人皆遵守法令。⑲卻　後退。⑳資　資助；供給。㉑及孝公商君死　《定本韓非子纂聞》：「或曰：商君衍文。」孝公，秦穆公十五世孫。獻公的兒子，名渠梁，周顯王八年（西元前三六一年）即位，用商鞅變法，國富兵強，稱霸於諸侯，在位二十四年。商君死於惠王即位後。㉒惠王　即惠文君。孝公的兒子，名駟，周顯王三十一年（西元前三三八年）即位，在位二十七年。㉓張儀以秦殉韓魏　是說張儀犧牲秦國的利益，以討好韓魏。張儀，戰國時魏國人。曾相秦惠王，以連橫之策遊說韓魏各國，使背棄縱約而事秦，曾兩次相魏，最後死於魏。用人從葬叫做殉，為人或物犧牲也叫做殉。㉔武王　秦惠王的兒子。名蕩，周赧王五年（西元前三一〇年）即位，在位四年。㉕甘茂以秦殉周　是說甘茂為經營周地，而使秦國受到很大的損失。甘茂，戰國時下蔡（今安徽省鳳臺縣）人。事秦武王為左丞相，武王窺伺周室，甘茂獻和魏攻韓的計策，攻占韓國的宜陽，韓襄王與秦國講和。事見《史記・甘茂列傳》。㉖昭襄王　秦惠王的兒子。武王的異母弟，名稷，周赧王九年（西元前三〇六年）即位，在位五十六年。㉗穰侯越韓魏而東攻齊　《史記・范睢蔡澤列傳》：「穰侯為秦將，且欲越韓魏而伐齊剛壽（在今山東省東平縣西南），欲以廣其陶封。」穰侯，姓魏名冉。昭襄王的母舅，曾四度為秦國的宰相，封於穰邑（今河南省鄧縣），又加封陶邑（今山東省定陶縣）。㉘應侯攻韓八年　事見《史記・范睢蔡澤列傳》。應侯，即范睢。戰國時魏國人，因受魏相折辱，憤而改姓名為張祿，進入秦國，以遠交近攻的政策，說昭襄王，為客卿，後又為相，封於應（今河南省寶豐縣西南），號為應侯。以秦韓國界交錯，力主攻韓，自周赧王五十年（西元前二六五年）起，連年攻韓，攻占韓之少曲、高平、汾陘等地。㉙成其汝南之封　范睢封於應，應是周初國名，春秋時楚國的城父邑，今河南省寶豐縣，地在汝河以南，故云。㉚益地則私封立　指秦國多攻占別國土地，大臣就增廣私人的封地。㉛十飾　盡力整飭。飾，通「飭」。㉜人臣反用其資　指臣子利用秦國的富強以為獵取富貴的憑藉。

【語　譯】問的人說：「只用術而不用法，或者只用法而不用術，為什麼不可以呢？」我回答說：「申不害是韓昭侯的宰相。韓國是從晉國分出來的。晉國的舊法沒廢止，韓國的新法又產生；以前君主的命令沒撤消，後來君主的命令又頒布了。申不害不調整舊法和新法，不統一前令和後令，因此做壞事的人就多起來。做壞事的人覺得舊法前令有利，就遵從舊法前令；覺得新法後令有利，就遵從新法後令。新法和舊法相反，前令和後令相背，申不害雖極力使昭侯用術，可是奸臣們還是有辦法詭辯的。所以憑藉擁有萬輛兵車的強大的韓國，經過十七年的努力，還不能成為霸王；這就是君主雖然在上面用術，下面的官吏不能勤謹地整頓法律的毛病啊。公孫鞅治理秦國，設立告姦獎賞和誣告反坐的辦法，以求告發的真實，編組五家或十家連保，有姦不告發就共同治罪，獎賞優厚而確實，刑罰嚴重而確定，因此秦國人民出力工作，雖然勞苦而不敢懈怠；追趕敵人，雖然危險而不敢退後，所以他們的國家富足，而兵力強大。然而沒有術考察姦邪，結果它的富強只是為姦臣利用罷了。到孝公、商君死後，惠王即位，秦國的法律並沒有敗壞，可是張儀犧牲秦國的利益，以討好韓國和魏國；惠王死後，武王即位，甘茂犧牲秦國的力量，以經營周地；武王死後，昭襄王即位，穰侯超過韓、魏兩國，向東攻打齊國，前後五年，秦國沒有增加一尺土地，卻增加他個人陶邑的封地；應侯攻打韓國八年，也只是成就他個人汝河南面的封地；從這時以後，許多在秦國當權的，都是應侯、穰侯一類的人。所以戰勝敵國，大臣就更加尊貴；擴大疆土，個人的封地就建立起來，因為君主沒有術以辨別姦邪呀。商君雖然極力整頓法律，大臣反而利用以營求私利。所以擁有強大秦國的國力，經幾十年的努力，還不能成為帝王，這就是官吏們雖然勤謹地整頓法律，上面的君主卻不會用術的毛病啊。」

問者曰：「主用申子之術，而官行商君之法，可乎？」對曰：「申子未盡於術，商君未盡於法也。申子言：治不踰官，雖知弗言❶。治不踰官，謂之守職也可；知而弗言，是不謁過也❷。人主以一國目視，故視莫明焉❸；以一國耳聽，故聽莫聰焉。今知而弗言，則人主尚安假借矣❹？商君之法，曰：斬一首者，爵一級❺；欲為官者，為五十石之官❻。斬二首者，爵二級；欲為官者，為百石之官。官爵之遷❼，與斬首之功相稱❽也。今有法曰：斬首者，令為醫、匠。則屋不成，而病不已。夫匠者，手巧也，而醫者，劑藥❾也；而以斬首之功為之，則不當其能。今治官者，智能也；今斬首者，勇力也；以勇力之所加❿，而治智能之官，是以斬首之功為醫匠也。故曰：二子之於法術，皆未盡善也。」

【注　釋】❶治不踰官二句　官吏辦事，不可超越職權，不在職權範圍以內的事，雖然知道，也不可以進言。治，辦事。踰，超越。官，官職；職權。弗，不。❷不謁過也　不把臣子的過失報告君主。謁，告。❸人主以一國目視二句　君主用全國人的眼睛看，所以沒有比這看得更明白。焉，於此。❹人主尚安假借矣　君主還憑藉什麼去看去聽呢。尚，副詞。還。安，疑問指稱詞。什麼。假借，借助；憑藉。❺斬一首者爵一級　商君為獎勵戰功，以斬敵首多寡，定官爵的升遷。《漢書・百官公卿表》：秦軍爵，自一級公士至關內侯，共分十九級。是否就是這裡所說的「爵一級」、「爵二級」，待考。❻為五十石之官　可以做五十石俸米的官職。《史記・秦本紀》《集解》：「斬戰士一首，賜爵一級；其欲為官者五十石。」石，容量單位。五十石、百石，為很小的官。❼遷　升遷。❽相稱　相當；相副。❾劑藥　配藥。劑，調和。❿加　加官；升官。

【語　譯】問的人又說：「君主用申子的術，官吏行商君的法，可以嗎？」我回答說：「申子的術並不完善，商君的法也不理想。申子說：『官吏辦事不可超越職權，職權以外的事，雖然知道也不可以進言。』官吏辦事不超越職權，可以稱為守職；知道職權以外的事而不進言，這是不舉發錯誤啊。君主用全國人的眼睛看，所以看得最清楚；用全國人的耳朵聽，所以聽得最清楚。假如官吏們知道也不進言，君主憑藉什麼去看去聽呢？商君的法說：『斬獲一個敵人的首級，升爵位一級；願意做官的，可以做俸祿五十石的官。斬獲兩個敵人的首級，升爵位兩級；願意做官的，可以做俸祿一百石的官。』官職和爵位的升遷，和斬獲敵人首級的功勞相當。假使現在制定一種法律說：『斬獲敵人首級的人，任命他做醫生或工匠。』那麼房子就蓋不成，疾病也治不好。工匠是要有手藝的，醫生是要會配藥的；假如派斬獲敵人首級有功的人去做，就和他的能力不相當了。現在辦公事是靠智慧和才能的；斬獲敵人首級是靠勇氣和力量的；以靠勇氣和力量所獲得的地位，辦理需要智慧和才能的公事，這樣就等於派斬獲敵人首級有功的人去做醫生和工匠啊。所以說他們兩位對於法和術都還沒有到達完善的境地。」

說疑

【題解】說，論說。疑，顧廣圻《韓非子識誤》：「讀為擬。」擬為儗的借字，比擬、僭擬的意思。本篇末說明「並后」、「貳政」、「配適」、「擬主」四種居下位的僭擬居上位的情形，以致隕身滅國，因此以「說疑」作為篇名。陳奇猷《韓非子集釋》：「本篇皆言人主當疑姦人之說，故曰說疑。」

本篇主旨在於說明君主任用臣子的方法。君主任用賢能的臣子，就能身安國存，任用姦邪的臣子，就會身死國滅。全篇可分為四段：第一段說明君主任用臣子必須審慎。第二段列舉古代險惡、清高、強鯁、權貴、賢能、嬖幸六種臣子。君主任用險惡、權貴、嬖幸三種臣子，將使身死國滅，而清高、強鯁的臣子則不易任使。唯賢能的臣子可為霸主的輔弼。第三段說明明君和亂主任用臣子的方法的不同。第四段說明明君任用臣子，必須禁「五姦」，破「四疑」。本篇第一段文字，前後不太連貫，可能是別篇錯簡到本篇的。

凡治之大❶者，非謂其賞罰之當❷也。賞無功之人，罰不辜❸之民，非所謂明❹也；賞有功，罰有罪，而不失其人，方在於人❺者也，非能生功止過❻者也。是故禁姦之法，太上禁其心❼，其次禁其言，其次禁其事。今世皆曰尊主安國者必以仁義智能❽，而不知卑主危國者之必以仁義智能也。故有道之主，遠❾仁義，去智能，服❿之以法，是以譽廣而名威⓫，民治而國安，知用民之法也。凡術也者，主之所以執也；法也者，官之所以師也，然使郎中日聞道於郎門之外⓬，以至於境內日見法，又非其難者也。

【注　釋】❶大　最重要。❷當　適當；合理。❸不辜　無罪。辜，罪。❹明　明察；明智。❺方在於人　指只是給與個人的榮辱。方，僅。在，猶及。❻生功止過　製造功勞，防止罪過。❼禁其心　禁止人民起姦邪的意念。❽仁義智能　指儒家的學說。❾遠　離去。避開不施行的意思。❿服　治理。⓫名威　名聲顯赫。⓬郎中日聞道於郎門之外　侍從官每天傳達君命於宮門外。郎中，官名。君主的侍從官。聞道，傳達的意思。聞於君主，道於臣民。郎，通「廊」。宮殿旁的房屋。廊門，指宮殿門戶。

【語　譯】最重要的治術，並不是君主賞罰的適當。賞賜沒有功勞的人，懲罰沒有罪過的人，固然君主是不明智；即使賞賜有功勞的，懲罰有罪過的，正是應該賞罰的人，那只是給予個人的榮辱，並不能製造功勞、防止罪過。所以防止姦邪的辦法，最好的是防止姦邪的意念，其次是防止姦邪的言論，再其次是防止姦邪的行動。現在大家都說，要使君主尊榮、國家安定，一定要靠仁義和智能；卻不知道君主卑微、國家危險，都是仁義和智能造成的。所以懂得治術的君主，不施行仁義，放棄智能，用法律治理人民，因此聲譽流傳，名號顯赫，人民安寧，國家安定，這才是懂得治理人民的方法呀。君主掌握治術，官吏奉行法律，使侍衛的官吏每天傳達君命到宮門外，傳布到全國，全國各地經常顯現法律的作用，這並不是難事。

昔者有扈氏❶有失度❷，讙兜❸有孤男❹，三苗❺有成駒❻，桀有侯侈❼，紂有崇❽侯虎，晉有優施❾——此六人者，亡國之臣也。言非如是，言是如非，內險以賊⑩，其外小謹，以徵⑪其善，稱道往古，使良事沮⑫，善禪其主⑬，以集精微⑭，亂之以其所好⑮，此夫郎中左右之類者也。往世之主，有得人而身安國存者，有得人而身危國亡者，得人之名一也，而利害相千萬也，故人主左右不可不慎也。為人主者，誠⑯明於臣之所言，則別賢不肖如黑白矣。

若夫許由⑰、續牙⑱、晉伯陽、秦顛頡、衛僑如、狐不稽、重明、董不識、卞隨、務光⑲、伯夷、叔齊⑳——此十二人者，皆上見利不喜，下臨難不恐，或與之天下而不取，有萃辱㉑之名，則不樂食穀㉒之利。夫見利不喜，上雖厚賞，無以勸之；臨難不恐，上雖嚴刑，無以威之。此之謂不令之民也。此十二人者，或伏死於窟穴㉓，或槁死㉔於草木㉕，或飢餓於山谷，或沉溺於水泉。有民如此，先古聖王皆不能臣，當今之世將安用之？

若夫關龍逢㉖、王子比干㉗、隨㉘季梁㉙、陳㉚泄冶㉛、楚㉜申胥㉝、吳㉞子胥㉟——此六人者，皆疾爭強諫以勝其君。言聽事行，則如師徒之合；一言而不聽，一事而不行，則陵其主以語，從之以威，雖身死家破，要領不屬㊱，手足異處，不難為㊲也。如此臣者，先古聖王皆不能忍也，當今之時將安用之？

若夫齊㊳田恆㊴、宋㊵子罕㊶、魯㊷季孫意如㊸、僑如㊹、衛㊺子南勁㊻、鄭㊼太宰欣[48]、楚白公[49]、周單荼[50]、燕[51]子之[52]——此九人者之為其臣也，皆朋黨比周以事其君，隱正道而行私曲，上逼君，下亂治，援外以撓[53]內，親下以謀上，不難為也。如此臣者，唯賢王智主能禁之，若夫昏亂之君能見之乎？

若夫后稷[54]、皋陶[55]、伊尹[56]、周公旦[57]、太公望[58]、管仲[59]、隰朋[60]、百里奚[61]、蹇叔[62]、舅犯[63]、趙衰[64]、范蠡[65]、大夫種[66]、逢同[67]、華登[68]——此十五人者之為其臣也，皆夙興夜寐，卑身賤體[69]，竦心白意[70]，明刑辟[71]，治官職[72]，以事其君。進善言，通[73]道法，而不敢矜[74]其善；有成功立事，而不敢伐[75]其勞。不難破家以便國，殺身以安主。以其主為高天泰山[76]之尊，而以其身為壑谷[77]鬴洧[78]之卑。主有明名廣譽於國，而身不難受壑谷鬴洧之卑。如此臣者，雖當昏亂之主，尚可致功，況於顯明之主乎？此謂霸王之佐也。

若夫周滑伯[79]、鄭公孫申[80]、陳公孫寧、儀行父[81]、荊[82]芋尹[83]申亥[84]、隨[85]少師[86]、越種干[87]、吳王孫頟[88]、晉陽成泄[89]、齊豎刁、易牙[90]——此十二人者[91]之為其臣也，皆思小利而忘法義，進則揜蔽[92]賢良以陰闇[93]其主，退則撓亂[94]百官而為禍難；皆輔其君，共其欲[95]，苟得一說[96]於主，雖破國殺眾，不難為也。有臣如此，雖當聖主，尚恐奪之，而況昏亂之君，其能無失乎？有臣如此者，皆身死國亡，為天下笑。故周威公身殺，國分為二97，鄭子陽身殺，國分為三98，陳靈公身死於夏徵舒氏，荊靈公死於乾谿99之上，隨亡於荊，吳并於越，智伯滅於晉陽之下100，桓公身死七日不收101。故曰諂諛之臣，唯聖王知之；而亂主近之，故至身死國亡。

【注釋】❶有扈氏　古國名。故地在今陝西省鄠縣北。夏帝啟即位，有扈氏不服，夏啟率兵征伐，大戰於甘，把他消滅。❷失度　有扈氏的宰相。❸讙兜　也作「驩兜」。唐堯時四凶之一。❹孤男　讙兜的嬖臣。《路史・國名紀》作「狐攻」。❺三苗　種族名。❻成駒　人名。❼侯侈　夏桀的宰相。❽崇　商朝國名。在今陝西省鄠縣東。崇侯虎曾向商紂毀謗西伯昌。❾晉有優施　春秋時，晉獻公有俳優名施，和夫人驪姬私通，設計殺害世子申生，趕走公子重耳和夷吾，立奚齊為國君，造成晉國的混亂。❿內險以賊　內心姦險而凶惡。⓫徵　證實。⓬沮　終止。不成功的意思。⓭善禪其主　善長於控制君主。禪，通「擅」。據有；控制。⓮精微　指隱密不大顯著的要事。⓯好　喜好；嗜好。⓰誠　如果。⓱許由　上古的高士。唐堯要把天下讓給他，他不肯接受，逃到箕山隱居。⓲續牙　與下晉伯陽、秦顛頡、衛僑如、狐不稽、重明、董不識六人都是古代高潔之士，生平不詳，可能是舜的七個朋友。⓳卞隨務光　夏商間的高士。商湯滅夏，要把天下讓給卞隨，卞隨不肯接受，自投桐水而死。商湯又讓給務光，務光負石自沉於盧水。事見《莊子・讓王》。⓴伯夷叔齊　商朝末年孤竹國君主的長子和三子。他們的父親死時，遺命由叔齊繼承君位，兄弟互相推讓，伯夷、叔齊先後逃到周國，周武王伐紂，兩人曾叩馬勸阻，武王滅商，他們恥食周粟，逃到首陽山，採薇而食，餓死在山裡。事見《史記・伯夷列傳》。㉑萃辱　窮困潦倒。萃，通「顇」。顦顇。辱，屈抑；埋沒。㉒食穀　食祿。古代以穀為俸祿，所以做官食祿叫做食穀。㉓伏死於窟穴　隱居而死在洞穴中。伏，藏匿；隱居。窟穴，洞穴。極言住所的簡陋。㉔槁死　消瘦而死。㉕草木　指有草木的地方。田野、荒野的意思。㉖關龍逢　夏朝的賢臣。夏桀無道，關龍逢極諫被殺。㉗王子比干　商紂的叔父。商紂淫亂，比干犯顏強諫，紂王怒，剖其心而死。㉘隨　周朝國名。姬姓，春秋後期為楚國的附庸，地在今湖北省隨縣。㉙季梁　隨國的大夫。曾勸阻隨君追擊楚國的軍隊，以免受楚國誘騙。事見《左傳・桓公六年》。㉚陳　周朝國名。周武王封虞舜的後代胡公於陳，建都宛丘（今河南省淮陽縣），後被楚所滅。㉛泄冶　陳國的大夫。陳靈公和大夫孔寧、儀行父，都私通於夏姬，泄冶勸諫，被孔寧、儀行父殺死。事見《左傳・宣公九年》。㉜楚　周朝國名。周成王封熊繹於楚，都丹陽（今湖北省秭歸縣東）。春秋時自稱王，為戰國七雄之一，後被秦國滅亡。㉝申胥　顧廣圻《韓非子識誤》以為當作「葆申」。葆申，楚文王的臣子。楚文王到雲夢打獵，三個月不回首都，又整年不上朝，葆申極諫，並束細荊笞文王。事見《呂氏春秋・直諫》、《說苑・正諫》。㉞吳　周朝國名。泰伯後裔，至壽夢始興盛稱王，據有淮泗以南至浙江太湖以東地區，傳至夫差，被越所滅。㉟子胥　姓伍名員。春秋時楚國人，父奢、兄尚都被楚平王殺害，子胥逃到吳國，輔佐吳王闔廬破楚。吳王夫差敗越，越請和，子胥諫，夫差不從，又諫阻伐齊，夫差信伯嚭讒言，迫子胥自殺而死。㊱要領不屬　指被處腰斬、斬首等刑。要，「腰」的本字。領，頸項。屬，連續。㊲不難為　不感到為難。也就是情願這樣做。㊳齊　周朝太子望的封國。㊴田恆　《左傳》作「陳恆」，《史記》作「田常」。春秋時齊國的卿，弒齊簡公，立平公，專攬齊國的政權，卒諡成子。田恆的曾孫田和為諸侯，田和的兒子午，遂代齊國。㊵宋　周武王伐商，封商遺臣微子啟於宋，都商丘。㊶子罕　即宋大夫皇喜。和戴驩爭權，弒宋君而奪取政權。㊷魯　周朝周公旦的封國，都曲阜。㊸季孫意如　春秋時魯國的權臣。與郈氏、臧氏不和，郈氏、臧氏請求魯昭公伐意如，昭公伐季氏，意如連結叔孫、孟孫共攻昭公，昭公逃到齊國。㊹僑如　即叔孫宣伯。春秋時魯國的權臣，與成公的母親穆姜私通，計畫剷除季孫和孟孫，事敗，逃到齊國，後又逃到衛國。事見《左傳・成公十年》。㊺衛　周朝國名。周武王封其弟康叔於衛，至懿公為狄所滅，戴公野處漕邑，文公又徙居楚丘。㊻子南勁　衛將軍文子子南彌牟的後裔。曾借魏國的力量為衛侯，說見太田方《韓非子翼毳》。㊼鄭　周宣王庶弟友的封國。㊽太宰欣　生平事蹟未詳。下文云：「太宰欣取鄭。」㊾白公　名勝。春秋楚國太子建的兒子，幼年在吳國，令尹子西召回楚國，使為白公，其後作亂，殺子西、子期。葉公子高攻白公，白公自殺。㊿單荼　生平事蹟未詳。下文云：「單氏取周。」(51)燕　周朝召公奭的封國。(52)子之　戰國時燕王噲的宰相。燕王噲聽信蘇代和鹿毛壽的話，讓國給子之，三年，燕國大亂，齊人伐燕，燕王噲死，子之被醢。燕人共立太子平，就是燕昭王。事見《史記・燕召公世家》。(53)撓　擾亂。(54)后稷　周朝的始祖。名棄，為舜農官，封於邰，號后稷，別姓姬氏。(55)皋陶　也稱咎繇。虞舜的臣子，掌管刑獄。(56)伊尹　名摯。商湯的賢相，輔佐商湯，伐桀滅夏，平定天下。(57)周公旦　姓姬，名旦。周武王的弟弟，輔佐武王伐紂滅商。成王即位，年幼，周公攝政，平定武庚的叛亂。又改定官制，創制禮樂，周代文物大備。始封於周，故稱周公，後封於曲阜，為魯國的始祖。(58)太公望　本姓姜，先祖封於呂，子孫遂以呂為氏，名尚。相傳釣於渭濱，周文王出獵相遇，與語大悅，同載而歸，說：「吾太公望子久矣。」因號為太公望，立為師。武王即位，尊為師尚父。輔佐武王滅殷，周朝既建，封於齊，為齊國始祖。59管仲　春秋時潁上人。名夷吾，字仲，諡敬。輔佐齊桓公，主張通貨積財，富國強兵，九合諸侯，一匡天下，使桓公成為春秋五霸之首。60隰朋　春秋時齊國的大夫。幫助管仲輔佐齊桓公稱霸於天下。61百里奚　春秋時秦穆公的賢相。原為虞國大夫，晉獻公滅虞，以為秦穆公夫人陪嫁的奴隸。百里奚逃到宛，被楚人所執。秦穆公拿五張黑羊皮把他贖回，委以國政，七年，成為西戎的霸主。62蹇叔　百里奚的好友。百里奚推薦給秦穆公，秦穆公任命為上大夫。63舅犯　又作「咎犯」。春秋時晉國的大夫狐偃，字子犯，為晉文公的舅父，故稱。曾追隨晉文公流亡各國十九年。文公能回國即位，稱霸於天下，以舅犯的謀略最多。事見《史記・晉世家》。64趙衰　春秋時晉國的大夫。字子餘，曾與狐偃等人追隨晉文公流亡各國十九年。晉文公能回國即位，稱霸於天下，以趙衰和狐偃的功勞最大。卒諡成子，子孫世代為晉卿。事見《史記・晉世家》及〈趙世家〉。65范蠡　春秋楚國宛地人。字少伯，仕越為大夫，輔佐越王句踐，刻苦圖強，終滅吳國，後離開越國到齊國，改名鴟夷子皮，到陶，稱朱公，經商致富，將財物分散給貧窮的朋友和疏遠的兄弟。事見《史記・越王句踐世家》。66大夫種　即文種。春秋時越國的大夫，字少禽，也作子禽，楚國郢人，與范蠡同事越王句踐，出計滅吳，功成，范蠡勸其引退，不聽，後為句踐賜劍自殺。事見《史記・越王句踐世家》。67逢同　春秋時越國的大夫。曾勸越王句踐結齊、親楚、附晉，以厚吳，吳國志廣，必輕戰，三國伐之，而越承其弊而滅之。68華登　春秋時吳國的大夫。宋國司馬華費遂的兒子，華氏作亂，失敗，華登逃到吳國為大夫。69卑身賤體　指態度謙卑退讓。70竦心白意　敬慎真誠的心。竦，敬慎。白，潔白。真誠的意思。71刑辟　刑法；刑罰。72官職　政務；公務。73通　貫通；貫徹。74矜　自負賢能。75伐　自誇。76泰山　山名。在山東省泰安縣北，古稱東嶽，為五嶽之一。古代帝王常在泰山舉行封禪大典。77谿谷　山谷。78鬴洧　即釜鍑。烹飪用的鍋子。79周滑伯　周朝有滑國，姬姓，伯爵，在今河南省偃師縣緱氏城，春秋時為秦所滅，後屬晉，後又屬周。滑伯，疑為滑國的君長。據下文滑伯為周威公所任用。80公孫申　據下文，為鄭子陽所任用，事蹟待考。81公孫寧儀行父　二人都是春秋時陳國的大夫。公孫寧，即孔寧。陳靈公和孔寧、儀行父淫於夏姬，陳靈公被夏姬的兒子夏徵舒殺死，孔寧和儀行父逃到楚國，楚莊王率領諸侯的軍隊討伐叛逆，殺夏徵舒，滅陳。事見《左傳・宣公九年》。82荊　楚國的舊稱。83芋尹　疑為官名。84申亥　春秋楚國申無宇的兒子。楚靈王派遣軍隊攻打徐國，自己駐在乾谿，國人作亂，靈王逃走，申亥在棘圍找到靈王，迎回家中，靈王自縊而死。事見《左傳・昭公十三年》。85隨　周朝國名。姬姓，春秋後期為楚國的附庸，地在今湖北省隨縣。86少師　事蹟待考。87越種干　下文未見。陳奇猷《韓非子集釋》：「疑少師越為一人名，與種干皆為隨臣。」待考。88王孫頟　春秋吳國的佞臣。《國語・吳語》作「王孫雒」。《說苑・雜言》：「太宰嚭、王孫雒，偷合苟容，以順夫差之志。」89陽成泄　事蹟待考。據下文，為晉大夫智伯所任用。90豎刁易牙　二人皆春秋時齊國人。齊桓公好女色，豎刁自割生殖器，到宮中服務，以接近齊桓公。易牙善烹調，齊桓公任用為廚師，很受寵幸。桓公生病，豎刁、易牙和開方作亂，堵塞宮門，建築高牆，桓公餓死宮中。事見本書〈十過〉。91此十二人者　上文僅舉十一人，疑易牙下脫「開方」二字。92揜蔽　掩蔽；遮蔽。揜，通「掩」。93陰闇　使之昏昧。蒙蔽的意思。94撓亂　擾亂。95共其欲　滿足他的欲望。共，「供」的本字。供給；滿足。96說　同「悅」。喜悅。97周威公身殺二句　周考王封他的弟弟於河南，就是西周桓公，桓公死後，其子威公繼位，威公死後，其子惠公繼位，惠公的長子稱西周公，又封其少子班於鞏地，稱東周惠公，周分為二。見《史記・周本紀》。周威公身殺事，待考。98鄭子陽身殺二句　鄭繻公二十五年（西元前三九八年），繻公殺其相子陽，二十七年，子陽之黨共殺繻公駘而立幽公弟乙為君。事見《史記・鄭世家》。國分為三，未詳。99乾谿　地名。春秋時楚國地，在今安徽省亳縣東南。100智伯滅於晉陽之下　春秋時晉國范氏、中行氏、智氏、韓、趙、魏六家，世為晉卿，共掌國政。范氏、中行氏滅亡，智伯強大，專晉國政，率領韓魏圍趙襄子於晉陽，蓄晉水灌城。趙襄子與韓魏合謀滅智伯。智伯，也作「知伯」，名瑤。晉陽，古唐國地。春秋晉邑，故城在今山西省太原市。101桓公身死七日不收　管仲死後，齊桓公寵信豎刁、易牙、開方，桓公死，豎刁等作亂，五公子爭立，無人殮葬，桓公尸在牀上六十七日，尸蟲爬出門外。〈十過〉作「身死，三月不收」，此作七日，疑誤。

【語　譯】從前有扈氏有一個臣子叫失度，讙兜有一個臣子叫孤男，三苗有成駒，夏桀有侯侈，商紂有崇侯虎，晉獻公有優施——這六個人，都是亡國的臣子。他們能把不對的事說成為對的，把對的事說成為不對的；內心姦險而凶惡，外表小心謹慎，以顯示他們的善良；稱述古代的事，使君主要做的好事做不成；善於控制君主，暗中包攬要事，又投合君主的嗜好，使他惑亂，這就是君主左右佞幸一類的人。從前的君主，有得到賢人而自身安全國家保存的，有得到姦人而自身危險國家滅亡的，得人的名稱是一樣的，可是所得到的利害就相差太遠了，所以君主擇取左右的臣子不可不謹慎呀。做君主的，如果能明瞭我說的這番話，分別臣子的好壞，就像分辨黑白那樣容易了。

像許由、續牙、晉伯陽、秦顛頡、衛僑如、狐不稽、重明、董不識、卞隨、務光、伯夷、叔齊——這十二個人，都能見到利益不喜歡，遇到災難不畏懼，有的甚至把天下讓給他，都不肯接受；有的雖然大家都說他窮困潦倒，他卻不喜歡做官接受俸祿。對見到利益並不喜歡的人，君主雖然給予豐厚的賞賜，也沒有辦法勸勉他；對遇到災難卻不畏懼的人，君主雖然使用嚴厲的刑罰，也沒有辦法威脅他。這些就叫做無法使令的人民。這十二個人，有的在洞穴隱居而死，有的在田野消瘦而死，有的在山谷飢餓而死，有的沈溺在泉流而死。像這樣的人民，古代的聖人都不能使令，現在的君主又怎能任命他們呢？

像夏朝的關龍逢、商朝的王子比干、隨國的季梁、陳國的泄冶、楚國的葆申、吳國的伍子胥——這六個人，都是急切爭辯，強烈勸諫，以說服君主。他們的言論被採納，事情被實行，就像師徒般意見融合；如果一句話不被採納，一件事不被實行，他們就用言語欺陵君主，用威力脅迫君主，即使犧牲性命，家族誅滅，腰斬砍頭，手足砍斷，也不覺得為難。像這樣的臣子，古代的聖王都無法忍受，現在的君主還怎麼能任用他們呢？

像齊國的田恆、宋國的子罕、魯國的季孫意如和叔孫僑如、衛國的子南勁、鄭國的太宰欣、楚國的白公、周國的單荼、燕國的子之——這九個人做臣子，都是結黨營私來事奉君主，不顧正道，憑私心做事，對上逼迫君主，對下敗壞政治，援引外力以擾亂國家，拉攏臣下以圖謀君上，也情願去做。像這樣的臣子，只有賢明的君主能夠制止他們，昏庸的君主怎能覺察呢？

像唐虞時代的后稷、皋陶，商朝的伊尹，周朝的周公旦、太公望，齊國的管仲、隰朋，秦國的百里奚、蹇叔，晉國的舅犯、趙衰，越國的范蠡、文種、逢同，吳國的華登——這十五個人做臣子，都是早起晚睡，態度謙卑退讓，心地敬慎真誠，嚴明刑罰，整治政務，來事奉君主。貢獻善言，貫徹道法，卻不敢炫耀自己的才幹；成就功德，建立事業，卻不敢誇張自己的功勞。情願毀壞自己的家室使國家便利，犧牲自己的生命使君主安全。把君主看作像青天泰山那樣崇高，把自己看作像壑谷釜鍑那樣低下。只要君主在國內享有盛名廣譽，自己情願受到像壑谷釜鍑那樣的鄙視。像這樣的臣子，雖然遇到昏庸的君主，還可以建立功業，何況遇到賢明的君主呢？這才是霸王的助手呀。

像周國的滑伯、鄭國的公孫申、陳國的公孫寧和儀行父、楚國的芋尹申亥、隨國的少師、越國的種干、吳國的王孫頟、晉國的陽成泄、齊國的豎刁、易牙和開方——這十二個人做臣子，都是謀求小利而忽視國法和公理，在朝就阻擋賢良，蒙蔽君主，在野就擾亂庶政，製造禍亂；他們都是幫助君主，滿足他的欲望，假如有一件事可以博得君主喜歡，即使毀滅國家，殺戮眾人，他們也情願去做。這樣的臣子，雖然是聖主，還恐怕被他改變，何況是昏庸的君主，怎能沒有過失呢？君主有這樣的臣子，都會國亡身死，被天下人嗤笑。所以周威公被殺，國家分裂為兩部分；鄭子陽被殺，國家分為三部分；陳靈公被夏徵舒殺死，楚靈王在乾谿自縊，隨國被楚國滅亡，吳國被越國併吞，智伯死於晉陽，齊桓公死後七天沒有人收殮。所以說：諂媚的臣子，只有聖王能夠覺察；昏庸的君主卻寵信他們，以至於自己被殺死，國家被滅亡。

聖王明君則不然，內舉不避親，外舉不避仇。是在焉，從而舉之；非在焉，從而罰之。是以賢良遂進❶，而姦邪並退。故一舉而能服諸侯。其在記曰：堯有丹朱❷，而舜有商均❸，啟有五觀❹，商有太甲❺，武王有管、蔡❻，五王之所誅者，皆父兄子弟之親也，而所以殺亡其身，殘破其家者，何也？以其害國傷民敗法圮類❼也。觀其所舉，或在山林藪澤❽巖穴❾之閒，或在囹圄❿縲紲纆索⓫之中，或在割烹⓬芻牧⓭飯牛⓮之事，然明主不羞其卑賤也，以其能為⓯可以明法便國利民，從而舉之，身安名尊。

亂主則不然，不知其臣之意行，而任之以國，故小之名卑地削，大之國亡身死，不明於用臣也。夫無數⓰以度其臣者，必以眾人之口斷之，眾之所譽，從而說⑰之；眾之所非，從而憎之。

故為人臣者，破家殘賥⑱，內構黨與⑲，外接巷族⑳以為譽，從陰約結以相固㉑也，虛與爵祿以相勸㉒也。曰：「與我者，將利之，不與我者，將害之。」眾貪其利，劫其威，彼誠喜，則能利己；誠怒，則能害己。眾歸而民留之㉓，以譽盈於國，發聞㉔於主，主不能理其情㉕，因以為賢。彼又使譎詐之士，外假為諸侯之寵使㉖，假之以輿馬，信之以瑞節㉗，鎮㉘之以辭令，資㉙之以幣帛，使諸淫說其主㉚，微挾㉛私而公議。所為使者，異國之主也；所為談者，左右之人也㉜。主說其言而辯其辭㉝，以此人者天下之賢士也。內外之於左右㉞，其諷一而語同㉟。大者不難卑身摶位以下之，小者高爵重祿以利之㊱。夫姦人之爵祿重，而黨與彌眾；又有姦邪之意，則姦臣愈反而說之㊲，曰：「古之所謂聖君明主者，非長幼世及㊳以次序也，以其搆黨與，聚巷族，偪上㊴弒君，而求其利也。」彼㊵曰：「何知其然㊶也？」因曰：「舜偪堯，禹偪舜，湯放桀，武王伐紂。此四王者，人臣弒其君者也，而天下譽之。察四王之情，貪得之意也；度其行，暴亂之兵㊷也。然四王自廣措㊸也，而天下稱大焉；自顯名㊹也，而天下稱明焉；則威足以臨天下，利足以蓋世㊺，天下從之。」又曰：「以今時之所聞，田成子取齊，司城子罕㊻，太宰欣取鄭，單氏取周，易牙之取衛㊼，韓魏趙三子分晉，此亦人臣之弒其君者也。」姦臣聞此，蹶然㊽舉耳以為是也。故內構黨與，外據㊾巷族，觀時發事，一舉而取國家。且夫內以黨與劫弒其君，外以諸侯之權矯易其國，隱正道，持私曲，上禁君，下撓治㊿者，不可勝數也。是何也？則不明於擇臣也。記曰：周宣王以來(51)，亡國數十，其臣弒君而取國者眾矣。然則難之從內起與從外作者，相半也。能一盡其民力，破國殺身者，尚皆賢主也；若夫轉身易位(52)，全眾傳國(53)，最其病(54)也。

【注釋】❶遂進　皆進用。遂，盡。❷丹朱　唐堯的兒子。沒有賢德，堯於是把帝位讓給舜。❸商均　虞舜的兒子。沒有賢德，舜於是把帝位讓給禹。❹五觀　也作「武觀」。夏啟的兒子，太康的弟弟，沒有賢德。一說：指夏啟的五個兒子。❺太甲　商湯的長孫，太丁的兒子。即位後，縱欲，不守法度，伊尹把他放逐到桐宮，三年後，太甲悔過自新，伊尹便把他迎接回來，重新掌理大政。❻武王有管蔡　周武王滅紂，封紂的兒子武庚治理殷地，並且派他自己的弟弟管叔鮮、蔡叔度督促武庚。武王死後，成王年幼，周公旦攝政，管叔、蔡叔幫助武庚作亂，周公討滅武庚，誅殺管叔，放逐蔡叔。❼圮類　毀滅宗族。圮，毀。類，指宗族。❽山林藪澤　指舜曾居於山林藪澤中。藪，大澤。❾巖穴　洞穴。指傅說曾居住在洞穴中。❿囹圄　監獄。指管仲曾拘囚在魯國監獄中。⓫縲紲纆索　指越石父是一個被拘繫的犯人，晏子以馬匹把他贖出來。縲紲，拘繫犯人的繩索。引申為牢獄。纆索，繩索。⓬割烹　割肉而烹調。指伊尹藉割烹說商湯，而被商湯重用。⓭芻牧　牧養牲畜。指百里奚曾替人牧養牲畜。芻，用草料餵牲畜。⓮飯牛　飼牛。指甯戚曾替人飼養牛。飯，以食餵牲畜。⓯能為　材能。⓰數　術數；方法。⓱說　同「悅」。喜愛。⓲殘賥　耗損財貨。殘，毀損。賥，財貨。⓳黨與　同黨的人。⓴巷族　指鄰里宗族。㉑陰約結以相固　秘密連絡，以謀固結。㉒虛與爵祿以相勸　空言給與爵祿，以資鼓勵。㉓民留之　人民留下不去。愛戴他的意思。㉔發聞　傳聞。㉕理其情　了解真實的情形。理，理解。㉖寵使　高貴的使臣。寵，尊貴；高貴。㉗瑞節　符節。古代用作憑信的器物，用玉製作的叫做瑞，用竹製作的叫做節。㉘鎮　重。指使被看重的意思。㉙資　供給。㉚使諸淫說其主　使他逐漸深入勸說君主。諸，之。指譎詐之士。淫，浸淫；逐漸深入。㉛微挾　隱藏；暗存。㉜所為使者四句　意思是說名為異國的使臣，實為君主左右那位臣子關說。㉝辯其辭　認為他的言辭優美。辯，巧言。㉞內外之於左右　指國內國外的人們對於君主左右那位臣子。㉟諷一而語同　評語都相同。㊱大者二句　君主便對他表示敬愛，敬愛程度深的，能夠委曲自己對他表示尊崇，敬愛程度淺的，就拿高爵厚祿給他享受。大者、小者，指君主對左右那位臣子尊重程度的深淺。卑身，降低自己的身分。擠位，壓抑自己的地位。下之，自己居對方之下。㊲則姦臣愈反而說之　指其他姦邪的臣子反而勸說君主左右的那位臣子奪取君位。之，指君主左右那位臣子。㊳世及　古代諸侯傳位，由父親傳給兒子叫做世，由兄長傳給弟弟叫做及。㊴偪上　逼迫君主。偪，同「逼」。逼迫。上，指君主。㊵彼　指君主左右那位臣子。㊶然　如此；這樣。㊷兵　本意為兵器，引申為用兵器殺的意思。㊸自廣措　自己廣大他的措施。自己擴張勢力的意思。㊹自顯名　自己顯揚他的名譽。㊺蓋世　被覆世人。㊻司城子罕　此下脫「取宋」二字，當據《韓非子集解》補。㊼易牙之取衛　疑當從陳奇猷《韓非子集釋》校作「易牙取齊，子南勁之取衛」。取，奪取。指奪取權勢。㊽蹶然　疾遽的樣子。㊾攄　散布；伸展。㊿撓治　擾亂政治。(51)周宣王以來　周宣王是周朝中興的天子，宣王死後，幽王繼位，寵愛褒姒，生伯服，廢申后及太子宜臼，申侯怒，聯合犬戎攻殺幽王。平王嗣位，東遷洛邑，以後便是春秋、戰國時代，所以從周宣王以後，王綱敗壞，諸侯紛爭，天下動亂。周宣王，名靜，周厲王的兒子。(52)轉身易位　自身反轉和臣子互換地位。如春秋晉靜公二年（西元前三七六年），韓、趙、魏三家分晉。齊康公十九年（西元前三八六年），田常遷康公於海濱，二十六年，康公死，田常自立為君。(53)全眾傳國　不動用軍隊抗拒，就讓國給臣子。全眾，指保全軍隊，不加抗拒。(54)病　恥辱；羞恥。

【語譯】聖明的君王卻不是這樣，提拔親近的人而不迴避親屬，提拔疏遠的人而不排斥仇人。誰表現得好，馬上就任用他；誰表現得壞，馬上就懲罰他。因此賢良都進用，姦邪全摒退。這一番措施就使得天下諸侯服從。古書上面說：唐堯有不肖的兒子丹朱，虞舜有不肖的兒子商均，夏啟有不肖的兒子五觀，商湯有不肖的孫子太甲，周武王有不肖的弟弟管叔和蔡叔，這五位聖王所誅罰的，都是父子兄弟最接近的親屬，可是要誅罰他們，毀壞他們的家門，這是為什麼呢？因為他們禍亂國家，傷害人民，破壞法律，毀滅宗族啊。再看聖王所舉拔任用的人，有的是隱居在山林藪澤巖穴中，有的是拘繫囚禁在監獄裡，有的是從事燒飯牧羊餵牛的工作，但是聖明的君主並不嫌棄他們地位卑賤，因為他們的材能可以使法律嚴明，國家便利，人民幸福，所以馬上舉拔他們，使得自己的地位安全，名譽尊顯。

昏亂的君主卻不是這樣，他不了解臣子的心意和品行，就把國事交給他擔任；受害小的，名譽降低，土地削減，受害大的，國家滅亡，生命斷送，這就是不明白任用臣子的緣故。如果君主沒有方法來度量臣子的好壞，一定依靠大家的言論來判斷，大家所稱讚的，隨著喜愛；大家所非議的，隨著憎惡。

所以有的臣子就犧牲家業，耗損財貨，在朝中結合朋黨，在朝外交接鄰里親族，提高自己的聲譽；秘密連絡，以求固結，空許爵祿，以資鼓勵。對大家說：「幫助我的人，我會給他利益；不幫助我的人，我會給他禍害。」大家貪圖利益，畏懼他的威勢，都在考慮，如果討他歡喜，就會得到利益；如果惹他生氣，就會遭到禍害。因此臣子們都歸附，人民都愛戴他，他的聲譽便傳遍全國，傳達到君主的耳朵裡，君主不能了解真實的情形，便認為他是一位賢能的臣子。他又差使詭詐的人，外表假裝是諸侯尊貴的使臣，借給他車馬，取得符節證明他的身分，替他吹噓以增加他的重要性，供給他財貨費用，使他逐漸深入地勸說君主，暗中懷藏私心而表達公正議論。表面上他是異國君主的使臣，卻為本國君主左右的臣子說好話。君主喜歡他所講的道理，又覺得他的言談很優美，便認為這個使臣是天下的賢人。這時國內國外的人對於君主左右這位臣子，眾口同聲給予好評。於是君主便對他表示敬愛，敬愛的程度深，君主能夠委曲自己對他表示尊崇，敬愛的程度淺，就拿高官厚祿讓他享受。這位君主左右的姦臣官高祿厚，黨徒便越聚越多；本身又有邪惡的念頭，其他的姦臣反轉來勸告他說：「古代所說的聖君明主傳授君位，不一定依照長幼的次序，父死子繼，兄終弟及，而是結合黨徒，聚集鄰里家族，強奪王權，弒殺君主，以求得最大的利益。」他反問說：「怎麼知道是這樣的呢？」那些姦臣就說：「虞舜奪取唐堯的王位，夏禹奪取虞舜的王位，商湯放逐夏桀，周武王討伐商紂。這四位天子，都是以臣子強奪弒殺君主，可是天下的人都稱讚他們。考察這四位天子的心理，不過是貪婪的意念；度量他們的行為，不過是凶暴的殘殺。可是這四位天子自行擴張勢力，天下人便稱讚他們偉大；自行顯揚名譽，天下人便稱讚他們光明；所以他們的威力足以統治天下，恩惠足以被覆世人，天下人都服從他們的領導。」那些姦臣又說：「拿現在所聽到的事實來說，田成子奪取齊國政權，司城子罕奪取宋國，太宰欣奪取鄭國，單氏奪取周國，易牙奪取齊國，子南勁奪取衛國，韓、趙、魏三家瓜分晉國，這些也是以臣子強奪弒殺君主的呀。」這位君主左右的姦臣聽到這番話，趕快聳起耳朵細聽，認為這些話很有道理。所以在朝中結合黨徒，在朝外擴展鄰里親族的勢力，觀察時機，發動變亂，一次行動就奪取了國家的政權。並且在國內利用黨徒脅迫弒殺君主，在國外憑藉諸侯的權力改變國家的政局，不顧正道，憑藉私意行事，對上控制君主，對下擾亂政治的臣子，多得無法計算。這是什麼緣故呢？這就是君主不明白選擇臣子呀。古書上說：自從周宣王以後，滅亡的國家有幾十個，很多是臣子弒殺君主而奪取國家的，其中禍難從國內產生和從國外發作的，各占一半。能夠盡量發動民力，抵禦禍難，以致身死國滅的，都還算是賢能的君主；至於自身倒反和臣子互換地位，毫無抗拒，便把國家傳給臣子，這是最恥辱的事。

為人主者，誠明於臣之所言，則雖畢弋馳騁❶，撞鐘舞女❷，國猶且存也；不明臣之所言，雖節儉勤勞，布衣惡食，國猶自亡也。趙之先君敬侯❸，不修德行，而好縱慾，適身體之所安、耳目之所樂，冬日畢弋，夏日浮淫❹，為長夜❺，數日不廢御觴，不能飲者❻，以筩❼灌其口；進退不肅，應對不恭者，斬於前。故居處飲食，如此其不節也；制刑殺戮，如此其無度也。然敬侯享國數十年❽，兵不頓❾於敵國，地不虧於四鄰，內無群臣百官之亂，外無諸侯鄰國之患，明於所以任臣也。燕君子噲❿，召公奭⓫之後也，地方數千里，持戟⓬數十萬，不安子女⑬之樂，不聽鐘石⑭之聲，內不湮⑮污池臺榭⑯，外不畢弋田獵，又親操耒耨⑰以修畎畝⑱。子噲之苦身以憂民，如此其甚也；雖古之所謂聖王明君者，其勤身而憂世，不甚於此矣。然而子噲身死國亡，奪於子之，而天下笑之，此其何故也？不明乎所以任臣也。故曰：人臣有五姦，而主不知也。為人臣者：有侈用財貨賂⑲，以取譽者；有務慶賞⑳賜予，以移眾者；有務朋黨，徇智尊士㉑，以擅逞㉒者；有務解免㉓、赦罪獄，以事威㉔者；有務奉下直曲㉕、怪言、偉服㉖、瑰稱㉗，以眩㉘民耳目者。此五者，明君之所疑也，而聖主之所禁也。去此五者，則譟詐㉙之人不敢北面立談；文言㉚多，實行寡，而不當法者，不敢誣情㉛以談說。是以群臣居則修身，動則任力㉜，非上之令，不敢擅作疾言誣事㉝，此聖王之所以牧㉞臣下也。彼聖主明君不適㉟疑物㊱以闚㊲其臣也；見疑物而無反㊳者，天下鮮矣。故曰：孽㊴有擬㊵適㊶之子，配有擬妻之妾，廷有擬相之臣，臣有擬主之寵㊷，此四者國之所危也。故曰：「內寵並后，外寵貳政，枝子配適，大臣擬主，亂之道也㊸。」故《周記》㊹曰：「無尊妾而卑妻，無孽適子㊺而尊小枝㊻，無尊嬖臣而匹上卿，無尊大臣以擬其主也。」四擬者破，則上無意㊼，下無怪㊽也；四擬不破，則隕身㊾滅國矣。

【注　釋】❶畢弋馳騁　指打獵。畢，長柄捕捉鳥兔的網。戈，字誤，當作「弋」。弋，用繩繫箭射鳥。馳騁，馬奔跑。❷撞鐘舞女　指欣賞美女歌舞。撞鐘，敲擊鐘。指奏樂。❸趙之先君敬侯　敬侯，名章，趙烈侯的兒子，在位十二年。❹浮淫　浮游；泛舟遊樂。淫，游。❺為長夜　疑當從劉師培《韓非子斠補》作「為長夜飲」。長夜飲，整夜飲酒。❻數日不廢御觴二句　陳啟天從舊本作「數日不廢，御觴不能飲者」，這裡據松皋圓《韓非子纂聞》在「御觴」下加逗號。御觴，飲酒。御，進用。觴，盛有酒的杯子。❼第　竹筒。❽敬侯享國數十年　據《史記・趙世家》：趙敬侯在位十二年卒。疑此有誤。❾頓　敗；打敗。❿燕君子噲　即燕王噲，燕易王的兒子。⓫召公奭　周文王的庶子。名奭，封於召（今陝西省岐山縣西南），故稱。武王滅紂，封於北燕，成王時為三公，與周公分陝而治，卒諡康。⓬持戟　指持戟的戰士。戟，古時的一種兵器。⓭子女　女子。⓮鐘石　指銅鐘和石磬兩種樂器。⓯湮　高亨《韓非子補箋》以為湮抑一聲之轉。抑，治。修治、修建的意思。⓰污池臺榭　水池和樓臺。污池，蓄水的池。積土高起為臺，臺上所蓋之屋為榭。⓱耒耨　耕耘用的農器。耒，耕田的器具。耨，除草的器具。⓲甽畝　田地。⓳有侈用財貨賂　疑當刪去「賂」字。陳奇猷《韓非子集釋》：「賂上當有賄字。」侈，多。⓴慶賞　獎賞。㉑徇智尊士　聽信謀士的智計。徇，從。㉒擅逞　專橫跋扈。擅，專。逞，縱橫肆行。㉓解免　指免除賦稅勞役。㉔事威　建立威信。事，立。㉕奉下直曲　奉行人民所毀譽，以討好人民。直曲，指毀譽。㉖偉服　超越法制規定的服飾。㉗瑰稱　誇大的言論。㉘眩　迷惑；迷亂。㉙譟詐　多言詭詐。㉚文言　虛飾的言辭。㉛誣情　所言不合於實情。㉜任力　盡力。㉝疾言誣事　說激急的話，做虛妄的事。㉞牧　統治；治理。㉟不適　不啻；不但。適，借為「啻」。㊱疑物　值得疑慮的事情。即前文所舉的五姦，後文所舉的四擬。㊲闚　同「窺」。暗中觀察。㊳反　反省；省悟。㊴孽　庶子。不是正妻所生的兒子。㊵擬　比擬；相比。㊶適　通「嫡」。嫡子，正妻所生的兒子。㊷寵　尊崇榮耀。㊸內寵並后五句　《左傳・桓公十八年》，辛伯勸告周桓王：「並后，匹嫡，兩政，耦國，亂之本也。」又閔公二年，狐突勸告太子申生引用辛伯的話作「內寵並后，外寵二政，嬖子配嫡，大都耦國，亂之本也」，與此文稍異。內寵，指姬妾。外寵，指幸臣。貳，兩屬。枝子，庶子。㊹周記　《周史記》。即《逸周書》。㊺無孽適子　不要把嫡子看作庶子。就是不要輕視嫡子的意思。㊻小枝　即枝子、庶子。㊼上無意　在上的君主不必猜測臣子姦邪。意，通「臆」。猜測；意料。㊽下無怪　在下的臣子不會做出怪異的言行。㊾隕身　身亡；死亡。

【語　譯】做君主的如果明瞭我所說的話，雖然經常到山林打獵，欣賞美女歌舞，國家還是能夠保存；如果不明瞭我所說的話，雖然節儉勤勞，穿布衣，吃粗食，國家還是會滅亡。趙國的先君敬侯，不修養德行，喜好放縱慾望，追求身體的舒適、耳目的悅樂，冬天到山林打獵，夏天在水上泛舟；不分晝夜地飲酒，一連幾天不停地飲；對不能飲酒的人，就用竹筒盛酒，灌進他的嘴裡；舉動不禮貌，應對不恭敬的人，就在面前處死。他的生活享受，這樣沒有節制；用刑殺人，這樣沒有法度。可是敬侯做國君十二年，軍隊不曾被強敵打敗，土地不被鄰國侵占，內部沒有臣民作亂，外面沒有諸侯鄰國侵犯，就是因為明白怎麼任用臣子呀。燕國的君主子噲，是召公奭的子孫，擁有幾千里的國土，有幾十萬的軍隊，不貪戀女色，不嗜聽音樂，不修建宮裡的池沼樓臺，不往郊外去打獵，卻親自執持農具，在田裡耕作。子噲自身刻苦，體恤人民，這樣深切；即使古代所說的聖王明君，他們的勤苦憂世，也不會超過他。可是子噲不僅君位被子之奪去，而且身死國亡，被天下人嗤笑，這是什麼緣故呢？就是因為不明白任用臣子呀。所以我說：國家有五種姦邪的臣子，可是有些君主不曉得。做臣子的，有運用大量財貨，來收買名譽的；有盡量賞賜餽贈，來轉變大眾心意的；有致力結合黨徒，聽從謀士智計，以專橫跋扈的；有盡量減免賦稅勞役，寬赦罪刑，來建立權威的；有專門奉行人民的毀譽、怪異的言談、穿著奇異的服飾、發表誇大的言論，來迷惑人民的耳目的。這五種臣子，是明君所疑慮的，聖王所禁絕的。除去這五種姦邪的臣子，那麼詭詐的人便不敢向君主亂發議論，空話多，實行少；而不遵守法令的人，便不敢不依照事實說話。因此群臣平日修養自己的品行，做事便竭盡自己的才力，不是君主的命令，不敢擅自說激急的話，做虛妄的事，這就是聖王統治臣子的方法呀。聖主明君不但就值得疑慮的事情來觀察臣子；發現值得疑慮的事情，還不加以反省改變的，天下是很少的。因此我說：庶子中有和嫡子相比的公子，配耦中有和正妻相比的姬妾，朝廷上有和宰相相比的臣子，臣子中有和君子相比的尊榮，這四種值得疑慮的事情，便是國家危亡的因素。所以辛伯勸告周桓王說：「寵愛姬妾如同王后，寵幸的臣子同掌政權，庶子近似嫡子，大臣僭擬君主，這是國家動亂的根源。」《周記》裡面也說：「不要寵愛姬妾壓抑正妻，不要輕視嫡子而重視庶子，不要提拔寵臣而跟大臣相比，不要尊崇大臣僭擬君主。」這四種僭越的事情破除，君主就沒有過度的疑慮，臣子就沒有怪異的言行；這四種僭越的事情不能破除，君主就會身死國滅了。

詭使

【題解】詭，相反、相違的意思。使，使令，這裡指君主治理臣民的法則。詭使，就是君主所重視的和臣民所欲求的，都和君主治理臣民的法則相反。

本篇的主旨，在以法家的理論，批評當時政治實在的情況；就是君主所重視的和臣民所欲求的，都違反了君主治理臣民的法則。全篇可分為三段：第一段說明「利祿」、「威勢」和「名義」，是君主治理臣民三項法則，可是當時君主所重視的，卻和這三項法則相反。第二段從「夫立名號」到「則主卑而大臣重矣」，反覆說明當時君主所重視的和臣民所欲求的，都和君主治道相反的實況。第三段承接前兩段的意思，進一步說明君臣上下依照私心做事，國家就會紊亂，依照法度作事，國家就會太平。

聖人之所以為治道❶者三：一曰「利」❷，二曰「威」❸，三曰「名」❹。夫利者，所以得民也；威者，所以行令也；名者，上下之所同道❺也。非❻此三者，雖有，不急❼矣。今利非無有也，而民不化上❽；威非不存也，而下不聽從❾；官非無法也，而治不當名❿。三者，非不存也，而世一治一亂⓫者，何也？夫⓬上之所貴⓭，常與其所以為治相反也。

【注釋】❶治道　治術。君主治理臣民的法則。❷利　利祿。❸威　威勢。使人畏懼的力量。❹名　名義。指毀譽之名、官爵之名與名實之名等。❺同道　共同遵循。道，由；行。❻非　捨棄；除了。❼急　急切；急要。❽民不化上　人民不被君主感化而向善。如無功受賞，人民便不肯奮勉。❾下不聽從　臣民不肯聽從。下，指臣民。如有罪不罰，臣民便不知警惕。❿治不當名　指施政所要求的和上下所推崇的名不相應。當，相應。一說：有官爵之名，而未盡官職之實。⓫一治一亂　或治或亂。一，或。⓬夫　此。⓭貴　重視。

【語譯】聖人用來治理臣民的法則有三項：第一項是「利祿」，第二項是「威勢」，第三項是「名義」。利祿，是使人民歸向的；威勢，是推行命令的；名義，是君主和臣民共同遵循的。除了這三項法則，即使還有，也不是急要的。現在各國不是不用利祿，可是人民不被感化；不是沒有威勢，可是臣民不肯聽從；官吏不是沒有法度，可是施政所要求的和上下所推崇的名，不相適應。這三項原則都還沒有廢棄，可是天下各國或治或亂，是什麼緣故呢？這是君主所重視的，經常和他實行治術的原則相反啊。

夫立名號❶，所以為尊❷也；今有賤名輕實❸者，世謂之「高」。設爵位，所以為賤貴基也❹，而簡上❺不求見者，世謂之「賢」。威、利，所以行令也，而無利、輕威❻者，世謂之「重」❼。法令，所以為治也，而不從法令、為私善❽者，世謂之「忠」。官爵❾，所以勸民也；而好名義、不進仕者，世謂之「烈士」❿。刑罰，所以擅威也；而輕法、不避刑戮死亡之罪者，世謂之「勇夫」⓫。民之急名⓬也，甚⓭其求利也如此，則士之飢餓乏絕⓮者，焉得無巖居⓯、苦身，以爭名於天下哉？故世之所以不治者，非下之罪，上失其道也。常貴其所以亂，而賤其所以治，是故下之所欲，常與上之所以為治相詭也⓰。今下而聽⓱其上，上之所急也。而惇愨純信⑱，用心⑲怯言⑳，則謂之「窶」㉑。守法固㉒，聽令審㉓，則謂之「愚」。敬上畏罪，則謂之「怯」。言時節㉔，行中適㉕，則謂之「不肖」㉖。無二心私學㉗，聽吏從教者，則謂之「陋」㉘；難致㉙，謂之「正」㉚；難予㉛，謂之「廉」㉜；難禁㉝，謂之「齊」㉞。有令不聽，謂之「勇」。無利於上㉟，謂之「愿」㊱。寬惠行德，謂之「仁」。重厚㊲自尊㊳，謂之「長者」㊴。私學成群，謂之「師徒」。閑靜安居，謂之「有思」㊵。損人逐利，謂之「疾」㊶。險躁反覆㊷，謂之「智」。先為人而後自為，類名號言，氾愛天下㊸，謂之「聖」。言大不稱㊹而不可用，行而乖㊺於世者，謂之「大人」㊻。賤爵祿，不撓㊼上者，謂之「傑」。下之漸行㊽如此，入㊾則亂民，出㊿則不使(51)也。上宜禁其欲，滅其迹，而不止(52)也；又從而尊之，是教下亂上以為治也。

凡上所以治者，刑罰也；今有私行義(53)者尊。社稷之所以立者，安靜也；而譟險讒諛(54)者任。四封之內(55)，所以聽從者，信(56)與德(57)也；而陂知(58)傾覆(59)者使。今之所以行，威之所以立者，恭儉聽上(60)也；而巖居非世(61)者顯。倉廩(62)之所以實者，耕農之本務(63)也；而綦組(64)錦繡(65)，刻畫(66)為末作(67)者富。名之所以成，地之所以廣者，戰士也；今死士之孤(68)，飢餓乞於道，而優笑(69)、酒徒(70)之屬，乘車衣絲[71]。賞祿，所以盡民力[72]，易下死[73]也；今戰勝攻取之士[74]，勞而賞不霑[75]，而卜筮[76]、視手理[77]，狐蠱[78]為順辭[79]於前者日賜。上握度量[80]，所以擅生殺之柄也；今守度奉量之士，欲以忠嬰[81]上而不得見，巧言利辭，行姦軌[82]以倖偷世[83]者數御[84]。據法直言，名形相當[85]，循繩墨[86]，誅姦人，所以為上治也，而愈疏遠；諂施[87]順意從欲[88]以危世者近習[89]。悉租稅，專民力，所以備難、充倉府也；而士卒之逃事伏匿[90]，附託有威之門，以避傜賦[91]，而上不得者萬數[92]。夫陳[93]善田利宅[94]者，所以厲[95]戰士也，而斷頭裂腹，播[96]骨乎原野者，無宅容身[97]，身死田奪[98]；而女妹有色[99]，大臣左右無功者，擇宅而受，擇田而食。賞利一從上出[100]，所以擅制[101]也；而戰介之士[102]不得職，而閒居之士尊顯。上以此為教，名安得無卑，位安得無危？夫卑名危位者，必下之不從法令，有二心私學，反世者也；而不禁其行，不破其群，以散其黨，又從而尊之，用事者過矣！上之所以立廉恥者，所以厲下也；今士大夫不羞汙泥醜辱[103]而宦[104]，女妹私義之門[105]不待次[106]而宦。賞賜，所以為重[107]也；而戰鬪有功之士貧賤，而便辟[108]優徒[109]超級[110]。名號誠信[111]，所以通威[112]也；而主揜障[113]，近習[114]女謁[115]並行，百官主爵[116]遷人[117]，用事者過矣！大臣官人[118]，與下先謀比周[119]，雖不法行威利在下[120]，則主卑而大臣重矣。

【注　釋】❶名號　指官爵的名稱。❷為尊　顯示尊貴。❸賤名輕實　輕視名號和實質。不願求取官爵的意思。賤、輕，都是輕視的意思。❹設爵位二句　設置爵位，用來區別貴和賤的基礎。爵位，指官爵的等級。❺簡上　輕慢君主。❻無利輕威　瞧不起利祿，輕視威勢。無，蔑；輕視。❼重　莊重。❽私善　不是法令所要求的善，而是私家所倡導的善。如仁義是儒家所倡導的善，兼愛是墨家所倡導的善。❾官爵　指官爵的職務俸祿。❿烈士　有節操、不肯折節事人的人。指隱士。⓫勇夫　大概指游俠一類的人。⓬急名　迫切求取名譽。⓭甚　超過。⓮乏絕　窮困。⓯巖居　隱居山林。巖，山上的洞穴。⓰下之所欲二句　人民所追求的，經常與君主的治術相反。下之所欲，指高、賢、重、忠、烈士、勇夫。上之所以為治，指名號、爵位、威利、法令、官爵、刑罰。詭，違反。⓱聽　聽從；服從。⓲惇愨純信　敦厚、謹慎、精純、信實。⓳用心　指做事專一。⓴怯言　不敢多言。㉑寠　鄙陋；淺薄。㉒守法固　堅守法律。㉓聽令審　慎行命令。㉔言時節　說話切合時宜而有節度。㉕行中適　行事得當。㉖不肖　不賢；平庸。㉗無二心私學　不三心二意地學習私家的學說。指專心學習國家的法令。㉘陋　見聞淺少。㉙難致　不應徵召。致，招致。㉚正　方正。㉛難予　不接受賞賜。予，給與。㉜廉　廉潔；清廉。㉝難禁　不易禁制。㉞齊　強勁。㉟無利於上　不貪求君主賞賜。利，貪。㊱愿　謹慎；老實。㊲重厚　穩重而不輕浮。㊳自尊　自重。愛惜自己的名節。㊴長者　德行高尚的人。㊵有思　有計慮。㊶疾　敏捷。㊷險躁反覆　險詐急躁，變動無常。㊸類名號言二句　倡言以人為同類的名稱，普遍愛護天下的人。類名，同類的名稱。號言，向大眾倡說。汎，普遍。㊹言大不稱　言語誇大而不合事理。不稱，不相稱；不符合。㊺乖　背離；違背。㊻大人　指有德望的人。㊼撓　屈從；服從。㊽漸行　姦行。㊾入　指居家。㊿出　指出仕、做官。(51)不使　不能使令。(52)不止　不能止息。(53)私行義　指於法外私自行惠。(54)譟險讒諛　聒譟、邪惡、謗言、諂言。(55)四封之內　國內。封，疆界。(56)信　誠實不欺。指說話必須貫徹。(57)德　恩惠。指有功必須賞賜。(58)陂知　意見偏頗。(59)傾覆　指行為反覆。(60)恭儉聽上　恭敬謙遜服從君主。儉，謙遜。(61)非世　非議時政。(62)倉廩　儲藏米穀的處所。方的叫做倉，圓的叫做廩。(63)本務　根本的大事。(64)綦組　青黑色的絲帶。(65)錦繡　有彩色花紋的絲織物。(66)刻畫　指雕刻彩繪的器物。(67)末作　不重要的事。指工商業。(68)死士之孤　死難戰士的遺孤。孤，孤兒。(69)優笑　演諧戲以博人笑樂的人。(70)酒徒　侍應喝酒的人。(71)衣絲　穿著絲綢製作的衣服。衣，穿著。(72)盡民力　使人民竭盡力量。(73)易下死　使人民為君主效死。易，交易。(74)戰勝攻取之士　戰必勝、攻必取的戰士。(75)賞不霑　不能獲得賞賜。霑，潤澤；浸溼。(76)卜筮　占卜的通稱。卜，用龜甲占吉凶。筮，用蓍草占吉凶。(77)視手理　看手掌紋理以占吉凶禍福。(78)狐蠱　用柔媚的方法迷惑人。狐，狐狸。俗說狐狸善以媚態迷惑人。蠱，相傳為一種人工培養的毒蟲。(79)為順辭　說諂媚的話。(80)度量　指法度。(81)嬰　環繞。這裡作侍奉的意思。(82)姦軌　通「姦宄」。邪惡不正。(83)以倖偷世　以僥倖在世上獲致非分。(84)數御　常常進見。數，屢次。御，進見。(85)名形相當　言行相合。名，指言論。形，指行事。(86)繩墨　本為木匠以繩濡墨打直線的工具，這裡借喻為規矩或法度。(87)諂施　諂媚邪行。施，通「弛」。邪行。(88)順意從欲　順從君主的心意和欲望。(89)近習　親近。(90)伏匿　隱藏。(91)傜賦　傜役田賦。傜，徵力役。賦，徵田稅。(92)萬數　用萬作單位來計算。數，計算。(93)陳　設置。(94)善田利宅　良田美宅。利，善；美好。(95)厲　鼓勵。厲，通「勵」。鼓勵。(96)播拋棄。(97)無宅容身　指戰士的妻子兒女沒有房屋居住。(98)身死田奪　指士兵戰死，祿田被公家收回。(99)女妹有色　少女姿色美麗。女妹，少女。(100)賞利一從上出　賞賜完全由君主頒發。賞利，賞賜。一，完全。(101)擅制　專制。(102)戰介之士　身穿戰甲的武士。介，鎧甲。(103)汙泥醜辱　卑汙恥辱。泥，汙的意思。醜，羞恥。(104)宦　做官。(105)女妹私義之門　指與受寵少女有關的家族。(106)不待次　不按照正常次第。(107)為重　造成富貴。重，指富貴。(108)便辟　指逢迎諂媚的人。(109)優徒　演戲的人。(110)超級　超越應得賞賜的等級。(111)名號誠信　君臣的名號和實質相符。誠信，名副其實。(112)通威　使威權通行。(113)揜障　蒙蔽。揜，也作「掩」。(114)近習　指親近的侍臣。(115)女謁　指宮中招權亂政的女官。(116)主爵　主持頒賜爵位。(117)遷人　升遷官吏。(118)官人　把官職授與人。(119)比周　結黨營私。(120)雖不法行威利在下　不遵行法度，賞罰的威權落在臣子的手中。雖，通「惟」。

【語　譯】建立官爵的名號，是為了顯示出人的尊貴；現在有輕視名號和實質的，世人卻說他「高尚」。設置各等爵位，是借來形成人類貴賤的基礎；可是輕慢君主，不肯謁見的，世人卻稱他為「賢良」。威權和利祿是用來施行命令的；可是瞧不起利祿，輕視權威，世人卻說他是「莊重」。法令是用來推行政治的；可是不遵從法令，而從事私家所倡導的善行，世人卻說他是「忠誠」。官爵是用來鼓勵人民效力的；可是喜好虛名，不進身為官的，世人卻稱他為「烈士」。刑罰是用來發揮威權的；可是輕視法令，不逃避刑罰殺戮等罪的，世人卻稱他為「勇夫」。人民求名比求利更迫切，到這種地步，飢餓窮困的士人，怎能不隱居山林，過著窮苦的生活，來爭取天下的名譽呢？所以天下不能太平，不是人民的錯誤，而是君主的治術不妥當；君主經常尊重使國家紊亂的人，輕視使國家安定的人，因此人民所追求的，永遠和君主的治術相反。現在人民服從君主，是君主所急切需要的。可是敦厚謹慎，精純信實，用心做事，不敢多言的，就說他是「鄙陋」。堅守法律，慎行命令的，就說他是「愚蠢」。尊敬君主，畏懼罪刑，就說他是「怯懦」。說話合時有節，行事適中得當的，就說他是「平庸」。不三心二意學習私家學說，聽從官吏的教化，就說他是「淺陋」。不應徵召，就稱為「方正」；不接受賞賜，就稱為「廉潔」；不易禁制，就稱為「強勁」；不聽從命令，就稱為「勇敢」。不貪求君主的賞賜，就稱為「謹慎」。寬厚而廣施恩惠，就稱為「仁人」。穩重自尊，就稱為「長者」。聚會群眾，倡說私學，就稱為「師徒」。恬靜安居，就說他「有思慮」。損害他人，追求利益，就說他「敏捷」。險詐急躁，反覆無常，就說他「有智巧」。做事先為別人而後為自己，倡言以人為同類的名稱，普遍愛護天下的人，就稱為「聖人」。言語誇大無理，不能採用，行為違背世俗的，就稱為「大人」。輕視爵祿，不服從君主的，就稱為「豪傑」。人民像這樣姦邪，居家便成為亂民，做官便無法使令。君主應該禁絕他們的意念，消除他們的行為，恐怕還不能止息；反而隨著尊崇他們，這是教導人民違逆君主來治理國家呀！

君主治理國家主要的方法是刑罰；現在有私自行惠的卻被尊重。國家存在的主要因素是安定；可是聒譟、邪惡、毀謗、阿諛的卻被任用。國內的人民，服從君主，是因為君主的誠信與恩惠；可是言論偏頗，意見反覆的人卻被使令。命令的施行，威權的建立，要靠人民恭敬謙卑，服從君主；可是隱居山林，非議時政的，卻獲得尊顯。倉庫的充實，要靠農夫的耕種；可是製絲帶，織錦繡，雕刻彩繪器物從事工商業的，都變為富有。威名的成就，土地的擴大，要靠戰士的力量；可是死難戰士的遺孤，因為飢餓到路旁乞食；演戲侍酒的人，反而出門坐車子，身上穿絲綢。賞賜和祿位，是使人民盡力效死的方法；現在戰勝攻取的勇士，辛勞而得不到賞賜；可是占卦、看手相，在君主面前阿諛蠱惑的，卻天天得到賞賜。君主把持法度，是要獨自掌握生殺的權柄；現在遵守法度的人，想拿忠心侍奉君主，卻不能進見；花言巧語，行為姦邪，以僥倖獲得非分的人，卻能常常接近。依據法度，說話正直，言行一致，按照標準，誅殺姦人，這是幫助君主治理國家，卻更疏遠；諂媚邪惡，順從君主的心意欲望，而危害國家的人，反而比較親近。盡量徵收租稅，致力使用民力，為了預防災難，充實倉庫；可是士兵逃亡藏匿，寄託在有權勢的門下，以避免徭役賦稅，君主無法尋獲的，要用萬作單位來計算。設置肥沃的祿田，安適的房屋，為了鼓勵戰士；那些斷頭破腹，屍體拋棄在戰場的，祿田被公家收回，妻子兒女沒有房屋居住；可是少女姿色美麗、入宮得寵的家族，沒有功勞的大臣、近侍，卻選擇美好的房屋居住，選擇肥沃的祿田享受。賞賜完全由君主頒發，是君主專制的辦法；可是穿著盔甲的戰士不獲官職，閒居無事的人卻居高位。君主拿這些事實教導人民，名聲怎能不低落，地位怎能不危險呢？名聲低落、地位危險的君主，下面的臣民一定不遵守法令，另外研究私學，以言論批評時政；如果不禁止他們的行為，不破壞他們群眾，以解散他們的團體，反而尊崇他們，這是主持國政的人的過錯呀！君主倡導廉恥，為了激勵臣民；現在士大夫不知羞恥，去作卑汙醜惡的事，就能做官；與受寵少女有關的家族，就能越級升遷。君主賞賜，是使得臣民富貴的；可是作戰有功的人仍然貧賤，嬖幸和戲子一類的人卻享受超級的待遇。君臣的名號和實質相符，能使得威權貫徹；可是君主被蒙蔽，親近的侍臣和寵幸的嬪妃攬權，大臣主持頒賜爵位，升遷官吏，這是主持國政的人的過錯呀！大臣要派官吏，預先與部屬謀劃，結黨營私，不遵守法度，賞罰的威權落在臣子的手中，那麼君主地位卑微而大臣的權勢重大了。

夫立法令者，所以廢私❶也；法令行，而私道廢矣。私者，所以亂法也。而士有二心私學，嚴居窞處❷，託伏深慮❸，大者非世，細者惑下；上不禁，又從而尊之以名❹，化之以實❺，是無功而顯，無勞而富也。如此，則士之有二心私學者，焉得無深慮，勉知詐❻，誹謗法令，以求索與世相反者耶？凡亂上、反世者，常士有二心私學者也。故《本言》❼曰：「所以治者，法也；所以亂者，私也；法立，則莫得為私矣。」故曰：「道❽私者亂，道法者治。」上無其道，則智者有私詞❾，賢者有私意❿，上有私惠，下有私欲。聖智成群，造言作辭⓫，以非法措於上⑫；上不禁塞⑬，又從而尊之，是教下不聽上，不從法也！是以賢者顯名而居⑭，姦人賴⑮賞而富。賢者顯名而居，姦人賴賞而富，是以上不勝⑯下也。

【注釋】❶廢私　消滅私心。❷窟處　居住巖洞裡。處，居住。❸託伏深慮　假託隱居，從事深遠的思慮。❹尊之以名　用聖智的美名加以推崇。❺化之以實　用爵祿等實利予以優待。化，同「貨」。陳奇猷《韓非子集釋》疑當作「利」。❻勉知詐　盡量運用智巧詭詐。知，同「智」。❼本言　戰國時流行的一種法家的書籍。❽道　由；遵行。❾私詞　私自的言論。❿私意　私自的主張。⓫造言作辭　造作言辭。即提倡私家的學說。⓬以非法措於上　指聖者智者對君主的法令加以非難。措，施行。⓭禁塞　禁止阻塞。⓮居　指隱居。⓯賴　獲取。⓰不勝　不能制服。

【語譯】制定法令，是用來消滅私心；法令能夠貫徹，一切自私的行為就會消滅。私心是破壞法令的主要因素。士人於法令以外，研習私家的學說，居住在山林裡面，假託隱遁，深思熟慮，大則批評時政，小則惑亂臣民；君主不加禁止，又用聖智的美名推崇他們，用爵祿的實利優待他們，這是沒有功績而獲得尊顯，沒有辛勞而享受富貴。這樣，士人有研習私家學說的，怎能不深思熟慮，盡量運用智巧詭詐，誹謗法令，而力求與時政相反呢？大概叛逆君主、批評時政的，通常是研習私家學說的士人。所以《本言》裡面說：「國家太平，是由於有法度；國家紊亂，是由於有私心；法度建立，臣民就不能用私心來做事了。」所以說：「依照私心做事，國家就紊亂；依照法度做事，國家就太平。」君主不依照法度做事，有智慧的人就會有私自的言論，有才能的人就會有私自的主張，上層的人就會有私自的恩惠，下層的人就會有私自的欲望。許多聖智的人，倡導私家的學說，來批評君主的法令，君主不加禁止，反而尊崇他，這是教導臣民不服從君主，不遵守法令啊！所以賢能的人獲得高名而隱居，姦邪的人得到賞賜而富裕。賢能的人獲得高名而隱居，姦邪的人得到賞賜而富裕，這樣君主便不能控制臣下了。

卷一八

六反

【題解】反，違反正道，這裡是指世人的毀譽違反正道。六反，是說世人對六種姦偽無益的人，卻稱讚他們，而對六種耕戰有益的人，卻詆毀他們。君主不察，以致賞罰不公，這就是國家不能富強的主要原因。

本篇主旨在說明君主治理國家，必須辨別智愚，嚴於法禁，使法禁明著，賞罰不阿，則國富兵強，終能完成霸王的事業。全篇可分為三大段：第一大段說明世人基於個人的利害，毀譽違反正道，君主從其毀譽，以致智愚不別，賞罰不公，國家因而無法富強。第二大段從「古者有諺曰」到「此帝王之政也」，共有四小節，這一段承接上段賞罰不公，進而反覆闡明賞罰輕重的利害得失。第三大段提出君主聽言觀行的方法，以辨別智愚、賢不肖，跟第一段相應，智愚明辨，則賞罰無私。

本篇所提出「重刑」和「輕刑」的問題，也是當時法家和儒家重要的論辯之一。

畏死、遠難❶，降北❷之民也，而世尊之曰「貴生之士」❸。學道❹、立方❺，離法❻之民也，而世尊之曰「文學之士」❼。游居❽、厚養❾，牟食之民❿

也，而世尊之曰「有能之士」⑪。語曲⑫、牟知⑬，詐偽之民也，而世尊之曰「辯智之士」⑭。行劍⑮、攻殺，暴憿⑯之民也，而世尊之曰「磏勇之士」⑰。活賊⑱、匿姦⑲，當死⑳之民也，而世尊之曰「任譽之士」㉑。此六民者，世之所譽也。赴險、殉誠㉒，死節之民也，而世少㉓之曰「失計之民」㉔也。寡聞、從令，全法之民㉕也，而世少之曰「樸陋之士」也。力作而食㉖，生利之民也，而世少之曰「寡能之士」也。嘉厚、純粹㉗，整穀之民㉘也，而世少之曰「愚戇㉙之民」也。重命、畏事㉚，尊上之民也，而世少之曰「怯懾之民」㉛也。挫賊、遏姦㉜，明上之民㉝也，而世少之曰「諂讒之民」㉞也。此六民者，世之所毀㉟也。姦偽無益之民六，而世譽之如彼；耕戰有益之民六，而世毀之如此：此之謂「六反」。布衣㊱循㊲私利而譽之，世主㊳聽虛聲而禮㊴之；禮之所在，利必加焉。百姓循私害而訾㊵之，世主壅㊶於俗而賤㊷之；賤之所在，害必加焉。故名㊸、賞在乎私、惡當罪㊹之民，而毀、害㊺在乎公、善宜賞之士，索㊻國之富強，不可得也。

【注釋】❶遠難　逃避危難。❷降北　投降；敗逃。❸貴生之士　把生命看得很重要的人。大概指道家一類的人。❹學道　學習宇宙人生的道理。❺立方　建立學說。方，指方術、道術。❻離法　不守法制。❼文學之士　研習古代經典的人。大概指儒家一類的人。文學，文章博學。❽游居　到各國旅居。❾厚養　享受豐厚的供養。❿牟食之民　侵奪民眾利益的人。牟，通「蟊」。侵奪。⑪有能之士　有才能的人。當指一般遊說之士。⑫語曲　巧辯；言語巧妙。⑬牟知　好像很有智慧。牟，齊等。知，通「智」。⑭辯智之士　有口才的人。大概指名家一類的人。⑮行劍　使用寶劍。⑯暴憿　殘暴激動。憿，通「激」。⑰磏勇之士　以勇自勵之士。大概指刺客之類的人。⑱活賊　救助亂賊。⑲匿姦　藏匿姦邪。⑳當死　當處死刑。㉑任譽之士　慷慨助人而取得好名聲的人。大概指游俠之類的人。㉒殉誠　犧牲生命以求取誠信。㉓少　貶損。㉔失計之民　不會打算的人民。㉕全法之民　守法的人民。㉖力作而食　盡力耕種以謀取衣食。㉗嘉厚純粹　敦厚純潔。嘉，善。㉘整穀之民　端正善良的人民。穀，善。㉙愚贛　愚笨。贛，同「戇」。剛直愚笨。㉚重命畏事　尊重君主的命令，謹慎處理自己的事務。㉛怯懾之民　膽小怕事的人民。㉜挫賊遏姦　摧折亂賊，遏止姦邪。㉝明上之民　使君主明察的人。㉞讇讒之民　諂媚、好說別人壞話的人。讇，同「諂」。用卑順的態度奉承人。讒，說別人的壞話。㉟毀　詆毀。㊱布衣　平民。古代平民穿著麻布衣服，有官職或老年人才能穿絲織的衣服。㊲循　依據。㊳世主　當時的君主。㊴禮　以禮相待。㊵訾　詆毀。㊶壅　蔽塞；蒙蔽。㊷賤　輕視。㊸名　稱讚。㊹當罪　應當治罪。㊺害　懲罰。㊻索　求。

【語　譯】懼怕死亡，逃避危難，這是投降敗逃的人，但是世人卻尊稱他為「貴生之士」。學習道術，建立學說，這是不守法制的人，但是世人卻尊稱他為「文學之士」。到各國旅居遊說，享受豐厚的供養，這是奪取民眾利益的人，但是世人卻尊稱他為「有能之士」。言語巧妙，好像很有智慧，這是虛偽欺詐的人，但是世人卻尊稱他為「辯智之士」。使用刀劍，刺殺仇人，這是殘暴激動的人，但是世人卻尊稱他為「磏勇之士」。幫助亂賊，掩護壞人，這是當處死刑的人，但是世人卻尊稱他為「任譽之士」。這六種人民，是世人稱讚的人。冒著危險，堅守誠信，這是犧牲生命以保持節操的人民，但是世人卻貶抑他為「失計之民」。見識不廣，服從命令，這是遵守法律的人民，但是世人卻貶抑他為「樸陋之士」。盡力耕種，以謀取衣食，這是生產財物的人民，但是世人卻貶抑他為「寡能之士」。品行敦厚，性情純潔，這是端正善良的人民，但是世人卻貶抑他為「愚戇之民」。尊重上級的命令，謹慎處理自己的事務，這是尊崇君主的人民，但是世人卻貶抑他為「怯懾之民」。摧折亂賊，遏止姦邪，這是幫助君主明察的人，但是世人卻貶抑他為「讇讒之民」。這六種人民，是世人詆毀的人。六種姦邪虛偽沒有益處的人民，世人卻都那樣稱讚他們；六種耕種作戰有益處的人民，世人卻都這樣詆毀他們，這叫做「六反」。平民基於自己的利益稱讚他們，君主聽信虛名而對他們尊敬，一定給與獎賞。百姓基於自己的害處而詆毀他們，君主被大眾蒙蔽而輕視他們；對他們輕視，一定給與懲罰。所以稱讚獎賞的是自私、作惡應當治罪的人民，而詆毀懲罰的是公正、善良應當獎賞的人，這樣想要求得國家的富強，那是得不到的。

古者有諺❶曰：「為政，猶沐❷也，雖有棄髮❸，必為之。」愛❹棄髮之費❺，而忘❻長髮❼之利，不知權❽者也。夫彈痤❾者痛，飲藥者苦；為苦憊❿之故，不彈痤、飲藥，則身不治，病不已矣。今上下之接⓫，無父子之澤⓬，而欲以行義禁下⓭，則交必有郄⓮矣。且父母之於子也，產男則相賀，產女則殺之，此俱出父母之懷衽⓯，然男子受賀，女子殺之者，慮其後便，計之長利也。故父母之於子也，猶用計算之心以相待也，而況無父子之澤乎！今學者之說人主也，皆去⓰求利之心，出⓱相愛之道，是求人主之過於父母之親也。此不熟於論恩⓲，詐而偽也，故明主不受也。聖人之治也，審⓳於法禁，法禁明著則官治⓴；必於賞罰，賞罰不阿㉑則民用㉒。民用官治則國富，國富則兵強，而霸王之業成矣。霸王者，人主之大利也。人主挾㉓大利以聽治㉔，故其任官者當能㉕，其賞罰無私，使士民明焉，盡力致死，則功伐㉖可立而爵祿可致㉗。爵祿致，而富貴之業成矣。富貴者，人臣之大利也。人臣挾大利以從事，故行危至死，其力盡而不望㉘。此謂君不仁，臣不忠，則可以霸王矣。

夫姦，必知則備㉙，必誅則止；不知則肆㉚，不誅則行。夫陳㉛輕貨㉜於幽隱㉝，雖曾、史㉞可疑也；懸百金㉟於市，雖大盜不取也。不知，則曾、史可疑於幽隱；必知，則大盜不取懸金於市。故明主之治國也，眾其守㊱而重其罪㊲，使民以法禁㊳，而不以廉止㊴。母之愛子也倍父㊵，父令之行於子者十母㊶。吏之於民無愛，令之行於民也萬父㊷。母積愛㊸而令窮㊹，吏用威嚴而民聽從，嚴、愛之筴㊺，亦可決矣。且父母之所以求於子也，動作㊻則欲其安利也，行身㊼則欲其遠罪也。君上之於民也，有難則用其死，安平則用其力。親以厚愛，關㊽子於安利，而不聽；君以無愛利，求民之死力，而令行。明主知之，故不養恩愛之心，而增威嚴之勢。故母厚愛處㊾，子多敗，推愛㊿也；父薄愛教笞(51)，子多善，用嚴也。

今家人之治產(52)也，相忍以飢寒，相強(53)以勞苦，雖犯(54)軍旅之難，饑饉(55)之患，溫衣美食者，必是家也。相憐以衣食(56)，相惠以佚樂(57)，天饑歲荒，嫁妻賣子者，必是家也。故法之為道，前苦而長利(58)；仁之為道，偷樂(59)而後窮。聖人權其輕重(60)，出其大利(61)，故用法之相忍，而棄仁之相憐也；學者之言，皆曰「輕刑」，此亂亡之術也。凡賞罰之必者，勸、禁[62]也。賞厚，則所欲[63]之得也疾；罰重，則所惡[64]之禁也急。夫欲利者必惡害；害者利之反也，反於所欲，焉得無惡？欲治者必惡亂，亂者治之反也。是故欲治甚者，其賞必厚矣；惡亂甚者，其罰必重矣。今取於輕刑者，其惡亂不甚也，其欲治又不甚也；此非特[65]無術[66]也，又乃[67]無行[68]。是故決賢不肖、愚智之筴，在賞罰之輕重。且夫重刑者，非為罪人[69]也，明主之法[70]也，殺賊，非治所殺[71]也；治所殺也者，是治死人也。刑盜，非治所刑也；治所刑也者，是治胥靡[72]也。故曰重[73]一姦之罪，而止境內之邪，此所以為治也。重罰者盜賊也，而悼懼[74]者良民也，欲治者奚疑於重刑！若夫厚賞者，非獨賞功也，又勸一國。受賞者甘利[75]，未賞者慕業[76]，是報一人之功，而勸境內之民也，欲治者奚疑於厚賞！今不知治者，皆曰：「重刑傷民，輕刑可以止姦，何必於重哉？」此不察於治者也。夫以重止者，未必以輕止也；以輕止者，必以重止矣。是以上設重刑者而姦盡止，姦盡止，則此奚傷於民也！所謂重刑者，姦之所利者細，而上之所加焉者大也；民不以小利蒙大害，故姦必止也。所謂輕刑者，姦之所利者大，上之所加焉者小也；民慕其利而傲[77]其罪，故姦不止也。故先賢有諺曰：「不躓[78]於山，而躓於垤[79]。」山者大，故人慎之；垤微小，故人易[80]之也。今輕刑罰，民必易之。犯而[81]不誅，是驅國而棄之也；犯而誅之，是為民設陷也。是故輕罪者，民之垤也。是以輕罪之為道也，非亂國也，則設民陷也，此則可謂傷民矣。

今學者皆道書筴[82]之頌語[83]，不察當世之實事，曰：「上不愛民，賦斂[84]常重，則用[85]不足而下怨上，故天下大亂。」此以為足其財用以加愛焉，雖輕刑罰可以治也，此言不然矣。凡人之取重罰，固已足之後也。雖財用足而厚愛之，然而輕刑，猶之亂也。夫富家之愛子，財貨足用，財貨足用則輕用[86]，輕用則侈泰[87]；親愛之則不忍，不忍則驕恣[88]；侈泰則家貧，驕恣則行暴。此雖財足而厚愛，輕刑之患也。凡人之生也，財用足則隳[89]於用力，上治懦[90]則肆[91]於為非。財用足而力作[92]者，神農[93]也；上治懦而行修[94]者，曾、史也。夫民之不及神農、曾、史，亦已明矣。老聃[95]有言曰：「知足不辱，知止不殆[96]。」夫以殆辱之故，而不求於足之外者，老聃也；今以為足民而可以治，是以民為皆如老聃也。故桀[97]貴為天子，而不足於尊；富有四海之內，而不足於寶。君人者，雖足民，不能足使為天子，而桀未必以為天子為足也，則雖足民，何可以為治也？故明主之治國也，適其時事[98]以致[99]財物，論其稅賦[100]以均貧富，厚其爵祿以盡賢能，重其刑罰以禁姦邪，使民以力得富，以事致貴，以過受罪，以功致賞，而不念慈惠之賜，此帝王之政也。

【注釋】❶諺 諺語。世俗流傳下來的話。❷沐 洗頭。❸棄髮 脫落的頭髮。❹愛 愛惜；吝惜。❺費 耗損。❻忘 忽略。❼長髮 生長頭髮。❽權 權衡；權宜。❾彈痤 用石針刺膿瘡，使膿血流出。彈，用針刺。痤，膿瘡。❿儥 當作「痛」。⓫上下之接 指君主和臣子的關係。接，交接。⓬澤 恩澤；恩愛。⓭以行義禁下 用品行道義約束臣子。下，指臣子。⓮郄 同「隙」。嫌隙。⓯懷衽 懷抱。衽，衣襟。⓰去 拋棄；拋開。⓱出 提出。⓲不熟於論恩 不精審考量君臣父子間的恩情。熟，精審。論，考量。⓳審 詳明。⓴官治 官吏清明。㉑阿 偏私。㉒民用 人民就肯效力。㉓挾 懷抱。㉔聽治 處理政治。聽，處理。㉕當能 適合他們的才能。當，適合。㉖功伐 功業；功勞。伐，功。㉗致 獲致；獲得。㉘望 怨恨。㉙備 戒備；警戒。㉚肆 放肆。㉛陳 放置；陳放。㉜輕貨 分量輕的貨物。指貴重的物品。㉝幽隱 指隱僻的地方。㉞曾史 皆是品德善良的人。曾，指曾參。春秋時魯國人，孔子的學生。史，指史鰌。字子魚，春秋時衛國的大夫。㉟百金 百鎰黃金。秦以一鎰為一金。一鎰，二十兩。一說：二十四兩。㊱眾其守 多設監守的官吏，以防止人民犯罪。㊲重其罪 加重刑罰，以杜絕人民犯罪。㊳以法禁 用法律禁止人民犯罪。㊴不以廉止 不靠人民廉潔來遏止犯罪。㊵倍父 比父親多一倍。㊶十母 比母親多十倍。㊷萬父 比父親多萬倍。㊸積愛 深愛。㊹令窮 命令沒有作用。㊺筴 同「策」。計謀；方法。㊻動作 行動。指日常生活。㊼行身 指待人處世。㊽關 安置。㊾處 對待。㊿推愛 施與恩愛。51笞 用竹板打。52治產 從事生產。53強 勉強；勉力。54犯 遭遇。55饑饉 饑荒；荒年。56相憐以衣食 互相以享受美衣美食表示憐愛。憐，愛。57相惠以佚樂 互相以享受安佚遊樂表示恩愛。58長利 長期獲利。59偷樂 貪圖一時享樂。60權其輕重 權衡兩種辦法的輕重。其，指「用法」、「行仁」兩種辦法。61出其大利 找出利益大的辦法。62勸禁 指勸功、禁姦。勸勉立功，禁止姦邪。63所欲 指功利。64所惡 指姦邪。65非特 不但。特，但；僅。66術 方法。67乃 是。68行 德行。69罪人 處罰人。70明主之法 彰顯君主的法令。明，顯示；彰顯。71非治所殺 不是懲治所殺戮的。72胥靡 古代服勞役的犯人。73重 指重刑。從重刑罰。74悼懼 畏懼；恐懼。悼，懼。75甘利 以得到利益而快樂。甘，樂意。76慕業 嚮慕獲得賞賜的功業。77傲 輕視。78蹎 跌倒。79垤 小山丘。80易 簡慢；輕忽。81而 如；如果。

(82)書筴 簡策。古代書寫文字的竹版。(83)頌語 贊頌功德的文章。(84)賦斂 賦稅。(85)用 費用。(86)輕用 隨便使用。(87)侈泰 奢侈。泰，奢侈。(88)驕恣 驕傲放縱。(89)隳 通「隋」。懶惰。(90)治懦 統治力量懦弱。(91)肆 放肆；任意。(92)力作 努力工作。(93)神農 我國古代的聖王。開始製作農具，教導人民耕種，又稱為炎帝。(94)行修 品行美好。(95)老聃 姓李，名耳，字聃。春秋時楚國苦縣人，與孔子同時，年齡比孔子大，孔子曾向他問禮。著《老子》五千多字。(96)知足不辱二句 對自己的境遇知道滿足，就不會受到侮辱，對自己的作為知道適可而止，就不會遭遇危險。見《老子・四十四章》。殆，危險。(97)桀 夏代最後的一位君主。名癸，暴虐無道，至商湯伐罪，敗走，死於南巢。(98)適其時事 工作和時節配合適當。適，適當。時，指農時。事，指農事。(99)致 招致；獲得。(100)論其稅賦 考量人民賦稅的高低。

【語 譯】古時有句俗語說：「處理政務就像洗頭髮，雖然會有一些頭髮脫落，但是一定要洗頭髮。」愛惜頭髮脫落的耗損，而忽略生長新的頭髮的利益，這是不懂得權衡得失。用石針刺膿瘡是很痛的，吃藥是很苦的；因為苦和痛的緣故，不用石針刺膿瘡，不吃藥，身體就不能復原，病就不會好。現在君臣間的關係，沒有像父子之間那樣的恩情，而想用德行道義來約束臣子，那麼彼此之間一定發生嫌隙。並且父母對於兒女，生兒子就互相祝賀，生女兒就把她殺掉，兒女都是從父母懷抱中生出來的，可是生兒子就受到祝賀，生女兒就被殺掉，這是因為考慮後來的方便，計算長久的利益。所以父母對於兒女，尚且用計算利益的心理對待他們，何況對待沒有父子間那樣的恩情的人呢！現在研究學問的人遊說君主，都拋棄追求利益的心思，提出互相親愛的道理，這是要求君主親愛超過父母對待兒女的親愛。這是沒有仔細考量過君臣父子間的恩情，是欺詐而虛偽的言論，所以英明的君主是不會接受的。聖人治理國家，審察法律禁令，法律禁令明確顯著，官吏就會清明；貫徹獎賞懲罰，獎賞懲罰不偏私，人民就肯為國效力。人民肯效力，官吏清明，國家就富裕，國家富裕，兵力就強大，霸王的事業就成功了。稱霸為王，是君主最大的利益。君主懷著獲取大利的願望去處理政治，所以任用的官吏都適合他們的才能，獎賞和懲罰都不偏私，使士民都明瞭，竭盡力量，不顧生命，就可以建立功勞，獲得爵祿，富貴的事業就成功了。獲得富貴，是臣子最大的利益。臣子懷著獲取大利的願望去辦理事務，所以肯冒險犧牲，用盡自己的力量而不怨恨。這就是說：君主不一定要仁慈，臣子不一定要忠誠，就可以稱霸為王了。

對於壞事，一定會被發覺，才會警惕，一定會被懲罰，壞事才會停止；不會被發覺，就會放肆，不會被懲罰，壞事仍會實行。把貴重的物品放置在隱僻的地方，就是像曾參、史鰌那麼善良的人也會被懷疑；把百鎰黃金懸掛在市場上，就是著名的盜賊也不會去竊取。因為不會被發覺，在隱僻的地方，連像曾參、史鰌那麼善良的人也會被懷疑；因為一定會被發覺，懸掛在市場的黃金，著名的盜賊也不會去竊取。所以英明君主治理國家，設置許多監守的官吏，加重罪犯的刑罰，用法律來約束人民，而不用廉潔來遏止。母親愛護兒女比父親多一倍，可是父親命令施行的效能卻比母親大十倍；官吏對於人民沒有情愛，可是他們命令施行的效能卻比父親大萬倍。母親深愛兒女，可是命令卻不發生作用；官吏運用威嚴的權力，人民卻都服從，這樣，究竟使用嚴厲還是慈愛的方法，也就可以決定了。並且父母對子女所希望的，日常生活就希望他們安全幸福，待人處世就希望他們避免罪過。君主對於人民，有災難就利用他們去犧牲，平時就利用他們的勢力。父母親深愛子女，設法使子女安全幸福，可是子女卻不聽從；君主卻不用恩愛，要求人民犧牲盡力，可是命令卻能貫徹。英明的君主懂得這個道理，所以不培養恩愛的心理，而增強威嚴的勢力。所以母親深愛子女，子女的行為多半變壞，就是施與恩愛的緣故；父親愛護子女比較淡薄，用竹板管教，子女的行為多半變好，這是運用嚴厲方法的緣故。

現在有全家人從事生產，共同忍受飢餓寒冷，互相勉力勞苦工作，雖然遭遇戰爭的禍亂，饑荒的災患，能夠穿得暖、吃得好的，一定是這一家人。另有全家人互相以享受美衣美食，享受安佚遊樂表示恩愛，遇到饑荒的時候，把妻子改嫁，把子女出賣的，一定是這一家人。所以法律的作用，先受痛苦，卻能長久獲利；仁愛的作用，享受一時快樂，以後卻遭受窮困。聖人權衡兩種辦法的輕重，找出利益大的辦法，所以採用法律的殘酷，而拋棄仁道的憐愛；研究學問的人都主張減輕刑罰，這是使得國家紊亂滅亡的方法呀。賞罰必須要貫徹，是為了勸勉立功，禁止姦邪。賞賜優厚，那麼希望的功利就能很快得到；懲罰嚴厲，那麼憎惡的姦邪就能很快止息。希求功利的一定憎惡禍害；禍害和功利是相反的，跟所希求的相反，他怎麼會不憎惡呢？

希求平治的一定憎惡動亂，動亂跟平治是相反的。所以非常希求平治的，他賞賜立功一定豐厚；非常憎惡動亂的，他懲罰姦邪一定嚴厲。現在主張輕刑的，他不十分憎惡動亂，又不十分希求平治，這種人不但沒有治術，又沒有德行。因此分別君主的賢能和不肖、愚昧和智慧的方法，要看他施行賞罰的輕重。而且重用刑罰，不是為了處罰人，是為了表彰君主的法令。殺戮逆賊，並不是懲治所殺戮的人；懲治所殺戮的，只是懲治死人；懲罰竊盜，並不是懲治所刑罰的人；懲治所刑罰的，只是懲治囚犯。所以說：嚴厲懲罰一個壞人的罪過，可以禁止全國人做壞事，這就是治理國家的方法。嚴厲懲罰的是盜賊，而良民因此畏懼，希望國家平治的人，對於重刑還有什麼疑慮呢！至於賞賜豐厚，不僅賞賜有功的，又能勸勉全國的人。受賞的得到利益而感到快樂，沒受賞的嚮慕獲得功業，這樣，酬報一個人的功勞，就可以勸勉全國的人，希求國家平治的人對厚賞還有什麼疑慮呢！現在不懂得治國的人都說：「重刑會傷害人民，輕刑就可以防止人民做壞事，為什麼一定要用重刑呢？」這是不了解治國的道理。這些因為重刑而不做壞事的人，未必因為輕刑而不做壞事；因為輕刑而不做壞事的人，一定因為重刑而不做壞事。因此君主設置重刑，做壞事的就會全部停止，做壞事的全部停止，這對於人民還有什麼傷害呢！所謂重刑，做壞事所得的利益小，君主所用的刑罰重；人民不會因為小利而受到大害，所以做壞事的一定會停止。所謂輕刑，做壞事所得到的利益大，君主所用的刑罰輕；人民嚮慕利益而輕視刑罰，所以做壞事的不停止。所以從前的賢人有成語說：「不在山岳上跌倒，卻在土丘上跌倒。」山岳很大，人民會謹慎；土丘很小，人民會疏忽。假如減輕刑罰，人民一定輕視刑罰。犯罪如果不懲罰，這是驅使人民毀棄刑罰；犯罪如果懲罰，這是給人民設置陷阱。因此輕刑對於人民，就像是土丘。所以輕刑這種方法，不是使得國家紊亂，就是給人民設下陷阱，這種做法可說是傷害人民啊。

現在研究學問的人都講述典籍中贊頌先王的文辭，不明瞭現代的實在情況，說：「君主不愛護人民，賦稅經常很沉重，人民的費用不夠，就怨恨君主，所以天下大亂。」認為使人民財物富足而愛護他們，雖然用輕的刑罰，也可以使天下平治，這話是不對的。大凡人民犯重大的刑罰，一定在已經富足以後。雖然使他們財物富足，而且給予高度的愛護，可是刑罰輕，他們還是會作亂的。那些有錢的人家愛護孩子，財物已夠孩子使用，財物夠他們使用，他們就隨便使用；他們隨便使用，就變為奢侈，因為親愛他們，就不忍責備他們，不忍責備他們，他們就驕縱。奢侈，家裡就貧窮；驕縱，行為就暴戾。這是財物富足，而給予高度的愛護，輕用刑罰所造成的禍患。大凡人類的生活，財物富足就懶得賣力氣，君主統治力量懦弱就任意做壞事。財物富足還能努力工作的，那是神農一類的人；君主統治力量懦弱還能整飭品行的，那是曾參、史鰌一類的人。一般人比不上神農、曾參、史鰌，已是很明顯的了。老聃曾經說：「知道滿足就不會受到侮辱，知道適可而止就不會遭遇危險。」為了避免遭受侮辱危險，而不營求超過滿足的事物，只有老聃能夠做到；現在認為使人民富足就可以治好國家，這是認為人民都像老聃一樣。所以夏桀尊貴做到天子的地位，還不滿足他的崇高；富裕擁有四海之內的財物，還不滿足他的珍寶。做君主的雖然使人民富足，但是不能使人民富足到像天子，而且夏桀那樣的人不一定以做到天子為富足，那麼雖然使人民富足，怎麼能把國家治好呢？所以英明的君主治理國家，使人民依照季節從事耕種，以獲得財物；考量人民賦稅的高低，使得貧富平均；給予豐厚的爵祿，以獎勵賢能的人竭盡才智；施行嚴厲的刑罰，以禁止壞人為非作歹；使人民以勞力獲得財富，以服務獲得尊貴，以罪過接受懲罰，以功績獲得獎賞，而不期望君主仁慈而賜予恩惠，這才是成為帝王的政治呀！

人皆寐❶，則盲者不知❷；皆嘿❸，則喑者❹不知。覺而使之視，問而使之對，則盲、喑者窮❺矣。不聽其言也，則無術者❻不知；不任其身❼也，則不肖者❽不知；聽其言而求其當，任其身而責其功，則無術、不肖者窮矣。夫欲得力士，而❾聽其自言，雖庸人與烏獲❿不可別也；授之以鼎⓫，則罷⓬、健⓭效⓮矣。故官職者，能士之鼎也，任之以事，而愚智分矣。故無術者得⓯於不用，不肖者得於不任。言不用，而自文⑯以為辯⑰；身不任，而自飾⑱以為高⑲。世主眩⑳其辯，濫㉑其高，而尊貴之，是不須㉒視而定明㉓也，不待對而定辯也，喑、盲者不得㉔矣。明主聽其言必責其用，觀其行必求其功，然則虛舊㉕之學不談，矜誣㉖之行不飾矣。

【注釋】❶寐　入睡。❷不知　不被人知。❸嘿　通「默」。閉口不說話。❹喑者　啞巴。喑，通「瘖」。不能講話。❺窮　困窮；無法應付。❻無術者　沒有道術的人。❼不任其身　不任用他去做事。❽不肖者　沒有才智的人。❾而　如；假如。❿烏獲　戰國時秦力士。⓫鼎　古代三足兩耳的金屬器具。用來烹飪、祭祀、宴饗、旌功、記績、傳國。⓬罷　假借為「疲」。疲弱。⓭健　健壯；有力量。⓮效　顯明。⓯得　便利；有利。⓰文　文飾。⓱辯　有口才。⓲飾　修飾；誇耀。⓳高　高尚。⓴眩　迷惑。㉑濫　失實。㉒須　等待。㉓明　視力好。㉔不得　不知；不被人知。㉕虛舊　空虛陳舊。㉖矜誣　自大欺騙。

【語譯】大家都入睡，瞎子就辨識不出來；大家都靜默，啞巴就辨識不出來。睡醒使瞎子觀看，詢問使啞巴回答，瞎子、啞巴就無法應付。不聽他講話，沒有道術的人便辨識不出來；不任用他做事，沒有才智的人便辨識不出來；聽他講話，而要求他講得適當；任用他做事，而要求做出功效；沒有道術、沒有才智的人就無法應付了。要想找到大力士，假如只聽他自我吹噓，就是普通人和烏獲大力士也無法分別出來；給他一具大鼎，讓他提舉，那麼他是羸弱，或是健壯就顯現出來了。所以官職就是測量才能之士的大鼎，任用他去做事，那麼他是愚蠢，或是有才智就能分別出來了。所以沒有道術的人，最好是他的言論不被聽信，沒有才能的人，最好是他自身不被任用。言論不被聽信，就自我吹噓認為有口才；本人不被任用，就自我誇耀認為才德高。君主被他的口才迷惑，誤以為他的才德高，就給予他尊貴的地位，這如同不等待觀看便確定他的視力好，不等待回答便確定他有口才，這樣啞巴、瞎子便不被辨識出來了。英明的君主聽他的言論，一定要求是否有功用，觀察他的行為，一定要求是否有成效，這樣，虛浮陳舊的學問，就沒有人再談論，自大欺騙的行為，就不被人誇耀了。

八說

【題解】本篇開端論說君主不能任用八種有私譽的人，因此就以「八說」作為篇名。

全篇可分為四段：第一段從開始到「索國之富強不可得也」，說明君主任用人必須要有方法。第二段從「搢笏干戚」到「而務必知之術也」，說明制定法律必須要通達權變，也就是要因時因事而制定不同的法律。第三段從「慈母之於弱子也」到「明主不受也」，說明君主不可以仁愛來治國。第四段從「書約而弟子辯」到篇末，說明君主不可以把權力交給寵臣和重臣。

本篇就思想上來說，無疑是韓非的著作，但全篇各段意思不大連貫，似為一篇雜論。

為故人❶行私❷，謂之「不棄」❸；以公財分施❹，謂之「仁人」❺；輕祿重身❻，謂之「君子」❼；枉法❽曲親❾，謂之「有行」❿；棄官寵交⓫，謂之「有俠」⓬；離世遁上⓭，謂之「高傲」；交爭⓮逆令⓯，謂之「剛材」⓰；行惠取眾⓱，謂之「得民」。不棄者，吏有姦也；仁人者，公財損也；君子者，民難使也；有行者，法制毀也；有俠者，官職曠⓲也；高傲者，民不事⓳也；剛材者，令不行也；得民者，君上孤也。此八者，匹夫之私譽⓴，人主之大敗㉑也；反此八者，匹夫之私毀，人主之公利也。人主不察社稷之利害，而用匹夫之私譽，索[22]國之無危亂，不可得矣。

任人以事，存亡治亂之機[23]也。無術以任人，無所任[24]而不敗。人君之所任，非辯智[25]，則修潔[26]也。任人者，使有勢[27]也。智士者，未必信也；為多[28]其智，因惑[29]其信也。以智士之計[30]，處乘勢之資[31]，而為其私急[32]，則君必欺[33]焉。為智者之不可信也，故任修士[34]。任人者，使斷事也。修士者，未必智也；為潔其身，因惑其智也。以愚人之惛[35]，處治事之官，而為其所然[36]，則事必亂矣。故無術以任人，任智則君欺，任修則事亂；此無術之患也。明君之道，賤得議貴[37]，下必坐上[38]，決誠以參[39]，聽無門戶[40]，故智者不得詐欺。計功而行賞，程能[41]而授事，察端[42]而觀失，有過者罪[43]，有能者得[44]，故愚者不得任事。智者不敢欺，愚者不得斷[45]，則事無失矣。

察士[46]然後能知之，不可以為令，夫民[47]不盡察。賢者然後能行之，不可以為法，夫民不盡賢。楊朱[48]、墨翟[49]，天下之所察[50]也；干[51]世亂而卒不決[52]，雖察而不可以為官職之令[53]。鮑焦[54]、華角[55]，天下之所賢[56]也；鮑焦立枯[57]，華角赴河[58]，雖賢不可以為耕戰之士。故人主之所察[59]，智士盡其辯[60]焉；人主之所尊，能士[61]盡其行[62]焉。今世主察無用之辯，尊遠功[63]之行。索國之富強，不可得也。博習辯智如孔、墨，孔、墨不耕耨[64]，則國何得焉？修孝寡欲如曾、史，曾、史不攻戰，則國何利焉？匹夫有私便[65]，人主有公利[66]。不作而養足，不仕而名顯，此私便也；息文學[67]而明法度，塞私便而一功勞[68]，此公利也。錯法[69]，以道[70]民也，而又貴文學，則民之師法[71]也疑。賞功，以勸[72]民也，而又尊行修，則民之產利[73]也惰。夫貴文學以疑法，尊行修以貳功[74]，索國之富強，不可得也。

【注釋】[1]故人　舊友；老朋友。[2]行私　謀求私利。[3]不棄　不遺棄。[4]分施　施捨給大眾。[5]仁人　愛護大眾的人。[6]重身　看重自己的志向操守。[7]君子　人格高尚的人。[8]枉法　違背法律。[9]曲親　偏袒自己親愛的人。[10]有行　有義行。[11]棄官寵交　放棄官職，重視交遊。寵，尊崇。如《史記・魏公子列傳》記載：虞卿放棄趙國萬戶侯卿相的地位，陪同魏齊一道逃走。[12]有俠　有俠情。[13]離世遁上　離開世俗，規避君主。上，指君主。如本書〈難一〉記載：齊國的處士小臣稷，齊桓公三次拜訪他，他都避不見面。[14]交爭　互相爭論。[15]逆令　違抗命令。[16]剛材　資質剛強。[17]行惠取眾　施行恩惠，博取大眾的喜愛。[18]曠　廢弛。[19]事　任事。[20]私譽　個人的聲譽。[21]大敗　重大的禍害。[22]索　求；希求。[23]機　樞機；關鍵。[24]無所任　無論任用怎樣的人。[25]辯智　才智優越。[26]修潔　品行純潔。[27]有勢　有權力。[28]多　看重；重視。[29]惑　迷惑；不明。[30]計　謀慮。[31]處乘勢之資　處於利用權勢的地位。資，憑藉。所憑藉的事物或地位等。[32]私急　指個人急於要辦的事情。[33]欺　被欺騙。[34]修士　品行純潔的人。[35]惛　心不明。[36]為其所然　依照他認為對的去做。[37]賤得議貴　下級官吏可以告發上級官吏。[38]下必坐上　主官有罪，部屬不告發，就要連坐，告發不實，就要反坐。下，指部下、屬員。上，指主官。坐，定罪。[39]決誠以參　多看多聽以判明事實的真相。誠，指事實的真相。參，通「三」。指多看、多聽等。[40]聽無門戶　指臣子進言，不可專由一個人傳達，好像出入必經的門，以免受他的蒙蔽。[41]程能　衡量才能。程，度量；衡量。[42]察端　考察事實。端，指事情的原由。[43]罪　治罪；定罪。[44]得　指舉用、拔舉。[45]不得斷　指不能決斷國事。(46)察士　明智的人。(47)夫民　眾民。(48)楊朱　戰國時衛國人。字子居，又稱楊子、陽子，生於墨翟之後，孟軻以前。他的著作不流傳於後世，其言論散見於《孟子》、《淮南子》、《列子》諸書中。其學說主張為我、重生、貴己、不拔一毛以利天下，與墨子思想相對立。(49)墨翟　戰國初魯國人，名翟。曾為宋國大夫，周遊列國，宣揚兼愛、非攻的思想，並以苦行耐勞的精神，感召群眾，組織團體，支援弱國，為墨家的創始者，著有《墨子》一書。(50)天下之所察　天下人認為明智的人。(51)干　干預。(52)不決　不能解決。即沒有效果。(53)令　主官；首長。(54)鮑焦　周朝的隱士。耕田而食，鑿井而飲，一定要穿著其妻製作的衣服，子貢譏刺他，他就站在那兒像樹木般枯萎而死。(55)華角　未詳。一說疑為《列士傳》的羊角。(56)天下之所賢　天下人認為賢良的人。(57)立枯　站在那兒像樹木般枯萎而死。(58)赴河　投河而死。(59)所察　指君主所明察的事物。(60)辯　論辯。(61)能士　當從上文改作「賢士」。(62)行　實行。(63)遠功　沒有功用。遠，遠離。(64)耕耨　耕田除草。(65)私便　私利；私人的利益。(66)公利　公眾的利益。(67)息文學　廢棄研習文獻經典的學問。文學，指文獻經典的學問。(68)一功勞　專賞有功勞的人。一，專一。(69)錯法　施行法律。錯，通「措」。施行。(70)道　引導。(71)師法　奉行法律。師，遵循。(72)勸　勉勵；鼓勵。(73)產利　生產財利。(74)貳功　不完全依照功勞爵賞。貳，不專一。

【語　譯】幫助老朋友謀求私利，就說他不棄舊；把公家財物施捨給大眾，就說他是仁人；輕視國家的祿位，重視個人的志節，就說他是君子；不遵守法律，偏袒親人，就說他有義行；放棄官職，重視交遊，就說他有俠情；離開世俗，迴避君主，就說他高傲；跟君主爭論，違抗命令，就說他剛強；普施恩惠，博取大眾喜愛，就說他得民心。所謂不棄舊，就是官吏有弊端；所謂仁人，就是浪費公家的財物；所謂君子，就是不容易使令的人民；所謂有義行，就是破壞法制；所謂有俠情，就是廢弛官職；所謂高傲，就是不願擔任國家的事務；所謂剛強，就是不遵守命令；所謂得民心，就是使君主孤立。這八種情形，是平民個人的稱譽，卻是君主重大的禍害；假如跟這八種情形相反，是平民個人的毀謗，卻是國家公眾的利益。君主不明察國家的利害，而採用平民個人的稱譽，希求國家沒有禍亂，是做不到的。

任用人辦理國事，是國家存亡治亂的關鍵。沒有正確的方法去任用人，無論任用怎樣的人都會失敗。君主任用的人，不是才智優越的，就是品行純潔的。任用人，就是使他有權勢。才智優越的人，不一定誠信；

因為重視他的才智，因此對他的誠信認識不清楚；以才智優越的人的謀慮，處於利用權勢的地位，卻辦理他個人急要的事情，君主一定被欺騙；因為才智優越的人不可信賴，所以任用品行純潔的人。任用人，是要他決斷事情。品行純潔的人，不一定具備才智；因為覺得他品行純潔，因此對他的才智認識不清楚。以才智平庸的人，擔任辦理國家的官職，依照他認為對的去做，事情一定錯亂。所以沒有正確的方法去任用人，任用才智優越的人，君主就被欺騙；任用品行純潔的人，事情就會錯亂，這是任用人沒有正確方法的壞處。英明君主任用人的方法，下級官吏可以告發上級官吏的罪過，下級官吏不告發或告發不實都會被治罪，聽取多方面的意見以判斷事實真相，不專由一個人傳達臣子的進言，所以才智優越的人便不敢欺騙君主。計算臣子的功勞而頒給獎賞，度量臣子的才能而授與事務，考查事實而觀察錯失，有過錯的治罪，有才能的舉拔，所以才智平庸的人不能擔任國事。才智優越的人不敢欺騙君主，才智平庸的人不能決斷國事，事情就不會有錯失了。

明智的人才能了解的事理，不可依據來發布命令，因為不是每個人民都明智。賢良的人才能實行的事情，不可依據來制成法律，因為不是每個人民都賢良。楊朱和墨翟是天下人認為明智的人，竭力挽救時局的紊亂，始終沒有效果，他們雖然明智卻不能做官職的首長。鮑焦和華角，是天下人認為賢良的人，可是鮑焦站著枯死，華角投河而死，他們雖然賢良卻不能成為農夫和戰士。所以君主所要明察的事，有才智的人盡力去論辯；君主所尊崇的行為，賢良的人盡力去實行。假如君主明察沒有用的論辯，尊崇沒有功用的行為，希求國家富強，那是做不到的。博學多才像孔子和墨子一樣，而孔子和墨子不從事耕種，國家有什麼收穫呢？行孝寡欲像曾子、史鰌一樣，而曾子、史鰌不從事作戰，國家有什麼利益呢？百姓要取得私人的利益，君主要獲取公眾的利益。不做事而供養充足，不做官而名聲顯赫，這是私人的利益；廢棄文學而闡明法度，嚴禁私利而專賞功勞，這是公眾的利益。實施法律，以引導人民，可是又重視文學，人民便對法律懷疑；賞賜功勞，以勉勵人民，可是又尊崇德行，人民便對生產懈怠。重視文學而懷疑法律，尊崇德行而不專賞功勞，希求國家富強，那是做不到的。

搢笏❶、干戚❷，不適❸酋矛❹、鐵銛❺；登降周旋，不逮日中奏百❻；〈狸首〉射侯，不當強弩趨發❼；干城距衝❽，不若堙穴❾伏櫜❿。古人⓫亟⓬於德，中世⓭逐⓮於智，當今⓯爭於力。古者，寡事而備⓰簡，樸陋而不盡⓱，故有珧銚⓲而推車⓳者。古者，人寡而相親，物多而輕利易讓，故有揖讓而傳天下者。然則行揖讓，高⓴慈惠，而道㉑仁厚，皆推政㉒也。處多事之時，用寡事之器，非智者之備也；當大爭之世，而循揖讓之軌，非聖人之治也。故智者不乘推車，聖人不行推政也。法，所以制事㉓，事，所以名功㉔也。法立㉕而㉖有難，權㉗其難而事成，則立之。事成而有害，權其害而功多，則為之。無難之法，無害之功，天下無有也。是以拔㉘千丈之都㉙，敗十萬之眾，死傷者軍之垂㉚；甲兵㉛折挫，士卒死傷，而賀戰勝得地者，出㉜其小害，計其大利也。夫沐㉝者有棄髮，除㉞者傷血肉；為人見其難，因釋㉟其業，是無術之士也。先聖有言曰：「規有摩㊱，而水有波㊲，我欲更之㊳，無奈之何！」此通權㊴之言也。是以說有必立而曠於實㊵者，言有辭拙而急於用㊶者，故聖人不求無害之言，而務無易之事㊷。人之不事衡石㊸者，非貞廉㊹而遠利㊺也；石不能為人多少，衡不能為人輕重，求索不能得，故人不事也。明主之國，官不敢枉法㊻，吏不敢為私，貨賂不行者，境內之事，盡如衡石也。此其臣有姦者必知，知者必誅，是以有道之主，不求清潔之吏，而務必知之術也。

【注釋】❶搢笏 把笏插在腰間大帶裡。搢，插。笏，古代官吏上朝時所拿的手板。用來記事。❷干戚 兵器。指盾和斧。古代樂舞，有文舞，有武舞，文舞執羽籥，武舞執干戚。❸適 通「敵」。匹敵；強弱相等。❹酋矛 古代的兵器。長二丈。❺鐵銛 一種兵器。❻登降周旋二句 意思是說學習禮儀，不如講求武技。登降周旋，皆行禮時的舉動。登降，上堂降階。周旋，迴行。不逮日中奏百，不如從早晨到中午走一百里。逮，及。奏，假借為「走」。百，指一百里。❼狸首射侯二句 是說僅舉行射禮，不如戰場上以強勁的弓弩急速地射發。〈狸首〉，逸詩篇名。共二章。諸侯行射禮時，歌唱〈狸首〉為射箭時的節度。射侯，演習射箭。侯，箭靶。不當，不敵。強弩趨發，強有力的弓急發。強弩，強有力的大弓。趨發，急速地射發。❽干城距衝 用盾和城來抵禦敵人的衝車。距，通「拒」。抗拒；抵禦。衝，指衝車。古代攻城用的戰車。一說：干城，扞衛的城。❾堙穴 堵塞敵人攻襲的地道。堙，堵塞。穴，指敵人為進攻我方所挖掘的地道。❿伏橐 暗藏風箱和易燃物，用火抵禦敵人進攻。橐，風箱；助火燃燒的器具。⓫古人 指堯、舜、禹、湯、文、武。⓬亟 急速。⓭中世 指春秋時代。⓮逐 競逐；角逐。⓯當今 現代。指戰國時代。⓰備 指備用的器具。⓱不盡 不精。⓲珧銚 用蜃殼為耘苗的鋤頭。⓳推車 當作「椎車」。用整塊圓木做車輪的原始車子。⓴高 推崇；崇尚。㉑道 稱述；稱說。㉒推政 當作「椎政」。即簡陋的政治。㉓制事 制裁事情。㉔名功 表明事功。名，顯明。㉕立 建立；制定。㉖而 假如。㉗權 權衡；衡量。㉘拔 攻占。㉙千丈之都 指諸侯國的大城。古代計算城的大小，城高一丈、長一丈為一堵。千丈之城就是千堵的城。都，諸侯國的城邑。㉚垂 指三分之一。㉛甲兵 鎧甲和兵器。㉜出 去除；丟去。㉝沐 洗頭髮。㉞除 除去。這裡指治療瘡傷。㉟釋 放棄。㊱規有摩 圓規用久了會磨損。摩，通「磨」。㊲水有波 水雖平，遇到風，會起波浪。㊳更之 指改變這個道理。更，改變。㊴通權 非常了解變化的道理。權，變通；機變。㊵曠於實 不切實際。㊶急於用 迫切需要。㊷而務無易之事 「務」上，當從陳奇猷校補「不」字。不致力於不變的事情。無易，不變易。㊸不事衡石 不祈求衡石的幫助。事，祈求。衡，秤；稱輕重的器具。石，量多少的器具。十斗為石。㊹貞廉 正直廉潔。㊺遠利 不貪求財富。遠，遠離。㊻枉法 違背法律。

【語　譯】帶著手版上朝，拿著干戚舞蹈，不如拿著酋矛鐵銛征戰；在堂上升降周旋行禮，不如練習武技；歌唱〈狸首〉，舉行射禮，不如戰場上以強弩急發；捍衛城垣抵禦敵人衝車，不如堵塞地道，埋伏火具更有作用。上古時代注重德化，春秋時代追求智謀，到近代就靠武力戰爭了。古時事情少，用具簡單，質樸而不精美，所以有用蚌殼做的鋤頭，乘坐簡陋的車子。古時人口少而彼此互相親近，物產豐富，大家不重視財利，容易推讓，所以有把天下傳給別人的。照這樣說來，實行禪讓，推崇慈惠，而稱述仁厚，都是簡陋的政治。生在生活複雜的時代，應用生活簡單的器具，這不是智士的設施；生在競爭劇烈的時代，遵循揖讓的軌道，這不是聖人的治術。所以智士不乘坐古代簡陋的車子，聖人不施行古代簡陋的政治。法律是用來裁斷事情，事情是用來表明功業的。制定法律如有困難，權衡它的困難，如果事情成功，就制定這項法律；事情成功如有弊害，權衡它的弊害，如果功效大，就推展這件事情。沒有困難的法律，沒有弊害的功業，天下是不會有的。所以攻占千丈的都城，打敗十萬的敵軍，自己的軍隊也死傷三分之一；武器毀損，士兵死傷，可是還慶賀戰勝得地，就是丟開小害，計算大利。洗頭一定會弄掉頭髮，治療創傷一定會傷害血肉，人如果看到這些害處，就放棄洗頭和治療的工作，這是不懂方法的人。古代聖人曾經說：「圓規用久了就會磨損，水遇到風會起波浪，我想改變這種道理，是沒有辦法的！」這是很明白變化道理的話。有些道理一定能成立，可是不切實際，有些言辭雖然笨拙，可是迫切需要，所以聖人不追求沒有害處的言論，不致力不變的事情。人不祈求衡石的幫助致富，並不是他正直廉潔而不貪求財富，因為石不能幫助人增多或減少，衡不能幫助人加重或減輕，希望不能達成，所以人不祈求衡石的幫助。英明君主的國家，主官不敢違背法律，屬吏不敢謀求私利，人民不敢行使賄賂，國內的事情，都像衡石般公平正確。這樣，臣子做壞事一定被覺察，覺察以後一定被懲罰，所以聖明的君主，不求取廉潔的官吏，而致力於覺察邪惡的方法。

慈母之於弱子也，愛不可為前❶。然而弱子有僻行❷，使之隨師；有惡病，使之事醫❸。不隨師，則陷於刑；不事醫，則疑❹於死。慈母雖愛，無益於振❺刑救死，則存子❻者非愛❼也。子母之性，愛也；臣主之權，筴❽也。母不能以愛存家，君安能以愛持國？明主者，通於富強，則可以得欲❾矣。故謹於聽治❿，富強之法也。明其法禁，察其計謀。法明，則內無變亂之患；計得，則外無死虜之禍⓫。故存國者，非仁義也。仁者，慈惠而輕財者也；暴者，心毅⓬而易誅⓭也。慈惠，則不忍，輕財，則好與⓮，心毅，則憎心見於下⓯，易誅，則妄殺加於人。不忍，則罰多宥赦⓰，好與，則賞多無功，憎心見，則下怨其上，妄誅，則民將背叛。故仁人在位，下肆⓱而輕犯禁法，偷幸⓲而望於上；暴人在位，則法令妄⓳而臣主乖⓴，民怨而亂心生；故曰：仁、暴者，皆亡國者也。不能具美食㉑，而勸餓人飯，不為能活㉒餓者也；不能辟草㉓生粟，而勸貸施㉔賜與，不為能富民者也。今學者之言也，不務本作㉕而好末事㉖，知道虛聖㉗以說民，此勸飯之說；勸飯之說，明主不受也。

【注釋】❶愛不可為前 母親的慈愛不能導引子女身心發展。前，導引。❷僻行 邪僻的行為。❸事醫 求醫診治。❹疑 通「擬」。相近。❺振 拯救。❻存子 保全幼子。❼非愛 不是靠愛。❽筴 同「策」。計謀。❾得欲 達成欲望。❿聽治 處理政務。⓫死虜之禍 指被殺和被俘虜的禍害。⓬毅 殘酷；殘忍。⓭易誅 輕易誅殺。⓮好與 喜好施與。

⑮憯心見於下　忌恨的心對臣民顯露出來。見，顯露。下，指臣民。⑯宥赦　寬免；赦罪。⑰肆　放肆。⑱偷幸　苟且僥倖。⑲法令妄　亂用法令。⑳臣主乖　君臣之間不和。乖，不和。㉑美食　當作「羹食」。湯和飯。㉒活　救活。㉓辟草　墾草；開墾荒地。辟，通「闢」。開闢。㉔貸施　施與。㉕本作　本事；根本的事務。這裡指謹聽治、明法禁、察計謀。㉖末事　小事。這裡指慈惠、貸施、賞賜。㉗道虛聖　稱述虛有的聖人。道，稱述；稱說。

【語　譯】慈母對於幼子，單靠慈愛不能導引子女身心發展，幼子有邪僻的行為，就教他從師學習；有嚴重的疾病，就教他求醫治療。不從師學習，就會受到刑罰；不求醫治療，就會走向死亡。慈母雖然愛幼子，但對幼子避免刑罰，挽救死亡，是沒有作用的，所以保全子女的不是靠愛。母子的天性是愛，君臣的權力是計謀，母親不能靠愛來保全家庭，君主怎能靠愛來保全國家呢？英明的君主明瞭富強的道理，就可以達成自己欲望了。所以認真地處理政務，這是使國家富強的方法。整飭法禁，審察計謀。法律明確，國內就沒有變亂的禍患；計謀得當，對外就沒有死亡被俘擄的禍害。所以保全國家，並不是靠仁義。所謂仁，內心慈愛而看輕財貨；所謂暴，內心殘酷而輕易誅殺。內心慈愛，就不會殘忍；輕視財貨，就喜好施與；內心殘酷，就對臣民顯現忌恨；輕易誅殺，就任意殺人。不殘忍，懲罰便多予赦免；好施與，賞賜便多給無功勞的人；忌恨的心顯現出來，臣民就怨恨君主；任意殺人，人民就要背叛。所以仁愛的人做君主，臣民便放肆而輕易觸犯法律禁令，苟且僥倖而怨恨君主；殘暴的人做君主，便亂用法令而君臣不和，人民怨恨而想作亂。所以說：仁愛的人和殘暴的人都會使國家滅亡。未能具備飯菜，卻勸飢餓的人吃飯，這是不能救活飢餓的人；未能開闢田地，種植穀物，卻勸君主施與，這是不能使人民富裕。現在學者的言論，不致力於根本的事務而從事小事，只曉得稱述並不存在的聖人，而取悅人民，這就是未能具備飯菜，卻勸飢餓的人吃飯的說法；這種不切實際的說法，英明君主是不會接受的。

書約❶而弟子辯，法省❷而民萌訟❸；是以聖人之書必著論❹，明主之法必詳事❺。盡思慮，揣得失❻，智者之所難也；無思無慮，挈前言而責後功❼，愚者之所易也。明主操愚者之所易，不責智者之所難，故智慮不用而國治也。酸、甘、鹹、淡，不以口斷，而決於宰尹❽，則廚人輕君而重於宰尹矣。上、下、清、濁❾，不以耳斷，而決於樂正❿，則瞽工⓫輕君而重於樂正矣。治國是非，不以術斷，而決於寵人，則臣下輕君而重於寵人矣。人主不親觀聽，而制斷⓬在下，託食⓭於國者也。使人不衣不食，而不飢不寒，又不惡死，則無事上之意；意欲不宰⓮於君，則不可使也。今生殺之柄在大臣，而主令得行者，未嘗有也。虎豹，必不用其爪牙，而⓯與鼷鼠⓰同威⓱；萬金之家，必不用其富厚，而與監門⓲同資⓳。有土之君，說⓴人不能利，惡㉑人不能害，索人之畏重己，不可得也。人臣肆意陳欲曰「俠」，人主肆意陳欲曰「亂」。人臣輕上曰「驕」㉒，人主輕下曰「暴」。行、理，同實㉓，下以受譽，上以得非㉔；人臣大得，人主大亡。明主之國，有貴臣，無重臣。貴臣者，爵尊而官大也；重臣者，言聽而力多者也。明主之國，遷官襲級㉕，官爵授功㉖，故有貴臣；言不度行㉗，而有偽必誅㉘，故無重臣也。

【注　釋】❶書約　書籍簡略。❷法省　法律省約。❸民萌訟　人民就有訴訟。萌，假借為「氓」。民氓，人民。❹著論　論說明確。❺詳事　事類詳備。事，指法律判斷的事類。❻揣得失　度量是非成敗。❼挈前言而責後功　拿以前所說的話，要求以後的功效。挈，持。責，求。❽宰尹　掌管膳食的官。❾上下清濁　指聲音的高低清濁。❿樂正　掌管音樂的官。正，首長。⓫瞽工　樂師。瞽，瞎眼睛。古代樂師多以瞎眼睛的人擔任。⓬制斷　決定。⓭託食　寄食。依附他人而生活。⓮宰　主宰；控制。⓯而　則；就。⓰鼷鼠　小老鼠。⓱威　勢力；力量。⓲監門　守門人。⓳資　財物。⓴說　同「悅」。喜歡。㉑惡　憎惡。㉒驕　當作「撟」。剛強。㉓行理同實　行為和道理實質相同。㉔非　通「誹」。毀謗。㉕遷官襲級　升官要依循官職的等級。遷，升遷。㉖官爵授功　官職和爵位授給有功的人。㉗言不度行　不，當作「必」。說話一定考慮到實行。度，考慮。㉘誅　懲罰。

【語譯】書籍內容簡略，學生就會有爭辯；法律條文省約，人民就會有訴訟。所以聖人的書籍，一定論說明確；明主的法律，一定事類詳備。用盡思慮，度量是非成敗，明智的人也感到困難；不用思慮，拿以前的話來要求以後的功效，愚笨的人也容易做到。英明的君主應用愚笨的人容易做到的方法，不採用明智的人也感到困難的方法，所以不用智慮，國家就太平。膳食的酸甜鹹淡，不用自己的味覺來決定，卻由膳官來決定，廚師就不重視君主而重視膳官了。樂音的高低清濁，不用自己的聽覺來決定，卻由樂官來決定，樂師就不重視君主而重視樂官了。治理國家的是非，不用自己的治術來決定，卻由寵臣來決定，臣子就不重視君主而重視寵臣了。君主不親自看、親自聽，一切由臣子決定，這不過依靠君位來生活。假使人不吃不穿，而不會飢餓寒冷，又不怕死，就沒有事奉君主的意念；意念不受君主控制，就無法使令了。生殺的權柄如果由大臣掌握，而君主的命令還能施行，這是從來沒有過的。虎豹如果絕不使用爪牙，就跟小老鼠般懦弱；很有錢的人家如果絕不使用財富，就跟看門人般貧窮。擁有國土的君主，喜歡人不能給與利益，憎惡人不能給與損害，希求臣民敬畏尊重，這是做不到的。臣子盡量施展他的欲望，就說他俠義，君主盡量施展他的欲望，就說他昏亂；臣子輕視君主，就說剛強，君主輕視臣子，就說他凶暴。行為和道理的實質都相同，可是臣子受到稱讚，君主卻獲得毀謗；臣子收穫很多，君主損失很大。英明君主的國家，有貴臣，沒有重臣。所謂貴臣，就是爵位高而官職大；所謂重臣，就是說話都被聽從而權力大的人。英明君主的國家，升官要依循官職的等級，官職爵位授給有功勞的人，所以有貴臣；臣子說話一定考慮到實行，如果虛偽，君主一定懲罰，所以沒有重臣。

八經

【題解】經，是不可變更的道理或法則。本篇說明君主治理國家八種重要的法術，所以叫做八經。

本篇主旨，在分別說明君主治理國家的八種法術：一、因情，說明君主必須依據人民的心理，建立賞罰和禁令。二、主道，說明君主治理國家，與其應用他個人的智慧和力量，不如應用全國人的智慧和力量。三、起亂，說明君主必須探究國家動亂的根源，事先防範，以阻止亂事的發生。四、立道，說明君主必須錯綜運用各種方法，以考察臣子。五、周密，說明君主的言行必須謹慎嚴密，以避免被權臣所利用。六、參言，說明君主對臣子的進言，必須多方面參驗，責求其效用，考核其成果。七、任法，說明君主必須依據法度，任用官吏，施行賞罰。八、類柄，說明應嚴防臣子行義施愛，以削弱君主的權勢，敗壞國家的法度。

(一)因情❶——凡治天下，必因人情。人情者有好惡，故賞罰可用；賞罰可用，則禁令❷可立，而治道具❸矣。君執柄以處勢❹，故令行禁止。柄者，殺生之制❺也；勢者，勝眾之資❻也。廢置無度❼則權瀆❽，賞罰下共則威分❾。是以明主不懷愛而聽❿，不留說而計⓫。故聽言不參⓬，則權分乎姦；智術不用，則君窮⓭乎臣。故明主之行制也天⓮，其用人也鬼⓯。天則不非⓰，鬼則不因⓱。勢行⓲，教嚴⓳而不違，毀譽一行而不議⓴。故賞賢罰暴，舉㉑善之至者也；賞暴罰賢，舉惡之至者也：是謂賞同罰異㉒。賞莫如厚，使民利之；譽莫如美，使民榮之；誅莫如重，使民畏之；毀莫如惡，使民恥之；然後一行其法，禁誅於私家㉓，不害㉔。功罪賞罰必知之㉕；知之，道盡矣㉖。

【注 釋】❶因情 依據人民好惡的心理。❷禁令 禁戒和法令。❸具 具備。❹執柄以處勢 處於勢位而掌握權柄。❺制 宰制、裁決的力量。❻資 憑藉。❼廢置無度 廢除和設置法令沒有準則。❽瀆 敗壞。❾賞罰下共則威分 賞罰的權力應該由君主一人掌握，如果君主跟群臣共同掌握，君主的威勢就分散了。❿不懷愛而聽 不因為心裡喜愛而聽從他的話。懷，藏在心裡。⓫不留說而計 不因為心裡喜悅而跟他計議事情。留說，積蓄在心裡的喜悅。說，同「悅」。⓬聽言不參 聽人言而不多方面徵驗。即不多聞多聽，而聽信一個人的話。⓭窮 困阨；脅迫。⓮行制也天 行使生殺賞罰的制裁，像天那樣公正無私。⓯用人也鬼 用術控馭群臣，像鬼那樣隱密莫測。⓰非 通「誹」。誹謗。⓱因 因依。指揣摩君主的心理，而予以適應。⓲勢行 權勢的行使。⓳教嚴 指督責的嚴厲。⓴毀譽一行而不議 毀譽和賞罰相同，便沒有私議。一行，同行；一致。㉑舉 選拔。㉒賞同罰異 賞賜和自己相同的，懲罰和自己不同的。即善者賞賢罰暴，惡者賞暴罰賢。㉓禁誅於私家 禁止懲罰卿大夫行使賞罰毀譽。私家，指卿大夫家。㉔不害 不使妨害君主行使賞罰的權勢。㉕功罪賞罰必知之 君主一定要知道賞賜有功的人，懲罰有罪的人。㉖道盡矣 治理國家的法術都具備了。

【語 譯】（一）因情——凡治理天下，一定要依據人民的心理。人民的心理喜好利祿而厭惡刑罰，所以可以應用賞罰來左右他們；賞罰可以應用，禁戒和法令都能建立起來，治理國家的法術就具備了。君主處於勢位，掌握權柄，所以法令能夠施行，禁戒能夠遏止。權柄是殺生人民的力量；勢位是控制大眾的憑藉。廢除或設置法令沒有準則，權柄就會敗壞；臣下共同掌握賞罰，威力就會分散。因此英明的君主不會因為心裡喜愛臣子而聽從他的話，不會因為多年的情誼而跟他計議事情。若不聽各方面的意見，權柄就會被姦臣奪取；不運用智術，君主就要被臣子脅迫。所以英明的君主行使制裁，要像天般公正無私，任用臣子的法術，要像神鬼般隱密莫測。像天那樣公正，就不會受到毀謗；像神鬼那樣隱密，就不容易被揣摩。行使權勢，並加以嚴厲的督責，就沒有人違反；毀謗、稱譽和賞罰一致，就沒有人議論。所以賞賜賢能，懲罰凶暴，是舉拔善人最好的方法；賞賜凶暴，懲罰賢能，是舉拔惡人最好的方法；這叫做賞賜跟自己相同的，懲罰跟自己不同的。賞賜必須豐厚，使人民貪圖利益；稱譽必須優美，使人民覺得光榮；誅罰必須嚴重，使人民內心畏懼；詆毀必須醜惡，使人民感到恥辱；然後普遍施行法度，禁止懲罰臣下行使賞罰，不使妨害君主行使賞罰的權勢。君主一定要知道賞賜有功的人，懲罰有罪的人；君主知道賞賜有功的人，懲罰有罪的人，治理國家的法術就都具備了。

(二)主道——力不敵眾，智不盡物❶，與其用一人❷，不如用一國❸。故智力敵，而群物勝❹。揣中❺則私勞，不中則任過。下君，盡己之能，中君，盡人之力，上君，盡人之智。是以事至而結智❻，一聽❼而公會❽。聽不一，則後悖於前❾；後悖於前，則愚智不分。不公會，則猶豫而不斷；不斷，則事留自取❿。一聽，則毋墮壑之累⓫。故使之諷，諷定而怒⓬。是以言陳之日，必有筴籍⓭。結智者事發而驗⓮，結能者功見而論⓯。成敗有徵，賞罰隨之。事成，則君收其功，規敗⓰，則臣任其罪。君人者，合符猶不親⓱，而況於力⓲乎？事至猶不親，而況於懸⓳乎？故其用人也，不取同⓴；同則君怒。使人相用則君神㉑，君神則下盡㉒，下盡則臣不因君㉓，而主道畢矣。

【注 釋】❶智不盡物 指一個人的智慧不能盡知萬物。❷一人 指一個人的力量和智慧。❸一國 指全國臣民的力量和智慧。❹智力敵二句 指以君主一個人的智慧力量對付眾人和萬物，眾人和萬物一定會獲勝。群物，指眾人和萬物。❺揣中 揣測正確。中，得當；正確。❻結智 聚集眾人的智慧。❼一聽 一一聽取。❽公會 會合眾人的議論。❾後悖於前 後說話的人參考前人的話而反駁前人的話。❿事留自取 事情稽延下來，由君主自行處理。⓫毋墮壑之累 不會有墮入臣子圈套的憂患。毋，通「無」。壑，坑谷。累，憂患；危難。⓬使之諷二句 使群臣提供意見，提供意見終止，君主就他們的意見加以審度。諷，提供意見。定，終結。怒，疑當作「恕」。以心度物。即考量、審度的意思。⓭筴籍 指記錄陳述諫言的文件。筴，同「策」。⓮驗 證實。⓯論 評量。⓰規敗 計畫失敗。規，謀劃。⓱合符猶不親 像合符那樣重要的事，尚且不親自處理。合符，古代以竹木金玉作成信物，上刻文字，剖為兩半，君臣各執一半，遣使有事，須持半符互相勘合，以驗真偽。⓲力 指用勞力的事。⓳懸 懸揣。指揣度的事。⓴同 比周。指結黨營私的人。㉑神 不可測度如神。㉒下盡 臣下盡智力。㉓臣不因君 臣子不會利用君主的意念，謀求自身的利益。因，依憑。

【語 譯】(二)主道——一個人的力量不能對付眾人，一個人的智慧不能了解萬物，與其應用君主一個人的智慧和力量，不如應用全國臣民的智慧和力量。假如用君主一個人的智慧和力量對付眾人和萬物，眾人和萬物一定獲勝。揣測事情正確，君主已經精力疲勞；揣測事情不正確，君主要擔承過錯。下等的君主，應用自己的才能；中等的君主，應用臣民的力量；上等的君主，應用臣民的智慧。所以國家有事情，就要聚集眾人的智慧，不但要一一聽取各人的意見，而且要會合眾人論辯。若不先一一聽取各人的意見，就會合大家在一起論辯，那麼後說話的人參考先說話的人的意見，再加駁正；後說話的人駁正先說話的人的意見，智愚便不容易分辨。只是一一聽取各人的意見，而不會合大家論辯，就會猶豫不決；猶豫不決，事情就會稽留下來，由君主自行處理。一一聽取各人的意見，就不會有被人誘騙的弊害。所以使群臣提供意見，提供意見終止，君主就他們的意見加以考量。因此在他們提供意見的時候，一定要有文字的記錄，作為考量的資料。提供智慧的，事情發生後就能獲得證實；提供才能的，功效顯現後就可給予評量。成功失敗有了徵象，立刻就給予獎賞或懲罰。事情成功，君主獲得功績；計畫失敗，臣子承受罪過。做君主的，像合符那樣重要的事，還不親自去辦理，何況普通用勞力的事呢？事情臨頭，還不親自辦理，何況僅憑揣度的事呢？所以君主任用人，不能任用結黨營私的人；臣子結黨營私，君主就要責備他們。使臣民都能提供智慧才能，君主就像神明般具有高度智慧；君主像神明一樣，臣民就會盡心盡力；臣民盡心盡力，就不會利用君主的意念，來謀求自身的利益；這樣，做君主的道理就具備了。

(三) 起亂❶——知臣主之異利❷者王，以為同者劫❸，與共事者殺❹。故明主審❺公私之分，別利害之地❻，姦乃無所乘❼。亂之所生，六也：主母❽、后姬❾、子姓❿、兄弟⓫、大臣、顯賢⓬。任吏責臣⓭，主母不放⓮。禮施異等⓯，后姬不疑⓰。分勢不貳⓱，庶適不爭⓲。權籍⓳不失，兄弟不侵。下不一門⓴，大臣不擁㉑。禁賞必行㉒，則顯賢不亂。臣有二因㉓，謂外、內㉔也。外曰畏，內曰愛㉕。所畏之求得㉖，所愛之言聽㉗，此亂臣之所因也。外國之置諸吏者，詰誅親暱重帑㉘，則外不藉矣。爵祿循功，請者㉙俱罪，則內不因矣。外不藉，內不因，則姦宄塞矣㉚。官襲節而進㉛，以至大任㉜，智㉝也。其位至㉞而任大者，以三節持之㉟：曰「質」、曰「鎮」、曰「固」。親戚妻子，質也㊱；爵祿厚而必，鎮也㊲；參伍責怒，固也㊳。賢者止於質，貪饕㊴化於鎮，姦邪窮於固。忍不制則上失㊵，小不除則大誅㊶。誅而名實當，則徑之㊷；生害事，死傷名，則行飲食㊸；不然，而與其讎㊹：此謂除陰姦㊺也。翳，曰「詭」，曰「易」㊻。見功而賞，見罪而罰，而詭乃止，是非不泄㊼，說諫不通㊽，而易乃不用。父兄㊾賢良播出㊿，曰「遊禍」(51)，其患，鄰國多資(52)。僇辱之人(53)近習(54)，曰「狎賊」(55)，其患，發忿疑辱(56)之心生。藏怒持罪(57)而不發(58)，曰「增亂」(59)，其患，儌幸(60)妄舉之人起。大臣兩重(61)，提衡而不踦(62)，曰「養禍」(63)，其患，家隆(64)劫殺之亂生。脫易不自神(65)，曰「彈威」(66)，其患，賊夫酖毒(67)之亂起。此五患者，人主不知，則有劫殺之事。廢置之事(68)，生於內則治，生於外則亂。是以明主以功論之內，而以利資之外(69)，故其國治而敵亂。即亂之道：臣憎，則起外若眩(70)；臣愛，則起內若藥(71)。

【注　釋】❶起亂　亂事發生的根源。❷臣主之異利　君主和臣子的利益不同。君主的利益在國家，臣子的利益在私人。❸劫　受脅制。❹與共事者殺　與臣子共同掌握賞罰，就會被臣子弒殺。事，指賞罰之事。❺審　仔細考究。❻地　處所；所在。❼乘　依憑；憑藉。❽主母　指太后。❾后姬　指嬪妃。帝王的侍妾。❿子姓　指庶子。嫡子以外的子孫。⓫兄弟　指君主的兄弟。⓬顯賢　有名望的賢士。⓭任吏責臣　按照法制，任用官吏，掌握權勢，督促臣子。責，督促；要求。⓮放　放肆。⓯禮施異等　禮數不同等。禮施，指禮數。⓰后姬不疑　姬妃不敢比擬王后。疑，通「擬」。比擬。⓱分勢不貳　指權勢不兩屬嫡子和庶子。即不把權勢分屬嫡子和庶子。貳，兩屬。⓲適　通「嫡」。嫡子。⓳權籍　權位。籍，通「阼」。位。⓴下不一門　臣下不出於一位大臣的門戶。㉑大臣不擁　大臣便不能壅蔽君主。擁，通「壅」。壅蔽。㉒禁賞必行　禁令賞賜一定執行。㉓二因　兩種憑藉。因，憑藉。㉔外內　指敵國和近臣。外，指敵國。內，指近臣。㉕外曰畏內曰愛　外在的憑藉，就是畏懼的強國，內在的憑藉，就是喜愛的近臣。㉖所畏之求得　強國的要求一定做到。㉗所愛之言聽近臣的言語一定聽從。㉘詰誅親暱重帑　追究懲罰與外國親近並收受厚重貨幣的。詰，責問。㉙請者　指代為請求爵祿的人。㉚姦宄塞矣　為非作歹的途徑就被阻塞了。㉛官襲節而進　官吏依循階級升遷。襲，因襲；沿襲。節，節級；階級。進，升遷。㉜以至大任　漸漸擔當重大的責任。㉝智　疑當作「功」。功勞。㉞位至　位極；地位最高。㉟以三節持之　用三種辦法控制。三節，三法。持，控制。㊱親戚妻子質也　以親戚妻子作擔保，就叫做質。質，抵押。㊲爵祿厚而必鎮也　爵祿優厚而確實，使官吏安心為國家服務，就叫做鎮。鎮，壓物使不動。這裡指使官吏安心。㊳參伍責怒固也　用種種方法，督促並處罰官吏，使其意志堅定，就叫做固。參伍，或三或五。指用種種方法錯綜比較。責怒，督促處罰。固，指使官吏意志堅定。㊴貪饕　指貪婪的官吏。㊵忍不制則上失　指君主對於臣子姦邪的作為，容忍而不加制裁，就會喪失權勢。上，君上；君主。㊶小不除則大誅　小姦不除，必將擴大，就要用大力誅除。㊷誅而名實當則徑之　誅除姦邪假如罪名和證據都很確實，就直捷用國法誅殺。名實，指罪名和證據。當，適當。徑，直捷。指直捷用國法誅殺。㊸生害事三句　不殺對國事有損害，誅殺對君主的名聲有損害，就利用飲食予以殺戮。㊹不然二句　指不利用飲食殺戮，就利用他的仇人殺戮。與，援引；利用。㊺除陰姦　暗中除去姦邪的人。㊻翳曰詭曰易　君主受蒙蔽的方法，一為詭變，二為更易。翳，蒙蔽。指君主受蒙蔽。詭，詭變。指假冒臣下的事以欺騙君主。易，更易。指更易君主命令以欺騙臣下。㊼是非不泄　指君主心裡的是非不洩漏給臣子。㊽說諫不通　指君主不把臣子的說諫洩漏他人。通，洩漏。㊾父兄　指父輩或兄輩的公子。㊿播出　流亡在外。(51)遊禍　流寓遠方的禍亂。(52)資　憑藉；利用。(53)僇辱之人　受過刑罰羞辱的人。(54)近習　親近。(55)狎賊　親近亂賊。(56)疑辱　凝結心裡的恥辱。疑，通「凝」。凝結。(57)藏怒持罪　指君主記著臣子的罪過，心裡懷藏忿怒。持，堅守不變。(58)發　發作。(59)增亂　增加禍亂。(60)儌幸　指意外獲得成功或獲免於不幸的事。(61)大臣兩重　有兩位權勢大的臣子。(62)提衡而不踦　指權勢相等。稱東西時，提舉秤桿，必須持平而不偏重，故云。衡，秤桿；量輕重的器具。踦，偏重。(63)養禍　養成禍亂。(64)家隆　家閧；私家構兵相鬥。家，指大臣的家。隆，假借為「閧」。爭鬥。(65)脫易不自神　指君主簡慢疏略，不像神明尊嚴而有莫測的威力。脫易，疏略；輕率。(66)殫威　威嚴竭盡；沒有威嚴。(67)賊夫酖毒　用毒酒殺害丈夫。賊，殺害。酖，通「鴆」。毒鳥名。相傳用鴆鳥的羽浸酒，有劇毒，能毒死人。(68)廢置之事　指任用罷免的事。(69)以功論之內二句　對國內群臣，必須論功行賞，對國外，以利益賄賂其群臣。內，指國內。外，指國外。之，於。(70)臣憎二句　臣子被君主憎惡，就憑藉敵國的力量作亂，亂事從外面發生，像風疾從外面感染。眩，眩疾；風疾。(71)臣愛二句　臣子被君主寵愛，君主受到寵臣的迷惑，亂事從內部發生，就像中毒一樣。藥，指毒藥。

【語　譯】（三）起亂——君主的利益在國家，臣子的利益在私人，了解君臣的利益是不同的，就可以統治天下；以為君臣的利益是相同的，就會被脅制；跟臣子共同掌握賞罰的，就會被弒殺。所以英明的君主仔細推究公利和私利的分別，辨別事情利益和弊害的所在，姦臣想作亂，就沒有可利用的機會了。亂事發生的根源有六：一是太后，二是妃姬，三是子孫，四是兄弟，五是大臣，六是賢士。依照法制，任用官吏；掌握權勢，督促臣子；太后便不敢任意作為。宮闈的禮節，等級分明，嬪妃便不敢比擬王后。不把權勢分屬嫡子庶子，嫡子庶子便不會爭鬥。君主持守著權勢，同輩兄弟便不敢侵犯。臣子不出於一位大臣的門戶，大臣便不能蒙蔽君主。禁令賞賜一定執行，賢士便無法擾亂朝政。姦臣有兩種憑藉：一是外在的憑藉，一是內在的憑藉。外在的憑藉，就是可畏的強國；內在的憑藉，就是喜愛的近臣。強國的要求一定能得到，近臣的言語一定會聽從，這就是姦臣作亂的憑藉。外國假如在我國布置官吏，就要追究懲罰跟外國親近並收受珍貴禮物的人，姦臣便不敢憑藉外力了。依照功勞給與爵祿，沒有功勞求取爵祿的和代為請求的人，一同治罪，姦臣就不能憑藉內力了。臣子既不敢憑藉外力，又不能憑藉內力，那麼為非作亂的根源便被堵塞了。官吏依循階級升遷，漸漸擔當重大的責任，這完全要靠功勞。對那些地位最高而責任重大的官吏，要用質、鎮、固三種辦法來控制他們。用他們的親戚妻子的生命做擔保，這叫做質；爵祿優厚而確實，使他們安心為國家服務，這叫做鎮；用種種方法，督責處罰他們，使他們意志堅定，這叫做固。賢明的官吏因為用親戚妻子的生命做擔保，便會停止作亂的念頭；貪婪的官吏因為爵祿豐厚，便會改變作亂的心意；姦邪的官吏因為督責處罰的嚴厲，便無法作亂了。君主對於臣子姦邪的作為，容忍而不加制裁，漸漸就會喪失權勢；小姦不除，必將坐大，就要用大力誅除。誅除姦邪如果罪名和證據都很確實，就直接用國法誅殺；如果不殺對國事有損害，殺則對君主的名聲有損害，就利用飲食予以毒殺；否則就利用他的仇人予以殺害，這就叫做暗中誅除姦邪。臣子蒙蔽君主的方法：一是詭，二是易。有功就賞，有罪就罰，臣子詭詐欺騙君主的事便會終止；君主心裡的是非和臣子的諫說，都不洩漏出去，臣子沒有憑藉，更易君主命令的事就無法施行了。父輩兄輩的公子和賢能的臣子，流亡在外，叫做「遊禍」，這種災禍，鄰國常常利用他們侵害本國。曾受過刑罰羞辱的人，在君主左右奉侍，叫做「狎賊」，這種災禍，是他們凝結心裡的恥辱，遇到機會就發出忿怒。君主總記著臣子的罪過，隱忍而不發作，叫做「增亂」，這種災禍，是臣子恐怕君主隨時懲罰自己，便妄舉作亂，以圖徼幸。有兩位大臣，權勢相等，無所偏重，叫做「養禍」，這種災禍，是大臣互相爭鬥，權勢日漸增大，劫殺君主的亂事就會發生。君主行為簡慢疏略，不像神明般尊嚴而有莫測的威力，叫做「殫威」，這種災禍，是后妃毒害君主的亂事就可能發生。以上五種災禍，君主不了解，劫殺的禍害就會臨頭了。任免臣子的事，完全由國君作主，臣子盡忠，國家就安定；聽大國的請求而任免，臣子就跟外國勾結，國家就會動亂。所以英明的君主對國內臣子，必須論功行賞，而以財貨賄賂外國的臣子，所以本國安定而敵國動亂。國家趨向動亂的道理：臣子被君主憎惡，就憑藉敵國的力量作亂，亂事從外面發生，就像傷風從外面感染；臣子被君主寵愛，君主受到寵臣的迷惑，亂事從內部發生，就像中毒一樣。

（四）立道❶——參伍之道❷：行參以謀多❸，揆伍以責失❹。行參必折❺，揆伍必怒❻。不折則瀆上❼，不怒則相和❽。折之徵❾，足以知多寡；怒之前❿，不及其眾。觀聽之勢⓫，其徵在罰比周而賞異⓬，誅毋謁而罪同⓭。言會眾端⓮，必揆之以地，謀之以天，驗之以物，參之以人⓯，四徵⓰者符，乃可以觀矣。參言以知其誠⓱，易視以改其澤⓲，執見以得非常⓳，一用以務近習⓴，重言以懼遠使㉑，舉往以悉其前㉒，即邇以知其內㉓，疏置以知其外㉔，握明以問所闇㉕，詭使以絕黷泄㉖，倒言以嘗所疑㉗，論反以得陰姦㉘，設諫以綱獨為㉙，舉錯以觀姦動㉚，明說以誘避過㉛，卑適以觀直諂㉜，宣聞以通未見㉝，作鬬以散朋黨㉞，深一以警眾心㉟，泄異以易其慮㊱，似類則合其參㊲，陳過則明其固㊳，知罪辟罪以正威㊴，陰使時循以省衷㊵，漸更以離通比㊶。下約以侵其上㊷：相室約其廷臣㊸，廷臣約其官屬㊹，軍吏約其兵士，遺使約其行介㊺，縣令約其辟吏㊻，郎中㊼約其左右，后姬約其宮媛㊽，此之謂條達之道㊾。言通事泄㊿，則術不行。

【注釋】❶立道　建立參伍之道。❷參伍之道　指君主運用考察群臣的各種方法。參伍，指錯綜運用各種方法。參，三種方法。伍，五種方法。❸行參以謀多　指運用各種方法諮詢臣子的意見，以改善施政的謀略。多，善。❹揆伍以責失　指運用各種方法考察臣子的情偽，以責罰他們的過失。❺折　指反復詰難。折，曲；反復。❻怒　指嚴厲責罰。❼瀆上　指以虛浮言詞惑亂君主的聽聞。❽相和　指群臣朋比為姦。❾微　細微；詳盡。❿前　指領導的人。前，前導。⓫觀聽之勢　觀行聽言的作用。⓬罰比周而賞異　懲罰比周的人而獎賞不比周的人。比周，結黨營私。⓭誅毋謁而罪同　誅罰不告姦的而處罰共同犯罪的。謁，告發姦邪。⓮言會眾端　綜合眾人的言論。⓯揆之以地四句　指以地利、天時、物理、人情來審度參驗。揆，測度；度量。⓰四徵　四種證驗。指上文地利、天時、物理、人情。⓱參言以知其誠　參驗別人的言論而了解臣子是否真誠。⓲易視以改其澤　指君主對臣子，已經親近，而又疏遠，改變對群臣的恩澤，以觀察他們的志節。易視，指已親近而又疏遠。澤，恩澤。⓳執見以得非常　掌握已顯現的跡象，而察知潛在的憂患。⓴一用以務近習　只給親近的臣子一項職務，使他們能夠專心致力從事。一用，只給臣子一項職務。近習，指親近的臣子。㉑重言以懼遠使　再三告誡，以警惕出使遠方的臣子。㉒舉往以悉其前　列舉臣子的往事，以了解他當前的作為。㉓即邇以知其內　君主接近臣子，就近觀察以知道他的內心。㉔疏置以知其外　君主疏遠地安置臣子，以了解他的外在表現。外，指政事上的表現。㉕握明以問所闇　掌握已知的事，向臣子詢問，以獲得未知的事。明，指已知的事。闇，指未知的事。㉖詭使以絕黷泄　運用權謀差遣，使他們不敢輕慢做事。泄，通「媟」。黷媟，輕慢；不認真做事。㉗倒言以嘗所疑　故意說相反的話，以試探所懷疑的人。嘗，試。㉘論

反以得陰姦　從事情的反面來討論，可以得知隱秘的壞事。陰姦，指隱秘的壞事。㉙設諫以綱獨為　設置監察的官吏，以糾正獨斷獨行的大臣。諫，借為「監」。指監察的官吏。綱，綱紀。有糾正的意思。獨為，指獨斷獨行的大臣。㉚舉錯以觀姦動　指出姦臣的錯誤，以觀察他們的動靜。㉛明說以誘避過　明白解說法律，以誘導臣民避免犯法。㉜卑適以觀直諂　君主使群臣迎合己意，以觀察他是正直或是諂媚。卑，通「俾」。使。適，適應；迎合。㉝宣聞以通未見　宣布所聽到的臣子的秘密，以獲知他們的隱情。通，通曉。㉞作鬭以散朋黨　製造內部矛盾鬥爭，使朋黨瓦解，不能為非作歹。㉟深一以警眾心　君主深知一事，群臣畏懼君主的睿智，而常存警惕的心理。㊱泄異以易其慮　故意洩漏另外的事情，使群臣改變對當前事物的想法。㊲似類則合其參　君主遇到類似的事情，必須合併參證，然後決斷，以免受到姦臣蒙蔽。參，參驗；參證。㊳陳過則明其固　指陳臣子的過錯，必須闡明其中的原因。固，通「故」。原因。㊴知罪辟罪以正威　君主知道臣子的罪過，就嚴懲他的罪過，以遏止他的威勢。辟，刑罰；懲罰。正，當作「止」。遏止。㊵陰使時循以省衷　暗中派人隨時巡視，以考察群臣是否忠誠。㊶漸更以離通比　逐漸更調臣子，使他們不致結合做壞事。通比，朋黨比周；結黨營私。㊷下約以侵其上　暗中連絡下屬，以削弱上官的權力。㊸相室約其廷臣　對於宰相就連絡朝廷大臣。相室，宰相。廷臣，朝廷的大臣。㊹官屬　僚屬；屬吏。㊺行介　使者的隨員。㊻辟吏　委任的屬吏。辟，任用。㊼郎中　近侍；君主近臣。㊽宮媛　宮女。㊾條達之道　指君主的權力，像樹枝一樣，向各方面伸展。㊿言通事泄　指君主暗中連絡下級官員以削弱上級官員的事洩漏。通，洩漏。

【語　譯】（四）立道——君主運用考察群臣的各種方法：運用各種方法諮詢臣子的意見，以改善施政的謀略；運用各種方法考察臣子的情偽，以責罰他們辦事的過失。諮詢臣子的意見，一定要反復詰問；考察臣子的情偽，一定要嚴厲責罰。不反復詰問，臣子便會惑亂聽聞；不嚴厲責罰，臣子便會朋比為奸。詰問詳盡，可知道臣子智能的多少；責罰領導的人，不擴及盲從的群眾。觀行聽言明顯的作用，在於責罰結黨營私的人，獎賞獨行盡本分的人；處罰知情不告的人，誅罰共同犯罪的人。綜合眾人的言論，一定要拿地利、天時、物理、人情來審度參驗，四種證驗都能符合，就可以察知事情的真相了。參驗別人的言論，就可了解臣子是否真誠；改變對臣子的愛憎，就可看出臣子的志節；掌握已經顯現的跡象，就可察知潛在的憂患。只給親近臣子一項職務，使他們能專心致力去做；再三告誡出使遠方的臣子，使他們有所警惕；列舉臣子的往事，以了解他當前的作為；接近臣子，以了解他的內心；疏遠臣子，以了解他在政事上的表現；掌握已知的事，向臣子詢問，以獲得未知的事；運用權謀差遣臣子，使他們不敢不認真做事；故意說相反的話，以試探所懷疑的人；從事情的反面來討論，可以知道隱秘的壞事；設置監察的官吏，以糾正獨斷獨行的大臣；舉出姦臣的錯誤，以觀察他們的動靜；明白解說法律，以誘導臣民避免犯法；使臣子迎合自己的意思，以觀察他們是正直還是諂媚；宣布所聽到臣子的秘密，以獲知他們的隱情；製造內部矛盾，使朋黨瓦解；君主深切了解一件事情，群臣畏懼君主的睿智，而常存警惕的心理；故意洩漏另外的事情，使群臣改變對當前事情的看法；君主遇到類似的事情，必須合併參證，以免受到姦臣蒙蔽；指陳臣子的過錯，必須闡明其中的原因；君主知道臣子的罪過，就嚴懲他，以遏止他的威勢；暗中派人隨時巡視，以考察臣子是否效忠；逐漸更調臣子，使他們不致結合做壞事；暗中連絡下屬，以削弱上官的勢力：對於宰相就連絡朝廷大臣，對於朝廷大臣就連絡他的僚屬，對於軍官就連絡他的兵士，對於使臣就連絡他的隨員，對於縣令就連絡他委任的屬吏，對於近侍就連絡他的左右，對於后妃就連絡她的宮女，這樣，君主的權力，像樹枝一樣，向各方面伸展，這叫做「條達之道」。不過，這種辦法，如果洩漏出去，就會失去效力。

（五）周密❶——明主，其務在周密。是以喜見則德償❷，怒見則威分❸。

故明主之言，隔塞而不通❹，周密而不見。故以一得十者，下道也❺；以十得一者，上道也❻。明主兼行上下❼，故姦無所失。伍家連縣而鄰❽，謁過❾賞，失過❿誅；上之於下，下之於上，亦然；是故上下貴賤，相畏以法⓫，相誨以利⓬。民之性，有生之實⓭，有生之名⓮；為君者，有賢知⓯之名，有賞罰之實，名實俱至，故福善必聞矣。

【注釋】❶周密　嚴密。❷喜見則德償　償，疑當作「損」。指君主顯露對某些人喜悅，權臣就對他們獎賞，作為自己的恩惠，君主的恩惠便受損害。❸怒見則威分　指君主顯露對某些人忿怒，權臣就對他們懲罰，作為自己的威勢，君主的威勢便被分散。❹隔塞而不通　指君主的言談，要多嚴加防範，不使洩漏。隔塞，隔絕。通，洩漏。❺以一得十者下道也　指拿一個人的智慧，考察多數人的姦邪，這是下等的辦法。十，指多數人。❻以十得一者上道也　指拿多數人的智慧，考察一個人的姦邪，這是上等的辦法。❼兼行上下　兼用上等下等兩種辦法。❽伍家連縣而鄰　指五家為伍，五伍為閭，相連為縣，組織起來。鄰，相接連。有組織的意思。❾謁過　告姦；告發姦邪。❿失過　不告姦。⓫相畏以法　以守法互相警戒。畏，畏懼；警戒。⓬相誨以利　以求利互相勸勉。誨，教導；誘導。⓭生之實　指維持生存的事物。⓮生之名　指名譽地位等。⓯知　通「智」。

【語譯】（五）周密——英明的君主最注重的就是言行要嚴密。因為君主顯露對某些人的喜好，權臣就獎賞他們，作為自己的恩惠，君主的恩惠就受到損害；君主顯露對某些人的忿怒，權臣就懲罰他們，表示自己的威勢，君主的威勢就分散了。所以君主的言談，要嚴加防範，不使洩漏，舉動要特別周密，免被覺察。拿一個人的智慧去考察多數人的姦邪，這是下等的辦法；拿多數人的智慧去考察一個人的姦邪，這是上等的辦法。英明的君主兼用這兩種辦法，所以姦邪便無法逃匿了。五家為伍，五伍為閭，相連為縣，組織起來，互相監督，告發姦邪的就賞賜他，不告發姦邪的就懲罰他；上級對下級，下級對上級，都適用這種辦法；因此，無論上級和下級，顯貴和平民，都拿守法互相警戒，都拿求賞互相勸勉。人民的欲望，要有維持生存的事物，也要有榮耀的名聲；做君主的，要有賢智的名聲，也要有賞罰的實權，有名有實，福善就都獲得了。

（六）參言❶——聽不參，則無以責下❷；言不督乎用❸，則邪說當上❹。言之為物也，以多信。不然之物❺，十人云疑，百人然乎，千人不可解也。吶者❻言之疑，辯者❼言之信。姦之食上❽也，取資乎眾❾，藉信乎辯❿，而以類飾其私⓫；人主不饜忿⓬而待合參⓭，其勢資下也。有道之主，聽言督其用，課其功⓮；功課，而賞罰生焉。故無用之辯不留朝⓯，任事者知不足以治職，則放官⓰收璽⓱。說大而誇則窮端⓲，故姦得而怒。無故⓳而不當⓴為誣㉑，誣則罪臣。言必有報㉒，說必責用也，故朋黨之言不上聞㉓。凡聽之道，人臣忠論以聞姦㉔，博論以納一㉕，人主不知，則姦得資㉖。明主之道，己喜則求其所納㉗，己怒則察其所搆㉘；論於己變之後㉙，以得毀譽公私之徵㉚。眾諫以效智㉛，使君自取一以避罪；故眾之諫也，敗君之取也㉜。無副言於上，以設將然；今符言於後，以知謾誠㉝。明主之道，臣不得兩諫㉞，必任其一；語不得擅行㉟，必合其參；故姦無道進矣。

【注釋】❶參言　聽取眾人的話，加以參驗。❷責下　責求臣下。責，求。❸言不督乎用　指君主對臣子的言論不督察是否實用。❹當上　蒙蔽君主。當，蒙蔽。❺不然之物　不真實的事情。物，指事情。❻吶者　言語笨拙的人。❼辯者　口齒伶俐的人。❽姦之食上　姦臣蒙蔽君主。姦，指姦臣。食上，蒙蔽君主。食，通「蝕」。❾取資乎眾　靠眾人的幫助。資，幫助。❿藉信乎辯　藉巧妙的言詞使君主相信。⓫以類飾其私　拿同類的事情文飾自己的私心。⓬饜忿　抑制忿怒。饜，通「厭」。抑制。⓭合參　多方考察。⓮課其功　考核其成效。課，考核。⓯不留朝　不留在朝廷。⓰放官　免職。放，棄置。⓱收璽　收回印信。璽，印信。⓲窮端　盡量探究事情本來的情形。端，根本。⓳故　事故；變故。⓴當　相合。㉑誣　欺罔；欺騙。㉒言必有報　言論一定要能實行。報，復。指踐言。㉓不上聞　不敢上達於君主。㉔忠論以聞姦　忠心把姦邪報告君主。聞，傳達；報告。㉕博論以納一　雜陳眾說，由君主採納一說。㉖姦得資　姦臣加以利用。資，憑藉；依託。㉗己喜則求其所納　當自己喜悅時，對臣子的進言，要探求它的虛實。納，指進言。㉘己怒則察其所搆　當自己憤怒時，對臣子搆禍他人，要考察它的是非。㉙論於己變之後　指喜怒平息以後，再加論斷。㉚以得毀譽公私之徵　毀譽公私就都得到證明。㉛眾諫以效智　臣子進言，提出多種說法，來表現自己足智多謀。眾諫，進言兼採眾說。㉜眾之諫也二句　這種兼採眾說進言的方法，如果事情失敗，是君主自己選擇的。㉝無副言於上四句　對於臣子進言，不容許附帶言論，而假設將有別種情形出現，要拿以後發生的事實，跟他們的進言參驗，而了解他們是忠誠或是欺騙。副言，輔助的言論。㉞兩諫　提出兩種意見。㉟擅行　獨斷獨行。

【語　譯】（六）參言——君主不聽取眾人的言語，加以參驗，以判斷事情的是非，便無法責成臣子；對臣子的進言，不要求效用，邪僻的言論就會蒙蔽君主。言語，通常多數人這樣說，大家便認為是真實的。不真實的事情，有十個人認為可疑，有一百個人認為可信，絕大多數的人便不能辨別了。言語笨拙的人所說的話，容易使人懷疑；口齒伶俐的人所說的話，容易使人相信。姦臣蒙蔽君主，要靠眾人的幫助，憑藉巧妙的言辭，取得君主的相信，拿類似的事情，文飾自己的私心；君主如果不能抑制內心的忿怒，多方參驗，以了解實情，他的權勢就會被姦臣利用了。懂得治道的君主，聽了臣子的言論，就要要求效用，考核成果，經過考核以後，分別給予賞賜或懲罰。對沒有用的辯士，不讓他留在朝廷；擔任政事的臣子才智不足，就免除他的官職，收回印信。對言論誇大的要探究事情原來的情形，因此能夠發現姦邪而加以懲罰。臣子沒有特殊事故而說話不能實現，就是欺騙君主，欺騙君主就要治罪。言論一定要能實行，意見一定要求效用，因此臣子結黨營私的話就不敢向君主陳述了。君主聽取臣子的言論，臣子忠心把姦邪報告君主，陳述各種意見，讓君主採納一說，君主不了解這種情形，姦臣就加以利用了。英明君主的做法，當自己喜悅的時候，對臣子的進言，要探求它的虛實；當自己發怒的時候，對臣子搆禍他人，要考察它的是非；等喜怒平息以後，再加論斷，這樣，毀譽公私就都得到證明了。臣子進言，採取各種說法，以表示自己足智多謀，讓君主自己選擇一種說法，以避免失敗而獲罪；因此這種兼採眾說進言的方法，如果事情失敗，是君主自己選擇的。對臣子進言，不容許附帶言論，而假設將有別種情形出現；要拿以後發生的事情，跟他們以前的進言參驗，是否符合，而了解他們是忠誠或是欺騙。英明君主的做法，臣子不能提出兩種意見，必須執持一種意見；言論不能獨斷獨行，一定要拿眾人的話來參驗：這樣，姦臣便無從進言了。

（七）任法❶——官之重❷也，毋法也；法之息❸也，上闇❹也。上闇無度，則官擅為❺；官擅為，故奉重無前❻；奉重無前，則徵多❼；徵多故富。官之富重也，亂之所生也。明主之道，取於任❽，賢於官❾，賞於功。言程❿，主喜，俱必利⓫；不當⓬，主怒，俱必害⓭；則人不私⓮父兄，而進⓯其讎仇。勢足以行法⓰，奉足以給事⓱，而私無所生，故民勞苦而輕官⓲。任事者毋重，使其寵⓳必在爵；處官者毋私，使其利必在祿；故民尊爵而重祿。爵祿，所以賞也；民重所以賞也，則國治。刑之煩也，名之繆4ˇ>也⓴；賞譽不當，則民疑。民之重名，與其重利也均㉑。賞者有誹㉒焉，不足以勸；罰者有譽㉓焉，不足以禁。明主之道，賞必出乎公利，名必在乎為上㉔。賞譽同軌，非誅俱行㉕，然則民無榮於賞之內㉖。有重罰者，必有惡名，故民畏。罰，所以禁也；民畏所以禁，則國治矣。

【注釋】❶任法　任用法度。❷官之重　官吏權勢大。重，指權勢大。❸法之息　法度不能實施。息，止息。❹上闇　君主昏庸。❺擅為　獨斷專行。❻奉重無前　下級對權門的奉獻，為前所未有。重，指權重勢大的人。無前，空前。❼徵多　收稅多。❽取於任　舉拔能夠任事的人。❾賢於官　讚揚能夠盡職責的人。官，官職。❿言程　言論合於法度。程，法度。⓫俱必利　指推薦和被推薦的人一定都會受到賞賜。⓬不當　指言論不合法度。⓭俱必害　指推薦和被推薦的人一定都會受到懲罰。⓮私　偏私；偏愛。⓯進　推薦。⓰勢足以行法　指官吏的權勢足夠施行法度。⓱奉足以給事　指官吏的俸祿足夠供給做官的需求。奉，同「俸」。俸祿。⓲民勞苦而輕官　人民勤苦從事農耕而不必逢迎官吏。輕官，輕視官吏。指不必逢迎官吏。⓳寵　榮耀。⓴刑之煩也二句　刑罰的煩亂，由於毀譽名稱的錯誤。名繆，即賞譽不當。如下文所說「賞者有誹」、「罰者有譽」。繆，同「謬」。錯誤。㉑均　相同。㉒賞者有誹　獎賞有毀謗過失的人。㉓罰者有譽　懲罰有美好稱譽的人。㉔為上　指為君主效忠。上，指君主。㉕賞譽同軌二句　受賞賜的人就是被稱譽的，受懲罰的人就是被毀謗的。非，通「誹」。毀謗。㉖民無榮於賞之內　人民認為沒有比列入賞賜的行列更榮耀的。

【語　譯】（七）任法——官吏的權勢大，由於沒有法度；法度不能實施，由於君主昏庸。君主昏庸而沒有法度，官吏就獨斷專行；官吏獨斷專行，所以下級對權門的奉獻，為前所未有；下級對權門的奉獻為前所未有，徵收人民的賦稅就增多；徵收的賦稅多，官吏就變為富裕；官吏富裕而且權勢大，國家的禍亂因此發生。英明君主施政，任用能夠辦事的人，讚揚能夠盡職的人，獎賞有功勞的人。臣子的言論合於法度，君主就很高興，對這個臣子和推薦他的人一定都會給予獎賞；臣子的言論不合法度，君主就很生氣，對這個臣子和推薦他的人都會施予懲罰；這樣，人對父兄都不會偏私，而會推薦他的仇人。官吏的權勢足夠施行法度，他的俸祿足夠供給做官的需求，處理公事就不會偏私，人民勤苦從事農耕，而不必逢迎官吏。使擔任國事的人的權勢不要太大，一定要使他們的榮耀在於爵位；使做官的人不要貪圖私利，一定要使他們的財利在於俸祿；因此人民便都會尊重爵位而重視俸祿了。爵位和俸祿，是獎賞的方法，人民重視獎賞，國家就會太平了。刑罰的煩亂，由於毀譽名稱的錯誤；獎賞和名譽不相當，人民就會懷疑。人民重視名譽和重視財利是相同的。獎賞有毀謗過失的人，獎賞就會失去勸勉的作用；懲罰有美好稱譽的人，懲罰就會失去制止的作用。英明君主的做法，獎賞要給與對國家有利的人，名譽要給與對君主效忠的人。獎賞隨著稱譽，誅罰隨著毀謗，這樣，人民就認為沒有比列入賞賜的行列更榮耀的。受重罰的人，一定有惡劣的名聲，所以人民畏懼受罰。懲罰，是用來禁止人民做壞事的；人民畏懼禁止做壞事的方法，國家就會太平了。

（八）類柄❶——行義示❷，則主威分；慈仁聽，則法制毀❸。民以制❹畏上，而上以勢卑下❺；故下肆狠觸❻，而榮於輕君之俗❼，則主威分。民以法難犯上，而上以法撓❽慈仁；故下明愛施❾，而務賕紋❿之政，是以法令隳⓫。尊私行⓬以貳⓭主威，行賕紋以疑⓮法令，聽之則亂治，不聽則謗主，故君輕乎位，而法亂乎官，此之謂無常之國⓯。明主之國，臣不得以行義成榮，不得以家利⓰為功。功名所生，必出於官法⓱。法之所外，雖有難行，不以顯焉，故民無以私名⓲。設法度以齊民，信賞罰以盡能，明誹譽以勸沮⓳。名號、賞罰、法令，三隅⓴。故大臣有行則尊君，百姓有功則利上，此之謂有道之國也。

【注釋】❶類柄　指臣子的權勢跟君主類似。類，類似；比擬。柄，權柄；威勢。❷行義示　指臣子於法外施行道義而顯達。示，顯著；顯達。❸慈仁聽二句　聽從慈仁的道理，不懲罰有罪的人，法度就會被敗壞。❹制　法令。❺卑下　以謙卑的態度對待臣子。❻下肆狠觸　臣子任意地觸犯法令。❼榮於輕君之俗　以輕視君主的習俗為榮。❽撓　屈服；遷就。❾下明愛施　臣下公然施行慈愛。明，顯明；公開。❿賕紋　以財帛賄賂。賕，賄賂。紋，花紋。指有花紋的錦繡。⓫隳　毀壞。⓬尊私行　指臣子尊崇私人的行為。即上文行義、愛施。⓭貳　分散。⓮疑　迷惑；惑亂。⓯無常之國　沒有法紀的國家。常，法。⓰家利　私利。家，卿大夫的采地。⓱官法　國法；國家的法令。⓲無以私名　不得以私行私義成名。⓳明誹

譽以勸沮　顯明毀譽是勸勉或遏止人民的。誹，毀謗。譽，稱譽。勸，勸勉為善。沮，借為「阻」。遏止為惡。⑳名號賞罰法令三隅　名號、賞罰、法令三者必須相合。名號，即誹譽。法令，即法度。隅，疑為「偶」字之誤。偶，合。

【語　譯】（八）類柄——臣子施行道義而顯達，君主的權勢就會削弱；仁慈的道理被聽從，國家的法制就會被破壞。人民由於法令畏懼君主，君主處尊位而對待臣子卻謙卑；所以臣子任意地觸犯法令，而以輕視君主的習俗為榮，君主的權勢就會削弱。人民因為有法度就不易犯上，君主卻使法令遷就仁慈；所以臣子公然施行慈惠，而以財貨賄賂，所以國家的法令便被敗壞。臣子尊崇私行以削弱君主的威勢，施行賄賂以擾亂國家的法令，聽任他們就會損害治道，不聽任他們就要毀謗君主；所以君主的地位被輕視，國家的法令被官吏所擾亂，這就是沒有法紀的國家。英明君主的國家，臣子不能以行道義造成顯榮，不能以私利作為功績，功績和聲名是依據國法產生的。在法令之外，雖然有難能可貴的行為，也不使他顯耀，所以人民不能以私義私利成名。設置法度，是齊一人民的行為；確實執行賞罰，是使人民竭盡才能；顯明毀譽，是用來勸勉人民為善，遏止人民為惡；名號、賞罰和法令三者必須相合。所以大臣有德行就會尊崇國君，百姓有功勞就會裨益主上，這才算有道的國家。

卷一九

五蠹

【題解】蠹，木料裡面的蛀蟲，這裡用來比喻蝕害國家的人。本篇篇末主張消除五種為害國家的人，於是就以「五蠹」作為篇名。所謂五種蠹民：一是學者，指儒家；二是言談者，指說客和縱橫家；三是帶劍者，指游俠和墨家的支派；四是患御者，指近幸的人；五是商人和工人。

本篇的主旨是從社會的起源和發展的實際情況來論證法治是適合新時代要求的，也就是從歷史發展的觀點來論證他的政論是正確的。韓非認為歷史是不斷進化的，所謂「論世之事，因為之備」、「世異則事異，事異則備變」，就是說社會的情況改變了，一切具體的措施也要相應地改變，這就是他的進化的歷史觀。他把歷史分為上古、中古和近世三個時期，所謂「上古競於道德，中古逐於智謀，當今爭於氣力」，歷史既然已經發展到了爭於氣力的時代，已不是仁義、辯智所能解決的，因此他認為法治是唯一可行的途徑。君主站在已有的權勢上，推行法治，而以農戰為主要工作，務農以求富，力戰以求強，國家富強，就是國力的展現，文中提出「以法為教，以吏為師」、「尊耕戰之士」、「除五蠹之民」，這便是他推行法治的具體辦法。韓非以進化的歷史觀駁斥儒家的保守論，而他的法治論也與儒家仁義說相反。本篇除駁斥儒家的說法外，同時對墨家和縱橫家也加以評論，和〈顯學〉是同類的作品。

司馬遷為韓非作傳，特別著錄〈五蠹〉，由此可見本篇為韓非所作，自秦以來，即已流行。李斯上書秦始皇，建議焚書坑儒，書中說：「若有欲學者，以吏為師。」（見《史記・李斯列傳》）就是實行本篇所謂「以法為教，以吏為師」的主張。

上古之世，人民少而禽獸眾，人民不勝❶禽獸蟲蛇；有聖人作，搆❷木為巢，以避群害，而民悅之，使王天下❸，號之曰「有巢氏」❹。民食果❺、蓏❻、蜯❼、蛤❽，腥臊❾惡臭❿，而傷害腹胃，民多疾病；有聖人作，鑽燧⓫取火，以化腥臊，而民說之，使王天下，號之曰「燧人氏」⓬。中古之世，天下大水，而鯀、禹⓭決瀆⓮。近古之世，桀⓯、紂⓰暴亂，而湯⓱、武⓲征伐。今有搆木鑽燧於夏后氏⓳之世者，必為鯀、禹笑矣；有決瀆於殷⓴之世者，必為湯、武笑矣。然則今有美堯㉑、舜㉒、禹、湯、武之道於當今之世者，必為新聖㉓笑矣。是以聖人不期循古㉔，不法常行㉕，論世之事，因為之備。宋㉖人有耕者，田中有株㉗，兔走觸株，折頸而死，因釋其耒㉘而守株，冀㉙復得兔；兔不可復得，而身為宋國笑。今欲以先王之政，治當世之民，皆守株之類也。

【注　釋】❶勝　制服；克制。❷搆　通「構」。用木材建造房屋。❸王天下　統治天下。❹有巢氏　我國遠古的聖人。教導人民構木為巢，居住樹上，避免野獸侵害，故稱。❺果　樹木所結的果實。❻蓏　瓜類等蔓生植物的果實。❼蜯　同「蚌」。一種有介殼的軟體動物，體形較長。❽蛤　蛤蜊。似蚌而較圓。❾腥臊　腥臭的氣味。❿惡臭　指汙穢敗壞的食物。

惡，汙穢。⑪燧　取火的木料。⑫燧人氏　我國遠古的聖人。鑽木取火，教導人民熟食，故稱。⑬鯀禹　唐堯時，洪水氾濫，鯀治水無功，禹繼承父業，平息水患，後受舜禪為天子，國號夏。鯀，禹的父親。⑭決瀆　疏導河流。決，除去壅塞，使水通流。瀆，河川。⑮桀　夏朝最後的一個帝王。名癸，持勇暴虐，荒淫無度，被商湯打敗，走死南巢。⑯紂　商朝最後的一個帝王。名辛，好酒淫樂，暴虐無道，被周武王打敗，自焚而死。⑰湯　契的後代。姓子，名履，夏桀時的諸侯，滅夏而統治天下，國號為商。⑱武　周武王。文王的兒子，姓姬，名發，商紂時的諸侯，滅商而統治天下，國號為周。⑲夏后氏　指禹。受舜禪為天子，建立夏王朝，也稱夏后氏、夏后或夏氏。⑳殷　指商朝。商湯滅夏，建都於亳，在今河南省商丘縣西南，其後屢次遷都，傳到盤庚，遷都於殷，在今河南省安陽縣小屯村，改國號為殷，後世或殷商互舉，或殷商連稱。㉑堯　帝嚳的次子。姓伊耆，初封於陶，又封於唐，故稱陶唐氏，年老讓位給舜。㉒舜　姓姚，有虞氏，名重華。相傳父頑母嚚，弟象傲，舜修孝道，終於感化其父母。堯時為臣，攝位三十年，受禪為天子，後讓位給禹。㉓新聖　新興的聖人。㉔不期循古　不求遵循古代的制度。期，期求；希望。㉕不法常行　不效法舊例。常行，經常這樣做。即舊例。㉖宋　周武王滅商，封商紂子武庚於舊都，在今河南省商丘縣，成王時，武庚叛亂，被殺，又以其地封紂的庶兄微子啟，號宋公，為宋國。㉗株　樹樁。露出地面的樹根。一說：樹木被砍伐後所留下的斷樹根。㉘耒　耒耜。上古時翻土的農具。耜的形狀如鍬，用來翻土，耒為其柄。㉙冀　希望。

【語譯】上古的時代，人民稀少而禽獸眾多，人民不能克制禽獸蟲蛇；等到有才智出眾的人出現，教導人民用樹枝搭成鳥巢般的住所，以躲避禽獸蟲蛇的侵害，人民對他心悅誠服，請他統治天下，稱他為有巢氏。人民吃瓜果蚌蛤等食物，氣味腥臊，汙穢腐敗，傷害了腸胃，生病的人很多；有才智出眾的人出現，教導人民鑽木取火，以消除腥臊毒害，人民對他心悅誠服，請他統治天下，稱他為燧人氏。中古的時代，天下發生大水災，於是鯀和禹父子相繼，疏導河流，因此統治了天下。近古的時代，夏桀和商紂暴虐無道，商湯和周武就率領軍隊討伐他們，因此統治了天下。如果有人在夏朝用構木為巢、鑽燧取火的方法企圖統治天下，一定會被鯀和禹嗤笑；有人在商朝、周朝用疏導河流的方法企圖統治天下，一定會被商湯和周武嗤笑。照這麼說，現在有人讚美堯、舜、商湯、周武的做法，一定會被現代的聖人所嗤笑。因此，聖人不必遵循古代的制度治世，不必效法從前的慣例做事，考量當前社會的情勢，依照這種情勢，來建立適當的設施。宋國有一個農夫，在他田裡有一根樹樁，有隻兔子奔跑時撞到樹樁，脖子折斷而死，因此農夫放下農具，守候在樹樁旁邊，希望又可以獲得兔子；結果兔子再也得不到了，自己反而被宋國人所嗤笑。如今想要用古代帝王的政治，來治理現時的人民，都是像守株待兔的人一樣，是徒勞無功的。

古者，丈夫❶不耕，草木之實足食也；婦人不織，禽獸之皮足衣也；不事力而養足❷，人民少而財有餘，故民不爭；是以厚賞不行，重罰不用，而民自治。今人有五子不為多，子又有五子，大父❸未死而有二十五孫；是以人民眾而貨財寡，事力勞而供養薄，故民爭；雖倍賞累罰❹，而不免於亂。

【注釋】❶丈夫　成年的男子。❷不事力而養足　不必費力工作而供養的物品充足。❸大父　祖父。❹倍賞累罰　加倍賞賜，加重刑罰。累，重疊。

【語譯】古時候，男子即使不耕田，草木的果實也夠吃了；女子就是不織布，禽獸的皮也夠穿了；不必費力工作而供養的物品充足，人民的數量少而財貨有剩餘，因此人民不會互相爭執；所以不必施行優厚的賞賜，也不必應用嚴厲的刑罰，而人民自然安定。現在一個人有五個兒子不算多，每個兒子又生五個兒子，祖父還沒有死去，就有二十五個孫子了；因此人民的數量增多，而財貨卻相對減少，工作辛勞而得到的報酬微薄，所以人民互相爭奪；雖然加倍賞賜，加重刑罰，卻仍然不能避免混亂。

堯之王天下❶也，茅茨❷不翦❸，采椽❹不斲❺；糲粢之食❻，藜藿之羹❼；冬日麑裘❽，夏日葛衣❾；雖監門❿之養，不虧⓫於此矣。禹之王天下也，身執耒臿⓬，以為民先，股無胈⓭，脛⓮不生毛，雖臣虜⓯之勞，不苦於此矣。以是言之，夫古之讓天子者，是去監門之養，而離臣虜之勞也，故傳天下而不足多⓰也。今之縣令，一日身死，子孫累世絜駕⓱，故人重之。是以人之於讓也，輕辭⓲古之天子，難去⓳今之縣令者，薄厚之實異也⓴。夫山居而谷汲㉑者，膢臘㉒而相遺㉓以水；澤居苦水㉔者，買傭而決竇㉕。故饑歲之春，幼弟不饟㉖；穰歲㉗之秋，疏客必食。非疏骨肉，愛過客也，多少之實異也。是以古之易財㉘，非仁也，財多也；今之爭奪㉙，非鄙也，財寡也。輕辭天子，非高也，勢薄㉚也；重爭士橐㉛，非下也，權重也。故聖人議多少，論薄厚而為之政。故罰薄不為慈，誅嚴不為戾㉜，稱俗而行㉝也。故事因於世，而備適於事㉞。

【注釋】❶王天下　做天下的王。即統治天下。❷茅茨　用茅草蓋的屋頂。❸翦　修剪整齊。❹采椽　用櫟木做屋椽。采，也作「棌」。木名，即櫟木。椽，屋簷上承接屋瓦的木條。❺斲　雕刻；雕飾。❻糲粢之食　用粗米和稷做成的飯。糲，粗米。粢，稷。食，食物。這裡指飯。❼藜藿之羹　用藜草豆葉做成的湯。藜，草名。葉嫩時可吃。藿，豆葉。羹，菜湯。❽麑裘　鹿皮衣。麑，小鹿。❾葛衣　葛布衣。葛，多年生蔓草。纖維可織布。❿監門　守門的人。⓫虧　減損；缺少。⓬耒臿　上古時翻土的農具。臿，耒下起土的部分。即鍬。⓭股無胈　大腿上不長細毛。股，腿從胯到膝的部分。俗稱大腿。胈，細毛。⓮脛　從膝到腳跟的部分。俗稱小腿。⓯臣虜　奴隸；奴僕。臣，奴隸。⓰不足多　不值得稱讚。多，讚美。⑰子孫累世絜駕　子孫幾代出門都有馬車坐。累世，數世。絜駕，把馬套在車轅上。絜，繫；約束。⑱輕辭　輕易辭去。⑲難去　不易捨棄。去，捨棄。⑳薄厚之實異也　物質享受有厚薄的差別。薄，少。厚，多。實，財物。㉑山居而谷汲　居住在高山而到深谷去取水。㉒膢臘　祭名。膢，楚人在二月祭祀飲食神。臘，年終祭祀百神。㉓遺　贈送。㉔澤居苦水　居住沼澤地區為水患苦惱。澤，水匯聚的地方。㉕買傭而決竇　僱請工人疏通水道以排水。買傭，僱工。決，除去壅塞，導引水流。竇，「瀆」的假借字。水道。㉖饟　同「餉」。拿食物給人吃。㉗穰歲　豐年。㉘易財　看輕財物。㉙爭奪　爭奪財物。㉚勢薄　權力微薄。㉛士橐　做官。士，通「仕」。做官。橐，通「託」。指託身於諸侯，即做官的意思。㉜戾　暴戾。㉝稱俗而行　適應人民的習俗而施行。㉞事因於世二句　時代演變，人民的活動也跟著改變，政治的措施也必須予以配合。事，指人民的活動。世，指時代。備，指政治措施。適，適合；配合。

【語　譯】堯治理天下的時候，用茅草蓋屋頂，而且沒有修翦，用櫟木做屋椽，而且沒有加以雕飾；吃的是粗米煮的飯，野菜或豆葉煮的湯；冬天穿鹿皮衣服，夏天穿葛布衣服；就是守門人的供養，也不會比這更微薄了。禹治理天下的時候，親自拿著挖土的鍬，率領人民在田裡工作，弄得大腿上沒有細毛，小腿上的粗毛也長不出來，就是奴僕的工作，也不會比這更辛苦了。這麼說來，古人把天子的地位讓給人，是放棄守門人的供養，解脫奴僕的辛勞，所以把天下傳給人是不值得稱讚的。現在做縣令的，一旦死了，他的子孫幾代都可以出門坐車子，所以一般人把它看得很重要。因此人們對於辭讓，古代的人輕易辭去天子的地位，現代的人捨不得放棄縣令的位子，這是由於物質享受的厚薄差得太遠啊。那些住在高山而到深谷汲水的人，在過膢臘節時，大家拿水當作禮物互相饋贈；住在水澤附近常為水災苦惱的人，僱工疏通水道，把水排泄出去。所以荒年的春天，即使自己的幼弟也不給他吃飯；豐年的秋天，即使疏遠的客人也一定留他吃飯。這並不是對至親疏遠而喜愛過往的客人，因為荒年和豐年物質的多少大不相同啊。所以古人看輕財物，並不是存心仁厚，而是因為財物很多；今人爭奪財物，也不是人品卑鄙，而是因為財物太少。古人輕易辭去天子，並不是人格高尚，而是因為權力微薄；今人竭力爭取官職，並不是人格卑下，而是因為權力重大。因此聖人治理天下，要研究財物的多少，考量供養的厚薄，來從事政治的設施。所以責罰輕微，不見得是仁慈；懲罰嚴厲，不見得是暴戾；完全在於適應社會的習俗而施行。所以事情的發生是隨著時代的演變，而政治措施是適合當時所發生的事情。

古者文王處豐、鎬之間❶，地方百里，行仁義而懷西戎❷，遂王天下。徐偃王❸處漢東❹，地方五百里，行仁義，割地而朝者三十有六國❺；荊文王❻恐其害己也，舉兵伐徐，遂滅之。故文王行仁義而王天下，偃王行仁義而喪其國，是仁義用於古，而不用於今也。故曰：世異則事異❼。當舜之時，有苗❽不服，禹將伐之。舜曰：「不可。上德不厚❾而行武，非道也。」乃修教三年，執干戚舞❿，有苗乃服。共工之戰⓫，鐵銛距者⓬及乎敵，鎧甲⓭不堅者傷乎體。是干戚用於古，不用於今也。故曰：事異則備變⓮。上古競於道德⓯，中世逐於智謀⓰，當今爭於氣力⓱。齊將伐魯，魯使子貢⓲說之。齊人曰：「子言非不辯也，吾所欲者土地也，非斯言所謂也。」遂舉兵伐魯，去門⓳十里以為界。故偃王仁義而徐亡，子貢辯智而魯削，以是言之，夫仁義、辯智，非所以持國⓴也。去偃王之仁，息子貢之智，循徐、魯之力㉑，使敵萬乘㉒，則齊、荊之欲不得行於二國矣。

【注釋】❶文王處豐鎬之間　周文王遷居到豐、鎬一帶。太王在岐，文王遷豐，武王遷鎬。文王，周文王。太王的孫子，武王的父親。豐鎬，周代的京城。豐，在今陝西省鄠縣東。鎬，在今陝西省長安縣西南。間，泛指處所。❷懷西戎　安撫西方各民族。懷，安撫。西戎，古稱西方各民族。❸徐偃王　西周穆王時徐國的君主。以仁義治國，江淮一帶的諸侯，服從他的有三十六國。❹漢東　漢水以東。漢水源出陝西省寧羌縣嶓冢山，東南流至湖北省漢陽縣入長江，為長江一大支流。❺三十有六國　《淮南子・氾論》及《論衡・非韓》作三十二國。❻荊文王　即楚文王熊貲。春秋時人，與齊桓公同時，上距徐偃王三百多年，這裡文字可能有誤。❼世異則事異　時代不同，社會情況也不同。❽有苗　我國古代種族名。曾居長江中游以南一帶，後遷徙到西南邊遠各地。有，語首助詞。❾上德不厚　崇尚德教不夠深厚。上，通「尚」。崇尚。❿執干戚舞　拿著盾和斧舞蹈。古代樂舞，有文舞和武舞，文舞執羽籥，武舞執干戚。干，盾。戚，斧。⓫共工之戰　堯時曾舉兵而流共工於幽州之都（見本書〈外儲說〉），禹時曾伐共工（見《戰國策・秦策》和《荀子・議兵》）。共工，似為古代部落的名稱。⓬鐵銛距者　大鐵杈。如同現在的鏢槍，可投擲。鐵銛，鐵杈。距，通「鉅」。大。⓭鎧甲　古代戰時所穿的護身衣。最初用皮製成，叫做甲，後來用金屬製作，叫做鎧。⓮事異則備變　情況不同，設施就隨著改變。⓯上古競於道德　指唐虞禪讓的傳說而言。⓰中世逐於智謀　指春秋時代的朝覲會同而言。⓱當今爭於氣力　指戰國時代的攻戰而言。⓲子貢　春秋時衛國人。姓端木，名賜，孔子的學生，有口才，善經商，家累千金，曾任魯國、衛國相。⓳去門　距離魯國首都的城門。去，距離。⓴持國　保衛國家。㉑循徐魯之力　就徐國、魯國原有的力量，加以發展。循，順著。一本作「修」。修飾；整頓。㉒萬乘　指擁有萬輛兵車的大國。此指齊、楚等國。

【語　譯】古時候周文王遷居到豐、鎬一帶，土地只有一百里，施行仁義的政治而安撫西戎各民族，終於統一了天下。徐偃王統治漢水以東地帶，土地有五百里，施行仁義的政治，割讓土地而歸服他的諸侯有三十六國；楚文王恐怕他傷害了楚國，起兵攻伐徐國，終於把徐國滅掉。所以周文王施行仁義的政治可以統一天下，徐偃王施行仁義的政治卻失去了國家，可見仁義只能在古代施行，而不適合現代啊！所以說：時代不同，情況也發生變化。虞舜做天子的時候，苗族不肯歸服，禹打算攻打他。舜說：「不可以。我們崇尚德教的努力不夠，卻使用武力征伐，這不是治國的道理。」於是施行三年的教化，人民拿著盾牌和斧頭跳舞，苗人終於歸服了。討伐共工的戰爭，使用大鐵杈，可從遠處攻擊敵人，盔甲如果不堅固，身體就會受傷，可見盾牌和斧頭只能用於古代，卻不能用於現代。所以說：情況不同，措施也隨著改變。上古的時候，用仁義道德比較高下；中古的時候，用智慧謀略比較高下；現代卻靠氣力來爭勝負。齊國打算攻打魯國，魯國派遣子貢去遊說。齊國人說：「你說的話不是沒有道理，但是我們想得到的是土地，不是你所說的這些道理。」於是起兵攻打魯國，攻打到距離魯國首都城門十里的地方作為國界。所以徐偃王施行仁義，徐國就被滅亡；子貢有口才和智謀，魯國就被侵削；照這麼說，仁義和辯智，不是保衛國家的東西。放棄徐偃王的仁義，不用子貢的智謀，發展徐國、魯國的力量，使能對抗擁有萬輛兵車的大國，那麼齊國、楚國的野心就不能對徐、魯兩國施行了。

夫古今異俗，新故異備，如欲以寬緩之政❶，治急世❷之民，猶無轡策❸而御駻馬❹，此不知之患❺也。今儒、墨，皆稱先王兼愛天下❻，則視民如父母❼。何以明其然也？曰：「司寇❽行刑，君為之不舉樂；聞死刑之報❾，君為流涕。」此所舉先王❿也。夫以君臣為如父子則必治，推是言之，是無亂父子⓫也。人之情性，莫先於父母⓬，皆見愛而未必治也⓭；雖⓮厚愛矣，奚遽⓯不亂？今先王之愛民，不過父母之愛子，子未必不亂也，則民奚遽治哉？且夫以法行刑，而君為之流涕，此以效仁⓰，非以為治也。夫垂泣不欲刑者，仁也；然而不可不刑者，法也。先王勝其法⓱，不聽⓲其泣，則仁之不可以為治，亦明矣。且民者，固服於勢，寡能懷⓳於義。仲尼，天下聖人也，修行明道⓴以遊海內，海內說㉑其仁，美其義，而為服役者七十人㉒，蓋貴㉓仁者寡，能義者難也。故以天下之大，而為服役者七十人，而仁義者一人㉔。魯哀公㉕，下主㉖也，南面君國㉗，境內之民，莫敢不臣㉘。民者固㉙服於勢，勢誠易以服人。故仲尼反為臣，哀公顧㉚為君，仲尼非懷其義，服其勢也。故以義，則仲尼不服於哀公；乘勢㉛，則哀公臣仲尼。今學者之說人主也，不乘必勝之勢㉜，而曰務行仁義，則可以王，是求人主之必及仲尼，而以世之凡民皆如列徒㉝，此必不得之數㉞也。

【注　釋】❶寬緩之政　慈惠寬恕的政治。指儒家所提倡的仁政。❷急世　動亂的時代。急，危急。❸轡策　馬轡和馬鞭。❹駻馬　凶猛的馬。❺不知之患　不明智的弊病。知，通「智」。明智。患，弊病。❻兼愛天下　普遍愛護天下的人民。❼視民如父母　看待人民好像父母看待子女一般。❽司寇　古代執行刑罰的官。❾死刑之報　死刑的判決。報，判罪；審判。❿此所舉先王　這就是儒墨兩家所提出先王的事例。⓫無亂父子　父子之間不會發生暴亂的事。⓬莫先於父母　沒有超過父母對子女的慈愛。先，超過。⓭皆見愛而未必治也　上當據盧文弨《群書拾補》補「父母」兩字。做父母的雖然表現慈愛，但家庭卻未必和諧。見，通「現」。表現。⓮雖　上當據盧文弨《群書拾補》補「君」字。⓯奚遽　怎麼。⓰效仁　表現仁愛。效，致。⓱勝其法　施行法律。勝，任。⓲聽　聽從；依從。⓳懷　歸向；嚮往。⓴修行明道　修治他的德行，宣揚他的道理。㉑說　同「悅」。愛好。㉒而為服役者七十人　為孔子效勞的有七十人。孔子學生中優秀的有七十二人，這裡作七十人是舉成數。㉓貴　重視。㉔而仁義者一人　真正實踐仁義的只有一個人。指孔子。㉕魯哀公　春秋時魯國的君主。定公的兒子，名蔣，在位二十七年。㉖下主　才智低下的君主。㉗南面君國　面朝向南方而坐，為魯國的君主。古代君主的座位朝向南方。㉘不臣　不忠於君主；背叛君主。㉙固　本來。㉚顧　反而。㉛乘勢　運用權勢。乘，運用；利用。㉜不乘必勝之勢　不運用一定能剋制人民的權勢。勝，剋制。㉝列徒　諸生。指孔子的學生們。㉞此必不得之數　這是一定不能實現的道理。數，道理。

【語　譯】古代和現代，人民的習俗不同，應付新舊時代的措施也不一樣；如果想要用寬大的政治，治理這動亂時代的人民，就像沒有馬韁和馬鞭來駕馭凶悍不馴的馬，這是不明智的弊病。現在儒家和墨家都說：古代的聖王普遍愛護天下的人民，看待人民就像父母看待子女一般。怎麼知道是這種情形呢？他們說：「司寇執行刑罰時，君主就不欣賞音樂；聽到死刑的判決，君主就會流淚。」這就是他們所提出古代聖王的事例。他們認為君主和人民能像父子一樣，天下一定太平，拿這個道理來推論，父子間就沒有暴亂的事情了。人類的情愛，沒有超過父母對子女的慈愛，父母表現對子女的慈愛，但是家庭未必能夠和諧；因此君主即使厚愛人民，何以見得天下就不亂呢？然而先王愛護人民，不會超過父母愛護子女，子女未必不暴亂，那人民怎麼就會平治呢？再說按照法律來執行刑罰，而君主因此流淚，這只是表示他的仁慈，並不是用來辦理政治的。流淚而不願執行刑罰，這是由於仁慈；但是不能不執行刑罰，這是為了維護法律。古代的聖王仍然施行法律，卻不依從仁慈的哭泣，仁慈不能用來辦理政治，就很明顯了。再說人民本來是服從權勢，卻很少嚮往仁義。孔子，是天下的聖人，修養他的德行，闡揚他的道理，周遊天下，天下的人對他提倡的仁義，表示喜愛而且讚美，並且願意為他效勞的只有七十人，因為重視仁道的太少，實踐義行的很難。所以天下這樣大，為他效勞的不過七十人，真正有仁義修養的只有孔子一個人。魯哀公是一位下等的君主，面向南方坐著，做魯國的君主，魯國境內的人民，沒有敢不服從的。人民本來服從權勢的，權勢也確實容易使人服從。所以孔子反而做臣子，哀公反而做君主，孔子並不是嚮慕哀公的仁義，而是服從哀公的權勢。假如依照仁義，孔子就不該服從哀公；運用權勢，哀公就能使孔子服從。現在一般學者遊說君主，不主張運用一定能控制人民的權勢，反而說：一心推行仁義，就可以統治天下。這是要求做君主的一定要趕上孔子，而世間平凡的人民都像孔子的七十弟子，這是一定不能實現的道理。

今有不才之子❶，父母怒❷之弗為改，鄉人譙❸之弗為動，師長教之弗為變。

夫以父母之愛，鄉人之行❹，師長之智，三美加焉❺，而終不動其脛毛❻；州部之吏❼，操官兵❽，推公法❾，而求索❿奸人，然後恐懼，變其節⓫，易其行矣。故父母之愛，不足以教子，必待州部之嚴刑者，民固驕於愛⓬，聽於威⓭矣。故十仞⓮之城，樓季⓯弗能踰者，峭⓰也；千仞之山，跛牂⓱易牧者，夷⓲也。故明主峭其法，而嚴其刑也。布帛尋常⓳，庸人不釋⓴；鑠金㉑百鎰㉒，盜跖㉓不掇㉔。不必害，則不釋尋常；必害手，則不掇百鎰。故明主必其誅也。是以賞莫如厚而信，使民利之；罰莫如重而必，使民畏之；法莫如一而固㉕，使民知之。故主施賞不遷㉖，行誅無赦。譽輔其賞，毀隨其罰㉗，則賢不肖俱盡其力矣。

【注釋】❶不才之子　不成器的子女。❷怒　責備；譴責。❸譙　同「誚」。譏誚；責備。❹行　指言語。❺三美加焉　三種良好教化的力量施行在他身上。加，施與。焉，代名詞。指不才之子。❻終不動其脛毛　結果連他小腿上的毛都沒有變動。意思是說不能使他有絲毫改變。動，使之變動。脛毛，小腿上的毫毛。❼州部之吏　泛指下級地方官吏。❽操官兵　率領官兵。操，把持。引申為率領。❾推公法　推行國家的法律。❿求索　搜索。⓫變其節　改變平日的志向。節，志節；志向。⓬驕於愛　對於慈愛就驕縱。⓭聽於威　對於威勢就服從。⓮仞　周尺八尺或七尺為一仞。⓯樓季　魏文侯的弟弟。善於跳躍登高。⓰峭　峻峭；陡峻。⓱跛牂　跛足的母羊。牂，母羊。⓲夷　平坦。⓳尋常　八尺為尋，十六尺為常。⓴釋　捨棄。㉑鑠金　用火熔化的黃金。㉒鎰　二十兩。一說：二十四兩。㉓盜跖　古時大盜。名跖。㉔掇　拾取。㉕一而固　一致而確定。固，固定。㉖遷　更改；改變。㉗譽輔其賞二句　獲得獎賞的人都給予稱讚，遭受懲罰的人都給予詆毀。輔，輔助。

【語譯】假如有個不成材的子弟，父母責備他，他不知悔改；鄉里的人譏誚他，他也不被感動；師長教導他，他也不肯改變。用父母的慈愛，鄉人的話語，師長的智慧，這三種良好的力量教化他，始終不能使他有絲毫改變；地方上的官吏，率領官兵，執行國家的法律，搜捕這個為非作歹的人，然後他才恐慌畏懼，變更他的志節，改正他的行為。父母的慈愛，不能夠教導兒子，一定要等到地方官吏施行嚴厲的刑罰才發生效用，可見人民本來對於慈愛就驕縱，對於威勢就服從。十仞高的城牆，即使樓季也不能超越，因為城牆太陡峭了；千仞的高山，可以放牧跛腳的母羊，因為山勢平坦，坡度並不太大。所以英明的君主要制定嚴峻的法律，並且施行嚴厲的刑罰。少量的布帛，普通人都爭取不肯放棄；百鎰銷熔的黃金，大盜也不會掠取。不一定會受害，普通人就不肯放棄少量的布帛；手一定會受到傷害，大盜就不會掠取百鎰的熔金。所以英明的君主一定切實施行誅罰。因此賞賜最好是厚重而信實，使人民追求；懲罰最好是嚴厲而堅決，使人民畏懼；法律最好是一致而確定，使人民了解。所以君主給與賞賜，絕不改變；施行刑罰，絕不赦免。獲得獎賞的人都給予稱讚，受到懲罰的人都給予詆毀，那麼賢和不肖的人都會為君主盡力了。

今則不然。以其有功也爵之，而卑其士官也❶；以其耕作也賞之，而少其家業也❷；以其不收也外之，而高其輕世也❸；以其犯禁也罪之，而多其有勇也❹。毀譽賞罰之所加者，相與悖繆也❺，故法禁壞，而民愈亂。今兄弟被侵，必攻者，廉❻也；知友被辱，隨仇❼者，貞❽也；廉貞之行成，而君上之法犯矣。人主尊貞廉之行，而忘犯禁之罪，故民程❾於勇，而吏不能勝❿也。不事力而衣食⓫，則謂之能；不戰功而尊，則謂之賢；賢能之行成，而兵弱而地荒矣。人主說賢能之行，而忘兵弱地荒之禍，則私行立而公利滅矣。

【注　釋】❶以其有功也爵之二句　因為有戰功而封給他們爵位，可是卻輕視那些做軍官的。功，指戰功。爵之，封給爵位。卑，輕視。士官，通「仕官」。做軍官。此韓非非難傳統的重文輕武的思想。❷以其耕作也賞之二句　君主因為農民辛苦耕種而給予賞賜，可是又輕視他們經營農業。少，輕視。家業，指經營家業，從事農業生產。❸以其不收也外之二句　君主對不肯為國家效力的人棄置不顧，可是又敬重他們不慕世俗榮利。此指儒者和文學之士。不收，指不肯被君主收為己用。外，棄置。高，敬重。輕世，看輕世俗的榮利。❹以其犯禁也罪之二句　對那些觸犯禁令的人加以懲罰，可是又稱讚他們有勇氣。此指游俠。罪，治罪；懲罰。多，稱讚。❺毀譽賞罰之所加者二句　作戰的、種田的應該獎賞，反而詆毀他們，輕世的、犯禁的應該懲罰，反而稱讚他們，這是互相違背而不合理。悖繆，錯誤；不合理。繆，通「謬」。❻廉　廉隅。指品行方正。❼隨仇　隨即報仇。❽貞　堅貞；堅定。❾程　較量。❿勝　制服；控制。⓫衣食　穿衣吃飯。

【語　譯】現在的君主卻不是這樣，因為有戰功而封他爵位，可是輕視那些做軍官的；因為從事耕種而給予獎賞，可是卻輕視那些務農的；因為不肯為國家效力而棄置他，可是卻敬重他看輕世俗；因為觸犯法令而懲罰他，可是卻稱讚他有勇氣。對人施行詆毀或稱譽、賞賜或懲罰，互相違背而不合理，所以法律和禁令被破壞，人民便更加混亂了。假如兄弟被侵害，人們一定要向對方攻擊，這是方正的表現；親密的朋友被侮辱，人們隨即為他報仇，這是堅貞的表現；這種方正堅貞的德行形成，君主的法令也被侵犯了。君主尊重堅貞方正的德行，卻忽略違犯法令的罪過，所以人民互相較量勇力，官吏便無法控制了。不費力工作而能生活，就稱他有才能；沒有戰功而居高位，就稱他是賢者；這種賢能的德行形成，軍隊的力量卻衰弱了，土地也荒蕪了。君主喜歡賢能的德行，卻忽略了兵力衰弱、土地荒蕪的禍害，這樣個人的德行建立了，可是國家的利益卻被毀滅了。

儒以文亂法，俠以武亂禁❶，而人主兼禮❷之，此所以亂也。夫離法❸者罪，而諸先生❹以文學取❺；犯罪者誅❻，而群俠以私劍❼養。故法之所非，君之所取；吏之所誅，上之所養也。法❽、取❾、上❿、下⓫，四相反也，而無所定，雖有十黃帝⓬，不能治也。故行仁義者非所譽⓭，譽之則害功⓮；工⓯文學者非所用⓰，用之則亂法。楚有直躬⓱，其父竊羊而謁⓲之吏。令尹⓳曰：「殺之。」以為直於君而曲於父，報⓴而罪之。以是觀之，夫君之直臣，父之暴子也。魯人從君戰，三戰三北㉑。仲尼問其故，對曰：「吾有老父，身死莫之養㉒也。」仲尼以為孝，舉而上之㉓。以是觀之，夫父之孝子，君之背臣㉔也。故令尹誅而楚姦不上聞㉕，仲尼賞而魯民易降北㉖，上下之利若是其異也。而㉗人主兼舉匹夫之行㉘，而求致社稷之福，必不幾㉙矣。古者，蒼頡㉚之作書㉛也，自環者謂之私，背私謂之公㉜，公私之相背也，乃蒼頡固以知之㉝矣。今以為同利者，不察之患也。然則為匹夫計者，莫如修行義而習文學㉞。行義修則見信，見信則受事㉟；文學習則為明師，為明師則顯榮：此匹夫之美也。然則無功而受事，無爵而顯榮，為政如此，則國必亂，主必危矣。故不相容之事，不可兩立也。斬敵者受賞，而高慈惠之行㊱；拔城者受爵祿，而信兼愛之說㊲；堅甲厲兵以備難，而美薦紳之飾㊳；富國以農，距敵恃卒，而貴文學之士㊴；廢敬上畏法之民，而養遊俠私劍之屬㊵；舉行㊶如此，治強不可得也。國平養儒俠，難至用介士㊷，所利非所用，所用非所利㊸；是故服事㊹者簡㊺其業，而游學者㊻日眾，是世之所以亂也。

【注釋】❶儒以文亂法二句　儒家拿文學擾亂法律，俠士用暴力破壞禁令。儒，儒家。崇奉孔子學說的學者。文，文學。指研習古代經典的學問。俠，俠士。墨家的支流，後世所謂俠客、劍俠之類。武，指暴力。戰國時儒俠盛行，韓非子認為他們擾亂了法律，破壞了禁令，是當時社會紊亂的根源。❷禮　以禮相待，對人表示敬重。❸離法　違反法律。離，違背；違反。❹諸先生　指儒家。❺取　錄取；任用。❻誅　懲罰。❼私劍　指暗殺。❽法　指法之所非。❾取　指君之所取。❿上　指上之所養。⓫下　指吏之所誅。⓬黃帝　我國上古最偉大的帝王。姓公孫，長於姬水，又姓姬。生於軒轅之丘，稱軒轅氏。都於有熊，又稱有熊氏。敗炎帝於阪泉，又與蚩尤戰於涿鹿之野，斬殺蚩尤，諸侯尊為天子。以代神農氏，有土德之瑞，故號黃帝。⓭非所譽　不是應該稱讚的人。譽，稱譽；稱讚。⓮害功　妨害人建立戰功。功，指戰功。⓯工　擅長。⓰非所用　不是應該任用的人。⓱直躬　指以直道約束自己的人。⓲謁　報告。⓳令尹　春秋時楚國的官名。諸侯各國稱卿，稱相，楚國稱令尹。⓴報　判決。依照法律定罪。㉑北　敗；敗逃。㉒莫之養　莫養之。沒有人奉養他。㉓舉而上之　推薦他做官。上之，居於上位。㉔背臣　叛臣。㉕楚姦不上聞　楚國的壞事沒有人往上面報告。㉖魯民易降北　魯國人輕易投降或敗逃。易，輕易；隨便。㉗而　假如；如果。㉘匹夫之行　常人的德行。㉙不幾　不能達到目的。幾，通「冀」。希望；成功。㉚蒼頡　或作「倉頡」。黃帝時的史官，始作文字。㉛書　文字。㉜自環者謂之私二句　營求自己的利益叫做私，跟私相反的行為叫做公。環，營求。背，相反。㉝固以知之　早已經知道。固，本來；久。以，通「已」。已經。㉞修行義而習文學　行，當從王先慎《韓非子集解》作「仁」。上文云行仁義工文學，篇內仁義文學對舉，下文同。㉟受事　獲得職位。㊱斬敵者受賞二句　賞賜殺敵的勇士，卻敬重仁愛的德行。這是第一種不可兩立的事。高慈惠之行，是儒家的主張。高，把他看成很高貴；敬重。慈惠，仁愛的意思。行，德行。㊲拔城者受爵祿二句　攻占城邑的獲得爵祿，卻信仰兼愛的學說。這是第二種不可兩立的事。兼愛，普遍愛人。是墨家的主張。㊳堅甲厲兵以備難二句　用堅甲利兵防備急難，卻讚美紳士的服飾。這是第三種不可兩立的事。厲兵，銳利的兵器。厲，磨之使利。難，急難。薦紳，同「搢紳」。插笏於大帶。指士大夫有官位的人。搢，插。紳，大帶。笏，記事的手版。插笏於紳帶是儒者的服飾。㊴富國以農三句　用農夫使國家富裕，靠兵士抵禦敵人，卻重視研究經典的人。這是第四種不可兩立的事。文學之士，研究文獻經典的人。指儒家。㊵廢敬上畏法

之民二句　不用尊敬君主、遵守法律的人民，卻畜養遊俠刺客這類人。這是第五種不可兩立的事。廢，廢棄不用。私劍，指刺客。㊶舉行　指用人和行事。㊷介士　軍人。介，鎧甲。㊸所利非所用二句　對國家有利的人不被重用，被重用的人卻對國家無利。㊹服事　任事；擔任公職。㊺簡　怠慢；懈怠。㊻游學者　從事遊說的人。戰國的游士都想把他們所學的遊說諸侯，因此叫游學者。

【語　譯】儒家拿文學擾亂法律，俠士用暴力破壞禁令，可是君主都敬重他們，這就是國家混亂的原因。違法的就應該判罪，可是許多儒生因為懂得經典而被任用；犯罪的應該懲罰，可是許多俠士由於能夠暗殺而被畜養。法律譴責的人，君主卻任用他；官吏懲罰的人，君主卻畜養他。違法和任用，懲罰和畜養，四者完全相反，沒有一定的標準，雖然有十個像黃帝那樣偉大的君主，也不能把國家治理好。所以實行仁義的人，不可以稱讚他們，稱讚他們就會妨害戰功；擅長文學的人，不可以任用他們，任用他們就會擾亂法律。楚國有個正直的人，他父親偷了人家的羊，他就去向官吏報告。楚國的令尹說：「把他殺了。」認為他對君主雖然正直，對父親卻不孝，便判了他的罪。從這件事看來，對君主是個正直的人民，對父親卻是個暴戾的兒子。魯國有個人隨從君主去作戰，多次作戰，多次失敗，孔子問他作戰失敗的原因，他回答說：「我有一位年老的父親，我戰死了，就沒有人奉養他。」孔子認為他很孝順，就向君主推薦，任命他做官。從這件事看來，父親的孝子，卻是君主的叛臣。所以楚國的令尹處罰那位告發父親偷羊的人，楚國人民做壞事，便不再有人到上面去告發；孔子賞賜作戰失敗的人，魯國人民作戰時就隨便投降或逃走，君主和臣民的利益是這樣的不一致。假如君主普遍舉用有德行的人民，而想獲得國家的福利，一定不能達到目的。從前蒼頡造字，營求自己的利益叫做「私」，跟「私」相反的行為叫做「公」，公利和私利是互相衝突的，蒼頡早已經知道了。現在認為公私的利益是一致的，這是犯了不仔細觀察的毛病。因此為一般人打算，最好是修行仁義和學習經典，修行仁義就可以被君主信任，被君主信任就可以獲得職位；經典學習好就可以成為高明的師傅，成為高明的師傅就可以獲得顯達榮耀，這是一般人民最美滿的事。這樣，沒有戰功卻能獲得官職，沒有爵位卻能享受顯達榮耀，如此辦理政治，國家必然混亂，君主一定危險。所以不能互相容納的事，是不能同時存在的。殺敵的士兵受到賞賜，但君主卻敬重仁愛的德行；攻占城邑的士兵獲得爵祿，但君主卻信仰兼愛的學說；用堅固的盔甲、銳利的兵器防備國難，但君主卻讚美紳士的服飾；用農夫使國家富裕，靠兵士抵禦強敵，但君主卻重視研習經典的儒生；不用尊敬君主恪守法律的人民，卻畜養遊俠刺客這類人；這樣用人行事，是不能獲致太平富強的。國家太平無事時就畜養儒生和俠士，國難臨頭就任用軍人，對國家有利的人不被重用，被重用的人卻對國家無利；因此擔任公職的人便懈怠他們的工作，從事遊說的人一天比一天多，這就是國家混亂的原因。

且世之所謂賢者，貞信之行❶也；所謂智者，微妙之言❷也。微妙之言，上智之所難知也；今為眾人法，而以上智之所難知，則民無從識之矣。故糟糠❸不飽者，不務粱肉❹；裋褐❺不完❻者，不待文繡❼。夫治世之事，急者不得，緩者非所務也。今所治之政，民間之事，夫婦❽所明知者不用，而慕上智之論❾，則其於治反矣❿。故微妙之言，非民務也。若夫賢⓫貞信之行者，必將貴⓬不欺之士；貴不欺之士者，亦無不可欺之術也。布衣⓭相與交，無富厚以相利，無威勢以相懼也，故求不欺之士。今人主處制人之勢⓮，有一國之厚⓯，重賞嚴誅得操其柄⓰，以修明術⓱之所燭⓲，雖有田常、子罕之臣，不敢欺也，奚待於不欺之士！今貞信之士不盈於十⓳，而境內之官以百數；必任貞信之士，則人不足官；

人不足官，則治者寡，而亂者眾矣。故明主之道，一法而不求智⑳，固術而不慕信㉑，故法不敗，而群官無姦詐矣。

【注釋】❶貞信之行　堅貞誠信的德行。大概指儒家的德行。❷微妙之言　精微玄妙的言論。大概指道家的言論。❸糟糠　酒糟和米糠。指粗糙的食物。❹不務粱肉　不追求美食佳肴。務，致力；專力。粱，指粟類中的優良品種。❺裋褐　粗麻布衣。❻完　完好；沒有殘破。❼文繡　指繡有花紋的衣服。❽夫婦　指匹夫匹婦。即一般百姓。❾上智之論　指精微奧妙的言論。❿其於治反矣　這和辦理政治的原則是相違反的。治，指治道。辦理政治的原則。⓫賢　以之為賢；尊崇。⓬貴　以之為貴；重視。⓭布衣　指平民。古時平民穿麻布衣服，官吏和老年人才能穿絲織品。⓮制人之勢　統治人民的地位。勢，勢位。⓯厚　指財富。⓰重賞嚴誅得操其柄　能夠掌握重賞嚴罰的權柄。誅，懲罰。操，執持；掌握。柄，權柄。⓱術　指管理臣子的方法。術和法、勢，為法家理論的三大要義。⓲燭　明察；察見。⓳不盈於十　不滿十個人。⓴一法而不求智　專靠法律而不尋求有智慧的人。一法，專一任用法律。㉑固術而不慕信　堅守治術而不必重視貞信的人。

【語　譯】世人所說的賢人，是指有堅貞誠信德行的人；所說的智士，是指有精微玄妙的言論的人。精微玄妙的言論，連智慧很高的人都不容易了解；如今為眾人立法，卻用智慧很高的人都不易了解的道理，人民當然就無法懂得了。所以連糟糠都吃不飽的人，就不會去追求粱肉；連麻布衣服都無法完好的人，就不期待擁有繡花的衣服。辦理世上的事務，急迫需要的不能獲得，那麼不急迫需要的便不是應該追求的。現在施行國家政治，屬於民間的事，一般百姓都能明白清楚的，反而不去做，而仰慕精微玄妙的言論，這跟辦理政治的原則是相違反的。所以精微玄妙的言論，不是治理百姓的要務。至於尊崇有堅貞誠信德行的人，那一定看重不欺騙的人；看重不欺騙的人，他也就沒有不受別人欺騙的方法。一般平民相互交往，沒有財富可以互相誘引，沒有威勢可以互相恐嚇，所以尋求不欺騙的人來交往。現在君主站在統治人民的地位，擁有全國的財富，掌握重賞嚴罰的權柄，用修明的治術來監察臣子，雖然有像齊國的田常、宋國的子罕那樣跋扈的臣子，也不敢欺騙，何必期待不欺騙的士人呢！現在堅貞誠信的士人，全國也不到十個人，可是國內的官職要用百為單位來計算；一定要任用堅貞誠信的士人，這種士人便不夠任用；這種士人不夠任用，那麼把公事辦好的人少，把公事辦壞的人就很多了。因此英明的君主辦理政治，專靠法律而不必尋求有智慧的人，堅守治術而不必重視貞信的人，所以法律不會敗壞，而所有的官吏也沒有姦詐的了。

今人主之於言❶也，說其辯❷，而不求其當❸焉；其於行❹也，美其聲❺，而不責其功❻焉。是以天下之眾，其言談者，務為辯而不周❼於用，故舉先王、言仁義者盈廷❽，而政不免於亂；行身❾者，競於為高而不合於功，故智士退處巖穴❿，歸祿⓫不受，而兵不免於弱；兵不免於弱，政不免於亂，此其故何也？民之所譽，上之所禮，亂國之術也。今境內之民皆言治，藏商、管之法⓬者家有之，而國愈貧，言耕者眾，執耒⓭者寡也。境內皆言兵，藏孫、吳之書⓮者家有之，而兵愈弱，言戰者多，被甲⓯者少也。故明主用其力，不聽其言；賞其功，必禁無用⓰，故民盡死力⓱以從其上。夫耕之用力也勞，而民為之者，曰：可得以富也。戰之為事也危，而民為之者，曰：可得以貴也。今修文學，習言談，則無耕之勞而有富之實，無戰之危而有貴之尊，則人孰不為也！是以百人事智，而一人用力。事智者眾則法敗，用力者寡則國貧，此世之所以亂也。故明主之國，無書簡之文，以法為教⓲；無先生之語，以吏為師⓳；無私劍之捍，以斬首為勇⑳。是以境內之民，其言談者必軌㉑於法，動作者歸㉒之於功，為勇者盡之於軍。是故無事則國富，有事則兵強，此之謂王資㉓。既畜㉔王資，而承敵國之舋㉕，超五帝㉖、侔三王㉗者，必此法也。

【注釋】❶言　指游士的言論。❷說其辯　喜歡它的巧妙。說，同「悅」。辯，巧言。❸當　適當；合理。❹行　指游士的行為。❺美其聲　讚美它的聲譽。❻不責其功　不要求它的功效。責，要求。❼周　合。❽盈廷　充滿朝廷。❾行身　立身。建立自身的品節。❿退處巖穴　隱居山洞。⓫歸祿　辭祿；不接受俸祿。⓬商管之法　指商鞅、管仲講法治的書。《漢書・藝文志》著錄《商君》二十九篇、《管子》八十六篇。今本《商君書》二十四篇，《管子》亡其十篇。商君和管子都重視農業。⓭耒　原始的翻土農具。形狀如木叉。⓮孫吳之書　指孫武、吳起的兵書。《漢書・藝文志》著錄《孫子》十三篇、《吳子》六篇。⓯被甲　穿著鎧甲。猶言從軍。被，通「披」。穿著。⓰明主用其力四句　英明的君主任用人民的力量去耕田，不聽他們對農事的意見，賞賜人民的戰功，必定禁止對軍事無用的言論。⓱死力　必死之力；全部的力量。⓲無書簡之文二句　不用古代的經典，而拿法律來教導人民。書簡之文，指記載在簡冊中的經典。儒家以經典教人，法家則以法律教人。⓳無先生之語二句　沒有老師的講授，以官吏作為教師。⓴無私劍之捍二句　沒有遊俠暗殺凶暴的事，而以作戰殺敵才算勇敢。私劍，指暗殺。捍，通「悍」。凶悍；凶暴。㉑軌　遵循；依照。㉒歸　歸向。㉓王資　王業的資本。資，憑藉；資本。㉔畜　通「蓄」。積蓄；貯備。㉕承敵國之舋　利用敵國的弱點。承，通「乘」。乘著；利用。舋，同「釁」。間隙，指弱點。㉖超五帝　超越五帝。五帝，指黃帝、顓頊、帝嚳、堯、舜。㉗侔三王　齊等三王的功業。侔，齊等。三王，指三代開國的王。即夏禹，商湯，周文、武。

【語譯】現在一般君主對於人們的言論，只是喜歡它的巧妙動聽，而不要求它是否適當；對於人們的行為，只是讚美它的名譽，而不責成它的實效。因此天下的人們，從事談理論的，專門把話說得巧妙動聽，卻不合於需要，所以稱舉古代的聖王，談論仁義的道理的充滿朝廷，可是國家的政治不能免於混亂；想建立名節的，力求清高而不顧實用，所以有才智的人隱居深山洞穴，不接受君主的俸祿，以致國家的軍隊趨於疲弱；軍隊疲弱，政治混亂，這是什麼緣故呢？是由於人民稱譽的，君主尊禮的，都是亂國的方法。現在國內的人民都在談論政治，每家都藏有商鞅、管仲講法治的書，可是國家卻更加貧窮，因為談論農事的人眾多，拿著耒耜種田的人卻很少。國內的人民都在談論用兵方法，每家都藏有孫武、吳起的兵書，可是軍隊更加疲弱，因為談論軍事理論的人眾多，穿著鎧甲作戰的人卻很少。所以英明的君主，只要使用人民的力量去耕田，不聽空洞的言論；賞賜人民作戰的功勞，確實禁止沒有效用的活動，所以人民都拿出全部力量來報效君主。種田用力是勞苦的事，可是人民肯去耕種，他們說：「種田可以獲得財富。」作戰是危險的事，可是人民肯去作戰，他們說：「作戰可以獲得職位。」如果研究經典，學習言談，沒有種田的勞苦，卻有現實的財富；沒有作戰的危險，卻有崇高的地位，那麼人民哪個不這樣做呢！因此，有一百人去運用智慧，只有一個人使用勞力。運用智慧的人多，法制就會敗壞；使用勞力的人少，國家就會貧窮，這就是天下混亂的原因。所以英明君主統治的國家，不用古代的經典，而拿法律來教導人民；沒有先生的講授，而以官吏作為教師；不許遊俠暗殺逞強，而以作戰殺敵為勇敢。因此國內的人民，言談一定要遵照法律，行動歸向於農耕，勇力全用在軍事上。這樣，在天下太平無事時國家就富裕，有戰事時兵力就強大，這叫做王業的資本。已經貯備王業的資本，而利用敵國的弱點，予以摧毀，建立超越五帝、齊等三王的功業，一定要靠這種重耕戰而輕儒俠的法術。

今則不然。士民縱恣於內，言談者為勢於外❶；內外稱惡❷，以待❸強敵，不亦殆乎！故群臣之言外事❹者，非有分於從橫之黨❺，則有仇讎之忠❻，而借力於國❼也。「從」者，合眾弱以攻一強❽也；而「衡」者，事一強以攻眾弱也；皆非所以持國❾也，今人臣之言衡者，皆曰：「不事大❿，則遇敵受禍矣。」事大必有實[11]，則舉圖而委[12]，效璽而請[13]矣。獻圖則地削，效璽則名卑；地削則國弱，名卑則政亂矣。事大為衡，未見其利也，而亡地亂政矣。人臣之言從者，皆曰：「不救小而伐大，則失天下[14]；失天下則國危，國危而主卑。」救小必有實，則起兵而敵大矣。救小未必能存，敵大未必不有疏[15]，有疏則為強國制矣。出兵則軍敗，退守則城拔[16]。救小為從，未見其利，而亡地敗軍矣。是故事強，則以外權士官於內[17]；救小，則以內重求利於外[18]。國利未立，封土厚祿至矣；主上雖卑，人臣尊矣；國地雖削，私家富矣。事成，則以權長重；事敗，則以富退處。人主之聽說於其臣，事未成，則爵祿已尊矣；事敗而弗誅，則游說之士，孰不為繒繳之說[19]，而徼倖其後[20]？故破國亡主，以聽言談者之浮說[21]。此其故，何也？是人君不明乎公私之利[22]，不察當否之言，而誅罰不必其後也。皆曰：「外事[23]，大可以王，小可以安。」夫王者能攻人者也，而安則不可攻也；強者能攻人者也，而治則不可攻也。治強不可責於外，內政之有也[24]。今不行法術於內，而事智於外，則不至於治強矣。鄙諺[25]曰：「長袖善舞，多財善賈。」，此言多資之易為工[26]也。故治強易為謀，弱亂難為計。故用於秦者，十變而謀希失[27]；用於燕者，一變而計希得[28]：非用於秦者必智，用於燕者必愚也，蓋治亂之資異也。故周去秦為從，期年而舉㉙；衛離魏為衡，半歲而亡㉚：是周滅於從，魏亡於衡也。使周、魏緩其從衡之計，而嚴㉛其境內之治，明其法禁，必其賞罰；盡其地力㉜，以多其積㉝；致其民死㉞，以堅其城守——天下得其地則其利少，攻其國則其傷大，萬乘之國，莫敢自頓㉟於堅城之下，而使強敵裁其弊㊱也。此必不亡之術也。舍必不亡之術，而道㊲必滅之事，治國者之過也。智困於外，而政亂於內，則亡不可振㊳也。

【注釋】❶士民縱恣於內二句　儒士遊俠在國內破壞法度，遊談之士利用國外的力量。士民，指儒士遊俠。縱恣，放肆；不守法度。言談者，遊談之士。指縱橫家。為勢於外，利用國外的力量。❷內外稱惡　國內國外共同作惡。稱，舉行。❸待　對待；抵禦。❹外事　外交。❺分於從橫之黨　分為從橫兩派。戰國時談論外交，分從橫兩派。從橫，也作「縱橫」、「縱衡」。合南北為從，就是結合韓、趙、魏、楚、燕、齊六國，共同抗秦，為蘇秦所提倡。連東西為橫，就是連絡六國分別以事秦，為張儀所提倡。❻仇讎之忠　仇怨的心。仇讎，音義略同。仇怨。忠，中心；內心。❼借力於國　借助國家的力量。❽合眾弱以攻一強　連合許多弱小的國家，攻打一個強大的國家。眾弱，指六國。一強，指秦國。❾持國　保全國家。❿不事大　不侍奉大國。⓫事大必有實　侍奉大國一定要有具體事實，不是空言侍奉大國而已。⓬舉圖而委　捧著地圖交給大國。圖，地圖。委，交付。⓭效璽而請　獻出玉璽，請求大國另行頒發。效，獻。璽，古時諸侯卿大夫印信的通稱。秦以後專指天子的印信。請，請求。⓮不救小而伐大二句　不援救小國而攻伐大國，就要失去天下友好的國家。救小，指六國互救。伐大，指攻打秦國。失天下，指失去天下友好的國家。此指六國。⓯疏　疏忽。⓰拔　攻占。⓱事強二句　主張侍奉強國的人，是想憑藉國外的權力在國內做官。外權，國外的權力。士官，做官。士，通「仕」。一本作「市」。⓲救小二句　主張援救小國的人，是想依仗國內的權力向國外求取利益。內重，指國內的權力。⓳繒繳之說　指獵取功名的虛辭浮說。繒繳，繫有絲繩用來射鳥的短箭。繒，通「矰」。短箭。繳，繫在箭上的絲繩。⓴徼倖其後　期望隨後得到意外的收穫。㉑浮

說　空言。虛浮無根據的言論。㉒人君不明乎公私之利　君主對國家和私人的利益沒有分別清楚。臣子的私利，在於外事，在於從衡，國家的公利，在於內政，在於治術，君主不能明白分辨，而被臣子欺騙。㉓外事　從事外交活動。㉔治強不可責於外二句　國治兵強不可從外交上去尋求，要有良好的內政才能做到。責，求。㉕鄙諺　諺語；俗語。㉖多資之易為工　具備優越的條件，事情便容易做得好。資，憑藉。工，精巧。㉗希失　很少失敗。希，借為「稀」。少。㉘希得　很少成功。㉙周去秦為從二句　周赧王五十九年（西元前二五六年），赧王與諸侯合從，率領天下的軍隊，攻打秦國，秦昭王大怒，派遣將軍摎攻打西周，周赧王親自到秦國請罪，把全部土地獻給秦，這年周赧王去世，周民逃歸東周，後七年，秦莊襄王滅東周。期年，滿一周年。事見《史記・周本紀》。㉚衛離魏為衡二句　事實尚待考證。《史記・六國年表》：秦始皇六年（西元前二四一年），五國共擊秦，秦攻占魏國朝歌，衛國從濮陽徙野王。㉛嚴　整飭；整頓。㉜地力　土地生產力。㉝積　指蓄積穀物。㉞致其民死　使其民致死。即使人民勇於犧牲生命。㉟頓　困躓；挫折敗壞。㊱使強敵裁其弊　使強大的敵人趁自己疲弊的時候制裁自己。裁，制裁。弊，疲弊。㊲道　行。㊳振　拯救。

【語　譯】現在各國的情形不是這樣。儒士遊俠在國內不守法度，遊談的政客利用外國的勢力；他們在國內、國外共同作惡，這樣對付強大的敵國，不是很危險嗎！所以那些談論外交的臣子們，他們不是分為合從連橫兩黨，就是跟某國有怨仇，而借助國家的力量替他報仇。所謂合從，就是結合許多弱小的國家，去攻打一個強大的國家；所謂連橫，就是侍奉一個強大的國家，去攻打許多弱小的國家；這都不是保全自己國家的辦法。現在主張連橫的臣子都說：「不侍奉大國，就會遭遇強敵，受到災禍。」侍奉大國一定要有具體行動，那就得捧著國家的地圖交給大國，獻出玉璽，請求大國另行頒發。奉上地圖，土地就要減少，獻上玉璽，名分就要降低；土地減少，國家就會衰弱，名分降低，政治就會紊亂。由此可見，侍奉大國，採取連衡策略，對國家沒有好處，卻喪失了土地，紊亂了政治。主張合從的臣子都說：「不援救小國，而攻打大國，就會失去天下友好國家，失去天下友好國家的支持，國家就危險，國家危險，君主的地位就卑微。」救援小國一定要有具體行動，那就是起兵抗拒大國，援救小國未必能保全它，抗拒大國未必沒有疏忽，一有疏忽，就會被強國控制。於是出兵作戰，就會打敗仗，退守城池，就會被攻占。救援小國，採取合從的策略，對國家是沒有好處，卻會使軍隊戰敗而失去土地。所以主張侍奉強國的人，是想憑藉外力而在國內取得權勢；主張援救小國的人，是想藉他在國內的地位向外國索取利益。國家的利益還沒有實現，他已得到封地和優厚的俸祿；君主的地位雖然降低，臣子的地位卻反而尊貴；國家的土地雖減少了，他私人的財富卻增加了。事情成功，就會擁有長久的權勢；事情失敗，就帶著財富退隱。君主採納臣子的意見，事情還未成功，臣子的爵祿已經尊貴了；事情失敗，臣子也不會被誅罰；於是那些遊說的人，誰不想用虛辭浮說獵取功名，期望隨後得到意外的收穫呢？所以國家覆滅君主死亡，就是由於聽信遊說之士虛浮的論說。這是什麼緣故呢？是由於君主不能辨明公私利益的不同，不審察言辭是否適當，而且在事情失敗後也不一定懲罰。遊說之士都說：「從事外交活動，成就大可以統治天下，成就小可以使得國家安定。」其實要統治天下，必須能攻打他人；要國家安定，必須能不被攻打；兵力強大才能攻打他人，國家平治才能不被攻打。國治兵強不可從外交上去尋求，要有良好的內政才能取得。如果不在內政上實行法術，而在外交上講求智謀，便達不到國治兵強的目的。俗語說：「穿長袖衣服的善於舞蹈，有很多金錢的善於經商。」這是說憑藉多，事情就容易做得好。因此國家如果治強，就容易制定計謀；國家如果弱亂，就難以制定計策。所以替秦國謀慮，即使經過十次變動，而那計謀卻很少失敗；替燕國謀劃，即使沒有什麼變動，而那計謀也不容易成功，並不是為秦國謀慮的人準是明智的，而為燕國謀慮的人準是愚蠢的，這是由於兩個國家治和亂的條件不同。所以西周捨棄秦國和諸侯合從，一年後就被攻取；衛國叛離魏國跟秦國連橫，半年就被滅亡：由此可見，西周是由於合從而毀滅，衛國是由於連橫而覆亡。假使西周和衛國暫緩實施合縱連橫的計策，修整國內的政治，法律和禁令很明確，賞賜和懲罰能貫徹；盡量發揮土地的生產力，以增加糧食的蓄積；使人民勇於犧牲生命，以鞏固城邑的防守；天下任何一國占領他的土地，得到的利益很少；進攻他的國境，受到的傷亡卻很大；這樣，雖然是萬乘的大國也不敢在他堅固的都城外受到挫折，而使強大的敵人趁自己疲弊的時候來制裁自己，這就是使國家一定不會滅亡的方法。放棄一定不會滅亡的方法，而採一定滅亡的措施，這是主持國政的人的過錯。如果智謀在國外受到困阻，國內政治混亂，那麼，國家就會滅亡，不能挽救了。

民之故計❶，皆就安利如辟危窮❷。今為❸之攻戰，進則死於敵，退則死於誅，則危矣。棄私家之養❹，而必汗馬之勞❺，家困而上弗論❻，則窮矣。窮危之所在也，民安得勿避？故事私門❼而完解舍❽，解舍完則遠戰❾，遠戰則安。行貨賂而襲當塗❿者則求得⓫，求得則利。安利之所在，安得勿就？是公民⓬少而私人⓭眾矣。夫明王治國之政，使其商工游食之民⓮少而名卑，以趣本務而外末作⓯。今世近習之請行⓰，則官爵可買；官爵可買，則商工不卑也矣。姦財貨賈⓱得用於市，則商人不少矣。聚斂倍農，而致尊過耕戰之士⓲，則耿介之士⓳寡，而商賈之民多矣。是故亂國之俗：其學者，則稱先王之道以籍仁義⓴，積容服㉑而飾辯說㉒，以疑㉓當世之法，而貳人主之心㉔。其言談者㉕，偽設詐稱㉖，借於外力㉗，以成其私，而遺㉘社稷之利。其帶劍者㉙，聚徒屬，立節操，以顯其名，而犯五官之禁㉚。其患御者㉛，積於私門㉜，盡貨賂㉝，而用重人之謁㉞，退汗馬之勞。其商工之民，修治苦窳之器㉟，聚弗靡之財㊱，蓄積待時，而侔㊲農夫之利。此五者，邦之蠹也。人主不除此五蠹之民，不養耿介之士，則海內雖有破亡之國、削滅之朝，亦勿怪㊳矣。

【注　釋】❶故計　本來的算計。故，通「固」。本來。❷就安利如辟危窮　追求安全和利益而躲避危險和窮困。如，而。辟，同「避」。❸為　使。❹私家之養　養家。❺汗馬之勞　指戰功。汗馬，使戰馬出汗。喻作戰努力。❻論　理。❼事私門　侍奉權門。私門，與公家相對。指達官貴人的門戶。❽完解舍　保全自己的車馬，而不被徵用。完，保全。解，馬廄。舍，車舍。❾遠戰　避免作戰。遠，遠去；逃避。❿行貨賂而襲當塗　使用財物暗中賄賂當道。行，施行；使用。襲，暗中行事。當塗，當路。指掌權的人。⓫求得　達到願望。⓬公民　忠於君主的人。⓭私人　忠於私門的人。⓮游食之民　不務農而食的人民。⓯趣本務而外末作　趨向農業而放棄工商業。趣，同「趨」。趨向；奔赴。本務，指農業。外，放棄。末作，指工商業。⓰近習之請行　君主親幸的人能夠請託。近習，指君主親幸的人。請，請託。行，實行。⓱姦財貨賈　買賣貨物，騙取財利。⓲聚斂倍農二句　指商賈聚斂財物，超過農人一倍，而獲取高位也超過耕田打仗的人。⓳耿介之士　守正不阿的人。這裡指耕戰之士。⓴籍仁義　依託仁義的學說。㉑積容服　當從王先慎《韓非子集解》作「盛容服」。整飾容貌衣冠。盛，美好。㉒飾辯說　修飾巧辯的言辭。㉓疑　懷疑。㉔貳人主之心　動搖君主的心理。㉕言談者　指周遊各國的說客。㉖偽設詐稱　虛偽的設辭，狡詐的稱舉。㉗借於外力　利用外國的力量。㉘遺　遺忘。㉙帶劍者　指佩帶寶劍的俠士。㉚五官之禁　指政府各機關的禁令。五官，司徒、司馬、司空、司士、司寇。㉛患御者　指親幸的臣子。患，通「串」。親狎的意思。㉜積於私門　與權臣很熟悉。積，熟悉。私門，達官貴人之門。㉝盡貨賂　盡量收取賄賂。㉞用重人之謁　任用權臣推薦的人。重人，權臣。謁，請求。㉟苦窳之器　粗劣的器具。㊱弗靡之財　不精緻的貨物。㊲侔　通「牟」。貪取。㊳勿怪　不足怪。

【語　譯】人民一般的打算，都是追求安全和利益而避免危險和困窮。現在使令人民作戰，前進就會被敵人殺死，後退就會被君主誅殺，他們的處境危險。要人民不顧自己家屬的供養，一定要建立殺敵的戰功，家計艱難，君主卻不加以照顧，他們的處境窮困。窮困危險所在的地方，人民怎能不躲避呢？所以他們就侍奉權門，而保全自己的車馬不被徵用，車馬不被徵用，就能避免作戰，避免作戰就能安全。用財物暗中賄賂掌權的人，就能達到自己的願望，達到願望，就能獲得利益，安全利益所在的地方，人民怎能不追求呢？這樣，忠於君主的人就少，而忠於權門的人就多。英明的君主治理國家的政事，使商人工人等不從事農業生產的人減少，而且地位卑賤，使他們從事農業而放棄工商業。現在人能夠請託君主親幸的人，官爵就可以用錢買到；官爵可以用錢買到，商人工人的地位就不卑賤了。買賣貨物，騙取財利，可以在市場施行，商人的數量就不會少了。商人聚集財物，比農人多一倍，而獲取高位也超過種田作戰的人，那麼守正道的人就變少，而作買賣的人便越來越多了。現在政治紊亂的國家的風氣，那些研習經典的儒者，稱述先王的治道，依託仁義的學說，整飾容貌衣冠，修飾巧辯的言辭，而懷疑現行的法律，動搖君主的心理。那些周遊各國的說客，虛偽的設辭，狡詐的稱述，利用外國的力量，以成就私人的利益，而忘記國家的利益。那些佩帶寶劍的俠士，聚集黨徒，樹立節操，來顯揚他的名聲，而觸犯各官署的禁令。那些親幸的臣子，跟權臣都很熟悉，盡量收取賄賂，任用權臣推薦的人，而屏退有戰功的人。那些商人和工人，製造粗劣的器具，搜求廉價的貨物，囤積起來，等待時機，以謀取農民的利益。這五種人是國家的蠹蟲，君主不除去這五種耗蝕國家的人，不培養堅守正道的志士，那麼天下有破亡的國家、滅絕的朝代，也是不足奇怪的。

顯學

【題解】顯學，著名、主要的學派。戰國時，儒墨兩家，信徒眾多，勢力浩大，而為君主所尊崇，於是成為當時最重要的兩大學派。本篇針對儒墨兩家學說，嚴加抨擊。

本篇主旨，在於抨擊儒墨兩家的學說，使法家學說得以確立而發展。戰國時的主要學派，除道家外，以儒墨兩家最著名。儒家重家族，尚人治，主感化；墨家重世界，尊天志，主尚同，兩家學說的宗旨不同，然皆為當時君主所尊崇。而法家則重國家，尚法治，核名實。韓非為了建立法家的學說，不得不對儒墨兩家，加以批判。

本篇首先評論儒墨兩家學說，雜亂矛盾，真偽難定，至於「言無定術，行無常議」，可是君主卻尊信他們，這就是國家亂亡的原因。其次論述君主不可信用儒俠談論之士，惟有威勢始可以禁暴，德厚不足以止亂，於是提出「明吾法度，必吾賞罰」的主張。最後揭示君主當舉事實，去無用，不道先王之仁義，不聽學者之言談；而求賢士，適民心，則是禍亂的根源。全篇著重抨擊儒家的學說，另有〈問田〉，則是專與墨家鉅子田鳩的論辯。

世之顯學❶，儒❷、墨❸也。儒之所至，孔丘也❹；墨之所至，墨翟❺也。自孔子之死也，有子張❻之儒，有子思❼之儒，有顏氏❽之儒，有孟氏❾之儒，有漆雕氏❿之儒，有仲良氏⓫之儒，有孫氏⓬之儒，有樂正氏⓭之儒。自墨子之死也，有相里氏⓮之墨，有相夫氏⓯之墨，有鄧陵氏⓰之墨。故孔、墨之後，儒分為八，墨離為三，取舍相反不同，而皆自謂真孔、墨；孔、墨不可復生，將誰使定後世之學乎？孔子、墨子，俱道堯、舜，而取舍不同，皆自謂真堯、舜⓱，堯、舜不復生，將誰使定儒墨之誠⓲乎？虞、夏七百餘歲，殷、周二千餘歲，而不能定儒墨之真；今乃欲審堯、舜之道於三千歲之前，意者其不可必⓳乎！無參驗⓴而必之者，愚也；弗能必而據之者，誣㉑也。故明據先王，必定堯、舜者，非愚則誣也。愚誣之學，雜反之行㉒，明主弗受也。

【注釋】❶顯學　著名或主要的學派。❷儒　指孔子所倡導的儒家。❸墨　指墨子所倡導的墨家。❹儒之所至孔丘也　儒家造詣最高的是孔丘。至，極端。孔丘，字仲尼。春秋魯國陬邑（今山東曲阜）人，生於周靈王二十一年（西元前五五一年），卒於周敬王四十一年（西元前四七九年），曾為魯國中都宰，又為司寇，攝行相事，其後周遊衛、陳、宋、蔡等國，未能見用，於是回到魯國，整理中國古代典籍，教授學生，前後受業的學生有三千餘人，對當時及後世的影響很大，是儒家的祖師。❺墨翟　戰國初期的思想家。魯國人（一說是宋國人），生卒年月不詳，曾作過宋國大夫，死於楚國，主張兼愛、非攻、尚賢、尚同、尊天、事鬼等學說，反對儒家繁禮，厚葬，提倡薄葬、非樂，信徒眾多而組織嚴密，弟子記其所述，有《墨子》一書傳於世。❻子張　姓顓孫。名師，字子張，春秋陳國陽城人，孔子的弟子，注重冠服，氣象闊大，門下弟子很多。❼子思　孔子的孫子。名伋，受業於曾子，為魯繆公師，《漢書・藝文志》有《子思子》二十三篇，久已亡佚。梁沈約認為《禮記》中的〈中庸〉、〈表記〉、〈坊記〉、〈緇衣〉四篇，皆取於《子思子》。❽顏氏　據《史記・仲尼弟子列傳》，顏姓有八人，而以顏回最著名。顏回，字子淵。魯國人，孔子的弟子，好學而早卒。❾孟氏　孟子。名軻，字子輿，戰國時鄒人，子思的再傳弟子，主張性善、養氣、尊王賤霸、重義斥利、民貴君輕等說，弟子近千人，有《孟子》七篇傳世。❿漆雕氏　《漢書・藝文志》有《漆雕子》十二篇，原注曰：「孔子弟子漆雕啟後。」書已亡佚。漆雕啟，字子開，魯國人。⓫仲良氏　魯國人。良，一作「梁」。《禮記・檀弓》有仲梁子論喪禮的記載，梁啟超疑為孟子所稱楚人陳良的字。⓬孫氏　公孫尼子的略稱。《漢書・藝文志》有《公孫尼子》二十八篇，書已亡佚。梁啟超以為孫氏即荀卿，亦稱為孫卿，名況，戰國時趙人，主張性惡、節欲、崇禮、尚賢、正名等說，今傳《荀子》三十二篇，和孟子為儒家兩大宗派。⓭樂正氏　樂正子春。曾子的弟子，傳孝道。孟子的弟子有樂正克，傳《春秋》。⓮相里氏　即相里勤。據《莊子・天下》，墨子的信徒分為南北兩派：北派為相里勤的弟子五侯之徒，南派為苦獲、已齒、鄧陵子之屬。⓯相夫氏　疑當作「伯夫氏」。《廣韻》二十陌「伯」字注云：「《韓子》有伯夫氏，墨家流。」⓰鄧陵氏　南方的墨者。參⓮。⓱堯舜　中國上古唐虞兩代的帝王。敬天勤民，禪讓天下，為聖明的君主，也是中華民族理想的人格。⓲誠　真實。⓳必　確定。⓴參驗　印證；參考驗證。㉑誣　說話虛妄不實。以偽為真，以無為有，以非為是，都可說是誣。㉒雜反之行　駁雜牴牾的行為。雜，駁雜。指儒學、墨學不純粹。反，指各派相矛盾。

【語　譯】現在最著名的學派是儒家和墨家。儒家的祖師是孔丘，墨家的祖師是墨翟。自從孔子死後，有子張的儒學，有子思的儒學，有顏氏的儒學，有孟氏的儒學，有漆雕氏的儒學，有仲良氏的儒學，有孫氏的儒學，有樂正氏的儒學。自從墨子死後，有相里氏的墨學，有相夫氏的墨學，有鄧陵氏的墨學。所以孔子、墨翟死後，儒家分為八派，墨家分為三派，他們的主張都不相同，可是都說自己所傳的是真正孔子、墨子的學術；孔子、墨子不能復活，將讓誰審定各學派的是非呢？孔子和墨子都稱述堯舜，可是主張卻不相同，他們都說自己所傳的是真正堯舜的道理，堯舜不能復活，將讓誰審定儒墨兩家學術誰是真傳呢？虞朝和夏朝有七百多年，殷朝和周朝有二千多年，現在對於儒墨各派的是非還不能審定，卻想審定三千年前堯舜的道理，大概是無法確定的了！沒有證據就加以確定，這是愚蠢；不能確定就用作根據，這是荒唐。所以公然依據先王的作法，確定堯舜的道理，不是愚蠢就是荒唐。愚蠢荒唐的學問，駁雜牴牾的行為，英明的君主是不會接受的。

墨者之葬也，冬日冬服，夏日夏服，桐棺三寸❶，服喪❷三月❸，世主以為儉而禮之。儒者破家而葬❹，賃子而償❺，服喪三年❻，大毀扶杖❼，世主以為孝而禮之。夫是墨子之儉，將非孔子之侈也；是孔子之孝，將非墨子之戾❽也。今孝、戾、侈、儉，俱在儒、墨，而上兼禮之。漆雕之議❾，不色撓❿，不目逃⓫，行曲則違於臧獲⓬，行直則怒於諸侯⓭，世主以為廉⓮而禮之。宋榮子⓯之議，設不鬭爭，取不隨仇⓰，不羞囹圄⓱，見侮不辱⓲，世主以為寬而禮之。夫是漆雕之廉，將非宋榮之恕也；是宋榮之寬，將非漆雕之暴也。今寬、廉、恕、暴，俱在二子，人主兼而禮之。自愚誣之學、雜反之辭爭，而人主俱聽之。故海內之士，言無定術，行無常議⓳。夫冰炭不同器而久⓴，寒暑不兼時而至，雜反之學不兩立而治。今兼聽雜學、繆行同異之辭，安得無亂乎？聽行如此，其於治人，又必然矣。

【注　釋】❶桐棺三寸　三寸厚的桐棺。桐，易朽的木料。古時處死罪犯，用三寸厚的桐棺來埋葬。墨家主張採為定制，以求節約。❷服喪　穿著喪服以哀悼死者。❸三月　《墨子・公孟》作「三日」。❹破家而葬　用盡家財，辦理喪葬。❺賃子而償　借債辦理喪事，而使兒子做傭工償債。賃，僱傭。❻服喪三年　《儀禮・喪服》規定：父親死，兒子應穿著喪服三年，以表示哀悼，父親死後，為母親服喪三年。❼大毀扶杖　居喪，哀痛至極，身體大受毀傷，變為瘦弱，要人扶著起立，拄著手杖行走。❽戾　乖戾；違反人情。❾議　通「誼」。行誼。❿不色撓　指刺其肌膚，顏色不改變。撓，屈。⓫不目逃　指刺其眼，眼珠不轉動逃避。⓬行曲則違於臧獲　自己的行為無理，對奴婢也要退讓。曲，無理。違，退避。臧獲，奴婢的賤稱。⓭行直則怒於諸侯　自己的行為正直，對諸侯也敢觸犯。直，正直。怒，觸怒。⓮廉　鯁直。⓯宋榮子　即宋鈃。又作宋牼，宋人，與孟子同時，主張見侮不辱，非攻寢兵，為救人之鬥、救世之戰，而奔波天下（見《莊子・天下》）。聞秦楚搆兵，欲說而罷之（見《孟子・告子下》）。《漢書・藝文志》有《宋子》十八篇，今已亡佚。⓰設不鬭爭二句　所陳說的是反對鬥爭，所擇取的是不追蹤報仇。設，陳言敷論。隨，追蹤。⓱囹圄　監獄。⓲見侮不辱　受欺侮不以為恥辱。⓳行無常議　行為沒有一定的準則。議，通「義」。常義，一定的主義、準則。⓴久　或作「處」。

【語　譯】墨家的葬禮，死在冬天的用冬天的衣服殯殮，死在夏天的用夏天的衣服殯殮；用桐木作的棺材，只有三寸厚；只穿三個月的孝服，君主認為他們節約而尊敬他們。儒家用盡家財辦理喪事，把兒子押給人家作傭工來償還喪債；穿三年的孝服；悲傷得只剩皮包骨，要人扶著起立，拄著手杖行走；君主認為他們盡孝而尊敬他們。假如贊成墨子的節約，就要反對孔子的奢侈；贊成孔子的盡孝，就要反對墨子的寡情。現在盡孝、寡情、奢侈、節約，是儒墨兩家分別倡導的，可是君主都尊敬他們。漆雕氏的行誼，即使有刀劍迎面刺來，顏色也不改變，眼珠也不閃避；自己的行為無理，對奴婢也肯退讓；自己的行為有理，對諸侯也敢觸犯；君主認為他鯁直而尊敬他。宋榮子的行誼，發言就反對戰爭，對人不記仇，坐監牢不以為羞，受欺侮不以為辱；君主認為他寬厚而尊敬他。假如贊成漆雕氏的鯁直，就要反對宋榮子的原諒；贊成宋榮子的寬厚，就要反對漆雕氏的猛烈。現在寬厚、鯁直、原諒、猛烈，是兩人分別具備的，可是君主都尊敬他們。由於愚蠢荒唐的學問、駁雜牴牾的言論，互相競爭，君主都聽信他們。所以天下的士人，言論沒有一致的說法，行為沒有一定準則。冰和炭不能在同一器具裡並存，冷和熱不能同時來到，駁雜牴牾的學問不能一起用來治理國家。現在同時聽信駁雜牴牾的學問，胡亂實行矛盾謬誤的言論，怎能不紊亂呢？這樣的聽信和實行，用來治理人民，也一定是雜亂的。

今世之學士語治者，多曰：「與貧窮地，以實無資❶。」今夫與人相若也，無豐年旁入❷之利，而獨以完給❸者，非力則儉也。與人相若也，無饑饉❹疾疫禍罪之殃❺，獨以貧窮者，非侈則惰也。侈而惰者貧，而力而儉者富。今上徵斂於富人，以布施❻於貧家，是奪力儉而與侈惰也，而欲索❼民之疾作❽而節用，不可得也。

【注　釋】❶與貧窮地二句　把土地分給貧民，資助沒有資金的。實，充實；資助。❷旁入　其他收入。指農耕外，竹木畜產等其他收入。❸完給　完衣足食。給，足。❹饑饉　荒年。穀不熟為饑，菜不熟為饉。❺禍罪之殃　災禍。禍、罪、殃，都是災禍的意思。❻布施　施與；施捨。❼索　求。❽疾作　辛勤工作。疾，急速。

【語　譯】現在有學問的人談論政治，多數說：「把土地分給貧民，資助沒有資金的人。」人和人的景況是差不多的，沒有豐年或其他收入，卻獨能豐衣足食，不是工作努力就是生活節儉。人和人的景況是差不多的，沒有饑荒、疾病、災禍等不幸，卻獨自貧窮的，不是奢侈就是懶惰。奢侈而懶惰的就會貧窮，努力而節儉的就會富裕。現在君主向富人徵稅，卻用來施給貧民，這是剝奪努力節儉的人的利益，給與奢侈懶惰的，這樣想求人民努力工作，節省用度，是不可能的。

今有人於此，義不入危城❶，不處軍旅❷，不以天下大利，易其脛一毛❸；世主必從而禮之，貴其智而高其行❹，以為輕物重生❺之士也。夫上陳良田大宅，設爵祿，所以易民死命❻也。今上尊貴輕物重生之士，而索民之出死❼而重殉上事❽，不可得也。藏書策❾，習談論，聚徒役❿，服文學⓫而議說，世主必從而禮之，曰：「敬賢士，先王之道也。」夫吏之所稅，耕者也；上之所養，學士也。耕者則重稅，學士則多賞，而索民之疾作而少言談，不可得也。立節參名⓬，執操不侵⓭，怨言過於耳，必隨之以劍，世主必從而禮之，以為自好⓮之士。夫斬首之勞⓯不賞，而家鬬⓰之勇尊顯，而索民之疾戰距敵⓱，而無私鬥，不可得也。國平則用儒俠，難至則用介士⓲，所養者非所用，所用者非所養，此所以亂也。且夫人主之聽於學也，若是其言，宜布之官而用其身；若非其言，宜去其身而息其端⓳。今以為是也，而弗布於官；以為非也，而不息其端。是而不用，非而不息，亂亡之道也。

【注釋】❶不入危城　不進入危險的城市。❷不處軍旅　逃避兵役的意思。處，置身。❸不以天下大利二句　《孟子・盡心上》：「楊子取為我，拔一毛而利天下，不為也。」這裡大概是譏諷楊朱一派的為我主義。易，交換。脛，小腿。❹貴其智而高其行　尊重他們智慧優越，認為他們品行高尚。❺輕物重生　把外物看得很輕，把生命看得很重。❻死命　拼命。不惜犧牲生命。❼出死　拿出最大的力量。死，用力至極。❽重殉上事　重視為君主的事情犧牲。殉，為了某種理想或目的而捨棄生命。上，指君主。❾書策　書籍。❿徒役　門徒；學生。⓫服文學　從事研習古代經典。服，從事。文學，指古代經典。⓬立節參名　建立氣節，追求名譽。參，立。⓭執操不侵　堅持操守，不容別人侵犯。⓮自好　自愛。⓯斬首之勞　指殺敵的功勞。⓰家鬬　私鬥。⓱距敵　抗敵。距，通「拒」。⓲介士　穿著甲冑的戰士。⓳息其端　禁止他的學說傳播。息，休止。端，開始。

【語　譯】現在有一種人，主張不到危險的地方做事，不到軍隊裡服役，不肯為天下的利益，犧牲他腿上的一根毛；君主一定尊敬他們，看重他們智慧優越，品格高尚，以為他們是輕視外物、重視生命的人。君主預備良田大宅，設置爵位俸祿，就是要換取人民拼命盡忠。現在君主尊敬輕視外物、重視生命的人，而要求人民出死力，為君主的事情犧牲，這是辦不到的。收藏書籍，學習談論，聚集學生，研究經典，從事遊說的，君主一定尊敬他，說：「尊敬賢士，是先王的作風。」官吏所徵稅的，是耕田的農夫；君主所奉養的，是讀書的學士。耕田的要繳重稅，讀書的學士卻受重賞，這樣要求人民努力工作而少說話，是不可能的。建立氣節，追求名譽，堅持操守，不容別人侵犯，聽到怨恨的話，立即拔劍拼鬥，這種人君主一定尊敬他，以為是自愛的人。為國家殺敵的功勞不獎賞，為私事鬥爭的勇敢卻獲得尊顯，這樣要求人民勇敢作戰，抵抗敵人，而沒有私鬥發生，是不可能的。國家太平時，就養儒生和俠士，國家危難時，就用戰士，所養的不是所用的，所用的不是所養的，這就是國家危亂的原因。並且君主聽取學士的意見，如果認為他的言論是對的，就應該把學說由公家推行，同時重用他；如果認為他的言論是錯的，就應該不用他，禁止他的學說傳布。現在認為對的，不由公家推行；認為是錯的，也不禁止傳布。對的不推行，錯的不禁止，這是國家紊亂滅亡的道理。

澹臺子羽❶，君子之容也，仲尼幾而取之❷，與處久，而行不稱❸其貌。宰予❹之辭，雅而文也，仲尼幾而取之，與處，而智不充其辯❺。故孔子曰：「以容取人乎？失之子羽；以言取人乎？失之宰予。」故以仲尼之智，而有失實之聲❻。今之新辯❼，濫❽乎宰予；而世主之聽❾，眩❿乎仲尼。為⓫悅其言，因任其身，則焉得無失乎？是以魏任孟卯之辯，而有華下之患⓬；趙任馬服之辯，而有長平之禍⓭。此二者，任辯之失也。夫視鍛錫而察青黃，區冶不能以必劍⓮。水擊鵠鴈，陸斷駒馬⓯，則臧獲不疑鈍利。發齒吻⓰，相形容，伯樂⓱不能以必馬。授車就駕，而觀其末塗⓲，則臧獲不疑駑⓳良。觀容服，聽言辭，則仲尼不能以必士。試之官職，課其功伐⓴，則庸人不疑於愚智。故明主之吏，宰相必起於州部㉑，猛將必發於卒伍㉒。夫有功者必賞，則爵祿厚而愈勸㉓；遷官襲級㉔，則官職大而愈治。夫爵祿大而官職治，王之道也。

【注釋】❶澹臺子羽　魯武城人。姓澹臺，名滅明，字子羽，孔子的弟子。《史記・仲尼弟子列傳》說他的狀貌甚醜惡，和本書相反。❷幾而取之　幾乎賞識他。幾而，幾乎。取，賞識。❸稱　相稱；符合。❹宰予　字子我。魯人，孔子的弟子，長於言語，仕齊，為臨菑大夫，死於田常之亂。❺智不充其辯　智慧不及他的口才。充，充足。❻失實之聲　選擇錯誤的名聲。❼新辯　對舊辯而言。指戰國時各派遊談之士。舊辯，指宰予。❽濫　溢；超過。❾世主之聽　君主聽取辯論。❿眩　迷惑。⓫為　通「如」。假如。⓬魏任孟卯之辯二句　周赧王四十二年（西元前二七三年），魏國攻打韓國的華陽，秦國援救韓國，擊敗魏軍，斬首十三萬，魏國把南陽割給秦國（見《史記・魏世家》）。任，信任。孟卯，一作「芒卯」。以詐辯為魏相。華下，即華陽。亭名，在今河南省新鄭縣東南。⓭趙任馬服之辯二句　戰國時趙將趙奢的兒子趙括，嗣父封為馬服君，從小學習兵法，辯勝其父。周赧王五十五年（西元前二六〇年），代替廉頗為將，率兵與秦國作戰，大敗，秦國把趙國的降卒四十萬活埋在長平。長平，趙國的邑名。在今山西省高平縣西北。⓮視鍛錫而察青黃二句　只察看鑄劍的材料和顏色，即使歐冶子也不能判斷劍的利鈍。鍛，冶製金屬。錫，鑄劍時所用的一種材料。青黃，鑄劍時的燒色。相傳劍色青者利，黃者鈍。區，古通「歐」。歐冶子，春秋時著名的鑄劍家。必，判斷。⓯水擊鵠鴈二句　水裡刺殺鵠鴈，陸地宰割駒馬，這樣試劍，才知道劍的利鈍。鵠，似雁而大，俗稱天鵝。鴈，或作「雁」。鳥名，形狀像鵝。駒，少壯的馬。⓰發齒吻　馬齒隨年齡而增長，所以要知道馬的年齡，就要打開馬嘴看牠的牙齒。發，打開。吻，嘴脣。⓱伯樂　即孫陽。春秋時秦人，善相馬。⓲末塗　終途。賽馬的終點。塗，通「途」。⓳駑　劣馬。⓴課其功伐　考核他的成績。課，試驗稽核。功伐，功績；成績。伐，功。㉑州部　地方行政機構。㉒卒伍　行伍。古代軍隊的編制，五人為伍，百人為卒。㉓勸　勉勵。㉔遷官襲級　升官要依循官階的等級。襲，因襲；依循。

【語　譯】澹臺子羽有君子的容貌，孔子幾乎賞識了他，和他相處久了，發現他的品行配不上他的容貌。宰予的談吐文雅，孔子幾乎賞識了他，和他相處，發現他的智慧不及他的口才。所以孔子說：「拿容貌選擇人嗎？就選錯了子羽；拿言辭選擇人嗎？就選錯了宰予。」以孔子的明智，尚且有選擇錯誤的名聲。現在這些辯論的人，辯論的技巧超過宰予；君主們聽取辯論，比孔子更容易受到迷惑。假如喜歡他的言論，就任用他，這怎能沒有錯誤呢？所以魏國信任孟卯的辯論，便有在華陽戰敗的災患；趙國信任趙括的辯論，便有四十多萬兵士在長平被坑殺的禍害。這兩件事都是信任辯論的錯誤啊！只察視鑄劍的材料、鑄劍時燒色的青黃，這樣，就是歐冶子也不能判斷劍的利鈍。在水裡能刺殺鵠雁，在陸地能宰割駒馬，這樣，就是奴婢也能辨別劍的利鈍。只察看嘴裡的牙齒，觀察外表的容貌，這樣，就是伯樂也不能判斷馬的優劣。給牠駕上車輛，看牠跑到終點，這樣，就是奴婢也能辨別馬的優劣。只觀察容貌服飾，聆聽言談論辯，就是孔子也不能判斷人才的真偽。用職務來試驗他，考核他的成績，就是平常人也能辨別他的智愚。所以明智君主任用的官吏，宰相一定要從地方官吏中升遷起來，大將一定要從行伍士兵中興發出來。對有功勞的人，一定獎賞，爵祿越厚，官吏就越奮勉上進；升官依循等級，官位越大，就越能把職務辦得好。爵位高俸祿厚，越能把職務辦得好，這是王者統治天下的方法。

磐石❶千里，不可謂富；象人❷百萬，不可謂強。石非不大，數非不眾也，而不可謂富強者，磐石不生粟，象人不可使距敵也。今商賈技藝之士，亦不耕而食，是地不墾，與磐石一貫❸也。儒、俠，毋軍勞，顯而榮者，則民不使，與象人同事❹也。夫知禍磐石、象人，而不知禍商賈、儒俠為不墾之地、不使之民，不知事類者也。

【注釋】❶磐石　扁厚的大石。❷象人　用木或草作成人形，用來從葬。也叫俑或偶人。❸一貫　一樣；同樣。❹同事　同類。

【語譯】有千里的磐石，不能算作富有；有百萬的木偶，不能稱為強盛。石頭不是不大，人數不是不多，可是不能算是富強，因為磐石不能生產糧食，木偶不能抵抗敵人啊。現在商人和技術人員，也是不種田還要吃飯，這就像沒有墾殖的土地，和磐石是一樣的。儒生和俠士沒有戰功，也能顯貴，這就像不能使令的人民，和木偶是同樣的。知道磐石、木偶是有害的，卻不知道商人、儒生和俠士是有害的，就像沒有墾殖的土地、不能使令的人民，這是不懂得事情的類推啊。

故敵國之君王，雖說吾義，吾弗入貢而臣❶；關內之侯❷，雖非吾行，吾必使執禽而朝❸。是故力多則人朝，力寡則朝於人；故明君務力。夫嚴家無悍虜❹，而慈母有敗子，吾以此知威勢之可以禁暴，而德厚之不足以止亂也。夫聖人之治國，不恃人之為吾善❺也，而用其不得為非也。恃人之為吾善也，境內不什數❻；用人不得為非，一國可使齊❼。為治者用眾而舍寡❽，故不務德而務法。夫必恃自直之箭，百世❾無矢；恃自圜❿之木，千世無輪矣。自直之箭、自圜之木，百世無有一；然而世皆乘車射禽者，何也？隱栝⓫之道用也。雖有不恃隱栝，而有自直之箭、自圜之木，良工弗貴⓬也，何則？乘者非一人，射者非一發也。雖不恃賞罰，而有恃自善之民，明主弗貴也，何則？國法不可失，而所治非一人也。故有術之君，不隨適然⓭之善，而行必然之道。

【注釋】❶入貢而臣　進貢而稱臣。貢，進獻當地的美物於朝廷。❷關內之侯　關內侯。為秦軍爵的最高級，居處京城，無國邑。此指境內附庸的諸侯。❸執禽而朝　臣下執持禮物朝見君主。執禽，即執贄。古人初見，要送見面禮物。《左傳·昭公二十四年》：「男贄，大者玉帛，小者禽鳥。」❹悍虜　凶悍的奴僕。❺不恃人之為吾善　不期待人們由於我的感化去做好事。恃，假借為「待」。期待。為吾善，由於我的感化而為善。❻不什數　找不到十個人。數，計算。❼齊　一致。❽用眾而舍寡　採用適合大眾的方法，而放棄適合少數人的方法。舍，同「捨」。❾世　古以三十年為一世。❿圜　同「圓」。⓫隱栝　矯正曲木的器具。⓬貴　重視。⓭適然　偶然。

【語譯】力量齊等國家的君主，雖然喜好我的道義，卻不能使他進貢稱臣；境內的諸侯，雖然不滿意我的行為，一定能使他帶著禮物來朝拜。力量強大的，人就來朝拜；力量弱小的，就要朝拜人；所以英明的君主盡量增強自己的武力。嚴厲的家庭沒有凶悍的奴隸，慈愛的母親卻有敗家的兒子，由此可知威勢是可以禁止橫暴，德行深厚是不能防止變亂。所以聖人治理國家，不期待人們由於我的感化而做好事，而用法律使人們不能做壞事。期待人們由於我的感化而做好事，國內恐怕找不到十個人；用法律使人不能做壞事，可使全國人民都做到。辦理政治，要採用適合眾人的方法，而放棄適合少數人的方法，所以不注重德化而注重法治。一定要用天生筆直的箭桿，那麼等三千年也沒有箭用；一定要用天生渾圓的木頭，那麼等三萬年也沒有車輪用。天生的直箭、天生的圓木，千萬年也找不到一根；可是世人都能乘車射鳥，是什麼緣故呢？這是利用矯揉的方法呀。雖然無須矯揉，就有天生的直箭、天生的圓木，可是優良的工匠並不重視，為什麼呢？因為乘車的不止一個人，射箭的不止射一發。雖然無須賞罰，就有自動行善的人民，可是英明的君主也不重視，為什麼呢？因為國家不能沒有法律，所治理的不止一個人呀。所以有治術的君主，不追求偶然的善行，而實施使人必然向善的方法呀。

今或謂人曰：「使子必智而壽。」則世必以為狂。夫智，性也；壽，命也。性命者，非所學於人也。而以人之所不能為說人，此世之所以謂之為狂也。謂之不能然，則是諭❶也。夫以仁義教人，是以智與壽說人也，有度❷之主弗受也。故善毛嗇❸、西施❹之美，無益吾面；用脂澤粉黛❺，則倍其初。言先王之仁義，無益於治；明吾法度，必吾賞罰者，亦國之脂澤粉黛也。故明主急其功❻而緩其頌❼，故不道仁義。

【注釋】❶諭　借為「諛」。諂諛。❷有度　有法度。❸毛嗇　春秋時越王的嬖妾。❹西施　春秋時越國的美女。越王獻給吳王夫差。❺脂澤粉黛　女子用的化妝品。脂，胭脂；唇膏。澤，潤髮用的頭油。粉，敷面用的白粉。黛，畫眉用的眉墨。❻功　事情。指實施法度和賞罰。❼頌　贊頌。指贊頌先王的作為。

【語　譯】現在要對人說：「我能夠使你聰明而長壽。」大家一定會以為他在說大話。聰明是本性，年壽是天命。本性和天命，都是不能向人學到的。拿人無法做到的事勸說人，所以大家都以為他在說大話。說好聽的話而事實做不到，這就是諂媚。拿仁義來教導人，就像是拿聰明和長壽勸說人一樣，注重法度的君主是不會接受的。稱讚毛嬙和西施的美麗，無益於自己的面貌；用胭脂、頭油、香粉和眉墨來化妝，就會比原來美上一倍。談論先王的仁義，對治理國家是沒有益處的；修明法度，厲行賞罰，這也就是國家的化妝品。英明的君主加緊實施法度和賞罰，而不積極贊頌先王的作為，所以不談論仁義的道理。

今巫祝❶之祝人❷曰：「使若❸千秋萬歲。」千秋萬歲之聲聒❹耳，而一日之壽無徵❺於人，此人之所以簡❻巫祝也。今世儒者之說人主，不言今之所以為治，而語已治之功；不審官治之事，不察姦邪之情，而皆道上古之傳譽❼，先王之成功。儒者飾辭❽曰：「聽吾言則可以霸王。」此說者之巫祝，有道之主不受也。故明主舉事實❾，去無用，不道仁義者故❿，不聽學者之言。

【注　釋】❶巫祝　古代為人向鬼神祈禱的人。❷祝人　為人祈禱。❸若　汝；你。❹聒　聲雜擾耳。❺徵　證驗；效驗。❻簡　輕慢。❼傳譽　傳頌；傳說。❽飾辭　粉飾言辭。❾舉事實　舉拔切實做事的人。❿不道仁義者故　不談仁義的道理。道，談說。者，古通「諸」。諸，之。故，事情；道理。

【語　譯】現在巫祝為人祈禱說：「使你千秋萬歲。」千秋萬歲的聲音在耳邊聒譟，可是卻沒有增加人一天壽命的效驗，這就是人們看不起巫祝的緣故。儒者遊說君主，不談現在怎樣治理國家，只談從前已治的功績；不研討政府應辦的事項，不考察吏民奸邪的實情，只談上古的傳說，先王的成功。儒者誇張地說：「聽從我的話，就可以稱霸稱王。」這就是說客當中的巫祝，了解治術的君主是不會接受的。所以英明君主舉拔切實做事的人，去除沒有用的人，不談論仁義的道理，不聽取學者的話。

今不知治者，必曰：「得民之心。」得民之心而可以為治，則是伊尹❶、管仲❷無所用也，將聽民而已矣。民智之不可用，猶嬰兒之心也。夫嬰兒不剔首則復痛❸，不副痤則寖益❹。剔首副痤，必一人抱之，慈母治之，然猶啼呼不止，嬰兒不知犯❺其所小苦，致其所大利也。今上急耕田墾草，以厚民產也，而以上為酷❻。修刑重罰，以為禁邪也，而以上為嚴❼。徵賦錢粟，以實倉庫，且以救饑饉、備軍旅也，而以上為貪。境內必知介❽而無私解❾，并力疾鬥，所以禽虜❿也，而以上為暴。此四者，所以治安也，而民不知悅也。夫求聖通之士者，為民知之不足師用⓫。昔禹決江濬河⓬，而民聚瓦石。子產開畝樹桑，鄭人謗訾⓭。禹利天下，子產存鄭，皆以受謗，夫民智之不足用亦明矣。故舉士而求賢智，為政而期適民⓮，皆亂之端，未可與為治也。

【注釋】❶伊尹　商湯的賢相，名摯。輔佐商湯，伐桀滅夏，平定天下。❷管仲　春秋時潁上人。名夷吾，字仲，諡敬，所以也稱為管敬仲。輔佐齊桓公，稱霸於諸侯。❸嬰兒不剔首則復痛　俗謂小兒頭部生病，可用剃頭的方法治療，如果不剃頭，就會繼續痛。剔，又作「剃」、「鬀」。剃頭髮。復，重複。一說：更。❹不副痤則寖益　不擠破膿瘡，膿瘡就更腫大。

副，分裂。痤，癰疽。瘡毒的一種，多生在項背及臀部，瘡口甚多，內生膿疱，炎赤腫痛。寖，漸。益，增加。❺犯冒著。❻酷　苛刻。❼嚴　嚴厲；嚴格。❽知介　勤習軍事。介，古代戰士的甲冑。這裡指軍事。❾解　通「懈」。偷惰。❿禽虜　捕捉敵人。禽，通「擒」。捕捉。虜，敵人。⓫不足師用　不能採用。師，效法。⓬決江濬河　疏通長江、黃河。決，疏通。濬，挖深。⓭子產開畝樹桑二句　事見《左傳・襄公三十年》。子產，春秋鄭國的大夫公孫僑，字子產。時晉楚爭霸，鄭國弱小，處於兩強之間，子產內修庶政，外折強國，鄭國賴以保全，當子產執政一年，人民毀謗他，從政三年，人民歌頌他，子產死後，人民都痛哭。謗訾，毀謗。⓮適民　迎合民心。

【語　譯】不懂政治的人，一定說：「治理國家要得民心。」要得民心才可以治國，那麼像伊尹、管仲那樣的政治家便沒有用處，只要聽從人民就可以了。人民的智識是不能採用的，就像嬰兒的心理一樣。嬰兒的頭髮不剃掉，頭病就治不好；膿瘡不擠破，膿瘡就更腫大。給嬰兒剃頭擠膿，一定要一個人緊緊抱著，由慈母動手去做，嬰兒還不住地大哭大叫，因為嬰兒不知道接受些小痛苦，能得到大利益。現在君主督促人民耕田除草，為了增加人民的財產，人民卻以為君主苛刻。整頓刑法，加重處罰，為的是禁止奸邪，人民卻以為君主嚴厲。徵收錢糧，為的是充實倉庫，用來救濟饑荒，供應軍隊，人民卻以為君主貪婪。國內壯丁一定要勤習軍事，不可懈怠，同心協力，勇敢作戰，為了征服敵人，人民卻以為君主暴虐。這四種政策，是謀求國家的治安，可是人民卻不曉得歡喜。君主尋求聖明通達的人，因為一般人的智識短淺，不能採用。從前夏禹疏通長江、黃河，而人民聚集瓦片石塊投擲他。子產開闢田畝，種植桑樹，鄭國人毀謗他。夏禹造福天下，子產保全鄭國，都受到毀謗，人民的智識不能採用，是很明顯的。所以舉拔官吏，要求才智優越的，施行政治，期望迎合民心，都是禍亂的根源，這樣是不能辦理政治的。

卷二〇

忠孝

【題　解】忠孝，本來是儒家的德目，韓非從法家的觀點來批評儒家，表示不同的見解，因此以「忠孝」作為篇名。

本篇的主旨在說明治理國家，要崇尚法度而不尊重賢人。儒家以堯、舜、禹、湯為賢人，本篇卻以堯、舜、禹、湯為不忠不孝，反君臣之義而亂後世之教。世人以烈士為賢人，本篇卻以烈士進非其君，退非其親，為亂世絕嗣之道。全篇分為四段：第一段說明廢法尚賢則亂，舍法任智則危。第二段說明賢堯、舜、禹、湯而是烈士，足以使天下紊亂。第三段說明刑賞為治國用民之道。第四段說明霸王須恃治內以裁外，不務離合從橫之術。

本篇有五次自稱為臣，疑為韓非上韓王的奏書。陳啟天《韓非子校釋》：「本篇思想，如非從橫，非恬淡之學、恍惚之言，多與〈五蠹〉合，故考證以之為韓非所作。」日人太田方《韓非子翼毳》又疑此篇非韓非所作。

天下皆以孝悌忠順❶之道為是也，而莫知察❷孝悌忠順之道而審❸行之，是以天下亂。皆以堯舜之道為是而法之，是以有弒君，有曲父❹。堯、舜、湯、武❺或反君臣之義，亂後世之教者也：堯為人君，而君其臣❻；舜為人臣，而臣其君❼；湯武為人臣，而弒其主，刑其尸❽；而天下譽之，此天下所以至今不治者也。夫所謂明君者，能畜其臣❾者也；所謂賢臣者，能明法辟❿，治官職，以戴⓫其君者也。今堯自以為明，而不能以畜舜；舜自以為賢，而不能以戴堯；湯武自以為義，而弒其君長。此明君且⓬常與，而賢臣且常取也。故至今為人子者，有取其父之家；為人臣者，有取其君之國者矣。父而⓭讓子，君而讓臣，此非所以定位一教⓮之道也。臣之所聞曰：「臣事君，子事父，妻事夫，三者順則天下治，三者逆則天下亂。」此天下之常道也，明王賢臣而弗易也，則人主雖不肖，臣不敢侵也。今夫上賢⓯、任智、無常⓰，逆道也，而天下常以為治。是故田氏奪呂氏於齊⓱，戴氏奪子氏於宋⓲。此皆賢且智也，豈愚且不肖乎？是廢常上賢則亂，舍法任智則危。故曰：「上法而不上賢。」

【注釋】❶孝悌忠順　孝順父母，善事兄長，竭誠事君，順於理則。❷察　明察；仔細考察。❸審　慎重。❹皆以堯舜之道三句　堯把帝位禪讓給舜，舜把帝王禪讓給禹，儒家推崇堯舜為聖人，為理想的帝王，是以後世臣子多假禪讓之名，篡位弒君。堯舜，唐堯和虞舜。都是中國古代的帝王。曲父，使父親受委曲、受壓抑。❺湯武　商湯和周武王。夏桀暴虐無道，商湯把他誅滅，而建立商朝，後傳到商紂，暴虐無道，周武王把他誅滅，而建立周朝，史家稱為湯武革命。❻君其臣　使他的臣子做君主。指堯讓位給舜。❼臣其君　使他的君主做臣子。指舜受堯禪。❽刑其尸　斬割他的屍體。刑，割。《史記・周本紀》：「紂自燔於火而死。……武王遂入，至紂死處，自射之三發，而后下車，以輕劍擊之，以黃鉞斬紂頭，懸之太白之旗。」❾畜其臣　使他的臣子順從。畜，順從；馴服。❿明法辟　修明法度。辟，法。⓫戴　擁戴。⓬且　尚且。⓭而　如果。⓮定位一教　鞏固君主的地位，統一臣民的教化。⓯上賢　尊崇賢人。上，通「尚」。尊崇。⓰無常　沒有常法。常，指常法。⓱田氏奪呂氏於齊　姜尚的先祖曾封於呂，所以又稱為呂尚，輔佐周武王滅商，統治天下，而封於齊國，春秋時，陳國的公子完，避國難，逃到齊國，改姓田氏，子孫世代為齊國的卿，傳到田常，弒齊簡公，立平公，獨攬齊國的大權，傳到田和，列為諸侯，田和的兒子午，把齊國全部併吞。⓲戴氏奪子氏於宋　周武王滅商，封殷商遺民微子啟於宋，本為子姓，後宋戴公的子孫，多以戴為氏。皇喜與戴驩爭權，殺宋昭公而奪取政權。皇喜也是宋戴公的後代，所以說戴氏奪子氏於宋。見本書〈內儲說下〉。

【語譯】天下人都認為孝悌忠順的道理是對的，可是不知道仔細考察孝悌忠順的道理而謹慎去實行，因此造成天下混亂。都認為堯舜的道理是對的，而群起效法他們，因此有君主被殺害，父親受委曲的事情。堯、舜、湯、武或有違反君臣的道理，擾亂後世教化的措施：堯做君主，卻讓給他的臣子做君主；舜做臣子，卻使他的君主做臣子；商湯和周武原來都是臣子，卻殺害他們的君主，殘傷君主的屍體；天下人反而稱讚他們，這就是天下直到現在都不能安定的原因。所謂聖明的君主，是能夠統御臣子；所謂賢能的臣子，是能夠修明法度，辦理公務，以擁戴君主。現在堯自己以為聖明，可是不能統御舜；舜自己認為賢能，卻不能擁戴堯；湯武自己以為行事合於正義，卻殺害君主。這就是聖明的君主要常把君位讓給臣子，賢能的臣子要常奪取君位了。所以到現在，兒子有奪取父親的采地，臣子有奪取君主的國家的。由此可見，父親讓位給兒子，君主讓位給臣子，這不是鞏固君主的地位，統一臣民的教化的方法呀。我曾聽說：「臣子事奉君主，兒子事奉父親，妻子事奉丈夫，三樣順遂，天下就會太平，三樣不順遂，天下就會混亂。」這是天下一定的道理，明主賢臣是不會改變這種道理的，即使偶然有平庸的君主，臣子也不敢侵犯。現在尊崇賢人，任用智士，沒有一定的法度，這是違反正道的，可是天下人常這樣治理國家。所以田氏奪取呂氏的齊國，戴氏奪取子氏的宋國。田氏和戴氏都是既賢能而有智慧的，哪裡是愚笨而不肖的人呢？由此可見，毀壞常道，尊崇賢人，國家就會混亂；捨棄常法，任用智士，國家就會危險。所以說：「治理國家，要尊重法度，而不尊重賢人。」

記❶曰：「舜見瞽瞍，其容造焉。孔子曰：『當是時也，危哉天下岌岌！有道者，父固不得而子，君固不得而臣也❷。』」臣曰：孔子本未知孝悌忠順之道也，然則有道者進❸不為主臣，退❹不為父子耶？父之所以欲有賢子者，家貧則富之，父苦則樂之。君之所以欲有賢臣者，國亂則治之，主卑則尊之。今有賢子而不為父，則父之處家也苦；有賢臣而不為君，則君之處位也危。然則父有賢子，君有賢臣，適❺足以為害耳，豈得利哉？焉所謂忠臣不危其君，孝子不非❻其親。今舜以賢取君之國，而湯武以義放❼弒其君，此皆以賢而危主者也，而天下賢之。

古之烈士，進不臣君，退不為家；是進則非其君，退則非其親者也。且夫進不臣君，退不為家，亂世絕嗣之道也。是故賢堯、舜、湯、武而是烈士，天下之亂術也。瞽瞍為舜父，而舜放之；象為舜弟，而舜殺之❽。放父殺弟，不可謂仁；妻帝二女❾，而取天下，不可謂義；仁義無有，不可謂明。《詩》云：「普天之下，莫非王土；率土之濱，莫非王臣❿。」信⓫若《詩》之言也，是舜出則臣其君，入則臣其父，妾其母⑫，妻其主女也。故列士內不為家，亂世絕嗣，而外矯於君⑬，朽骨爛肉，施於土地，流於山谷，不避蹈水火⑭，使天下從而效之，是天下徧死而願夭也，此皆釋世⑮而不治者也。世之所為烈士者，離眾獨行，取異於人，為恬淡⑯之學，而理恍惚⑰之言。臣以為恬淡，無用之教也；恍惚，無法之言也。言出於無法，教出於無用者，天下謂之察。臣以為人生必事君養親，事君養親不可以恬淡；人生必言論忠信法術，言論忠信法術不可以恍惚。恍惚之言、恬淡之學，天下之惑術⑱也。孝子之事父也，非競取父之家也；忠臣之事君也，非競取君之國也。夫為人子，而常譽他人之親曰：「某子之親，夜寢早起，強力生財，以養子孫臣妾。」是誹謗其親者也。為人臣，常譽先王之德厚⑲而願⑳之，是誹謗其君者也。非其親者，知謂之不孝；而非其君者，天下賢之，此所以亂也。故人臣毋稱堯舜之賢，毋譽湯武之伐㉑，毋言烈士之高，盡力守法，專心於事主者為忠臣。

【注釋】❶記　指記錄的書籍。❷舜見瞽瞍八句　見《孟子・萬章上》，文字略有不同。瞽瞍，舜的父親。造，通「蹙」。愁苦的樣子。岌岌，動盪危險的樣子。❸進　指在朝廷做官。❹退　指退居在家裡。❺適　只；僅。❻非　非議；責怪。❼放　放逐。❽瞽瞍為舜父四句　古書沒有記載舜放逐父親瞽瞍、誅殺弟弟象，不知韓非有何根據。❾妻帝二女　娶帝堯兩個女兒為妻子。二女，指娥皇和女英。❿普天之下四句　見《詩經・小雅・北山》。普，遍。率，循；沿著。濱，本指水邊，這裡指土地的邊緣。⓫信　誠；果真。⓬臣其父妾其母　把他的父親做僕役，把他的母親做婢妾。臣，奴僕。妾，婢女。⓭亂世絕嗣二句　陶鴻慶《讀韓非子札記》以為「亂世絕嗣」四字，當在「而外矯於君」句下。矯，剛強而不肯低頭。⓮朽骨爛肉四句　指人的身體，生則行動於土地，死則流失於山谷，烈士既不重視生命，所以不避蹈水火等災難。施，布。⓯釋世　捨世；遯世。⓰恬淡　淡泊；不慕榮利。⓱恍惚　隱約不可捉摸。⓲惑術　使人迷惑的學說。⓳德厚　道德高尚。厚，深厚。⓴願　仰慕。㉑伐　功業。

【語　譯】古書裡有這樣的記載：「舜接受堯禪讓做天子，堯率領諸侯參謁，舜看見他的父親瞽瞍，臉上露出憂愁的樣子。孔子說：『這時，天下動盪很危險！其實，道術崇高的人，父親本來不能把他當作兒子，君主本來不能把他當作臣子呀！』」我認為孔子根本不懂得孝悌忠順的道理，按照孔子的意思，道術崇高的人，在朝廷就不做君主的臣子，在家裡就不做父親的兒子嗎？父親所以希望有賢能的兒子，家庭貧窮時，可以使它變為富足；父親辛苦，可以使他變為安樂。君主所以希望有賢能的臣子，國家動亂，可以使它變為安定；君主卑微，可以使他變為尊崇。假如有賢能的兒子卻不為父親效勞，那麼父親居家就很辛苦；有賢能的臣子卻不為君主效力，那麼君主居位就很危險。那麼，父親有賢能的兒子，君主有賢能的臣子，只對自己有害，怎能獲得利益呢？一般人都說：忠臣不危害君主，孝子不非議父親。像虞舜由於賢能奪取君主的國家，湯武由於義憤而放逐或殺戮他的君主，這都是由於賢能而危害君主的，可是天下人都稱讚他們。

古代所謂烈士，在朝不事奉君主，在家不為家室謀劃；在朝不事奉君主，就是非議君主；在家不為家室謀畫，就是非議父親。在朝不事奉君主，在家不為家室謀劃，這是擾亂當世斷絕後嗣的做法。所以讚美堯、舜、湯、武，而認為烈士的行為是正當的，這便是擾亂天下的學說。瞽瞍是舜的父親，舜卻把他放逐；象是舜的弟弟，舜卻把他殺死。舜放逐父親、殺死弟弟，不可說是仁愛；強娶帝堯兩個女兒，並奪取他的天下，不可說是正義；不仁不義，不能說他是聖明。《詩經》裡面說：「整個天下，都是王的土地；土地沿邊以內，都是王的臣民。」果真像《詩經》所說的，舜在天下便把他的君主做臣子，在家庭便把他的父親做僕役，把他的母親做婢妾，而把君主的女兒做妻子。至於烈士，居家不為家室籌謀，用世則矯抗君主，擾亂當世，斷絕後嗣；朽骨爛肉般的身體，生則行動於土地，死則流失於山谷，毫不珍惜生命，冒著種種危險，假使天下人都隨從效法他們，那麼全天下的人都將及早毀滅，這是放棄社會而不去治理呀。世人所謂烈士，遠離群眾，率意獨行，不同於世俗，研究恬淡的學問，探索恍惚的言論。我認為恬淡是無用的教化，恍惚是無法的言論。言論不合法度，教化不切實用，天下人卻認為是明察的。我認為人生必須事君養親，事君養親就不能恬淡，不求名利；人生必須講求忠信法術，講求忠信法術就不能恍惚，不可捉摸。恍惚的言論、恬淡的學問，這是使天下人迷惑的學說。孝子事奉父親，不是要爭取父親的家產；忠臣事奉君主，不是要爭取君主的國家。做子女的，假如常常稱讚別人的父親，說：「某人的父親，早起晚睡，努力賺錢，來撫養自己的子孫奴婢。」這是毀謗他的父親啊。做臣子的，假如常常稱讚先王的德行高尚，衷心仰慕，這是毀謗他的君主啊。毀謗父親的，大家都指斥他不孝；可是毀謗君王的，天下人都稱讚他賢能，這就是天下紊亂的原因。所以做臣子的，不稱揚堯舜的賢德，不讚美湯武的功業，不談論烈士的高尚，盡力守法，專心事奉君主，才能算是忠臣。

古者黔首❶悗密❷蠢愚，故可以虛名取也。今民儇詷❸智慧，欲自用，不聽上。上必且勸之以賞，然後可進；又且畏之以罰，然後不敢退。而世皆曰：「許由❹讓天下，賞不足以勸；盜跖❺犯刑赴難，罰不足以禁。」臣曰：未有天下，而無以天下為❻者，許由是也；已有天下，而無以天下為者，堯舜是也；毀廉求財，犯刑趨利，忘身之死者，盜跖是也。此二者❼，殆物❽也；治國用民之道也，不以此二者為量❾。治也者，治常者也；道也者，道常者也。殆物妙言，治之害也。天下太上之士⑩，不可以賞勸也；天下太下之士⑪，不可以刑禁也。然為太上之士不設賞，為太下之士不設刑，則治國用民之道失矣。

【注釋】❶黔首 黑髮。一說：用黑布蒙首。此指平民。黔，黑色。❷悗密 安靜。❸儇詗 狡黠。❹許由 上古時的高士。唐堯把天下讓給他，他不肯接受，逃到箕山隱居起來。❺盜跖 古時的大盜。❻無以天下為 不想統治天下。為，作為；統治。❼此二者 指上文「賞不足以勸」和「罰不足以禁」兩種情況。❽殆物 危險的事情。❾量 度量；標準。❿太上之士 最高尚的人。⓫太下之士 最卑下的人。

【語譯】古代的人民，安靜而愚昧，因此可以用虛名籠絡他們。現在的人民，狡黠而聰慧，自以為是，不聽從君上的命令。君主必須要用賞賜來勸勉他們，然後他們才肯上進；而且要用刑罰來嚇阻他們，然後他們才不敢退縮。可是世人都說：「許由辭讓天下，可見賞賜並不能勸勉人；盜跖犯法冒險，可見刑罰並不能嚇阻人。」我認為沒有擁有天下，而不想統治天下，許由便是這樣的人；已經擁有天下，而不想統治天下，堯舜便是這樣的人；不顧廉恥，追求財貨，觸犯刑法，唯利是圖，不顧生死，盜跖便是這樣的人。這兩種情況，都是危險的事情；治理國家，使令人民，不能拿這兩種情況作為標準。所謂治，是治理一般大眾的；所謂道，是引導一般大眾的。危險的事物，巧妙的言論，都會妨害治道。天下品行最高尚的人，是不能用賞賜來勸勉的；天下品行最卑劣的人，是不能用刑罰嚇阻的。可是為了品行最高尚的人不設置賞賜，為了品行最卑劣的人不設置刑罰，那就失掉治理國家使令人民的大道了。

故世人多不言國法，而言從橫❶。諸言從者曰：「從成必霸。」而言橫者曰：「橫成必王。」山東❷之言從橫，未嘗一日而止也，然而功名不成，霸王不立者，虛言非所以成治也。王者，獨行謂之王。是以三王不待離合❸，而五霸不待從橫，察❹治內以裁外而已。

【注釋】❶從橫　也作「縱橫」、「縱衡」。南北為從，東西為橫。戰國時六國位於南北，秦國在西，蘇秦遊說六國合力拒秦，叫做合從，張儀遊說六國共同事秦，叫做連橫，這是當時各國間兩大外交政策。❷山東　戰國時稱六國。在崤山以東，故稱。❸離合　指與別國疏遠或親近。❹察　明智。

【語譯】現在世人大多數不講究國家的法制，而談論從橫的策略。許多談論合從策略的說：「合從成功，一定可以稱霸。」而許多談論連橫策略的說：「連橫成功，一定可以稱王。」山東諸國談論從橫策略，沒有一天停止過，可是功名沒有成就，霸王的事業不能建立，因為空言不能使國家富強。所謂王，能夠獨斷獨行的，才可以稱為王。所以三王不需要跟別國疏遠或親近，五霸不需要採用合從連橫的策略，明智地治理內政而制裁外敵罷了。

人主

【題解】本篇篇首有「人主」兩字，同時內容也是討論做君主的要道，所以用「人主」作為篇名。

本篇主旨在說明做君主的要道。全篇分為兩段：第一段說明君主喪失權勢，大權落在臣子的手裡，便會身死國亡。第二段說明法術之士和大臣倖臣不能相容，君主被大臣倖臣所蒙蔽，而不能重用法術之士，這就是國家禍亂的根源。本篇文辭大多與〈愛臣〉、〈二柄〉、〈孤憤〉、〈五蠹〉、〈和氏〉、〈備內〉諸篇相同，可能因為本書脫佚，後人節取諸篇辭意而成，以補足五十五篇的數目。

人主之所以身危國亡者，大臣太貴，左右太威❶也。所謂貴者，無法而擅行，操國柄而便私者也。所謂威者❷，擅權勢而輕重❸者也。此二者，不可不察也。夫馬之所以能任重、引車、致遠道者，以筋力也。萬乘之主、千乘之君❹，所以制天下而征諸侯者，以其威勢也；威勢者，人主之筋力也。今大臣得威，左右擅勢，是人主失力；人主失力，而能有國者，千無一人。虎豹之所以能勝人，執百獸者，以其爪牙也；當使❺虎豹失其爪牙，則人必制之矣。今勢重者，人主之爪牙也；君人而❻失其爪牙，虎豹之類也。宋君失其爪牙於子罕❼，簡公失其爪牙於田常❽，而不蚤❾奪之，故身死國亡。今無術之主，皆明知宋、簡之過❿也，而不悟其非，不察其事類⓫者也。

【注　釋】❶太威　權勢太大。威，威力；權勢。❷所謂威者　劉師培《韓非子斠補》：「案威者下有脫文，以上文『無法而擅行』律之，當有『□□而□□』五字。」❸輕重　使人或事物變輕或變重。即作威作福的意思。❹萬乘之主二句　周朝的制度，天子地方千里，出兵車萬乘，諸侯地方百里，出兵車千乘。到了戰國，大國都擁有兵車萬乘。乘，車輛的單位。輛。❺當使　儻使；假使。當、儻，音近字通。❻而　假設連詞。如。❼宋君失其爪牙於子罕　子罕，大約是宋國的大夫皇喜。本書〈內儲說下〉載皇喜與戴驩爭權，「殺宋君而奪其政」。詳見四〇七頁。❽田常　《左傳》作「陳恆」。春秋時齊國的卿，弒齊簡公，立平公，專攬齊國的政權，卒諡成子。❾蚤　通「早」。❿過　陶鴻慶《讀韓非子札記》：「當為禍，古通用，禍承上文身死國亡言。」⓫事類　事情的相同。

【語　譯】君主所以會身死國亡，因為大臣太尊貴，近臣威勢太大。所謂尊貴，是不顧法制，任意行事，掌握國家權力，謀求私人利益。所謂威勢，是憑藉權勢，作威作福。這兩種情形，不可不仔細明察。馬所以能夠負重物、拖車輛、走遠路，就是因為有筋力。擁有萬輛兵車的天子，擁有千輛兵車的國君，所以能夠控制天下，征服諸侯，就是因為有威勢；威勢，就是君主的筋力。假如大臣和近臣獲得威勢，君主就失去權力；君主失去權力，還能保有國家的，一千個當中沒有一個。虎豹所以能夠加害人類，捕食百獸，就因為牠們有銳利的爪牙；假使虎豹失去爪牙，就一定會被人類制服。權勢，就是君主的爪牙；君主假如失去權勢，就像虎豹失去爪牙一樣。宋君的權勢落在子罕的手裡，齊簡公的權勢落在田常的手裡，而不趁早奪取回來，所以身死國亡。現在許多不懂治術的君主，都很清楚宋君和齊簡公的災禍，卻不覺悟自己做法不對，就是不明察事情的相同。

且法術之士與當途之臣❶，不相容也。何以明之？主有術士，則大臣不得制斷❷，近習不敢賣重❸。大臣左右權勢息，則人主之道明矣。今則不然，其當途之臣，得勢擅事，以環其私❹；左右近習，朋黨比周，以制疏遠❺，則法術之士奚時得進用，人主奚時得論裁❻？故有術不必用，而勢不兩立，法術之士焉得無危？故君人者，非能退❼大臣之議，而背乎左右之訟，獨合乎道言也，則法術之士安能蒙死亡之危❽而進說乎？此世之所以不治也。明主者，推功而爵祿❾，稱能而官事❿，所舉者必有賢，所用者必有能，賢能之士進，則私門⓫之請止矣。夫有功者受重祿，有能者處大官，則私劍之士⓬安得無離於私勇而疾距敵⓭，游宦之士⑭焉得無撓⑮於私門而務於清潔⑯矣？此所以聚賢能之士，而散私門之屬⑰也。今近習者不必智，人主之於人也，或有所智而聽之，入因⑱與近習論其言，聽近習而不計其智，是與愚論智也。其當途者不必賢，人主之於人，或有所賢而禮之，入因與當途者論其行，聽其言，而不用賢，是與不肖論賢也。故智者決策於愚人，賢士程行⑲於不肖，則賢智之士奚時得用，而人主之明塞矣。昔關龍逢⑳說桀而傷其四肢，王子比干諫紂而剖其心㉑，子胥忠直夫差而誅於屬鏤㉒。此三子者，為人臣非不忠，而說非不當也，然不免於死亡之患者，主不察賢智之言，而蔽於愚不肖之患也。今人主非肯㉓用法術之士，聽愚不肖之臣，則賢智之士，孰敢當三子之危㉔，而進其智能者乎？此世之所以亂也。

【注釋】❶當途之臣　當權的臣子。當途，當道；當權。❷制斷　控制裁斷。❸賣重　賣弄權勢。重，指權勢。❹以環其私　以營求自身的利益。環，通「營」。營求。❺疏遠　指新進的臣子。❻論裁　指裁決國政。❼退　排除。❽蒙死亡之危　冒著死亡的危險。蒙，冒。❾推功而爵祿　推究功勞而賜與爵祿。❿稱能而官事　衡量才能而授與官職。稱，衡量。⓫私門　私家。指有權勢的大臣。⓬私劍之士　指遊俠。⓭疾距敵　勇於抗敵。疾，急。距，通「拒」。抵抗。其下疑當有「於」字。⓮游宦之士　遊說的人。⓯撓　退避。⓰清潔　指清廉的操守。⓱屬　徒屬。⓲因　而。⓳程行　度量品行。程，度量。⓴關龍逢　夏朝的賢臣。夏桀王無道，關龍逢極力進諫，被殺。㉑王子比干句　商紂王無道，比干犯顏強諫，商紂王說：「我聽說聖人的心有七竅。」便把比干殺死，剖出他的心來觀看。王子比干，商紂王的叔父。封於比，所以稱為比干。㉒子胥忠直夫差句　子胥父伍奢、兄伍尚，都被楚平王殺害，子胥逃到吳國，輔佐吳王闔廬和吳王夫差，破楚，敗越，曾勸諫夫差不要允許越王求和，又諫阻伐齊，吳王夫差信伯嚭讒言，賜子胥屬鏤劍，迫其自殺。子胥，姓伍名員，春秋時楚國人。屬鏤，劍名。㉓非肯　不肯。㉔當三子之危　承受三子的危險。當，擔當；承受。三子，指關龍逢、王子比干、伍子胥。

【語譯】懂得法術的人和當權的臣子，是不能相容的。怎麼知道呢？君主重用懂得法術的人，大臣就不能專斷朝政，近臣就不敢賣弄權勢。大臣和近臣的權勢消滅，君主的治道才能彰顯。現在的情形不是這樣，大臣掌握權勢，專管大事，以營求自身的利益；近臣糾合黨羽，以排斥新進的人物，懂得法術的人什麼時候才能夠進用，君主什麼時候才能夠自行裁決國政呢？所以懂得法術的人不一定被重用，同時也和大臣近臣勢不兩立，懂得法術的人怎能沒有危險呢？假如君主不能排除大臣的議論，擯斥近臣的爭辯，只同意於道法的言論，法術之士怎能冒著死亡的危險貢獻寶貴的意見呢？這就是天下不能太平的緣故。英明的君主推究臣子的功勞而給與爵祿，衡量臣子的才能而授與職務，所舉拔的人必然是賢良，所任用的人一定有才能，賢能的人能夠獲得進用，權臣的請託自然就停止。有功勞的人受重賞，有才能的人做大官，遊俠怎能不放棄私勇而奮起抗敵，遊說之士怎能不避權臣而保持清廉呢？這就是聚集賢能的人、解散權臣黨羽的方法。君主的近臣未必有智慧，當君主發現某人是智者，想採納他的言論，便在宮裡跟近臣討論他的言論，結果相信近臣的話，而不聽從智者，這是跟愚人評量智者。君主的大臣未必是賢良，當君主發現某人是賢者，想予以禮遇，便在宮裡跟大臣議論他的品行，結果相信大臣的話，而不重用賢者，這是跟不肖評量賢者。因此智者的計策由愚人決定，賢士的品行由不肖衡量，賢智之士便無法進用，而君主的明智便被蒙蔽了。從前關龍逢勸諫夏桀王，而被砍斷四肢；王子比干勸諫商紂王，而被剖出心臟；伍子胥忠心勸諫吳王夫差，結果用屬鏤劍自殺而死。這三個人，做官並非不忠誠，進言並非不恰當，可是都不能免除殺身的災禍，這是君主不能明察賢人智者的言論，而被愚昧姦邪的臣子蒙蔽的緣故。現在君主不肯重用法術之士，而聽信愚昧奸邪臣子的話，賢士智者哪個敢冒關龍逢、王子比干、伍子胥般的危險，向君主貢獻他的智能呢？這就是天下為什麼混亂的原因。

飭令

【題　解】飭令，就是整飭命令，使它能夠切實施行。因為本篇篇首有「飭令」兩字，所以就用來作為篇名。

本篇主旨在撮述商鞅的法學思想。全篇可分為四段：第一段說明飭令、法平，行法由斷而不遷延。第二段說明以刑治，以賞戰，則國家必強大無敵。第三段說明國家崇尚功力，論功而授與官爵，則民心無怨。第四段說明重刑少賞，則民肯為君主而死。

本篇除從「宜其能」到「故莫爭」一小段和本書〈用人〉相同外，其餘完全和《商君書‧靳令》相同。《商君書》是商鞅的門客和後學纂輯他的言論而成的。本書〈內儲說上〉：「公孫鞅曰：『行刑，重其輕者，輕者不至，重者不來，此謂以刑去刑。』」跟〈靳令〉和本篇相同，可見〈靳令〉是商鞅的言論，而本篇是摘取〈靳令〉而成的。

飭令❶則治不遷❷，法平則吏無姦。法已定矣，不以善言❸害法。任功❹則民少言，任善則民多言。行法由斷❺，以五里斷者王❻，以九里斷者強❼，宿治者削❽。

【注　釋】❶飭令　整飭命令。❷遷　遷延；留滯。❸善言　指仁義道德的言論。❹任功　依憑功勞而授與爵祿。❺斷　指判斷姦邪。❻以五里斷者王　指較小的範圍內，令民為什伍，互相伺察糾舉，判斷姦邪，建立優良的秩序，進而統治天下。王，成就王業。即統治天下。❼以九里斷者強　指較大的範圍內，由官吏判斷姦邪，可使國家富強。九里，《商君書‧靳令》、〈說民〉都作「十里」，疑當作「十里」。❽宿治者削　由君主親自判斷姦邪，必定遷延時日，將使國家削弱。宿，久。

【語　譯】整飭命令，政治便不會遷延；法律公平，官吏便沒有姦邪。法律確定以後，不能拿仁義道德的言論妨害它。依照功勞授與爵祿，人民便少說多做；依憑德望授與爵祿，人民便多說少做。施行法律主要在於判斷姦邪，以五里為範圍，實行什伍察舉制度，由人民判斷姦邪，建立優良秩序，進而統治天下；以十里為範圍，由官吏判斷姦邪，還可使國家富強；以國家為範圍，由君主親自判斷姦邪，必定遷延時日，國家就會削弱。

以刑治，以賞戰。厚祿以用術❶，國無姦民，則都無姦市❷。物多末眾❸，農弛姦勝❹，則國必削。民有餘食，使以粟出爵❺；爵必以其力，則農不怠。三寸之管無當❻，不可滿也；授官爵，出❼利祿，不以功，是無當也。國以功授官與爵，此謂以成智謀，以成勇戰❽，其國無敵。國以功授官與爵，則治者省，言者塞❾，此謂以治去治，以言去言❿。以功授官與爵，故國多力，而天下莫之能侵也。兵出必取，取必能有之；按兵不動⓫，必富。

【注　釋】❶用術　運用法術。❷姦市　指姦商。❸物多末眾　珍巧的商品多，從事工商業的人民眾多。物，指珍奇淫巧的東西。末，指工商業。❹農弛姦勝　農業廢弛，商業興盛。弛，同「弛」。姦，指商業。勝，盛。❺出爵　進爵；求取官爵。❻當　底。❼出　給與。❽以成智謀二句　用最高的智慧謀劃，以最大的勇力作戰。成智，極智。成，通「盛」。成勇，極勇。❾治者省言者塞　治理便會省力，言談便被阻塞。《商君書・靳令》作「治者省言寡」。❿以治去治二句　厲行政治，便沒有紛爭，漸漸可以減少治具，輕視言談，使言談無用，漸漸可以息滅言談。⓫按兵不動　動，當從各本作「攻」。控制軍隊，不從事攻戰。

【語　譯】用刑罰治理人民，用賞賜勉勵作戰。賞賜豐厚，運用法術，國家便沒有姦邪的人民，都邑便沒有姦邪的商人。奇巧的商品多，從商的人民眾，農業廢弛，商業興盛，國家就會削弱。農民有多餘的糧食，使他們奉獻糧食，求取官爵；獲得官爵一定靠他們自己的勞力，農民就會勤勞不懈。把水注入三寸無底的小水管，是永遠不會盈滿的；君主如果不依照功勞來賞賜，隨便給與官爵和利祿，就像把水注入無底的小水管一般，永遠不會盈滿的。國家依照功勞授與官爵，這是用最高的智慧謀劃，用最大的勇力作戰，沒有哪個國家可以跟它對抗。國家依照功勞授與官爵，治理便會省力，言談便被阻塞，這就是厲行政治可以減少治具，輕視言談可以息滅言談。依照功勞授與官爵，人民便盡量奉獻力量，所以國家力量強大，天下就沒有哪個國家能夠侵犯它。派遣軍隊作戰，一定能把目標攻占，並且能夠長久保有；如果控制軍隊，不從事戰爭，國家一定變為富裕。

朝廷之事，小者不毀❶。效功❷取官爵，雖有辯言❸，不得以相干❹也，是謂以數治❺。以力攻者，出一取十；以言攻者，出十喪❻百。國好力，此謂以難❼攻；國好言，此謂以易❽攻。宜❾其能，勝❿其官，輕其任⓫，而莫懷⓬餘力於心，莫負兼官⓭之責於君，內無伏怨⓮。使事不相干⓯，故莫訟⓰；使士不兼官，故技長⓱；使人不同功，故莫爭。

【注釋】❶朝廷之事二句　當據《商君書》：「事」字作「吏」字，「小者不毀」下補「多者不損」四字。小者不毀，指功勞雖小，而不予廢棄。多者不損，指功勞雖多，而不予減損。❷效功　獻功；立功。❸辯言　巧言；動聽的話。❹干　求。❺以數治　以法術來治事。❻喪　損失。❼難　艱辛。❽易　輕慢。❾宜　適宜；適用。❿勝　勝任。⓫輕其任　使人任務輕鬆，容易完成。⓬懷　藏。⓭兼官　兼任官職。⓮伏怨　潛伏在心裡的怨恨。⓯干　侵犯。⓰訟　爭辯；攻訐。⓱技

長　辦事的技能會增長。

【語　譯】朝廷的官吏，功勞小者，不予廢棄；功勞大的，也不予減損。官爵要拿功力來求取，言論雖然動聽，也不能用來求取官爵，這就是運用法術治事。用功力求取，付出一分，可能取得十分；用言談求取，付出十分，可能損失百分。國家崇尚功力，這是使人以艱辛求取；國家崇尚言談，這是使人以輕慢求取。要使人的才能獲得適用，能夠勝任官職，容易完成任務，心裡沒有保留餘力，沒有兼職的負擔，沒有潛伏的怨恨。要使人職責不相侵犯，所以不會互相攻訐；要使官吏沒有兼職，所以辦事技能便會增長；要使人民從事不同功業，所以不致發生爭鬥。

重刑少賞，上愛民，民死賞；多賞輕刑，上不愛民，民不死賞❶。利出一空❷者，其國無敵；利出二空❸者，其兵半用❹；利出十空❺者，民不守❻。重刑明民❼，大制❽使人，則上利。行刑，重其輕者❾，輕者不至，重者不來，此謂以刑去刑❿。罪重而刑輕，刑輕則事生，此謂以刑致刑⓫，其國必削。

【注　釋】❶重刑少賞六句　重刑，人民便不敢犯罪，受刑的人便減少，這正是愛護人民，輕刑，人民輕易犯罪，受刑的人便增多，這正是不愛護人民。少賞，人民便重視賞，所以肯為賞而犧牲。多賞，人民便不重視賞，甚至沒有功勞也可以得賞，所以不肯為賞而犧牲。死賞，指民為賞而死。❷利出一空　慶賞由君主一人施行。利，利益。指慶賞。一空，一個孔道。指君主一人。空，通「孔」。❸利出二空　慶賞由君主和另一權臣施行。❹其兵半用　軍隊只有一半為君主效力。❺利出十空　指若干官吏都能施行慶賞。❻民不守　人民便不保衛國家。守，防守。《商君書》作「其國不守」。❼重刑明民　使用重刑，要先使人民明瞭。❽大制　嚴厲的命令。制，君主的命令。❾行刑二句　施行刑罰，對於輕罪，必須從重處罰。❿以刑去刑　施用重刑，以廢除刑罰。⓫以刑致刑　施用輕刑，以引起更多刑罰。

【語　譯】刑罰重，少賞賜，這是君主愛護人民，人民也肯為賞賜而犧牲；多賞賜，刑罰輕，這是君主不愛護人民，人民也不肯為賞賜而犧牲。慶賞由君主一人施行，人民全為君主效力，國家便強大無敵；慶賞由君主和另一權臣施行，軍隊便只有一半為君主效力；若干臣子都能施行慶賞，人民便不為君主效力，國家便很難保全了。君主使用重刑，要先使人民明瞭，然後用嚴厲的命令去執行，人民便會為君主的利益而努力。施行刑罰，對於輕罰要從重處罰，這樣，輕罪便不會發生，重罪便沒有人敢犯了，這叫做施行重刑以廢除刑罰。假如對於重罪卻從輕處罰，刑罰輕，人民不畏懼，便容易發生亂事，這叫做施行輕刑而引起更多的刑罰，國家一定會削弱。

心度

【題　解】心度，就是人民心理的準則。

本篇主旨在於說明法是治理人民的根本，也是人民遵行的準則。全篇可分為三段：第一段說明明主治理國家，在於明賞嚴刑，禁姦於未萌，服戰於民心。第二段說明法與時轉則治，治與時宜則有功。第三段說明立國用民之道，在能閉外塞私，行法自恃。

本篇思想與〈五蠹〉、〈顯學〉兩篇相合，而文字卻不像出於韓非之手。

聖人之治民，度❶於本，不從❷其欲，期❸於利民而已。故其❹與之刑，非所以惡❺民，愛之本也。刑勝而民靜，賞繁而姦生。故治民者，刑勝，治之首也；賞繁，亂之本也。夫民之性，喜其亂❻，而不親其法❼。故明主之治國也，明賞則民勸功❽，嚴刑則民親法；勸功則公事不犯❾，親法則姦無所萌❿。故治民者禁姦於未萌，而用兵者服戰於民心⓫。禁先其本者治，兵戰其心者勝⓬。先治者強，先戰者勝⓭。夫國事務先而一民心，專舉公而私不從⓮，賞告⓯而姦不生，明法而治不煩。能用四者⓰強，不能用四者弱。夫國之所以強者政也，主之所以尊者權也。故明君有權有政，亂君亦有權有政，積而不同，其所以立，異也⓱。故明君操權而上重，一政而國治。故法者，王之本也；刑者，愛之自⓲也。

【注釋】❶度 度量。❷從 通「縱」。放縱。❸期 期望。❹其 指聖人。❺惡 害；殘害。❻喜其亂 喜歡任意作為，不受檢束。❼不親其法 不遵守法度。親，接近。❽勸功 努力工作。勸，努力。❾犯 敗壞；損壞。❿萌 發生。⓫服戰於民心 使人民心理願意作戰。⓬兵戰其心者勝 使兵士心理願意作戰就會勝利。者，則；就。⓭先戰者勝 先服兵心而後作戰，就會勝利。⓮專舉公而私不從 只提拔公正的人，人民便不會徇私。私不從，不從私。⓯賞告 獎賞告姦的人。⓰四者 指上文所說務先、舉公、賞告、明法。⓱積而不同三句 指英明的君主和昏亂的君主聚積的不同，造成的結果就有差別。即英明的君主集權於一身，昏亂的君主散權於臣子，英明的君主依照法度施政，昏亂的君主依照意志施政，結果就不同。積，聚積。指權力和施政。⓲自 由；根由；根源。

【語譯】聖人治理人民，度量治民的根本原則，不放縱他們的欲望，期望對人民有利罷了。所以制定刑罰，這並不是殘害人民，而是愛護人民的根本呀。刑罰嚴厲，人民就會安靜；賞賜頻繁，姦邪就會發生。所以治理人民，刑罰嚴厲，是治平的起點；賞賜頻繁，是動亂的根源。人民的本性，喜歡放任，而不願遵守法度。所以英明君主治理國家，賞賜明確，人民就努力工作；刑罰嚴厲，人民就遵守法度；人民努力工作，公務就不致敗壞；人民遵守法度，姦邪就無從發生。所以治理人民，要禁止姦邪在發生之前，用兵要使人民心理願意作戰。禁止姦邪在發生以前，國家就能治平；使兵士心理願意作戰，戰爭就會勝利。事先防治姦邪，所以國家強盛；預先激勵戰志，所以戰爭勝利。處理國家大事，必須事先籌劃，使人民意志一致；專門提拔公正的人，人民便不會徇私；獎賞告密的人，姦邪就不會發生；嚴明法度，政治就不致紊亂。能夠施行這四件事，國家就強盛；不能施行這四件事，國家就衰弱。國家所以強盛，是因為有政令；君主所以尊貴，是因為有權力。英明的君主有權力和政令，昏亂的君主也有權力和政令，因為他們掌握權力和施行政令的不同，結果便有很大的差別。因此，英明的君主掌握權力，地位就隨著尊貴；統一政令，國家就跟著太平。所以法度是領導天下的基本，刑罰是愛護人民的根源。

夫民之性，惡勞而樂佚❶，佚則荒❷，荒則不治，不治則亂，而賞刑不行於下者必塞❸。故欲舉大功，而難❹致而力❺者，大功不可幾❻而舉也，欲治其法，而難變其故❼者，民亂不可幾而治也。故治民無常，唯法為治，法與時轉則治，治與世宜則有功。故民樸❽而禁之以名❾則治，世智❿而維之以刑則從。時移而法不易者亂，世變而禁不變者削。故聖人之治民也，法與時移，而禁與世變。

【注　釋】❶佚　通「逸」。安樂。❷荒　荒廢本業（指農業）。❸塞　阻塞不通。引申有衰滅的意思。❹難　畏懼；畏懼。❺而力　其力。❻幾　通「冀」。希望。❼故　指故法舊俗。❽樸　樸實。❾名　號令；命令。❿智　智巧；巧詐。

【語　譯】人民的本性，大抵厭惡勞苦，喜歡安逸，安逸就會荒廢農業，農業荒廢，社會就不安定，社會不安定，國家就會混亂；因此刑賞不能通行於臣民的國家，一定會衰弱而滅亡。所以想要建立大功，卻害怕付出辛勞，要建立大功是沒有希望的；想要整飭法度，卻害怕改變舊俗，要平治民亂是沒有希望的。所以治理人民，沒有固定的方法，只有憑藉法度來治理。法度隨著時代轉變，始能平治；治術適應社會需要，才有功效。因此人民樸實，用命令禁制他們，就可以平治；人民巧詐，用刑罰制裁他們，就可使順從。時代演進，而不改變法度，國家必定紊亂；社會變化，而不改變禁令，國家必定削弱。所以聖人治理人民，法度隨著時代演進，禁令跟著社會改變。

能趨力於地❶者富，能趨力於敵❷者強，強不塞者王❸。故王道在所開，在所塞❹，塞其姦者必王。故王術不恃外之不亂❺也，恃其不可亂也。恃外不亂而立治者削，恃其不可亂而行法者興。故賢主之治國也，適❻於不可亂之術。貴爵則上重❼，故賞功爵任❽，而邪無所關❾。好力❿者，其爵貴，爵貴則上尊，上尊則必王。國不事力而恃私學者⓫，其爵賤，爵賤則上卑，上卑者必削。故立國用民之道也，能閉外塞私⓬而上自恃者，王可致也。

【注　釋】❶趨力於地　致力於土地耕作。❷趨力於敵　致力於與敵作戰。❸強不塞者王　富強而盡量發展，就可以統治天下。不塞，不阻塞。❹在所開在所塞　在於發展耕戰，塞阻姦邪。開塞，猶言興廢。開，指致力於耕戰。❺亂　擾亂；侵害。❻適　專主。❼上重　君主便尊貴。上，君主。❽爵任　授與擔負重任的人爵位。❾邪無所關　姦邪的人無由進身。關，由。❿好力　指盡力於耕戰。即上文「趨力於地」、「趨力於敵」。⓫私學者　指從事言談辯說的人。⓬閉外塞私　閉外交、塞私學。即能夠使外國不來侵害，阻塞私學遊談的人。

【語　譯】國家能使人民致力於耕作，就會富足；能使人民致力於戰爭，就會強大；富強盡量發展，就可以領導天下，建立王業。領導天下，主要在於發展耕戰，塞阻姦邪；能夠塞阻姦邪，就可以建立王業。所以建立王業的方法，不靠外國不來侵害，而靠本身富強而不會被侵害。靠外國不來侵害而建立政治，國家必定衰弱；靠本身不會被侵害而厲行法度，國家必定興盛。所以賢明的君主治理國家，專門致力於不被侵害的方法。重視爵位，君主才會受到尊重，所以賞賜立大功的人，授爵給負重任的人，姦邪的人就沒有進身的途徑。賞賜致力耕戰的人，爵位便被重視；爵位被重視，君主的地位便尊貴；君主尊貴，便能領導天下。國家不賞賜致力耕戰的而賞賜從事遊說的人，爵位便被輕視；爵位被輕視，君主的地位便卑賤；君主卑賤，國家必定衰弱。所以建立國家、使用人民的方法，能夠不靠外國不來侵害，而阻塞私學遊說的人，專靠本身厲行法度，就可以領導天下，建立王業了。

制分

【題解】制分，制定刑賞必須分明的意思。

本篇主旨在說明制定刑賞必須嚴厲而分明，應用法度而不應用人的智慧。全篇可分為三段：第一段說明制定法度必須嚴厲而分明。第二段說明止姦的方法，在於告姦連坐。第三段說明治理國家必須任數不任人，任法不任慧。

本篇的思想與韓非的思想相合，但文字卻不像出於韓非之手，是否為韓非所作，尚待進一步探究。

夫凡國博君尊者，未嘗非法重而可以至乎令行禁止於天下者也。是以君人者，分爵制祿❶，則法必嚴以重之。夫國治則民安，事亂則邦危。法重者得人情，禁輕者失事實。且夫死力❷者，民之所有者也，人情莫不出其死力以致其所欲；而好惡者，上之所制也。民者好利祿而惡刑罰，上掌好惡❸以御民力❹，事實不宜失❺矣。然而禁輕事失者，刑賞失也。其❻治民不秉法為善❼也，如是則是無法也。故治亂之理，宜務分刑賞為急❽。治國者莫不有法，然而有存有亡；亡者，其制刑賞不分❾也。治國者其刑賞莫不有分，有持異以為分❿，不可謂分。至於察君⓫之分，獨分⓬也；是以其民重法而畏禁，願毋抵罪⓭而不敢胥賞⓮。故曰不待賞而民從事矣。

【注　釋】❶分爵制祿　分別官爵的高低，制定俸祿的多少。❷死力　必死之力；最大的力量。❸掌好惡　指掌握人民好惡的心理。❹御民力　使用人民的力量。❺不宜失　疑當從《韓非子集解》校作「宜不失」。宜不失，大概不會有失迷。❻其　連詞。假設；倘若。❼不秉法為善　不遵循法度，施與德惠。秉，執持。善，指德惠。❽分刑賞為急　急於分別刑賞。即當刑者刑，宜賞者賞。❾刑賞不分　刑賞不分明。即當刑者反予賞，當賞者反受罰。❿持異以為分　認為有刑賞的不同，就是刑賞分別。持，執持；主張。異，指刑賞的不同。分，指刑賞分明。⓫察君　明察的君主。⓬獨分　刑賞分明，各有其獨立的作用。即當刑者刑，當賞者賞。⓭抵罪　犯罪。⓮胥賞　期待獲賞。胥，通「須」。等待；期待。

【語　譯】大凡國家土地廣博、君主地位崇高的，沒有不是法度嚴厲，而可以做到命令必能通行、禁令必能防止臣民的地步。所以做君主的，分別爵位的高低，制定俸祿的多寡，法度必須嚴厲而深重。國家太平，人民就能安樂；政事紊亂，國家就會危亡。法度嚴厲，就能獲得人民的真情；禁令輕疏，就會迷失事情的實況。並且死力是人民所具有的，人情沒有不盡他最大的力量去求得所期望的；而好惡是君主所能控制的。人民都喜好利祿而憎惡刑罰，君主掌握人民好惡的心理，使用人民的力量，事實大概就不會有失迷。禁令輕疏，事實失迷，是由於刑賞的錯失。假如治理人民不依循法度，而施與德惠，這等於沒有法度。所以消除禍亂的道理，應盡量使刑賞分明為最急要。治理國家都有法度，可是有的國家存在，有的國家滅亡；國家滅亡的，是因為裁制刑賞不分明。治理國家都有刑有賞，有人認為有刑賞的不同，就是刑賞分明，其實這不能說是刑賞分明。英明君主的刑賞分明，是當刑者刑，當賞者賞；因此他的人民，重視法令而畏懼禁令，只希望不觸犯刑罰，而不敢期望無功受賞。所以說，不用賞賜而人民都致力於本身的事務。

是故夫至治之國，善❶以止姦為務，是何也？其法通乎人情，關❷乎治理也。

然則微姦之法❸奈何？其務令之相規❹其情者也。然則相關奈何？曰：蓋里相坐❺而已。禁尚❻有連❼於己者，里不得不相關，惟恐不得免❽。有姦心者不令得志，關者多也。如此則慎己而關彼，發奸之密❾。告過者，免罪受賞，失姦者，必誅連刑❿，如此則姦類發⓫矣。姦不容細，私告⓬任坐⓭使然也。

【注釋】❶善　擅長。❷關　由。❸微姦之法　偵察姦邪的方法。微，伺察。❹規　通「闚」。探視。❺里相坐　里中有人犯法，同里的人連帶治罪。周朝二十五家為一里，後世每里的家數不一。❻尚　通「黨」。後多作「倘」或「儻」。假如。❼連　牽連；牽涉。❽惟恐不得免　惟恐被牽連而治罪。❾密　隱密。❿連刑　連坐；相坐。一人犯法，他人連帶治罪。⓫類發　都被舉發。⓬私告　密告。⓭任坐　承受連坐的罪刑。任，擔任；承受。

【語譯】因此政治最清明的國家，擅長盡力制止姦邪，這是什麼緣故呢？因為他的法律適合人情，根據治理。那麼他偵察奸邪的方法是怎樣呢？一定要使人民互相窺探作姦的實情。使人民互相窺探作姦的實情怎麼辦呢？大概是使各里的人民互相保證連帶治罪。禁令假如和自己有所牽連，全里的人民便不得不互相窺探，惟恐同里的人犯罪，自己也會連帶治罪。有作姦犯科企圖的人，絕不讓他得逞，因為窺探他的人太多了。這樣，人民就會自行謹慎，絕不作姦犯科；而且注意窺探別人，舉發他們作姦的隱密。告發姦邪的，不但免除懲罰，並且可以獲得賞賜；不舉發姦邪的，一定要受連坐的處罰；這樣，作姦犯科的就都被舉發出來了。連細小的邪惡都不能在社會裡存在，這就是密告和連坐所獲致的成果。

夫治法之至明者，任數不任人❶。是以有術之國，不用譽❷則毋過，境內必治，任數也；亡國使兵❸公❹行乎其地而弗能圉❺禁者，任人而無數❻也。自攻者人也，攻人者數也❼。故有術之國，去言而任法。凡畸功❽之循約❾者難知❿，過形之於言者難見⓫也，是以刑賞惑乎貳⓬。所謂循約難知者，姦功也；臣過之難見者，失根⓭也。循理不見虛功⓮，度情詭乎姦根⓯，則二者⓰安得無兩失也？是以虛士⓱立名於內，而談者⓲為略⓳於外。故愚怯勇慧相連⓴，而以虛道屬俗㉑而容乎世㉒。故其法不用，而刑罰不加乎僇人㉓，如此則刑賞安得不容其貳？故實有所不至㉔，而理失其量㉕。量之失，非法使然也，法定而任慧㉖也。釋法而任慧，則受事者㉗安得其務㉘？務不與事相得㉙，則法安得無失，而刑安得無煩㉚？是以賞罰擾亂，邦道差誤，刑賞之不分白㉛也。

【注釋】❶任數不任人　應用法術而不應用人的智慧。數，法。❷用譽　任用有聲譽的人。即任用賢人。❸兵　指敵兵。❹公　公然。毫無顧忌的意思。❺圉　通「禦」。抵禦。❻無數　沒有建立法度。❼自攻者人也二句　任用人的智慧，國家必將動亂，如同自攻其國，任用法度，國家必將富強，便能攻人之國。❽畸功　偏邪的功績。即下文所說的「姦功」、「虛功」。❾循約　依循正軌。約，指準則、軌道。❿難知　不易辨識。⓫過形之於言者難見　過惡表現在言談，而未見於事實，便不易看出。形，表現。⓬刑賞惑乎貳　刑賞不一致，就會造成紊亂。有過者受刑，過形於言者免罪，這是刑不一致，有功者受賞，而畸功者也受賞，這是賞不一致。惑，惑亂。貳，不一致。⓭失根　迷失過惡的根源。⓮循理不見虛功　依循常理衡量，便很難辨識虛偽的功績。⓯度情詭乎姦根　按照常情揣度，便易受姦根欺騙。度，度量；揣度。詭，詐騙。姦根，指姦言邪說。⓰二者　指刑賞。⓱虛士　指有虛功的人。⓲談者　指說客。⓳略　謀略。⓴愚怯勇慧相連　指愚怯勇慧四種人互相連結。愚，愚學。即文學之士，指儒者。怯，怯懦。即貴生之士，指楊朱派學者。勇，磏勇之士。指刺客之流。慧，辯智之士。指蘇秦、張儀等說客。㉑以虛道屬俗　用無用的道理迎合世俗。屬，結。㉒容乎世　取悅於世人。容，喜悅。㉓僇人　罪人。㉔實有所不至　刑賞的實質不周到。實，指刑賞的實質。即有罪受刑，有功獲賞。至，周到。㉕理失其量　法度喪失權衡是非功過的效能。理，指法度。量，量度；權衡。㉖法定而任慧　法度確定後還應用智慧。㉗受事者　奉命辦事的人。㉘務　旨趣。指行事的旨趣。㉙得　適合；適應。㉚煩　煩雜；煩亂。㉛分白　分明。

【語　譯】政治最清明的君主，應用法度而不應用人的智慧。所以有法術的國家，不應用賢人的智慧，就不致發生錯誤，境內必然太平，這就是應用法度的功效。亂亡的國家，任憑敵兵公然橫行於國內而不能禁止，這是應用人的智慧而沒有建立法度的緣故。應用人的智慧，國家必將動亂，等於自攻其國；應用法度，國家必將富強，便能攻人之國。所以有法術的國家，放棄言談，而應用法度。大凡偏邪的功績依循正軌建立，便很難辨識；過惡只表現在言談，便不易看出；因此刑賞不一致，而造成紊亂。所謂依循正軌便不易辨識，是因為具有功績的表象；臣子的過惡不易看出，是因為迷失過惡的根源。依循事理衡量，便難辨識虛偽的功績；按照常情揣度，便容易受到姦言的欺騙，那麼刑賞怎能沒有差錯呢？所以虛士便在朝內建立功名，說客便利用外國施展謀略。因此愚怯勇慧四種人互相連結，他們用無用的道理迎合大眾，取悅世人。所以法度不能施行，刑罰不能處罰有罪的人，這樣，刑賞怎能不紊亂呢？所以有罪的未必受刑，有功的未必獲賞，法度便喪失量度是非功過的效能。法度喪失量度是非功過的效能，並不是法度本身的毛病，是法度確定後還應用智慧所產生的毛病。拋棄法度而應用智慧，奉命辦事的人怎能了解行事的旨趣呢？行事跟旨趣不相適應，法度怎能沒有失誤，而刑賞怎能不會煩亂？所以賞罰煩亂，政治差誤，就是刑賞不能分明的緣故。

古籍今注新譯叢書

【哲學類】

新譯四書讀本　謝冰瑩、邱燮友等編譯
新譯學庸讀本　王澤應注譯
新譯論語新編解義　胡楚生編著
新譯孝經讀本　賴炎元、黃俊郎注譯
新譯易經讀本　郭建勳注譯　黃俊郎校閱
新譯周易六十四卦經傳通釋：上經　黃慶萱注譯
新譯周易六十四卦經傳通釋：下經　黃慶萱注譯
新譯乾坤經傳通釋　黃慶萱注譯
新譯易經繫辭傳解義　吳　怡著
新譯禮記讀本　姜義華注譯　黃俊郎校閱
新譯儀禮讀本　顧寶田、鄭淑媛注譯　黃俊郎校閱
新譯孔子家語　羊春秋注譯　周鳳五校閱
新譯老子讀本　余培林注譯
新譯帛書老子　趙　鋒注譯
新譯老子解義　吳　怡著
新譯莊子讀本　黃錦鋐注譯
新譯莊子讀本　張松輝注譯
新譯莊子本義　水渭松注譯
新譯莊子內篇解義　吳　怡著
新譯列子讀本　莊萬壽注譯
新譯管子讀本　湯孝純注譯　李振興校閱
新譯墨子讀本　李生龍注譯　李振興校閱
新譯公孫龍子　丁成泉注譯　黃志民校閱
新譯晏子春秋　陶梅生注譯　葉國良校閱
新譯鄧析子　徐忠良注譯　劉福增校閱
新譯荀子讀本　王忠林注譯
新譯尹文子　徐忠良注譯　黃俊郎校閱
新譯尸子讀本　水渭松注譯　陳滿銘校閱
新譯鶡冠子　趙鵬團注譯
新譯鬼谷子　王德華等注譯
新譯韓非子　賴炎元、傅武光注譯
新譯呂氏春秋　朱永嘉、蕭　木注譯　黃志民校閱
新譯韓詩外傳　孫立堯注譯
新譯淮南子　熊禮匯注譯　侯迺慧校閱
新譯春秋繁露　朱永嘉、王知常注譯
新譯新書讀本　饒東原注譯　黃沛榮校閱
新譯新語讀本　王　毅注譯　黃俊郎校閱
新譯潛夫論　彭丙成注譯　陳滿銘校閱
新譯論衡讀本　蔡鎮楚注譯　周鳳五校閱
新譯申鑒讀本　林家驪、周明初注譯　周鳳五校閱
新譯人物志　吳家駒注譯　黃志民校閱
新譯張載文選　張金泉注譯
新譯近思錄　張京華注譯

新譯傳習錄　李生龍注譯
新譯呻吟語摘　鄧子勉注譯
新譯明夷待訪錄　李廣柏注譯　李振興校閱

【文學類】

新譯詩經讀本　滕志賢注譯
新譯楚辭讀本　林家驪注譯
新譯楚辭讀本　傅錫壬注譯
新譯文心雕龍　羅立乾注譯
新譯六朝文絜　蔣遠橋注譯
新譯世說新語　劉正浩、邱燮友等注譯
新譯昭明文選　周啟成等注譯
新譯古文觀止　謝冰瑩、邱燮友等注譯
新譯古文辭類纂　黃　鈞、葉幼明等注譯
新譯樂府詩選　溫洪隆、溫　強注譯
新譯古詩源　馮保善注譯
新譯千家詩　邱燮友、劉正浩注譯
新譯詩品讀本　程章燦、成　林注譯
新譯花間集　朱恒夫注譯
新譯南唐詞　劉慶雲注譯
新譯絕妙好詞　聶安福注譯
新譯唐詩三百首　邱燮友注譯
新譯宋詩三百首　陶文鵬注譯
新譯宋詞三百首　汪　中注譯
新譯宋詞三百首　劉慶雲注譯
新譯元曲三百首　賴橋本、林玫儀注譯
新譯明詩三百首　趙伯陶注譯
新譯清詩三百首　王英志注譯
新譯清詞三百首　陳水雲等注譯
新譯唐人絕句選　卞孝萱、朱崇才注譯　齊益壽校閱
新譯唐才子傳　戴揚本注譯
新譯拾遺記　石　磊注譯
新譯搜神記　黃　鈞注譯
新譯唐傳奇選　束　忱、張宏生注譯　侯迺慧校閱
新譯宋傳奇小說選　束　忱注譯
新譯明傳奇小說選　陳美林、皋于厚注譯
新譯容齋隨筆選　朱永嘉等注譯
新譯明散文選　周明初注譯
新譯明清小品文選　鄭　婷注譯
新譯人間詞話　馬自毅注譯
新譯白香詞譜　劉慶雲注譯
新譯幽夢影　馮保善注譯
新譯菜根譚　吳家駒注譯
新譯小窗幽記　馬美信注譯
新譯圍爐夜話　馬美信注譯
新譯郁離子　吳家駒注譯
新譯歷代寓言選　黃瑞雲注譯
新譯賈長沙集　林家驪注譯
新譯揚子雲集　葉幼明注譯
新譯曹子建集　曹海東注譯　蕭麗華校閱

新譯建安七子詩文集　韓格平注譯
新譯阮籍詩文集　林家驪注譯　簡宗梧、李清筠校閱
新譯嵇中散集　崔富章注譯　莊耀郎校閱
新譯陸機詩文集　王德華注譯
新譯陶淵明集　溫洪隆注譯　齊益壽校閱
新譯江淹集　羅立乾、李開金注譯
新譯庾信詩文選　歸　青注譯
新譯初唐四傑詩集　李福標注譯
新譯駱賓王文集　黃清泉注譯　陳全得校閱
新譯王維詩文集　陳鐵民注譯
新譯孟浩然詩集　楊　軍注譯
新譯李白詩全集　郁賢皓注譯
新譯李白文集　郁賢皓注譯
新譯杜甫詩選　張忠綱、趙睿才、綦　維注譯
新譯杜詩菁華　林繼中注譯
新譯高適岑參詩選　孫欽善、陳鐵民注譯
新譯昌黎先生文集　周啟成等注譯　陳滿銘等校閱
新譯劉禹錫詩文選　閻　琦注譯
新譯柳宗元文選　卞孝萱、朱崇才注譯
新譯白居易詩文選　陶　敏、魯　茜注譯
新譯元稹詩文選　郭自虎注譯
新譯李賀詩集　彭國忠注譯
新譯杜牧詩文集　張松輝注譯　陳全得校閱
新譯李商隱詩選　朱恒夫、姚　蓉等注譯
新譯范文正公選集　沈松勤、王興華注譯　葉國良校閱

新譯蘇洵文選　羅立剛注譯
新譯蘇軾文選　滕志賢注譯
新譯蘇軾詞選　鄧子勉注譯
新譯蘇轍文選　朱　剛注譯
新譯曾鞏文選　高克勤注譯
新譯王安石文選　沈松勤注譯
新譯唐宋八大家文選　鄧子勉注譯
新譯柳永詞集　侯孝瓊注譯
新譯李清照集　姜漢椿等注譯
新譯陸游詩文集　韓立平注譯　彭國忠校閱
新譯辛棄疾詞選　聶安福注譯
新譯歸有光文選　鄔國平注譯
新譯唐順之詩文選　馬美信注譯
新譯徐渭詩文選　周　群等注譯
新譯薑齋文集　平慧善注譯　周鳳五校閱
新譯顧亭林文集　劉九洲注譯　黃俊郎校閱
新譯方苞文選　鄔國平等注譯
新譯鄭板橋集　朱崇才注譯
新譯袁枚詩文選　王英志注譯
新譯李慈銘詩文選　潘靜如注譯
新譯聊齋誌異選　任篤行等注譯　袁世碩校閱
新譯閱微草堂筆記　嚴文儒注譯
新譯浮生六記　馬美信注譯
新譯弘一大師詩詞全編　徐正綸編著

歷史類

新譯史記　韓兆琦注譯
新譯漢書　吳榮曾等注譯
新譯後漢書　魏連科等注譯
新譯三國志　吳樹平等注譯
新譯資治通鑑　張大可、韓兆琦等注譯
新譯史記—名篇精選　韓兆琦注譯
新譯尚書讀本　吳　璵注譯
新譯尚書讀本　郭建勳注譯
新譯周禮讀本　賀友齡注譯
新譯逸周書　牛鴻恩注譯
新譯左傳讀本　郁賢皓等注譯　傅武光校閱
新譯公羊傳　雪　克注譯　周鳳五校閱
新譯穀梁傳　顧寶田注譯　葉國良校閱
新譯春秋穀梁傳　周　何注譯
新譯戰國策　溫洪隆注譯　陳滿銘校閱
新譯國語讀本　易中天注譯　侯迺慧校閱
新譯說苑讀本　左松超注譯
新譯說苑讀本　羅少卿注譯　周鳳五校閱
新譯新序讀本　葉幼明注譯　黃沛榮校閱
新譯吳越春秋　黃仁生注譯　李振興校閱
新譯西京雜記　曹海東注譯　李振興校閱
新譯列女傳　黃清泉注譯　陳滿銘校閱
新譯越絕書　劉建國注譯　黃俊郎校閱
新譯燕丹子　曹海東注譯　李振興校閱
新譯東萊博議　李振興、簡宗梧注譯
新譯唐六典　朱永嘉、蕭　木注譯
新譯唐摭言　姜漢椿注譯

宗教類

新譯金剛經　徐興無注譯　侯迺慧校閱
新譯高僧傳　朱恒夫、王學均等注譯　潘栢世校閱
新譯碧巖集　吳　平注譯
新譯百喻經　顧寶田注譯
新譯楞嚴經　賴永海、楊維中注譯
新譯梵網經　王建光注譯
新譯圓覺經　商海鋒注譯
新譯法句經　劉學軍注譯
新譯六祖壇經　李中華注譯　丁　敏校閱
新譯禪林寶訓　李中華注譯　潘栢世校閱
新譯維摩詰經　陳引馳、林曉光注譯
新譯經律異相　顏洽茂注譯
新譯阿彌陀經　蘇樹華注譯
新譯無量壽經　邱高興注譯
新譯無量壽經　蘇樹華注譯
新譯妙法蓮華經　張松輝注譯　丁　敏校閱
新譯景德傳燈錄　顧宏義注譯
新譯大乘起信論　韓廷傑注譯　潘栢世校閱
新譯釋禪波羅蜜　蘇樹華注譯
新譯八識規矩頌　倪梁康注譯
新譯永嘉大師證道歌　蔣九愚注譯

新譯華嚴經入法界品 楊維中注譯
新譯地藏菩薩本願經 李承貴注譯
新譯悟真篇 劉國樑、連 遙注譯
新譯无能子 張松輝注譯
新譯坐忘論 張松輝注譯
新譯列仙傳 張金嶺注譯 陳滿銘校閱
新譯抱朴子 李中華注譯 黃志民校閱
新譯神仙傳 周啟成注譯
新譯性命圭旨 傅鳳英注譯
新譯老子想爾注 顧寶田、張忠利注譯 傅武光校閱
新譯周易參同契 劉國樑注譯 黃沛榮校閱
新譯道門觀心經 王 卡注譯 黃志民校閱
新譯養性延命錄 曾召南注譯 劉正浩校閱
新譯樂育堂語錄 戈國龍注譯
新譯冲虛至德真經 張松輝注譯 周鳳五校閱
新譯長春真人西遊記 顧寶田等注譯
新譯黃庭經・陰符經 劉連朋等注譯

【軍事類】

新譯司馬法 王雲路注譯
新譯尉繚子 張金泉注譯
新譯三略讀本 傅 傑注譯
新譯六韜讀本 鄔錫非注譯
新譯吳子讀本 王雲路注譯
新譯孫子讀本 吳仁傑注譯
新譯李衛公問對 鄔錫非注譯

【教育類】

新譯爾雅讀本 陳建初等注譯
新譯顏氏家訓 李振興、黃沛榮等注譯
新譯聰訓齋語 馮保善注譯
新譯曾文正公家書 湯孝純注譯 李振興校閱
新譯三字經 黃沛榮注譯
新譯百家姓 馬自毅、顧宏義注譯
新譯幼學瓊林 馬自毅注譯 陳滿銘校閱
新譯增廣賢文・千字文 馬自毅注譯 李清筠校閱
新譯格言聯璧 馬自毅注譯

【政事類】

新譯商君書 貝遠辰注譯 陳滿銘校閱
新譯鹽鐵論 盧烈紅注譯 黃志民校閱
新譯貞觀政要 許道勳注譯 陳滿銘校閱

【地志類】

新譯山海經 楊錫彭注譯
新譯水經注 陳橋驛、葉光庭注譯
新譯佛國記 楊維中注譯
新譯大唐西域記 陳 飛、凡 評注譯 黃俊郎校閱
新譯洛陽伽藍記 劉九洲注譯 侯迺慧校閱
新譯徐霞客遊記 黃 珅注譯 黃志民校閱
新譯東京夢華錄 嚴文儒注譯 侯迺慧校閱

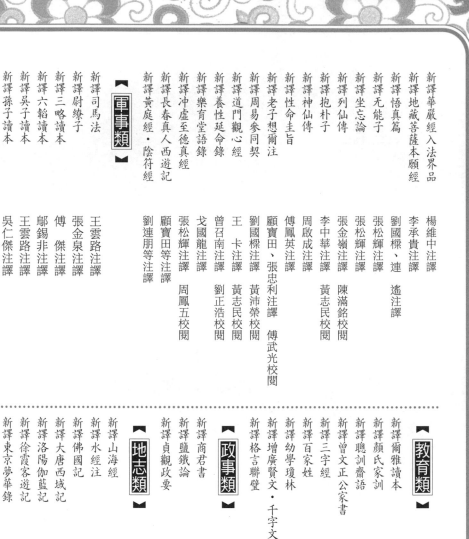